乐长沙旅游丛书之壹

快乐长沙 宜游胜地

快乐长沙 游山水

快乐长沙旅游丛书之 壹

长沙市旅游局出品

谭勇 / 主编

　　张爱玲曾说，"每座城市都有每座城市的味道。"的确，城市因为风格各异而显得千姿百态、气象万千。有的古朴，有的现代；有的大气，有的婉约；有的严谨，有的浪漫；有的风光旖旎，有的文化厚重；有的如一本越读越精彩的书，有的如一幅徐徐展开的画……

　　长沙的味道在哪里？或许每个人的视觉和感受不同，会得出不同的结论，正如一千个人眼里有一千个哈姆雷特一样。我以为，快乐是长沙的特质和味道。

　　快乐来自历史文化的厚重之感。早在3000多年前，"长沙"之名便有据可查。作为全国首批历史文化名城，长沙素有"楚汉重镇"、"屈贾之乡"、"伟人故里"的美誉，"经世致用、兼收并蓄"的湖湘文化源远流长，"心忧天下、敢为人先"的城市精神影响深远。尤其是屈原、贾谊、杜甫、朱熹、黄兴、蔡锷、毛泽东、刘少奇等灿若群星的名人、圣人、伟人，铸就了长沙"惟楚有材，于斯为盛"的历史荣光。还有那马王堆的千年汉墓、走马楼的千年简牍、岳麓书院的千年弦歌、铜官古镇的千年窑火，都会让你领略到历史人文思接千载的回味之乐。

　　快乐来自山水洲城的天赐之美。有山有水、依山傍水的城市不少，但像长沙这样灵山、秀水、名洲与都市相得益彰的城市则不多。岳麓山、湘江水、橘子洲、长沙城构成的"四位一体"画卷，会给"仁者乐山"、"智者乐水"带来另一番意境。加上风景秀丽的九曲浏阳河、清新黑麋峰、天然氧吧大围山，更添长沙自然山水的怡然之乐。

　　快乐还来自多姿多彩的生活之韵。"快乐中国"的湖南卫视，为长

让天下游客畅享长沙的快乐

沙注入了丰富的娱乐基因。穿行在太平街、坡子街、化龙池、解放路等传统与时尚交汇的古街小巷，既有市井文化的悠然自得，更有歌厅酒吧的特有的时尚和动感。遍布城乡的湘菜名品和风味小吃，尽显"舌尖上的长沙"那份火辣与香甜。一年一度的橘子洲音乐焰火、梅溪湖元宵灯展、开福喜乐会、火宫殿庙会、灰汤温泉节等群众性文化活动，为长沙这座娱乐之都植入了新的元素。

让旅游变成心灵之旅、愉悦之旅、快乐之旅，是大多数人的向往和愿景。值得欣慰的是，我们近年来通过树立大理念、建设大景区、打造大品牌、实施大营销、发展大产业，使得"快乐长沙、宜游胜地"的认同度和吸引力与日俱增。吃、住、行、游、购、娱的有机融合，山水风光到人文历史的交相辉映，饕餮美食与娱乐休闲的深度体验，正吸引着无数海内外游客慕名而来。2013年，长沙共接待游客9600多万人次，旅游总收入突破千亿元大关。

这套《快乐长沙》大型系列旅游丛书，就是一部长沙旅游的全景图。丛书分为《游山水》《道古今》《品美食》《享休闲》四册，将长沙的山水风光、历史人文、特色美食、休闲娱乐等旅游精髓一网打尽，图文并茂、生动祥实，堪称是长沙市民乐享生活的休闲指导、各地游客畅游长沙的旅行指南。

借《快乐长沙》出版之际，我们向国内外游客发出热情邀约。热忱欢迎海内外朋友来长沙旅游观光、休闲度假，期待与您相约快乐长沙，悦览快乐长沙，畅享快乐长沙。

是为序。

中共湖南省委常委
中共长沙市委书记

快乐长沙欢迎您

长沙，一座洋溢着幸福、欢乐，独具魅力的品质城市。先后获得"中国最具软实力城市"、"中国十大品牌城市"、"中国十大活力省会城市"的称号。2008年起，连续被评为全国十大最具幸福感城市，并永久保留此荣誉。2010年被评为"中国网民最受关注的十大旅游城市"，2012年又被评为"中国网民最受关注的十大文化旅游城市"。

长沙是历史悠久、底蕴深厚的楚汉古城。马王堆汉墓、走马楼三国吴简、铜官窑唐代釉下多彩见证了长沙几千年的灿烂历史；千年学府岳麓书院傲然屹立，昭示着心忧天下、敢为人先的湖湘文化精神，孕育了黄兴、刘少奇、胡耀邦、朱镕基等先贤伟人。

长沙是山清水秀、风光旖旎的山水洲城。自古以"山水名郡"饮誉天下，融山、水、洲、城为一体，岳麓山巍然屹立，湘江水奔流不息，橘子洲静卧江中，形成岳麓为屏，湘江为带，水陆洲浮碧江心的美丽景观，被评为国家园林城市、国家生态示范试点市和"中国十佳休闲宜居生态城市"。

长沙是朝气蓬勃、快速发展的宜居新城。工程机械、汽车制造、电子信息、家用电器、中成药及生物医药、新材料六大产业集群快速发展；现代服务业发展保持旺盛活力，现代物流、电子商务、金融保险、商务服务、信息咨询等生产型服务业水平提升，被确定为"中国服务外包示范城市"。都市购物、影视传媒、歌厅酒吧、体育健身、旅游度假等服务业闻名全国。

　　旅游是最具拉动力的复合型朝阳产业。近年来，长沙坚持以大项目推进旅游大发展，以灰汤温泉国家旅游度假区、大围山国家生态旅游示范区、岳麓山－橘子洲国家5A景区、花明楼国家5A景区等"国字号"旅游精品创建为抓手，精心打造铜官窑遗址公园、大王山旅游度假区等旅游精品工程；加强城市营销，举办环湘江自行车赛、橘子洲焰火燃放、漂流节……做到月月有活动、季季有高潮；全面推行让游客动心、放心、开心、安心、称心的"五心"级服务，不断提升长沙旅游品位，增强影响力和知名度。全市歌厅和酒吧达到400余家，传统湘菜不断发扬光大，快乐大本营、快男快女、虹猫蓝兔等成为长沙文化的闪亮品牌，长沙成为令人向往的休闲之都、美食之都，长沙旅游正朝着旅游强市和世界旅游目的地阔步前行。

　　快乐是人们的真切感受，追求快乐的脚步不能停止。立足"十二五"，长沙将按照"六个走在前列"的要求，率先建成"三市"、强力实施"三倍"，加快现代化进程，奋力谱写中国梦的长沙篇章！我们不仅要引导高档餐饮酒店开发面向大众的消费，挖掘消费潜能，还要加强旅游与文化、生态融合发展，推进大围山、铜官窑、灰汤温泉等旅游区建设，打响"快乐长沙，宜游胜地"品牌。

　　《快乐长沙》丛书通过对长沙的山水风光、历史人文、休闲购物、美食美味的介绍，纵贯相错，经纬相交，图文并茂，深情款款，既是一套全景式描写长沙旅游文化的优美散文集，也是一套具有使用价值和收藏价值的长沙旅游百科全书。

　　充满幸福感的快乐长沙欢迎您！

中共长沙市委副书记
长沙市人民政府市长　胡缏泽

找到快乐的自己

　　长沙,天上的一颗星,地上的一座城,北接洞庭之尾,南纳潇湘云水,扼守山川灵气的交点,气吞云梦,吐纳自如。1.18万平方公里土地,三千年灿烂文明,直到今天,城址也一直未变,街巷的历史与今天的现实依旧缠绵重叠,生生不息。她的历史叫潭州,是我国首批历史文化名城,有名字的历史3000年,建城史2400年,形成村落的历史7000年。她的今天叫快乐,是首批中国优秀旅游城市,是中国最具幸福感的城市,城内的人对她有认同感、归属感、安定感、满足感,城外的人对她有向往度、赞誉度。

　　叫潭州的时候,她古朴沧桑,文化厚重,是楚之重镇,秦之名郡。马王堆汉墓、千年学府岳麓书院、千年古刹密印寺,都在承载着她深厚而悠久的文化底蕴;靖港古镇、铜官古街、乔口渔都,都在展示着她灿烂而质朴的生活底蕴;屈原、贾谊、杜甫、谭嗣同、刘少奇、胡耀邦,都在述说着她"心忧天下,敢为人先"的精神底蕴。

　　叫快乐的时候,她光彩照人,激情四射,是美丽星城,娱乐之都。酒吧狂欢、歌厅火爆、群Mall林立、酒店高耸,都在呈现着她的时尚与浪漫;高山流水、温泉沸玉、农家田园,都在体现着她的锦绣与舒适;美食美味、焰火璀璨、综艺节会,都在彰显着她的妩媚与快乐,风风火火,热热辣辣,既有重口味,也有小清新。

　　这些年来,我们努力地挖掘、整理、思考长沙旅游文化,传承历史,着眼当下,山水洲城,快乐长沙,什么是这座城市最鲜明的个性,最本真的追求,"快乐"跃然心间。为此,长沙旅游也开始了以"快乐"为旗帜,以"建设世界旅游目的地"为目标的逐梦之旅,并取得了一定的成效。旅游总收入在 2013 年达到了 1006 亿元，位居全国省会城市第七；既打造了多条旅游精品线路，也推出了特色景区群，其中，岳麓山－橘子洲景区、花明楼刘少奇故里景区更是成功创建了国家 5A 景区。接下来，长沙旅游应更加突出抓好项目建设、产业融合、城市营销和精细管理，力促旅游品牌升格、旅游消费升温、旅游宣传升级、旅游服务升值，加快旅游强市建设，把这个朝阳般的千亿元产业做得更大、更强、更精。

今天，我们长沙旅游人在努力地贯彻《中共长沙市委、长沙市人民政府关于加快现代旅游业发展建设旅游强市的决定》的战略决策，更好地宣传、推介长沙旅游，长沙市旅游局编著了《快乐长沙》旅游文化丛书，努力地把长沙好玩、好吃、好听的介绍给广大游客。

丛书共分为四册，文字方面，既注重了对文化的尊重，也注重了对文化的深入挖掘与再思考；图片方面，既注重了客观性，也注重了欣赏性；资讯方面，则为读者提供了最为贴近生活的实用指南，既有宏观布局，也有微观指导。

《快乐长沙·游山水》，对湘江、浏阳河、沩水、岳麓山、大围山、橘子洲、湖南省植物园、世界之窗、海底世界等名山秀水及城市景观逐一介绍，展示了长沙秀丽的山水风光，既有亲山乐水的雅趣，也有游园惊梦的闲逸。

《快乐长沙·道古今》，对名人故居、古村古镇、书院寺庙、历史遗址逐一介绍，展示了长沙厚重的历史人文，既有激情燃烧的岁月，也有温馨宁静的光阴。

《快乐长沙·品美食》，对长沙传统老店、时尚新馆、潮流食圈、招牌菜品逐一介绍，展示了长沙独特的美食江湖，既有湘菜传统的内核，也有创新创意的外延。

《快乐长沙·享休闲》，对长沙酒吧歌厅、节会演艺、影视综艺、住宿购物、洗浴足浴、农家乐、新农村逐一介绍，展示了长沙轻松的娱乐休闲，既有温馨惬意的诗意之旅，也有浪漫刺激的不夜狂欢。

丛书从构思到编辑出版，历时两年时间，历经了多次讨论、修改。这期间，丛书的编辑出版得到了市委、市政府领导和各级、各部门的大力支持，得到了各市区县的积极参与。特别是省委常委、市委书记易炼红，市委副书记、市人民政府市长胡衡华亲自为丛书作序，充分体现了市委、市政府对长沙旅游产业发展的高度重视和关心。很多相关领导和专家也对丛书的编辑出版提供了很多宝贵的意见，很多知名的作家、摄影家也为丛书提供了优美的文字和高水平的图片，在此深表感谢。

"看万山红遍，层林尽染"，希望《快乐长沙》旅游丛书的出版，能够成为大家了解长沙的重要窗口；"天上长沙星，地上长沙城"，期盼大家在仰望星空的时候，能够想起长沙，到长沙来体验山、水、洲、城的完美融合、独特风味，来体验快乐长沙的温热阳光，静好岁月，找到快乐的自己。

中共长沙市委常委
长沙市人民政府副市长　

快乐长沙

游

山水

目录

叁 游园惊梦

益阳市

湘

水

团头湖

黑麋峰

S101 高速

月亮岛

长常高速

S001

长沙市

海底世界
世界之窗

沩
水
S209

宁乡
G319

岳麓山－橘子洲景区

烈士公园
S103

千佛洞

S208

植物园

沩山
青羊湖

洋湖湿地公园

大王山

生态动物园

S101

S228

石燕湖

灰汤温泉

岳宁高速

S208

S311

湘潭市

株

娄底市

水府庙

江

	图例	
S208	省道	
G319	国道	
	高速公路	
★	市政府驻地	
◎	市州政府驻地	
●	景点	

快乐长沙

【山水地图】

游

山水

汨罗江

S207

平汝高速

G106

周洛漂流

长浏高速

S309 浏阳高速

河

道吾山

阳

大围山

浏阳市

G319

S103

浏

G319

平汝高速

G106

快乐长沙

游 山水

壹

樂山感懷

CHEERFUL CHANGSHA
TRAVEL SERIES

长沙的山川之美，在于它们总有着与季节轮回有关的意境，以及让人心安宁的意象。这种意境，少有天然的雕饰，原汁原味，距入世很远，离出世很近；这种意象，无论季节如何变换，人心如何变化，总是能在山林之中打开属于自己的情结。乐山感怀，岳麓山、大围山、沩山、黑麋峰、道吾山，它们既有诗意，也有禅意，所氤氲出来的境界，能唤起每个人不同的情结，让人心宁静、安详。

快乐长沙

岳麓山
看万山红遍

先读为快 岳麓山，国家5A级旅游区和国家级重点风景名胜区，荟萃了湘楚文化的精华，名胜古迹众多，集儒释道为一体，革命圣迹遍布且植物资源丰富。海拔300.8米，连峦叠峰数十公里，有如一道天然屏障，横亘长沙市区西面。是南岳衡山72峰之一，由丘陵低山、江、河、湖泊、自然动植物以及文化古迹、近代名人墓葬、革命纪念遗址等组成，为城市山岳型风景名胜区。已开放的景区有麓山景区、橘子洲头景区。其中麓山景区系核心景区，景区内有岳麓书院、爱晚亭、麓山寺、云麓宫、新民学会等景点。

千古意象，人之典范

岳麓山，一座山，一个梦，南接衡山之尾，接纳潇湘云水，气吞云梦。湘江帆影如织，大地烟雨如尘；山林静，江水动，岳麓山扼守山川灵气的交点，吐纳自如。登临岳麓山，浩浩湘江，湘楚大地，千年古城，一览无余，令人遐思无限。

那天早晨，我从住所往岳麓山走，一阵悄无声息的风过后，天与地倏然分开，空气也不再那么粘滞混沌，俯视山脚下的湘江，平静的河水像一面镜子。在这初夏的早晨，我切实地捕捉到了充盈于天地间节气变化的气

苍松翠柏、清风明月，停车坐爱枫林晚，霜叶红于二月花。

息。那水声、风声仍带着丝丝凉意，而这一切，在拥挤的高楼大厦里是体验不到的。

　　凝望着"湘江北去，橘子洲头"，人总有一种澄静的梦想；回眸身后绵延不绝的群山，心中又有一种郁郁葱葱的冲动。苍松翠柏，清风明月，寺院暮鼓晨钟，日夜香烟缕缕。儒文化的岳麓书院盘踞山脚，佛文化的麓山寺傲立山腰，道文化的云麓宫雄峙山顶，儒佛道三者融为一体，将岳麓山连成一体。爱晚亭、清风峡、半山亭、蟒蛇洞、白鹤泉、禹王碑等点缀于山林丘壑之间，若隐若现，风情无限。

　　其实登岳麓山，是在操作一种人生，人格的魅力与艺术的至美，在风声、书声、钟声里合鸣，知音者登临可慰平生。在层楼亭

榭，在林石松风，在峡谷深涧里，凝思静坐，气韵平和，与神合灵，与道合妙。遥想当年，岳麓红枫，湘江北去，岳麓书院，朱张会讲，"论中庸之义，三昼夜而不能合"。辩声里有"巍巍乎高山"，也有"荡荡乎流水"，高山流水，伯牙子期，千古意象，声之境界，人之典范。

　　在这种人格的魅力与艺术的至美相结合的指引下，长眠在岳麓山的那些名人志士是我们所不能忘怀的。黄兴、蔡锷、陈天华、禹之谟、蒋翊武……每个名字都代表着那个时代的一种精神。

　　黄兴的墓位于云麓峰北侧小月亮坪上方，坐西朝东，俯瞰着英雄的长沙城。墓由花岗石建成，底座双层方形，十分高大。底座上矗立着11米高的四棱形整块花岗石墓

麓山晨练

碑，形状如长剑直指云天。他为推翻帝制、缔造共和，历尽艰险，戎马半生，是民国之开国元勋，功垂千古。章太炎（炳麟）先生悼黄兴挽联：无公则无民国，有史必有斯人。

蔡锷墓位于白鹤泉旁，周围松柏环抱，十分清幽肃静。这个年轻的生命于1916年11月8日不幸去世，终年34岁，1917年4月国葬于此。孙中山先生亲笔书写挽联，悼蔡将军：平生慷慨班都护，万里间关马伏波。把将军比作投笔从戎的班超和东汉的伏波将军马援，足见将军功绩，可标青史。

岳麓山的内涵，个人与国家

溯源历史，岳麓山的诗意姓唐，一个风华绝代、风花雪月的朝代。杜甫的岳麓山，充满着悲情与无奈，凄美一片。"暮年且喜经行近，春日兼蒙暄暖扶"，诗句上有苍翠欲滴的梦，"依止老宿亦未晚，富贵功名焉足图"，即使老了，仍气压百代。"宋公放逐曾题壁，物色分留与老夫"，即使欢愉，悲伤仍是最后的注脚。

柳宗元是被贬流经岳麓山的名字，他的岳麓山，忧伤在不断聚集，"好在湘江水，今朝又上来。不知从此去，更遣几人回。"其实回与不回只是一个表面问题，生存或死亡才是他需要真正面对的。

杜牧是岳麓山最美的传说，他的岳麓山，烟火人间，如梦如幻，如诗如画，"远上寒山石径斜，白云深处有人家"，他总是能发现最美的细节。"停车坐爱枫林晚，霜叶红于二月花"，岳麓山便成了千古诗句，绝色的风景。

岁月悠悠，岳麓山、橘子洲、湘江演绎着历史的更替，一次次拜谒，一次次回眸，我们读到了时间深处的谶语，一个千年的梦。

多少兵火烽烟，多少杀伐决断，都无法泯灭她的美丽，她活在唐诗里，一身锦绣，光彩照人。

杜甫的忧伤很深，柳宗元的忧伤更重，杜牧的忧伤已淡，我们知道忧国忧民，抚景伤情，这其实就是岳麓山的线索，也是岳麓山的内涵。

人事有代谢，往来成古今。历史在岳麓山流淌着，如云如烟，达官贵人，文人墨客，人来人往，说不清哪种声音是哪个朝代的，代代有人迹写进了岳麓山300米的海拔里，悲悲喜喜凄凄惨惨，沸沸扬扬轰轰烈烈，都化作一瞬，化作古色。骆宾王、杜甫、李白、柳宗元、杜牧、李商隐、朱熹、张栻、曾国藩、左宗棠、郭嵩焘、黄兴、蔡锷……虽是过客，但每一个大气、风雅的名字背后，都有一段如歌如梦的传奇故事，关于个人，也关于国家。

岳麓山，复兴的符号

然而1925年秋，却是一个无法绕过的高度，连同着一条大河与一座沙洲。这一年，毛泽东32岁，因为在韶山组织农会被通缉，他从韶山回到长沙，准备前往广州主持农民运动讲习所，在省城小驻，重游橘子洲。此刻，他回想起少年时与新民学会的同志在岳麓山、橘子洲聚会的情景，触景而发，成为了高山仰止，天地绝唱。

今天，在他当年站立的地方，已经树立起了一座他的青年雕塑，总高32米，长83米，宽41米，基座3500平方米，由八千多块采自福建高山的永定红花岗岩巨石拼接而成，这是中国的高度、厚度，也是中国的宽度。

"独立寒秋，湘江北去，橘子洲头。看万山红遍，层林尽染……"气势磅礴，写景亦写心，那种壮阔的胸怀，万古苍茫。"怅寥廓，问苍茫大地，谁主沉浮？"点化天地，震撼人心，这才是岳麓山、橘子洲、湘江的真性情，真精神，诠释了一片山水，也崛起了一个国家。

千百年后，我们伫立岳麓山巅，声音一片片响起，弥漫了山林。岳麓书院里飘出来的书声，一片就响彻了华夏大地，震撼了民族心灵上的蒙尘；麓山寺里飘出来的钟声，一片便空灵了一座山，清澈了世人之心。

岁月悠悠，岳麓山、橘子洲、湘江演绎着历史的更替，一次次拜谒，一次次回眸，我们读到了时间深处的谶语，一个千年的梦。登高远眺，我想到了一个定义：岳麓山已非一般的山，橘子洲也非一般的沙洲，湘江也非一般的江，她们是一个民族的象征，也是一座城市的象征，是一个个复兴的符号。

大围山
与四季热恋

先读
为快　大围山国家生态旅游示范区，位于浏阳市东北部，距省会长沙148公里，公园面积有7万余亩，森林茂盛，资源丰富，风景秀丽，气候宜人，被称为"湘东绿色明珠"，原始次生林和人工林浑然一体。大围山四季有景，春可赏花，油菜花、桃花、杜鹃花，绚烂缤纷；夏可避暑，漂流、反季滑雪、露营音乐节等，风光无限；秋可摘果，葡萄、梨子、柑橘等，美味可口；冬可滑雪，银装素裹，纵情雪上飞，惊险刺激。大围山也是湘东最大的佛教胜地，有红莲寺、陈真人庙、七星庙等大型寺庙遗址。老一辈无产阶级革命家毛泽东、王首道、胡耀邦等在扁担坳、桃树岩一带都留下了光辉的足迹。

山是大围山，水是浏阳河，青山秀水，它们的奥秘都在大围山未知的深处。

浏阳的山水之美，在于它始终渲染着一种意境，这种意境少有天然的雕饰，原汁原味，距入世很远，离出世很近，无论季节如何变换，人心如何变化，总是能在山水中找到属于自己的意境与情结。大围山、道吾山、周洛，这种意境始终氤氲着一种味道，能唤起每个人不同的情愫，放飞美好的心灵。

贴近秋天，与诗歌相遇 贴近秋天，就如同贴近了色彩，思绪便如金叶一般纷纷飘落，入俗而脱俗，入世又出世，那些曾经碧绿的往事，都变成了黄色，枯草成片，落叶成堆，阅读它们，就如同阅读我们的老父亲，有滋有味。我们便是在这个季节走入浏阳的，一座被大山包围，被流水穿透的山水之城，一个能把秋天演绎到极致的地方。

山是大围山，水是浏阳河，青山秀水，它们的奥秘都在大围山未知的深处，在古木参天的树林里，在海拔之巅的白云里，在溪流纵横的峡谷里。去大围山的路，始终在山野之间延伸着，车子穿行在平整而蜿蜒的水泥路上，乡村的秋天显得格外的透彻、明亮，风凉而气爽，天高而云淡，这也是大自然最富诗意的季节。

道路两旁是高低错落的水稻田，稻香四溢，有的稻子已经挂穗，有的正在灌浆，一只只飞鸟俯冲着滑入季节，叼着粮食和泥土，清脆地顺歌而下。水稻，是最高尚的，此刻，它们的碧绿成长为了淡黄色，它们所有的情结和结构，都是为了一个话题，那就是生生世世的收成，我们则是这收成里面长出来的，农民的儿子。

眼有所赏，心有所思，从浏阳市区到大围山85公里的路程，显得短暂而生动，当我们从大围山国家森林公园的西门进入时，便与诗歌不期而遇了。古老的樟树撑起巨大的树冠，浓荫遍地，这种南方常见的乔木，四季常青，与季节的逻辑格格不入；巨大的水杉铿锵成排，金字塔般的树冠像谜一样层层叠叠，金黄的树叶在风中摇曳着，撑起了一个季节的颜色，也破译了一个季节的密码。

季节轮回，花香更迭 进入园区，就走进了一个多彩的世界，这个世界由山、水、石、树组成。春天，这里鸟语花香，绿意遍野，桃花是这里四季轮回的开篇语，是春天的典故，爱的歌谣。

三月的大围山，千树万树桃花开，穿越朦胧的烟雨，桃花用花香睁开了春天的眼睛，一年中最美妙的时节就到来了。穿行其间，品味桃花的千古意象，"去年今日此门中，人面桃花相映红"，崔护的桃花是一种爱的传承，才子佳人的爱情在诗歌里传承了

春夏之交，当五月的阳光开始直射时，大围山已是万亩杜鹃花开，白面石景区、七星岭景区最为其中，绵延达数十里，红彤彤、火艳艳，衬托出一个开不败的季节

千年;"桃花细逐杨花落，黄鸟时兼白鸟飞"，杜甫的桃花是对自己的一种超越，就连哀思都与桃花无关了;"桃红复含宿雨，柳绿更带春烟"，王维的桃花是一种生活，渗透着人生的哲学;"桃花潭水深千尺，不及汪伦送我情"，李白的桃花是一种性格，是情感的延续与象征。在这样的春天，来到大围山，与季节握手，与桃花握手，会残留一手的芳香。

春夏之交，当五月的阳光开始直射时，大围山已是万亩杜鹃花开。白面石景区、七星岭景区最为集中，绵延达数十里，红彤彤、火艳艳，衬托出一个开不败的季节，而这个季节是一个与故乡有关，与乡愁有关的季节。童年时，故乡就把杜鹃花的种子播种在我们的心里，成为了心灵深处的记忆，以至于在风风雨雨的人生旅途中，杜鹃花成为了开满在我们内心里鲜艳的乡愁。

"若要盼得哟红军来，岭上开遍哟映山红……"（杜鹃花别名映山红）在大围山，杜鹃花也是一首红歌，更是一种精神，雨雪风霜中，它凝聚着生命的坚韧，在无人知晓的泥土下，默默地长出生命的骨头。当年，老一辈无产阶级革命家毛泽东、王首道、胡耀邦等都曾在这里播撒革命的种子，寻找救国的真理，在扁担坳、桃树岩一带留下了许多光辉的足迹，杜鹃花则盛开在他们的革命道路上。

秋天，红枫尽染，与青松翠竹相映，五

大围山下，万亩桃园，吸引着大量游客，赏花踏青。

彩纷呈，令人陶醉；站在海拔 1600 米的七星岭顶峰，极目远眺，群山莽莽，层峦叠嶂，朝赏日出，夕观落霞，高山壮丽景色尽收眼底，使人心旷神怡，豪情满怀。入冬，遍山玉树琼枝，银妆素裹，一派北国风光。

层林尽染，五彩缤纷 此刻，我们站在大围山的深处，也站在了秋的深处，深秋的山间，静极了，站在枫林中听落叶的微响，婆娑的红枫叶，没了等待，纷纷飘落，季节便轮回了。从新芽到绿叶，当枫叶红遍万山时，大片大片的都是情思，成了大围山隆重的仪式，也成为了一个节气盛情的邀约。

伫立枫林中，我们感觉到的是一种生命灿烂的姿态，情感轮回的更迭。"月落乌啼霜满天，江枫渔火对愁眠"，枫叶的情思总是与乡愁有关，如歌如梦；"停车坐爱枫林晚，霜叶红于二月花"，枫叶的仪容总是红艳动人，潜入人心；"浔阳江头夜送客，枫叶荻花秋瑟瑟"、"明朝挂帆去，枫叶落纷纷"、"我画蓝江水悠悠，爱晚亭上枫叶愁"……李白、

白居易、唐伯虎的枫叶情结总是在诗歌里发酵，成为诗词歌赋最为艳丽的容器。

作为一个"天然动植物博物馆"，大围山有着保存完好的原始次生林，多达几十万亩，植物种类有23个群系、3000多种，列入国家一、二类保护树种有香果树、伯乐树、伞花木、银杏等17种，药用植物740多种。七星岭的金钱柳，树高丈余，绿叶中空如串串古钱。白面石的株痒树，又称敏感树，若用手指轻抓树干，全树枝叶都会颤动。五指石附近生长着紫荆茶树两株，树形略似普通油茶，但却于每年盛夏六月开出淡红色茶花，实属罕见。

行走在原始次生林徒步区，古木参天，苔藓满地，叶子的颜色五彩缤纷，红的、黄的、紫的、绿的……都呈现出各自季节轮回的本色，树上挂的、空中飘的、地上铺的都在渲染这个秋天所特有的景致。

随手拾起一枚树叶，我们所阅读到的其实不是秋，而是期待，无穷无尽。我幡然悟道，原来落叶是归根的温情，其实，落叶并没有离开，离开的是季节，是感情。因为我们无限怀念这深秋的天空，所以每当谈及秋天，总会有一丝哀伤，秋愈深，哀伤愈重。然而当落叶离开树枝的那一刻，新芽就已经泊在了我们心灵的深处了，像一首不朽的诗歌。

链接

作为一个生态保存完好的国家森林公园，大围山确实是长株潭地区难得的休闲好去处，春夏秋冬四季，美景不断，春天有桃花，夏天有杜鹃花，秋天有枫叶、秋菊，冬天时，大围山野外露天滑雪场也会对外开放，可以让游客体验雪白自我，自由无限的快乐。周末游的话，大围山上有方便游客住宿的宾馆，价格便宜，环境也相当好，适合做梦和睡懒觉，对于户外爱好者来说，还可以带上帐篷在山顶野营，看日出等。

大围山国家森林公园管理处电话：0731-83488701

沩山
不赶时间的旅行

沩山，亦名大沩山，沩水的发源地，雄跨湖南宁乡西北，北邻桃江，西接安化，最高处为雪峰顶，海拔927米。沩山环境优美，文物荟萃，山上有千年古刹密印寺，是一个集礼佛、度假、休闲、探险于一体的综合旅游区。

寺，沉默如谜

　　沩山耸立于湘中，烟波弥漫，不在与谁比高，它受了自然赐予的秀丽，用千年的时间，沉淀了人文之美，丰富了山水之美。山峰原本就不在海拔，有了水所以活泼灵动，有了寺而显沉稳韵致，这两样沩山占尽。

　　云雾时浓时淡，覆盖在沩山的表层，微风过处，使密印寺也在山间若隐若现，这座千年古刹藏着哲思，历经了无数的风雨，在朦胧之中，沉默如谜。

当年道出"菩提本无树，明镜亦非台"的禅宗祖师慧能弟子众多，南岳怀让是其中一位，怀让往下数传而至灵祐。公元807年，晚唐时节，灵祐禅师前来沩山，被此地的山水折服，建"密印禅寺"在毗庐峰下，创宗立派，坚持"一日不作，一日不食"，使密印寺成为中国佛教禅宗五派之一的沩仰宗祖庭。

建寺以后，但凡经过沩山附近的雅士、僧侣都要前往密印寺拜谒。其中就有著名理学家朱熹、湖湘文化代表张栻、大诗僧齐己等。毛泽东青年时期与萧子升四处云游，走到宁乡，也慕名拜访密印寺，主持太虚开素筵与之共进晚餐。1918年9月，刘少奇随笃信佛学的族叔同游密印寺，万佛殿的雄伟神奇，让他赞叹不已。

万佛殿是密印寺内最著名的建筑，仿照南岳寺庙的大殿而建，高九丈，屋檐重重如同山顶，内外共三十八根柱，全是白色花岗石。殿内墙砖模制贴金佛像，共12182尊，极具壮观。即便庙宇华丽，密印寺仍守护着它的内涵，宁静而悠然，这是从唐末而来的传承，心灵之境，本不在皮囊之虚，禅宗祖师慧能曾说，见性成佛。

景，玲琅满目

沩山之景，往深处堆积，有了它自己的味道。当云气汇聚过来，从山腰处向上升腾，由四面爬坡上山，山间草木深茂，雾云缭绕，远远看去，好像已经与天边接连。此磅礴之貌，就是著名的"大沩凌云"，为旧时宁乡十景之一。

凌云之美是沩山壮阔的一面，用宏大的场景震撼人心，然而沩山也有小景和特写，它们则给人以亲切的感觉。沩山上有成片的松树林，越往上走路也就变得稍窄些，踩在

凌云之美是沩山壮阔的一面，用宏大的场景震撼人心。

上面，松枝柔软的抚摸着脚掌，风拂面而来，带着树木的香气，恍如小时候在山上野跑时折完松树残留在手里的味道。这种气味是在水泥砖墙之间寻不到的，长大之后许久没闻，于沩山上一尝，忽然觉得这像是家乡的山，眼前所见都那么熟悉。

不过沩山却不真是故乡那种平常小山，它的人文底蕴就不是一般地方可以比拟的。

古代名人的遗迹如今尚存不少，革命先辈的故居也围绕在沩山周边，唐相国裴休、唐诗僧齐己、宋状元易祓、抗金名将张浚这些各朝各代的名流皆长眠于此，而中共"一大"代表何叔衡故居、共和国司法制度奠基人谢觉哉故居等也伴随其左右。在他们每个人的深刻岁月里，都留着关于沩山的印记，而沩山的历史中也因为他们而更加丰满。

即便有无数名人的垂爱，大自然依然没有对沩山有任何吝啬，如果说"大沩凌云"是摆在人前的招牌菜，那么沩山峡谷则是处在深闺的私房菜。沩山峡谷因高山阻隔，很少有人来到这里，但峡谷景致秀丽、琳琅满目，一步一景，具有很高的观赏性。

玩，酣畅淋漓

距沩山峡谷不远，便是沩山漂流，漂流的河道长为5.6公里，溪水间的石头，受着波浪的打磨，圆润光滑，像一颗颗饱满的种子要唱出歌来。银白的水浪飞扬在绿树之间，溪流曲折迤宕，这里是天然的漂流之地。

水能载舟也能煮粥，它承载着文明向前，也孕育生命。沩山则给水赋予了更多灵性，徜徉其中，能激起人们心底的快乐，沩山漂流是一个纯天然的水上乐园。

沩山茶园翠绿油润。

乘皮艇顺水而下，游客将穿行于美丽的峡谷之中，那里人迹罕见，清泉两边是处于原始状态的山林，时常几里看不到人家。途中峰回路转，周围还有奇异的溶洞奇观，山壁间偶然几道瀑布映入眼帘，品尝一路的视觉盛宴。波纹激荡过来，是对情绪的抚摸，不知不觉就将烦恼洗去了，汗流与清凉的水流汇聚，内心空旷没有了浊念。

漂流过半的时候，水流旁有处平滩用来供游人小憩，清凉的身心倚在岸滩上，自然惬意。山坡斜躺在身后，悬崖延伸至云天，站立在溪头抬头仰望，空中的光亮狭长划过，两岸的青山连绵如屏，一线白，一线绿，环绕着原本兴意正浓的人。

再漂流而下，翱翔在水波之上，沉醉于山林之间，酣畅淋漓。

链接

名山产名茶，沩山出产的毛尖早在唐代就被列为贡茶，清同治年间为中国十大名茶之一。建国初期，毛泽东主席品尝沩山毛尖后，曾托工作人员写信向沩山乡致谢。刘少奇生前把沩山毛尖作为家乡茶，款待国内外友人。在风景秀丽的沩山，独特的自然环境造就了灵山秀水，因常年云雾缭绕，沩山毛尖的味道香嫩清醇，不让武夷、龙井。沩山平均海拔800m，年降水量达1700—1900mm，年最高气温32℃，气候温和、光照少，空气相对湿度在80%以上，是适宜发展种植茶叶的地方。沩山茶园的土壤极佳，不仅含硒岩石及其风化物分布范围广，还蕴藏丰富的麦饭石资源，沩山乡现有茶园面积近13000亩，可采摘茶园约8500亩，主要分布在沩山周围。如今，沩山茶园翠绿油润，于山间齐整排列，风过处，绿波欣然起伏，到此，可观茶美，可品茶香。

沩山风景名胜区管委会咨询电话：0731-88980011

黑麋峰

一折山水一折诗

先读
为快 黑麋峰，位于长沙市望城区东北角，风景秀丽，气候宜人，自古号称"洞天福地"。黑麋峰为国家级森林公园，面积4079公顷，主峰海拔590.5米，历来人文鼎盛，唐高僧、书法家怀素墨迹至今犹存，明正德皇帝朱厚照曾游历黑麋峰，唐大诗人刘长卿曾上山寻幽访胜，故道家称此山为"洞阳山"，列入全国"三十六洞天"之二十四位。

一方山水的静好

　　盛夏的雨点，带着丝丝清凉，冲淡大地的余温，汽车驶出喧嚣的都市，向北穿行。当毫无遮挡的翠绿大片大片地呈现于眼前时，一种激动的情绪从心底蔓延起来。经历了燃烧般的长夏，凉风显得那么可贵宜人，藏起痴醉的蝉鸣，耳畔是一片悠远的宁静，而视野却一下子变得那么清幽辽阔。

　　我们就是在这样一个云雾氤氲的下雨天，走进黑麋峰的。一路往前，

风雨过后，涤荡的只是历史尘埃，挥不去的是黑麋峰千年厚重内涵。

碧绿的竹海沿着山路蜿蜒，一条濡湿的水泥路弯入竹林深处。远处的山风扑过原野，一股绿叶的清新沁入心底，氤氲的雨雾弥漫山间，像极了一个没了束缚的野小子，无拘束地到处游荡，狡黠地遮掩去大半的山路小道，硬是让草丛树林披上柔情的薄纱。在朦胧的薄雾中，依稀可以看见山腰的白墙黑瓦、池塘碧荷、水稻梯田……静谧安宁，演绎一方岁月的静好。

高峡出平湖，黑麋峰主峰海拔 590.5 米，是长沙市面积最大、海拔最高的国家级森林公园，透过斑驳的树影，可见一片片碧水静坐在山间，潇湘天池、镜虚湖、仙麋湖，每一个湖都是一片诗意，都是一种风情。潇湘天池面积 43.6 公顷，库岸气势雄伟，水天一色，犹如一颗碧玉镶嵌于黑麋之颠；镜虚湖水体狭长，两岸为典型火成岩，石山灌木绿意盎然；仙麋湖水体清澈，岸线自然蜿蜒，林竹茂密，景色秀美，构成了省内独一无二的抽水蓄能电站景观。微风轻拂着揭开湖的面纱，苍翠的青山倒映在湖面上，偶尔几只淘气的飞鸟贴着湖面轻扬而去，一阵水波细

浪后，山的倒影幻化成了一尾鱼，在水中轻歌曼舞。

一路往前，黑麋峰山地自行车速降 DH 赛道如盘蛇般蜿蜒在山峰之中，赛道规划长度为 1.9 千米，落差达 289 米。悬崖、急弯、岩石、失重感……这是一条被骑行爱好者称为"终极挑战"的一条车道，众多骑行发烧友到这里来体验在山林中掠风而过的快感。这样寂静的山林，可以在清凉的飞翔中感受来自风与绿意的侵袭，不做任何目的地天马行空，身体可以如风般在山林间随意流荡，通达自由。

洞天福地的厚重

一方山水涵养一方人文。据传八仙之一吕洞宾曾在此山修道，至今仍留有"寿"字石刻，洞宾岩、鞋子石等十多处吕仙遗迹，所以道家称此山为"洞阳山"，列入"三十六洞天"的第二十四位。唐高僧及书法家怀素、明正德皇帝朱厚照曾游历麋峰，至今墨迹犹存，唐代大诗人刘长卿忘情此山水之中，欣然提笔写下一首五言律诗："旧日成仙处，荒

林客到稀。白云将犬去，荒草任人归。空谷无行径，深山少落晖。桃源几家住，谁为启荆扉？"

伴着清风往前，盘桓而上的环山水泥公路和四通八达的石级游道，将三僧古墓、翠竹亭、七佛塔、仙姑庵等景点紧紧相连。几百年过去了，时间带走了曾经寺庙林立的辉煌，遗留在山间的石刻石雕、书法遗迹与寺庙遗址已是面目沧桑。风雨过后，涤荡的只是历史尘埃，挥之不去的是黑麋峰千年的厚重与内涵。

既是名山，自然少不了名刹。沿着陡直的山路往上，黑麋寺端坐山顶，雨雾朦胧间宛若一方尘世之外的世界，如此的不真实。鳞鳞有序的瓦阵，翼然翘展的飞檐，依峰就岩的宫观，在岁月的打磨下，斑驳淡然，弥漫着古朴肃穆的气息，一种灵性的风景，挟带着厚重的历史气息，扑面而来。黑麋寺始建于唐玄宗年间，距今近1300年。这里常年香火兴旺，盛名远播，为禅宗南派临济宗，尊为长沙地区佛教四大圣地之首。寺庙经明、清两代三次重修和扩建，使寺庙成前、中、后三栋（后殿为清代建筑），整个建筑为石梁石柱，榫接吻合，结构严实，殿宇轩昂，屋面盖黄釉筒瓦，雕梁画栋，飞檐宝顶。

大雄宝殿内，微尘禅师正带领寺内众僧在诵经念佛，偶尔钟鸣，木鱼声声，邈远而安详，如寺内的众佛，安详从容而不失庄严，一种神韵，一种空灵的自在。我站在一旁注目着，青烟袅袅间，信徒们一众的虔诚，彷佛有一种正能量正在积聚，任你固结着多少浮沉悲绪，忧伤、感怀、压抑……在宛妙的梵音拨动心弦的一刹那，便能顷刻间涤荡净尽，化于无形之间。恍惚间，我听见，心里有一口古钟，随着寺院木鱼，咚咚而响，钟音悠长，而后平息，再无波澜。

链接

【潇湘明珠塔】黑麋峰顶巍然屹立着一座多普勒气象塔，高达45米，由国家气象局和省政府共同兴建。这是我省第一家对外开放的国家级气象站，游客站在45米高的气象预警雷达塔上，既能登高望远，又能学习科普知识。
黑麋峰咨询电话：0731-88430038
交通：长沙芙蓉北路伍家岭距离黑麋峰森林公园仅19公里的路程，沿芙蓉北路一直往前，过沙河大桥，行驶约60米后直行进入X0583，沿X058行驶9.5公里，到达长沙黑麋峰森林公园。

（上图）潇湘天池面积43.6公顷，库岸气势雄伟，水天一色，犹如一颗碧玉镶嵌于黑麋之颠；

（右图下图）黑麋寺始建于唐玄宗年间，常年香火兴旺，盛名远播，为禅宗南派临济宗，尊为长沙地区佛教四大圣地之首。

道吾山
谭嗣同为他写诗

先读为快

道吾山，长沙名山，位于浏阳市北郊，该山是中外驰名的佛教圣地，峰峦叠嶂，怪石深壑，山泉涓涓，风景区规划为六大景区，43个景点，有高峡平湖，千年古松、五老雪暴、祖师岩、冷泉井、回龙桥、引路松、老龙潭、明月湖等，其中千年禅寺兴华寺，距今已有一二〇〇多年历史。

走入道吾山，我们就仿佛走入了一种理想的境界。

红叶田田，滴滴雨露滋润出了一个多彩的秋天，一个个反反复复复的日子，如同年轮一样轮回，春去秋来。其实就是生命的来与去，缘起于春风，缘灭于秋风，春风暖暖，秋风瑟瑟，生命由绿到黄，到红，到紫，绚丽出了一个个灿烂的日子。然而生命的灿烂极致，也恰恰是生命的终极，放在佛教的语境下，这叫"灭谛"，更通俗的说法是"涅槃"，一个理想的境界。走入道吾山，我们就仿佛走入了这种境界。

道吾山，古称白鹤山，又名赵王山，位于浏阳市城北，这里山峦重叠，群峰竞秀，风景旖旎，历史悠久，是中外驰名的佛教圣地，有高峡平湖、千年古松、五老雪暴和千年禅寺——兴华寺，距今已有1100多年历史，相传僧人宗智在此开山讲法，宗风大畅。

佛法讲究"缘"，兴华寺的缘起始于僧侣宗智，唐大和年间（827～835），宗智走入道吾山，未及山顶，为巨石所阻而坐石穴。忽有白衣老人自称沙伽龙，近前致礼说："师为开山祖，待师久矣。"宗智答道："吾志唯此，道成吾矣。"语毕，风驰电掣，石裂道开，宗智从此割茅斩棘，辟地开山，并以"道吾"命名此山，建道吾寺。唐文宗时又名兴华寺，

在馨香不绝的道吾寺，虔诚的叩首千年不断，

从此，馨香不绝，虔诚的叩首千年不断。

其实，在唐文宗与唐武宗时期，正是佛教在中国遭遇大迫害的时期，兴华寺的建立是个奇迹。当年，唐武宗下令裁撤天下佛寺，据统计，共拆毁佛寺 4600 多处，还俗僧尼 26 万余人，这一举动无疑是疯狂的，同时也能够看出佛教在当时的鼎盛。

然而，在浏阳这片宁静的土地上，几乎同一时期兴建的寺庙还有大光寺、石霜寺、宝盖寺等，不但没有被摧毁，反而香火鼎盛，这其实也反衬了那时浏阳的苦难，朝廷的腐朽，突厥的入侵，民不聊生，祈求佛祖的保佑成为了寻常百姓唯一的寄托。孩提时代的谭嗣同曾题诗赞赏兴华寺，"夕阳恋高树，薄暮入青峰。古寺云依鹤，空潭月照龙。尘消百尺瀑，心断一声钟。"

今天，我们沿着千年"引路松"所组成的蜿蜒山道，走向兴华寺，这些明代兴华寺住持所植的松树已仅存 100 多棵，树径粗大，需几人合抱。2003 年夏，曾创作天安门城楼第一幅毛主席巨像的中央美院教授周令钊夫妇，慕名前来道吾山，为北京人民大会堂迎宾厅设计雕刻"迎宾松"取材。从"引路松"里精选了一组神形兼备的古松为素材，雕刻成一幅汉白玉松群壁画置于迎宾厅，壁画的名字就叫"浏阳松"；引路松里有"浏阳松"，浏阳确实曾经引领了一个时代。

道吾山景区咨询电话：0731-83628506

大王山
快乐新生代

先读
为快　大王山旅游度假区位于岳麓区坪塘镇，地处长株潭城市群的中心，东临湘江，北接洋湖生态湿地公园。大王山旅游度假区将分为四大功能区，分别为大王山旅游度假区核心区、生态修复提质示范工程区、巴溪洲水上公园、会议中心区。其中，大王山旅游度假区核心区将以大王山公园、曾国藩墓园、矿坑文化园为主体，生态修复提质示范工程区为集会议、旅游服务、商业配套、生态宜居为一体的复合型旅游服务中心，巴溪洲水上公园将建成集游艇俱乐部、体育俱乐部、生态湿地于一体的综合性水上公园。通过引水入城、结水成网，打造独具特色的芙蓉水城，届时，城与江无缝交融，乘船可从湘江直接进入内陆纵深的区域。

大王山冰雪世界效果图

巴溪洲水上乐园，水世界的奇妙之旅

　　巴溪洲为湘江中游洲岛，由湘江水冲积而成，南北长约 3.2 公里，平均宽约 260 米，四面环水，地处长株潭三市中心位置，为岳麓区坪塘街道红桥村所在地。洲西临坪塘老集镇区，东临天心区解放垸生态田园农业区。

　　景点规划由世界知名设计公司 SWA 设计，游艇俱乐部由世界知名建筑大师汉斯·霍莱茵设计。根据规划，巴溪洲水上公园总占地面积 1100 亩，

巴溪洲景区效果图

集游艇俱乐部、生态湿地于一体，为综合性水上公园，计划投资 2.3 亿元。公园依次将建九溪烟树、石龙花园、木龙花园、水影广场、荷塘月色、天鹅剧场、柳堤春晓、苇风芦影、长河红霞等 9 个景点。巴溪洲水上公园景观工程目前正式全面开建，计划 2014 年国庆建成开园。

大王山旅游度假核心区，冰雪世界的狂欢

大王山旅游度假区原来是坪塘老工业基地，主要以水泥、化工、建材等高污染、高能耗、高物耗、低产值的工业企业为主，环境污染一直是公众投诉的焦点，对饮用水源安全亦构成严重威胁。度假区计划投资 800 亿元，将这个地质灾害多发的工矿区打造成环境优美的旅游度假区。建成后，大王山旅游度假区将是迄今为止湖南最大的旅游产业项目，片区内将拥有冰雪世界、湘军文化园、体育休闲公园、汽车主题公园等一批引领性休闲度假项目。

大王山旅游度假中心区以 350 亩桐溪湖为依托，打造世界级的旅游度假综合服务体，包含世界最大的室内滑雪场及冰雪娱乐、室内水世界、高端体验度假酒店群、滨水文化商业街区以及商业复合综合体等项目。冰雪世界是世界最大的冰雪乐园与水上乐园相结合的主题乐园，也是中国首个四季都能滑雪和戏雪的主题乐园，占地约 170 亩，其中冰雪区面积约 4 万平方米，以阿尔卑斯山村落为背景，为游客带来阿尔卑斯山的冰雪文化体验和身临其境的全新感受。

水上主题乐园结合冰雪世界设计，拥有 2 万平方米室内水乐园和 5.5 万平方米室外水乐园，游客将能在此感受冰与水的双重体验。冰雪世界由国际知名的奥地利蓝天组设计，预计年底启动建设，2016 年建成开业。中心区除了冰雪世界外，还将建有五星级酒店、15 万平方米的商业复合综合体和占地约 450 亩的大型室外欢乐主题乐园。

快乐长沙 游 山水

贰

親水雅題

CHEERFUL CHANGSHA
TRAVEL SERIES

长沙的江河湖泊之美，在于它的水网密布，既有江河的辽阔、丰腴之境界，也有湖泊的宁静、澄澈之意境。湘江、浏阳河、沩水、捞刀河等，辽阔、丰腴、蜿蜒、曲折，它们所孕育出的人杰，一次次把湖湘文化推向无与伦比的高度，并扮演中国历史的主角。青羊湖、团头湖、石燕湖等，既有湖泊的湛蓝、澄澈的自然之美，也有宁静安详的生活意境。

快樂長沙

湘江／长沙最柔美的身段

先读为快 ｜ 湘江是湖南省最大河流，为长江主要支流之一。发源于宁远县、蓝山县境内的九嶷山境内，在湖南省永州市区与潇水汇合，开始称湘江，向东流经永州、衡阳、株洲、湘潭、长沙，至湘阴县入洞庭湖后归长江。全长817公里，流域面积92300平方公里。上游水急滩多，中下游水量丰富，水流平稳。干支流大部可通航，旧时是两湖与两广的重要交通运输线路。

HAPPY CHANGSHA

湘江，躺在湖南身上，千百年来，奔腾不息，她从九嶷山北来，越过山谷沟盆，八百余公里，到达洞庭湖。这一江水，见证了千年历史，也沉淀了湖湘文化，孕育了这里的人们，浇灌着芙蓉国里的芙蓉花。她像一面镜子，照见历史，像一首歌，欢乐吟唱，而歌声里，一定有这样一段，长沙，长沙。

风光带里的欢与闲

不知从何时起，长沙成了娱乐之都，尽管从前它历经沧桑，但不论如何，现在它的基调是快乐，而这里的人们，则遇上了一个轻巧的时代。日里有公园茶馆，夜间有歌舞酒肆，何时何地，都可以消遣，乐享星城。

除娱乐方式丰富之外，长沙的景色也颇有洞天。要说风光美，只有山石树林是不够的，略为呆板，总得有水才更显灵动。湘江是长沙的魂，穿城而过，带来了生命之水，也留下了美丽的沿江风光带，那里是休闲的绝好去处。沿湘江而行，由南向北逶迤，最美一段与橘子洲隔水相望。岳麓为屏，立于江边眺望，橘洲卧波，流水北去，江心帆船点点，阳光像金子，随波纹荡漾开来。

信步于岸边，杨柳依依，凉风袭来，风筝装饰着天空，游人互为背景，你中有我，我中有你。假日里，这儿颇为热闹，可热闹

阳光明媚的天气，江边成为人们爱去的地方，老人们相约下棋喝茶，有的一家三口漫步散心，而年轻情侣牵手笑语，呼吸，空气里是幸福的味道。

中每个人心里却是悠闲，像遛弯的老嗲，走在人群中，怡然自得。阳光明媚的天气，江边成为人们爱去的地方，老人们相约下棋喝茶，有的一家三口漫步散心，而年轻情侣牵手笑语，呼吸，空气里是幸福的味道。

喧嚣属于岸上，江水只管自己静静流淌，不言语，才造就了这厚重的美感。你可以站在朱张渡口怀古远望，也可以在杜甫江阁吟诗品茶，甚至可以走到市民的舞蹈队里载歌载舞。待时间慢慢爬过去，华灯初上，霓虹的光亮开始为你讲述夜的故事。

岳麓山上的文与史

"惟楚有材，于斯为甚"。任职湖南时，朱熹在岳麓书院留下了重重的印记，也使岳麓山得以扬名。岳麓山之美，不在山奇峰险，而在文史丰厚。当你驻足山脚，历史的风已

经向你吹来，宛若久久沉默的钢琴，弹奏起昔日尘灰。

从山脚沿坡而上，这条路，毛泽东走过。那时他恰同学少年，为野蛮体魄，登上岳麓山，风华正茂。如今路旁青松站立，依旧郁郁葱葱，道路却变得宽阔坦荡，已然不复旧时光景，上山的调子也轻快了许多。然而岳麓的魅力却更胜当年，但凡来长沙旅游、工作、求学，如果不走一趟就算不得圆满。从枫林路两边的店铺穿过，没有人会过于匆忙，岳麓山不高，要的不是登顶的征服感，要的是对历史的膜拜，人文的洗礼。

游人走到山腰，总喜欢在爱晚亭前合影留念，这是一种对文化的亲切感，为了从课本里走来的那句"停车坐爱枫林晚，霜叶红于二月花"。曾在白云深处的杜牧，停车于树林徘徊观赏，知道霜叶绝美，却不知他死后

仁立在橘子洲头的青年毛泽东雕像。

会有这么一座举世闻名的爱晚亭。

　　岳麓山上有许多革命先驱的墓葬。这些茔墓掩映在苍松翠柏之间，庄严肃穆，黄兴、蔡锷墓是其中最巍峨的两座。这里又是许多老一辈无产阶级革命家早年从事革命活动的地方，走在其中，仿佛历史映入眼帘。长眠于山间的英灵，影响了中国的历史，亦改变了我们的生活。

橘子洲头的梦想与包容

　　长沙边上的景点，大多受了名人的眷顾，湘江如此，岳麓山如此，橘子洲更是如此。讲到橘子洲，绕不过那句"湘江北去，橘子洲头"，是《沁园春·长沙》使橘子洲名声大振。

　　橘洲的魅力，却是由来已久，百年之前，长沙辟为开放商埠，英国人看上这里，在洲上建了领事馆。现在的橘子洲，不再是从前

> 橘洲的魅力，却是由来已久，百年之前，长沙辟为开放商埠，英国人看上这里，在洲上建了领事馆。现在的橘子洲，不再是从前那个种橘捕鱼的江心小岛，旧时往景，只停留在老长沙人的回忆里。

那个种橘捕鱼的江心小岛，旧时往景，只停留在老长沙人的回忆里。远远望去，而今橘洲宛然一幅格局整齐的画卷，在湘江的怀抱里缓缓展开，用新的科技，去实现关于与时俱进的梦想。橘子洲地广江阔，建成了美丽的橘洲公园，休闲娱乐而又链接着历史的遐思。洲头，还建有一座民族特色的亭阁，飞峙在湘水之上，点缀于绿树之间。每逢节假日，百米喷泉，洒向天际；到夜间，焰火飞扬，映在江心，好似油画。

现代文化已深入其中，但橘洲依旧沉着。毛泽东青年艺术雕塑伫立洲头，迎着湘江，问苍茫大地，谁主沉浮。这既是对历史的祭奠，亦是寄予未来的思考，激励着人们奋发向上，为理想蓄志进取。

橘洲最可贵的地方在于包容，它像一个大熔炉，不管时间，不论国度，任由万物生长。这里举办激情的摇滚音乐节，这里拥有源自西方的沙雕艺术展，这里蕴藏着百年的建筑和文化。科技绽放，艺术肆意流淌，而史是橘洲的根。

星城长沙的快与慢

城市的步伐，伴着红日，不曾停歇，长沙亦是如此。底下有地铁延伸，地上有高楼疯长。在 2007 年北辰实业以 92 亿竞得浏阳与湘江交汇的新河三角洲，这里将建起博物馆、图书馆、音乐厅，成为长沙的新坐标和文化名片。而先导控股三年投资 300 亿，提速河西，为湘江岸边增添了许多人文美景，这是属于长沙快速发展的故事。

快的时候，需要用慢来调节，走太迅速，容易把灵魂抛到后头。此时，不如休闲，等等自己，去享受天伦之乐。在长沙，洋湖湿地公园会是好去处，绿树停在路边，连接远方，鸟儿穿梭嬉戏，初见已然宁静。从前这里是连年水患之地，是长沙最大的蔬菜基地之一，如今生态安好，湿地休闲区、湿地生物多样性展示区、湿地生态保育区、湿地科教区，依次排开，美得惬意。

（上图）城市建设的步伐，伴着江水，不曾停歇。
（下图）湘江西岸的洋湖湿地公园，再现了久违的湿地生态。

要说节奏更缓慢的地方，湘江西岸有一岛，名曰月亮岛，尤甚。她如一弯月牙亲吻湘水，两头的沙滩依偎着，日夜与碧波作伴。岛边的柳林挂在风中，群莺纷飞，青草飘香。月亮岛是静的，远离繁华，露营爱好者们颇为青睐这里。夜宿于此，闭目聆听涛声，披着岛上的星辰入梦。

古镇深处的安宁与静谧

每一日都将成为过去，而过去的东西，总被时间慢慢稀释。沩水入湘江口，有一个古镇，曾经家家开行栈，户户是店铺，人声鼎沸，此起彼伏。如今湘江依旧南来北往，而客船不再，因江水繁华的它，随着陆上交通兴起，便跟着舟楫寥落了。这个古镇便是靖港。

徜徉在靖港街头，街道上的麻石，一格一格，抚摸脚掌，人恍如踏在黑白琴键之间，音符古旧。两边铺面静静开在那里，彩色的旗幡摇晃，就是他们的招牌。靖港仿佛还停在三四十年代，细柳映在李靖湾里，青瓦白墙的影子，贴着"乌舡子"小船。铁匠铺发出阵阵的叮咚声，木匠作坊里堆满刨花木屑，姜糖和木锤酥的香味弥漫，不闹不静，谐和有致。靖港的店铺，很晚开门，夜间没几家营业的，默默然，走在其中，难得被打扰。

与靖港隔江相望的是铜官镇，历来以陶瓷闻名于世，铜官镇南约六公里的兰岸嘴，有个铜官窑，是中国唐朝彩瓷的发源地。此处依着连绵的山丘，面临湘江，现存有许多唐代烧窑的遗址，也保留了这项古老的技艺。游人到铜官窑来，可以品美食，赏风景，甚至挽起袖子亲手做一件瓷器，学习传统手法，感受来自历史深处的温度。

沩水入湘江口，便是古镇靖港。

不论铜官或是靖港，都有它自己的调子，不急不缓，是时光扫荡后遗留的安宁。希望他们不被现世改变，存着彼时的味道，为人们留一片静谧所在。

乔口渔都的文人与诗韵

在望城乔口渔都，有一个三贤堂，敬供着曾来乔口的杜甫、贾谊和屈原三位文人。这是历史的巧合。杜甫当年到长沙，第一站便是乔口，至今还留有诗歌《入乔口》，其中一句如是，"贾生骨已朽，凄恻近长沙。"杜甫南来，飘摇不定，凄恻愤懑。而诗中的贾生，便是贾谊。因奸臣进谗，得罪权贵，贾谊被贬出京师，到长沙国当太傅。长途跋涉使他深感孤独和失望，望着滔滔江水，思绪联翩，写了一首《吊屈原赋》，而屈原也正是因奸臣权贵逸言遭到流放。杜甫路经乔口，感怀贾谊，

贾谊路经乔口，凭吊屈原，三位有政治抱负的文学巨匠，因乔口古镇而跨越千年，以彼之伤，抒己之痛，呜呼哀哉。

乔口建有杜甫码头，映照水边，沿码头而上，走在曲折的观光栈道，偶尔可见垂钓的渔夫。路边雕塑栩栩如生，刘福泰行旁边的石磨、栓船仵立，可以想见出当年这里商贾云集的场面。漫步在柳林江畔，追寻杜甫诗韵，靠江而建的白墙青瓦错落有致，清新淳朴，当乔江书院旁的柳条袭起，俨然一幅江南水墨画。

铜官窑古遗址

乔口渔都

浏阳河 九曲十八弯的浪漫

浏阳河位于湖南省东部，是湘江的一级支流，发源于罗霄山脉的大围山北麓，有大溪河和小溪河两个源流。全长共222公里，流域面积3211平方公里，流经浏阳市、长沙县市共40个乡镇。其上游河谷切割深，水流湍急，下游河道宽阔舒缓，波光粼粼，最后在长沙市的陈家屋场注入湘江。

溯源浏阳河，玩赏山水景致

山峰高耸，水往低处，细流积少成多，而能成江河。要说浏阳河，自然从山水开始。罗霄山脉的大围山北麓，一汪溪水就着地心引力，穿梭于树木之间，在土地上画一条口子，清清然，随性而下，不知去向何方。谁也无法预见，这么几处看似寻常的水道，竟流出了举世闻名的浏阳河。它们奔流而去，汇入湘江，把大围山原本藏在深处的秀美，介绍给了世人。

　　大围山位于浏阳市东北部，境内群山环抱，立峻挺拔。山间树林浓密，似一床地毯铺将开来，使之青翠的大美显现，却又把细处的唯美隐藏，假若不走在其中，难以发现那种山重水复的境地。当你亲自前往，在栗木桥至森林宾馆的公路旁，可以看到两棵黄山老松，它们一高一低，一胖一瘦，紧紧依偎，犹如夫妻一般，被游客唤作夫妻松。而栗木桥景区还有两块恩爱的石头，二者亲密无间的挨在一起，好似亲吻，名叫"吻石"。大家不知道它们到底相守了多久，也懒得查纠，不论是夫妻松或者吻石，都寄予了人们对爱情的美好愿景。

　　从栗木桥步行下山，可以听见龙泉溪汩汩流淌的声音，大围山除了奇松异石令人惊叹外，流泉飞瀑也是一绝。在崇山峻岭和茂密森林之间，大围山精心布置，往阑珊处洒下了100多处精美瀑布。其中最有名的要数"五桥喷雪"，五座木桥呈"之"字形错落在溪涧的巨石之间，当漫步于木板桥上，往下一看，但见飞瀑流泻，卷起千堆银白雪浪，流水声催促耳膜，眼前的景象蔚为壮观。

　　若观看仍觉得不过瘾，想亲身体验山水乐趣的话，可在大围山峡谷乘皮艇顺水漂流。期间，峰回路转，险象环生，实在惊心动魄，好不刺激。正当水浪爽快之时，景色也开始在面前放映，碧波荡漾，险峰奇石，古树鲜花。人与自然融合，美作一团，怎能不去浮想联翩，

河边渡口，印记着一代又一代童年的回忆。

自我陶醉。

　　漂流所见景点毕竟有限，无数风光在险峰，大围山海拔 1600 多米，登顶是一大趣事。在途中挥得无数汗水，一口自然风景，一口内心力量，方能湿透青衫，享受到这征服的快感。会当凌绝顶时，目之所及，壮阔不已，侧耳聆听，松涛声随风起伏，这是大自然创造的美妙乐曲。伴着围山松涛，再细细品味林中之草木，欣欣然，如何不是上天的馈赠。当暂时抛下凡尘浮世，投身于这自然之美中，心里，倒合了徐志摩的一句诗："此时可以忘却无数落蕊之残红，忘却我的希冀与心声，忘却我的恩泽与惠感，忘却我的过去与现在"。此时，没有纷争，大自然的美，便是你的美，你的美，便是一切的美。

随行浏阳河 品味风光物产

　　太平洋上吹来湿润的风，在大围山上空凝聚，落下来，打在叶上，打在花上，打在丛林中的鸟窝上。嘀嗒，淌过树根，淌过草丛，淌过岩石的缝隙，汇聚到一起。猿猴摇

晃脑袋，抖落身上的雨湿，这水滴入了河里。河水顺流而下，载着落红，载着残枝，载着大围山上的尘土，飘然远去。山的高度把雨水收集成了血脉，浏阳河的美就此展开。

　　我们顺江而行，与碧透的波涛作伴。水流刚出大围山，坡高水窄，河谷切割较深，流起来，像调子欢快的乐曲，于茂密森林中奏响。江面则似一块流动的油布，大自然用四季的笔，在上面描绘花开雪落，春夏秋冬。在浏阳河上游的大溪河底，岩石层中盛产天然菊花石，其"花"蕴育于两亿多年前，因地质运动而自然形成，花型酷似异彩纷呈的秋菊，呈乳白色，且纹理清晰、界线分明、

晨曦映照下的河边小镇，不时
传来阵阵洗衣的拍打声。

神态逼真。菊花石是浏阳市的独特手工艺品，享誉中外，离了浏阳河便再没有如此的巧夺天工。

　　流水款款而去，急切抚摸着河床，到了双江口，大溪河与小溪河交汇，江面豁然开朗起来。河水本就非常清澈，流速慢慢变缓，用来漂洗布料再好不过。用浏阳河水漂过的夏布，洁白如银，质地细腻，明代即被列为朝廷贡品，清中叶已负盛名，光绪年间承载着精湛纺织技艺的浏阳夏布，还销往东亚、南洋等地。在九曲潆洄之间，浏阳河姿态婀娜，各个时代生产的夏布加起来，怕是要超过河长。随河道继续下行，两岸翠屏耸立，风光旖旎，村落屋顶上的炊烟辨认着风的方向，水流迈开步子，不消太久就到了镇头市。

　　从镇头市起始，便算是浏阳河的下游。水流徐徐，泥沙也不想走远，沉淀于江底，

堆积于岸边，成了田畴沙洲。在这些肥沃的土地上，依托着乡村人的希望，夏日绿禾随风起伏，秋天稻香四溢。近年来，在浏阳的山水间，建起众多的农家乐，它们各有特色，但却又都少不了一样东西，那就是获得国家地理标志集体商标的浏阳蒸菜。若得了空闲，城里人很喜欢来品品美食，赏赏风景，享半日清静。农家乐在淡季的时候，村民们也不闲着，湘绣、豆豉、茴饼、纸伞、竹编这些特产，都是登得上台面的好东西，做出来，自己用也好，拿出去销售也罢，传统的技艺不能流失。说到特产，有样东西不得不提，那就是浏阳烟花，不论是北京奥运会、上海

世博会,还是60周年国庆大典都有它的身影,浏阳烟花一次又一次向世界展示了绽放的魅力。

似乎一切关于浏阳的骄傲与赞美,都离不开浏阳河,它承载着整个浏阳的风光与物产,在时间的波涛里不断前行。它逶迤延伸,从山高流向路平,急切过,平缓过,但从未静止,带着一个叫追寻的故事,尝着古今的味道,从湮远走向未来,从乡村这头淌到城市那头。直到在陈家屋场注入湘江,自此,浏阳河水才离开浏阳河。

探寻浏阳河 感受人文情怀

浏阳河,并非只有山水物产那么简单,曾经的故事在这里流淌千年,秀美的风光中也有着数不尽的人文情怀。昔人已去,楼宇却没化作烟尘,为追寻历史的痕迹,我们前去探访浏阳河畔的人文景观。

河水依山而下,穿过浏阳城区,城区内有个著名景点——浏阳文庙。文庙是为祭祀孔子而建,又称之为孔庙、夫子庙。作为对中国影响最为深远的学说,儒家学说绵延至今,已有两千五百余年,而孔子渊博,受后世敬仰,历朝历代修庙祀孔的不在少数,浏阳文庙是其中少数保存较为完整的一座。古人入学行祭拜仪式,普遍的很,经学人书生百年祭祀,浏阳文庙已是底蕴深厚,从堂前走过,给人以宁静肃穆的感觉,仿佛看见青年着长衫跋山涉水而来,虔诚祭拜,许愿圣贤护佑。民国时,文庙被辟为县立初级中学,革命前辈胡耀邦、杨勇等先后在该校就读,爱国志士谭嗣同也曾来到这里,创办了中国近代第一个民间科技团体"新算学馆"。

出浏阳城区不远,有谭嗣同大夫第故居。维新志士谭嗣同,曾在这里度过了人生中一段重要的时光,居住浏阳时,他拜师涂启先,学习经史,博览群书,并常在"大夫第"内舞棍弄剑。即便出走游历之后,谭嗣同仍多次回到浏阳,居"大夫第"与会友共探救国之法,受到了许多爱国主义思想的熏陶,形

河畔村落,晨雾仙境。

曾经的故事在这里流淌千年，秀美的风光中也有着数不尽的人文情怀。

成他主张维新变法的初级理论思想。1898年谭嗣同参加戊戌变法，变法失败后，他并未慌忙求生，言曰"不有死者，无以召后起。"意态从容，以牺牲自己年轻的生命，呼唤后人警醒。

在浏阳生活期间，谭嗣同认识了唐才常，两人成了刎颈之交，谭嗣同死后，唐才常组织自立会，并领导自立军起义，后被张之洞杀害。然而谭唐只是近代历史在风云浏阳的一个开端，先后还有黄兴、徐特立、杨开慧、许光达、王震、胡耀邦等从浏阳河畔启程，为中国作出了不可磨灭的贡献。

近代历史在浏阳河畔惊鸿一瞥，河水则像是纽带，连接着这些风流人物与历史景观。从谭嗣同故居出来，顺水而下，便有徐特立故居、黄兴故居、许光达故居。而开福寺、马王堆汉墓、陶公庙这些人文气息浓厚的景点，也均在这纽带旁熠熠生辉。

链接

谭嗣同在大夫第居住的时间虽然不长，但留下了许多耐人寻味的故事：谭父有一偏房卢氏，依仗丈夫的宠爱，对谭嗣同百般歧视和虐待。有一次，正当大年三十晚上，谭氏家人围在火炉旁共享天伦之乐，卢氏这时对谭父挑唆说："七公子（谭嗣同）读书真有长进，能与先生争论学问呢。"想以此来开罪谭嗣同，但父亲谭继洵却是大喜，认为儿子不错，敢与老师辩理，就当场出示上联考谭嗣同："除夕暗尤光，点一盏灯，为乾坤增色。"第二天早上，谭嗣同跑到祖堂，对准堂鼓"咚咚咚"敲了三下。父亲被惊醒了，问起对联之事，谭嗣同说："初春雷未动，发三通鼓，助天地扬威。"可见，谭嗣同从小就勤学好问，聪明过人。

浏阳市旅游局电话：0731-83611806

沩水
流动的快乐

先读为快

沩水，古名：玉潭江。发源于湖南省宁乡县的沩山，自西向东流入长沙市区境内，在长沙市望城区的新康乡与高塘岭街道交界处流入湘江，全长144公里，流域面积2750平方公里，被誉为宁乡县的母亲河。

　　水，是大地的血液，也流淌在人的身躯里，沩水，是宁乡的血液，也流淌在宁乡人的身体中。江河之所以伟大，在于水的集结，水可以滋养风光，水可以孕育生命，水可以传递温暖。千百年来，沩水以平静的姿态流落，承载着一路的悲欢，滋养着沿岸的美景，孕育着宁乡的文化和世世代代的宁乡人。

秀美沩水 滋养风光 沩水，这条滋养着宁乡的河流，起源于沩山，"衡岳之下，山之大者数十，而沩最著"的那座沩山，从清代著名学者陶汝鼐对沩山的这句评价中，可见其声名。沩

山自古有"大沩凌云"之壮观，但它的要义不在"凌云"，而在禅宗。公元 807 年，时值晚唐，灵祐禅师建"密印禅寺"于沩山毗庐峰下，创宗立派。朱熹、毛泽东等人曾先后慕名前来拜谒，夜宿古寺，聆听山林之回响，享受奔波后的静谧与禅意。密印寺历经千年，被膜拜过，也被摧毁过，在繁盛与毁焚之间见证了沧海桑田，但佛的胸怀永远是敞开的，如今密印寺依旧燃着馨香，晨钟暮鼓，容纳芸芸众生。

离密印寺不远有个千佛洞，地貌复杂，并有罕见的洞内峡谷。它像是一个迷宫，藏着关于地貌变幻的故事，当去探寻其中究竟，那种山重水复的境地，会使你忐忑，也会给你惊喜。幽深迂回的洞谷之中，大自然设计

着曲折的情节，神秘莫测，深入其中，仿佛就要迷失自己。溶洞内阴河、瀑布暗地横生，奇景迭出，在里边还可享受舒适的温度，冬暖夏凉。

从溶洞里出来，乘车 1 公里便进入悬崖壁立的天然峡谷——峡溪。因为溪流曲折迭宕，深谷幽潭，峡溪是漂流的绝好去处。两岸青山相望，像是绿色的裙摆掩映，溪水激起的音符，打湿了裙裾上的风光。河道沿岸时常几里未有人家，将自己投掷于这山水之间，可以漂去纷扰和牵绊，惊叹之余，洗掉的是烦恼，吸收的是清新。

唯美沩水 孕育文明 沩山脚下，沩水长流，波光随河道奔走，浩淼逶迤。两岸的山峰青翠，

沩水脚下，沩水长流，波光随河道奔走，浩淼逶迤。

守护着灵秀的河道，花开时节，红蕊倒映江心，山不动水动。水流离了沩山，烟波下行，途中有青羊湖，将沩水拦腰截断。

在青羊湖畔，西周"大禾"方国曾在此书写了一段深刻的历史，几千年花开花落，草灭草生，方国何处去，已不为人知，但它却留下了四羊方尊、人面纹方鼎、兽面纹提梁卣等2000多件青铜器，令世人称奇。那些拂去尘土的器皿，曾经感受过古人的温度，在冷落了千年之后，与我们偶遇。过了太久，先民所有的故事，都已零落成泥，只留下这些岁月深处的物件，讲述着当年的沩水，一段被遗忘的时光。

沩水流域的故事，似乎总由这一江水来推动，西周的"大禾"方国，在这里孕育，在这里湮灭；唐末的灵佑禅师，在这里参禅，又在这里圆寂；南宋的大将张浚在这里生存，还在这里长眠。从三国蜀相蒋琬、宋代状元易袚、大理学家张栻，到共和国主席刘少奇、中共创始人之一何叔衡、人民司法奠基人谢觉哉，一大批名人俊杰生于斯长于斯，为这灵秀沩水作着最好的诠释和注解。

不论是远古文明，或是现代文明，沩水贯穿其中，担负历史的传承；不论是乡村生活，还是城市生活，沩水由此到彼，接连不同的地域。当晨起的光亮刚映上水面，勤快的渔民轻轻摇开船桨，转眼便是江心。在沩水的浪涛中，有无数个关于收获的日子，它所收获的，除了沿途的乡村小镇，还有美丽的宁乡城。如今的宁乡，高楼林立却又藏着雅致，商业迸发而又不失风韵。在沿江风光带，无数的故事于唯美中展开，情感不会褪色，文明不怕喧嚣，沩水用所有内涵与活力，载着宁乡扬帆起航。

当你走进灰汤，迎面而来是无尽的温暖，这种温暖，可以驱除疲劳与烦忧，养身怡心。

柔美沩水 传递温暖 沩水，滋养着风光，孕育着文明，让宁乡之美淳厚而深邃，但它的奉献不止于此。当你走进灰汤，迎面而来是无尽的温暖，这种温暖，可以驱除疲劳与烦忧，养身怡心。灰汤温泉是中国三大著名高温复合温泉之一，含对人体有益的29种微量元素和10种治病因子，有"圣泉"、"潇湘第一泉"之称。

如今的灰汤，则应了朱熹诗中的最后两句，"客来争解带，万念付一洗。"从上世纪60年代起始，灰汤先后建成了多座温泉山庄和度假村酒店，分别有灰汤紫龙湾温泉，湘电灰汤温泉山庄，华天灰汤温泉等，它们集温泉养生、运动休闲、会议培训、疗养体检于一体。依山构筑，风光绮丽，景色十分宜人。近年来，越来越多的游客前来灰汤，解开衣带，感受泉水的温暖。世事即便嘈杂，也要停下来善待自己，裸身于温泉当中，将万般念想付之一洗。

链接

【特别提示】在青羊湖畔，除了"大禾"方国遗址，还有许多名人留下的遗迹。若驾舟游湖，于西面同庆寺旧址，可以瞻仰灵佑禅师的墓塔，观赏大诗僧齐己诗词碑林。南面的官山口，抗金名相张浚、湖湘文物的杰出代表张栻父子归葬在那里，依山而上，便可凭吊。

【美食推荐】青羊湖水质很好，年产鲜鱼30万斤以上，尤以鳜鱼、鳙鱼名闻遐尔，均属大然生长，肉质鲜美。灰汤温泉附近池塘冬春水暖，所养水鸭肉嫩、骨酥，兼有滋阴补肾益肝润肺的功效，为明清两朝贡品，值得一试。

宁乡县旅游局电话：0731-88980063

青羊湖

幽幽船水谣

先读为快 青羊湖也叫黄材水库，距宁乡县城45公里，距长沙100公里。青羊湖将沩水拦腰截断，是沩水上游的界线，是全国第二大土坝工程。湖中奇观突兀，万亩水面，烟波浩渺，两岸青山，静景成壁，白鹭翔飞，鱼戏碧水，放舟击波，心旷神怡，其独特的湖光山色和远古文化、丰富的人文积淀和民族风情，形成一幅世外桃源的美丽画卷。

江南意象 从沩山下来，我们去往了另一个满心澄澈的地方——青羊湖，又称黄材水库，是宁乡黄材镇的一处人工水库，也是全国第二大土坝工程，这里有清净的山，清净的水，是一个能够让人清净心灵的地方。

青羊湖是沩水上游的界线，将沩水拦腰截断，奠定了沩水的清澈与宁静。循着山路至湖畔，只见到千里群山，苍茫无际，那种辽阔，心旷神怡，群山环抱下的青羊湖，蓝得纯真，蓝得质朴。在湖边站立久了，就会觉得，青羊湖是宁静的，宁静是大自然最有节制的天籁，然而青羊湖的宁静不是无声无息，而是在倾听，倾听鸟的飞翔与欢歌；是在欣赏，欣赏鱼翔浅底的灵动与韵味，在生命最本质的宁静中，开始最有力度的释放。

渔舟唱晚，水波涟漪，这些是初唐的意象，也是诗人千百年崇拜的图腾，夕阳映照，百鸟翻飞，帆影绰绰，水天一色，渔船随波渐远的景象，青羊湖就拥有了江南典型的意象了。

这片水域，是激情年代的产物，是人们勤劳的汗水积聚而成的。如今，青羊湖汇流240.8平方公里，12000多亩水面，蓄水量可达1.5亿立方米，年产鲜鱼30万斤以上。四周青山环抱，奇峰耸秀；烟波浩渺，鸟飞鱼跃。周围有蜂子洞、百叶坡、长滩洞、水乡十里画廊、龙潭山峡等景点。

我们到青羊湖时，春雨已过，夏汛未来，青羊湖的丰水季还没到，但湖水仍呈现出摄人心魄的蓝，湖面没有任何杂草、浮游物，澄澈得能够映照出人的灵魂。在此，我们没有看到白鹭展翅，群鸟翻飞的景象，但鸟总是有的，麻雀是必不可少，也许还有布谷鸟、犀鸟等，它们是天地间的精灵，打开天空的诗意，用灵性诠释自然的定义，但水域山林永远都是它们的故乡。人类从水中上岸后，把水带进了家园，水就成为了一种精神与温情。

渔舟唱晚，水波涟漪，夕阳映照，百鸟翻飞，帆影绰绰，水天一色，渔船随波渐远……青羊湖就是一幅仙境般的江南美景。

油画般的水草牧场。

在青羊湖站久了，我们就会觉得群山环抱的，不仅仅是水，还有心仪已久的高度，并产生信仰，信仰它的圣洁，也信仰它的滋润与包容，这也许是人类的宿命，我们永远都逃脱不了，也不想逃脱。

有山有水，水和月应该是青羊湖最美的意象，山因水和月而名显，水和月因山而神圣，水和月因此而有了佛性，成为了生命最大的禅机，而青羊湖就在岁月凝眸处荡漾着这一湾禅意，归向历史深处。

沩水之源 在沩山呆久了，就会觉得青羊湖是沩水故事的源头，水是人类走向远方的方式，每一片水域都会给人类留下畅通的出路。

青羊湖既具有那种江南水乡的古典意味，又具有北国风光那种辽阔的经典意义，看上去小巧精致，里面却博大精深。

青羊湖四周青山环抱，奇峰耸秀；湖南烟波浩淼、鸟飞鱼跃。周围有蜂子洞、百叶坡、龙潭山峡等风光无限的山间谷地，美不胜收。走在曲折优美的环湖路上，仿佛走进了岁月深处一般，无头无尾，永无止尽，但我相信这条路肯定有个诗意的开头，因为即使今天，它仍具有一切诗意的意象。这种意象不是马致远"小桥、流水、人家"的诗意之美，而是大桥、江湖、宜居的和谐之美，这种美更具弹性与时代性。

景区内不仅山水秀美，而且人文厚重，

水上乐园

那些众多的文物古迹仍在，忠于了历史与原著。大坝右侧有"大禾"方国遗址，曾出土大批青铜文物；驾舟游湖，西抵同庆寺旧址，可瞻仰南禅五派之一的沩山灵佑禅师的墓塔，可观赏大诗僧齐己的诗词碑林。南宋抗金名相张浚、湖湘文化的杰出代表张栻父子均归葬于此，行船南至官山口，便可舍船登山，凭吊方国国魂。

湖光山色，水碧如蓝，浩若烟海，山青如黛，媚若瑶琴，这样诗意的朗朗乾坤是属于白天的青羊湖，然而，我觉得青羊湖美的精华应该在晚上，在于水月，有水有月，万物朦胧，没有的情绪，没有的欲望，常常会拾阶而上，隐隐约约，幻化出谜一样的前世今生。水的语言，月的清辉，生命的境界，水与月，酒与色往往是中国古代文人一生的追求，生命，也许可以生活在别处。现在和过去，前世和今生，只是一种预设的境域，在境域之外，抑或还有更高的天空，更蔚蓝的理念。青羊湖却一直从岁月深处走来，水一程，月一程，在柔软的诗文里，在历史人文的延绵中，一缕缕，一丝丝，蔚然成性。

链接

【不可不知的青羊湖】青羊湖能满足人们对回归自然、返璞归真的渴求，是休闲、度假、会议、游玩、娱乐、旅游、避暑的胜地。

青羊湖被水利部评为首批无污染水库，目前，水库管理局在发展水利经济的同时，正着力打造水利风景区，开发挖掘旅游资源。

青羊湖物产丰富，年产鲜鱼30万斤以上。鱼的品种繁多，均属天然生长，肉质鲜美，尤以特产鳜鱼、鲴鱼而名闻遐尔。

青羊湖景区电话：0731-88980011

石燕湖
俯瞰三地的城市之眼

先读为快 石燕湖生态公园位于长沙株洲湘潭交汇处，长沙县跳马乡境内，占地5平方公里。这里群山环抱，碧水如玉，峰峦秀削，古干虬枝，被誉为都市人的天然大氧吧。它是国家3A旅游景区、湖南百景、湖南省十大水体旅游景区、专业拓展训练基地、群众赛龙舟基地，是长沙市民最受欢迎的十佳旅游景区之一。

林深处，曾经有土匪聚集

长沙有一条圭塘河，蜿蜒曲折，穿行于市区，但很多人并不知道它源自何方。沿着河流溯水而行，一路向东，翻过长沙市区东南部的山岭，上游水流愈发清澈，行至水穷处，豁然开朗，一泓碧水跃然眼前，这就是石燕湖。

石燕湖地处长株潭融城的绿心地带，是圭塘河的源流，水面近千亩，水深30余米，湖边林深谷幽，水量丰沛，湖面静美如画。泛舟湖上，满眼青山含翠，碧波荡漾，心中不禁生出无限清凉。湖水清幽纯净，据专家测定，水中富含人体所需的铁、锌、钙等十多种微量元素，达到国家一级水质标准，可直接作饮用水，被称为"人间瑶池，湖南九寨"。

石燕湖清秀的山水里，带着远古的气息。这里曾是古生物群落聚集的地方，有地质学上著名的三亿年前的泥盆纪跳马涧系岩层标准组石，并在此发现了大量的鱼化石、石燕化石，石燕湖便也因此而得名。1927年，湖南籍地质学家田奇㻪、王晓青来这里考察，发现岩层里有大量的腕足类古海洋生物化石，在国内引起轰动，更让人惊喜的是，这里还发现了第一条我国现存最完整的鱼化石，该鱼化石现保存在国家博物馆。

除却自然景色的秀美，石燕湖的历史文化底蕴也可谓深厚。跳马涧、关帝古泉、明吉简王墓、少奇先祖墓等历史人文景观星罗棋布。关于跳马涧，还有一个有趣的传说。建安中，关羽征长沙，与长沙太守所派老将黄忠大战两日，不分胜负，突然黄忠转身一箭射在关羽的盔缨上，关羽的马受惊狂奔，青龙偃月刀也掉在河里，一口气往南跑了几十里，来到石燕湖，只见山峦起伏，登嶂如城，中间一条险涧，后面的追兵喊杀声震天，形

石燕湖湖水如玉，黑龙潭水色如墨，泾渭分明。

势万分危急，这时，关云长的赤兔马四脚腾空，飞跃过涧，关羽得以脱险。后人为纪念关羽，将跃马之处命名为跳马涧。

石燕湖旁边就是三市峰，是整个公园的最高峰，海拔274米，石壁挺立。这种高度，在群山起伏的湖南，完全可以无视，但在长株潭三市融城绿心的核心区，却是一个制高点。解放前，一批土匪在此藏身，所以也被称为寨子岭。如今，土匪早已不在，但登临此峰，体会一下呼啸山林的感觉，也是一种独特的感受，长株潭风物也尽收眼底，而石燕湖，则更像是凝视天空的一双蓝色眼睛。

周末，来一次放逐身心的旅行

从长沙驱车到石燕湖，不到30公里行程，株洲、湘潭相距石燕湖的距离也不超过40公里。如果仅在周末做一次短途旅行，放逐心灵，石燕湖无疑是一个不错的选择。

玩是石燕湖的一大特色。景区开发了数十个独具特色的休闲娱乐项目，如漂流、划龙舟、碧水飞索、跑马、蹦极、烧烤、野战、垂钓、农家乐美食、生态潜水、青少年生存训练、企业拓展培训、篝火晚会、放烛许愿等。作为湖南省十大水体旅游景区之一，石燕湖还是国内专业拓展训练基地、学生素质教育基地和国际龙舟赛基地。

黑龙潭地下峡谷漂流是所有项目中最刺激的。从高空看，石燕湖湖水如玉，黑龙潭水色如墨，泾渭分明。黑龙潭地下峡谷漂流

湖中龙舟赛

分成两部分：地下漂流和森林漂流。地下峡谷曲折幽深，水量充沛，四季长流，水道漫长险峻，流经湘潭坳、株洲湾和跳马涧，从地下穿越长株潭三市。峡谷内常年温度在十七度左右，冬暖夏凉，四季宜人。森林漂流沿途河段林荫密布，周边景色秀丽迷人，漂流既有急流险滩，又有波澜不惊、风景如画的河面，整个行程张弛有度，给人以时而惊险刺激，时而平静悠然的丰富体验。

赛龙舟是石燕湖的一大特色项目，枫林尽染的金秋的时节，赛龙舟无疑是体会碧浪搏杀的最佳方式。动物表演也独具特色，每天3次精彩的表演，狼狗、小熊等齐上阵，石燕湖也因此充满了人与动物和谐共处的祥和气息。景区还开发了数十个独具特色的休闲娱乐项目，有按三星级标准装修的石燕湖山庄，集会务、住宿、休闲、餐饮、娱乐于一体。如今，这里已成为了长株潭三市人们享受绿色，回归自然的首选之地。

链接

自驾从省会长沙到石燕湖，可走万家丽路一直向南，过天际岭隧道，在环保大道路口左转，直走进入X049，前行9.3公里，过赖家塘约150米后右转，行驶0.9公里后到达石燕湖。

石燕湖生态公园客服中心电话：0731-86969114

宁乡漂流
随波逐流画中游

　　盛夏的湖南，烈日如火，然而当我们走入山林，回归自然，在浓浓的树荫下，在峡谷的溪流边，总会有一种柔润清凉的感觉。走进森林溪流，如同走进一个季节的背面，落叶与衰草都成为了往事，就连废墟也被草木苔藓覆盖了，在炎热的风中，树木站成一阙铿锵作响的古词，用绿色的光泽，把阴凉溢满每个角落。走进一个季节的背面，每一滴水，每一条溪流都折射出清凉的本质，并用清凉支撑起另一个夏天。贴近另一个夏天，阅读清凉，清凉便让我们的日子氤氲着水汽，变得柔润起来。

沩山峡谷附近集中着沩山漂流、新沩山漂流、龙泉漂流、天紫漂流等漂流项目，每个漂流都是一段或惊险刺激或温柔平静的旅程。苍翠的原始次生林，参天的古木，青青的山泉水从地表汨汨而出，汇水成溪，成潭，湛蓝幽深，潭底蓝天，潭外桃源，水质清纯得舀一瓢清泉就可以酿成水酒，诱人也醉人。当它携裹着大山的情怀冲刷而下时，几百米高的山峦，被它漫长的浸蚀，就浣洗成了一条条弯弯曲曲，峡谷遍布，危崖高耸的哲理诗，酸甜苦辣，人生百味都在其中。

坐一艘皮筏艇漂流，一河的石头在诗意地行走，绿意盎然，山笼云烟，几百米的落差里，怪石荒滩层层铺递，一串串激情的体验飞泻而下，溅开一船船生动的震撼。乱石怪滩险弯溅起一朵朵晶莹的惊恐声，冷冷的打湿一船的好奇。漩涡瀑布次第迎逅，人生的航道上，漂流就是自己与自己的一次较量。在乱石扑面而来的惊呼里，在因水的巨大落差而腾起的恐惧之后，人性，在水的冲洗下得到了淋漓尽致的释放和渲泄。

这样的山川美景，绿水青山，峡谷纵横，离入世很远，离出世很近，于无形中渗透着几分禅意。沩水便在这样的美景里，峡谷中咆哮奔腾，然而险崖刺天，峭壁如削，沉默千年的风，沉睡万年的崖，这让沩水所拥有的不仅是山水之美，还有了震撼千年的沧桑。美景与清新，沧桑与厚重，选择这样一条河流飞翔，我们所体验到的感觉也是复杂的，平静与刺激，深沉与快乐……

寻找清凉，沿着溪流与浓荫，我们就是在这样的季节走入沩山峡谷的，一个长达 10 公里的苍翠欲滴的梦，岩石、绿树、流水、落差，这里孕育了一种有别于城市的生活方式和人生状态——漂流，惊险刺激，险象环生。大自然以其自身的特性勾连起人类的本性，疯狂、尖叫，如野兽一般，回归原始，还原恐惧的本真。

新沩山漂流 位于宁乡县沩山乡祖塔小龙潭，交通便利，距长沙市区仅 95 公里，距著名的千年古刹——密印寺仅 15 公里，漂流河道长 5.6 公里，落差近 200 米，属于大落差强刺激的双人自助漂流，漂流河道两岸奇峰陡立，苔藓满石，起伏跌宕，险峻无比。沩山漂流无论是两岸风景的优美程度，还是河道的惊险刺激程度，在国内都是一流的；特别是在漂流河道的中部，有一段长约一公里的连续险滩区，几十个大落差和特大落差接二连三的展现在游客面前，考验着游客的心理承受极限，其惊险性和趣味性在全国都是极少见的。

注意事项

票价在200元左右，可以在当地农民家吃饭，也可以由农民去买票，可以便宜一点，能便宜几十块钱，别忘记向漂流售票人员索要布鞋，带眼镜的，还可以要一点捆眼镜的松紧带。其次开放时间是周一到周五，每天开放一次，下午两点开始，周末全天开放，因为是双人漂，所以一起去的人，最好是双数。

新沩山漂流咨询电话：0731-88980011

龙泉漂流 位于宁乡县沩山风景名胜区内黄材镇龙泉村，距长沙市 93 公里，距宁乡县城 51 公里。龙泉漂流的水源来自当地原始次生林，境内谷壁幽深，绿树葱葱。盛夏至此，依然清爽袭人。山上股股泉水奔涌而出，其泉水澄澈，无任何污染，被广大游客称之为山泉水漂流。壮观刺激，漂流河道全长 4.3 公里，落差近 200 米，属于大落差、强刺激的双人自助漂流，漂流河道两岸奇峰陡立、滩险水急、起伏跌宕、险峻无比。特别是漂流河道中部的三福门至二福门处，有天工造物之巧，长达 1800 多米连续险滩区，几十个大落差和特大落差。

注意事项

龙泉漂流可以在网上预订门票，门票价格200左右，预订可以优惠几十元，预订后，到景区游客接待中心购票处取票。

电话：0731-88980011

网址：http://lqpl.lhslyw.com

天紫漂流 地处宁乡县黄材镇境内，距县城62公里。漂流全长9公里，水位落差98.5米，急滩21个。有"湖南生态第一漂"的美誉，景区采取二人自助漂。境内风清气爽、气候宜人，是旅游避暑胜地；水质一流、资源丰富、落差大、刺激、动感、曲折迭宕、深谷幽潭，宜于漂流。驾一叶小舟，乘风破浪，妙趣横生。天紫漂流有200米超长极速滑道，漂流时间约一个半小时，水质为沉淀的纯天然山泉水；河道两岸保留有客家人特有生活的筒车、水对子，千年流传，可以充分感受客家人利用大自然的独到匠心；亲水乐园的开放使漂流具有独特的互动性，家长带小孩是最好不过的休闲娱乐方式。

注意事项

天紫漂流的门票价格200元左右，这里除了漂流，还提供良好的住宿环境，有峡溪宾馆、温馨园宾馆、海天宾馆等，还提供优雅的餐饮场所，峡溪宾馆餐厅、柴火饭庄等，娱乐场所，海阔天空KTV、零点KTV等；还有琳琅满目的旅游商品，炭河里、相思·清洋湖系列土特产，沩山绿茶等。

电话：0731-88980011

浏阳漂流

浪舞 飞花的狂欢

先读
为快 │ 浏阳漂流，产品丰富，有大围山漂流、周洛漂流、凤凰峡漂流、皇龙峡漂流、龙须谷漂流、六叠泉漂流、榴花洞漂流等，每个漂流项目都坐落在诗意的峡谷里面，风景秀丽，水质清澈。

在岩壁重重的峡谷里，与美景和传说共漂流，与惊险和刺激同尖叫。

围山漂流，与神奇传说共漂流

寻找一个惊险刺激的浏阳，我们在清澈的河流里，在岩壁重重的峡谷里，与美景和传说共漂流，与惊险和刺激同尖叫。

波澜不惊的日子过久了，人心难免产生厌倦，想在风平浪静的生活中掀起惊涛骇浪，用惊险刺激的尖叫撕破平静与安宁。炎炎夏日，很多人选择漂流，然而在浏阳，这却是一个多选题，大围山漂流、周洛漂流、凤凰峡漂流、皇龙峡漂流等，遍布在浏阳山清水秀的峡谷里，它们有共性，也有个性。

大围山峡谷漂流位于大围山国家森林公园南麓，崇山峻岭深处的大围山峡谷——花门河。花门河汇集了大围山近百公里的高山清泉，形成了最密集的大围山瀑布群。峡谷幽深奇峻，两岸高山耸立，河水晶莹剔透，是一道没有污染的原始自然风景线，沿途有48潭、48滩、39道湾，还有龙王潭、琵琶漕、殉情岩、龙虎滩、龟型漩涡、美女梳妆等神奇的景致和传说。

在这样一条河流里，与美景和传说共漂流，除了可以观赏风平浪静的美景，还可以体验惊险刺激的冲撞，人在平常，没有的情绪，没有的欲望，常常会被尖叫出来，那响彻峡谷山涧的叫声，隐隐约约，此起彼伏，多是对平静生活中能量聚集的发泄。

随着皮筏艇荡漾，仰视被峡谷挤得狭窄的天空，白云漂浮，树影婆娑，岩壁重重，水战往往都会在这时发生，那些尖声大叫，各自为阵，互相攻击的大笑，经过水的过滤与修炼，在阳光的普照下，都充满着陌生而熟悉的善意。这种萍水相逢的善意，卸掉了伪装与利益，其实是一种很纯真的心态，每个人都喜欢这样的萍水相逢，这样感觉不到世态炎凉，仿佛触及了某种光芒。

大围山漂流咨询电话：0731-83487118

在这样一条河流里漂流，惊险刺激占据着每个人的心灵。

周洛漂流，与惊险和刺激同尖叫

在很长一段时间里，除了漫山遍野的桂花香，周洛漂流，一直是很多人对整个周洛风景区的印象，这并不是因为周洛不美，而是因为周洛飞瀑漂流的影响太大，它所带来的惊险刺激与湿身尖叫是很多人，在回忆人生时，最为美好的兴奋点之一，只要玩一次，便像季节轮回一样期待着下一次。

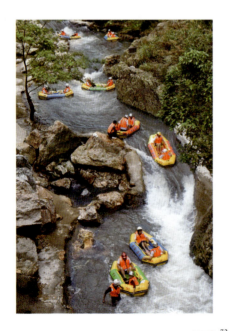

周洛飞瀑漂流距离长沙仅 80 公里，位于浏阳周洛风景区的关山峡，两岸怪石嶙峋，山鸟鸣翠，险峻陡峭；河床曲折回旋，溪流湍急，飞瀑深潭，环环相连。有"S"型、月弧型、跌宕型、冲浪型、滑翔型等十多种漂流风格，被誉为长沙的"雅鲁藏布大峡谷"，漂流全程需要一个半小时。

在这样一条河流里漂流，惊险刺激占据着每个人的心灵，风景则是细节，有人说，恋人最适合去这样的地方漂流，相恋几年，也难抵一场湿身尖叫中的拥抱，瞬间即成天荒地老；以水传情，抵过一千次的月下散步，顷刻间以身相许，天长地久。

周洛漂流最为惊险刺激的是一个高达18米落差的险滩，在这里，人的兴奋与恐惧都被无限放大，尖叫也在此达到了顶点，一切都是那么原始而本真。

回归原始，还原本真，漂流其实是一种隐喻，选择峡谷，选择澄澈，是这种隐喻的性格，人的性情，山的性格，都被水打湿了，搅拌成了一种生活的哲学。然而这种哲学适应于生活，却不适用于社会，因为这样的生活哲学，只有在清净的山，清净的水中，才能涵养出清净的信仰，才会有清净的心灵，才能接近淡泊与无欲，触及空灵与真相。

周洛漂流咨询电话：0731-83543618

只有在清净的山，清净的水中，才能涵养出清净的心灵。

链接

【**凤凰峡漂流**】 位于浏阳市龙伏镇石柱峰，河道全长3.8公里，总落差198米，历时90-100分钟才可漂完全程。景区大小落差33个，其中单个落差百米飞瀑可达35米。**电话：0731-83673555**

【**皇龙峡生态漂流**】 位于浏阳古港镇内，漂流全程4.8公里，海拔八百多米，聚泉成河的溪流，浑然天成，整段峡谷落差近100米，全程大小落差不断，漂程约90分钟。该漂流峡谷坐落于100平方公里的原始次生林中，雄伟壮观、花木繁茂，常年烟雨弥漫、独具风格。**电话：0731-83409288**

【**六叠泉漂流**】 位于浏阳市枫林湖生态旅游风景区，漂流全程5.8公里，垂直落差158.3米，属江南地区峡谷漂流绝版，河水清澈见底，河床地势险峻陡峭，坡度既大又密，两岸山色秀丽，瀑布众多。

【**榴花洞漂流**】 漂程达到2个小时，全程落差128米，弯道19个。河道两岸矗立群山，遍布奇花，清澈的水流中可见优柔水草，怪蛙奇鱼。一路上九曲连环，仙人棋子石，千年银杏树，鬼斧神工古溶洞，原生态风景应接不暇，天地山水浑然一体，仿佛置身于一卷水墨画中。

千佛洞
水赋予石头的深情

先读为快 千佛洞位于宁乡县崔坪乡，原名十三洞，由十三个连环洞组成，是长沙地区景观最集中的石灰岩溶洞。千佛洞全长达2300多米，洞谷幽深，迂回曲折，神秘莫测，大洞可容纳数千人，狭窄处仅容一人通过。洞内石钟乳、石笋、石柱千姿百态，阴河、瀑布暗地横生，奇景迭出，冬暖夏凉，是一个供人避暑、休闲的好去处。

千佛洞奇景迭出，冬暖夏凉，是一个供人避暑、休闲的好去处。

传说中的千佛洞

宁乡千佛洞是距今3亿6千万年前形成的石灰岩溶洞，地貌复杂，并有罕见的洞内峡谷，垂直高度近100米。整个岩洞犹如一座用宝石、珊瑚、翡翠雕砌而成的地下宫殿，宏伟壮丽，所有的景观都是大自然鬼斧神工的杰作。

千佛洞全长2300多米，由13个连环洞组成，洞洞相连，洞内有洞，大洞可容纳数千人，狭窄处仅容一人通过。洞内的石钟乳、石笋、石柱千姿百态，阴河、瀑布暗地横生，奇景迭出，据说，顺着阴河向前行进20多公里，会发现一个出口，走出去就是桃江县的"金沙洲"。

千佛洞历史悠长，神奇莫测，演绎出了很多传说。传说蚩尤就出生在千佛洞所在的石龙村云台下的"天子坑"，天子坑四面高山，出入口相距不到20米。据史书载"蚩尤，

古天子"，是九黎部落的首领，骁勇善战，被称为"战神"，蚩尤与黄帝、炎帝并称中华三始祖。相传，在九黎部落北上黄河，问鼎中原之前，千佛洞就是蚩尤的住处，故千佛洞又被称为"蚩山洞"。

唐文宗元和末年，高僧灵祐来到沩山结草为庐。初时，他日日端坐在山岩上默坐参禅，风雨无阻，却始终无所进益，令他不免心浮气躁，索性下山云游，寻找机缘。一日，灵祐来到石龙山，但见山峦环抱，瀑布飞流下有一山洞，他感到好奇，讲入洞中后，发现洞谷幽深，迂回曲折，更令他惊讶的是，洞里有许多钟乳石，宛如一座座佛像，观音菩萨、文殊菩萨、普贤菩萨、南海龙王、五百罗汉等，

活灵活现。灵祐觉得这里就像是一个传诵佛法的经堂，便毅然决定留在洞内修行。灵祐在洞内闭关修行七载，终于悟到了禅机，出洞后，便创建了远播九州的佛教流派沩仰宗，终成一代宗师。

后人在千佛洞一带，发现了大规模的佛教沩仰高宗塔林，其中有沩仰正宗第九世契如禅师墓塔、沩仰正宗第五世无念禅师墓塔，和沩仰正宗第十一世无生禅师墓塔。此外，还发现了清康熙五十四年重修的"室龙庵古刹碑"碑刻，及捐款碑记等古迹，在"室龙庵古刹碑"上还刻有"建辟始唐朝"字样。这一切表明，千佛洞名副其实，和佛之间有着千丝万缕的联系。

洞中佛，佛中禅

千佛洞，注定是一个与禅有关，与佛有缘的地方。入溶洞，要通过一潭清澈得近乎湛蓝的水——洗心池，它与洞内的阴河相连，据说自古至今，这里的水不盈不涸，水质清纯，宛如碧玉翡翠。

洗心池取名于佛学，有劝人洗心革面重新做人之寓意。当你置身于一池碧水间，顿感心清颜净，杂念全消。借那一汪清水洗净心中抑郁，洗去俗生一切凡尘的琐事，洗却满身的旅途尘埃与精神上的污渍。用平常心

去面对生活，不因欣喜而狂妄，不为落魄而沮丧，卸下一颗重压下的凡心，沐浴在神灵庇佑的世界里，凭道法自然而然，任乾坤自转而转，笑看成败随风去，不辨苦乐。

经过洗心池，入洞便看见钟乳石。抬头望向洞顶，可以看到很多的裂隙，每一处裂隙里都有水滴渗透出来。每当水分蒸发掉后，那里就会留下一些石灰质的沉淀，日积月累，天长日久洞顶上的石灰质愈积愈多，终于形成了乳头。以后，乳头外面又包起一层石灰质，以至越垂越长，就形成了姿态万千的钟乳石。

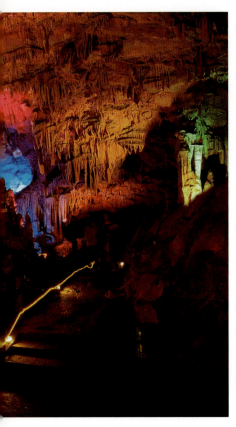
不知从哪里传来水滴清脆的叮咚声，回响着时间静流的真相。

这些历经千年的钟乳石，被岁月的无形之手，精心打磨成石笋、石柱、石钟乳、石帘、石幔、鹅管石、流石、石坝等各种形象。

这些固化的钟乳石遍布阴河上下左右，衍生出无限意象，石钟乳与石笋在相望中相逢，丈量着咫尺天涯；在水珠的滑落与风干中成长，结晶咸涩与坚定；在不见天日的黑暗里，幻化成蕴含着禅意的美丽，禅意来自于佛祖的慈悲心，怜惜洞中钟乳石的守候，耗尽了无穷无尽的岁月，超越了凡人生命的极限。这种美孤独而深刻，与"四大皆空"的佛语暗暗契合。

不知从哪里传来水滴清脆的叮咚声，回响着时间静流的真相。一些石头正在消失，另一些石头正在形成，一点点分解、堆积，当岩石以钟乳石的形象出现，岩石的生命元素就生机勃勃地开放了，滴水在岩石上运动的轨迹，使得钟乳石以站立的形式，或向地面靠拢，或向天空靠近……在承受漫长的孤寂和痛楚之后，水的箭镞在岩石上雕刻出怪诞的形象，岩石没有血脉，而水却成了赋予岩石生命的血液。悬挂在钟乳石上千奇百态的禅意，在滴水的叮咚里流韵，诱惑纷沓而来的脚步。

链接

【千佛洞附近美景】峡溪，从神奇的石龙洞出来，乘车1公里便进入一个悬崖壁立的天然峡谷，峡溪便在这峡谷中穿行，溪长5.6公里，两岸青山对峙，瀑布飞流，溪间怪石奇异，所以溪流曲折跌宕，是夏季漂流避暑的好去处。

猴公大山位于宁乡、安化、桃江三县交界处。猴公山山势"高、险、奇、秀"，其主峰海拔1100米，登上顶峰放目远眺，顿感心旷神怡。

少年水库，是国家小一型水库，自猴公大山西下便可到达，其蓄水量为165万立方米，库内水清如镜，鱼类繁多，四周苍松翠竹，倒映其中，如诗如画，美不胜收。

千佛洞景区电话：0731-87550989

团头湖／
梦里水乡

先读为快 团头湖是一个天然湖泊,湖岸曲折多湾,相传为南洞庭湖汊口之一,是长沙地区最大的湖泊,东起靖港樟木桥,西至马转坳,南连宁乡左家山果园。该湖水系发达,与撇洪河相通直达湘江,附近无任何工业污染。湖区四季风景宜人,南部群山绵延,林峦攒秀,湖内碧波荡漾,水天一色,湖内的自然景观和人文景观交相辉映。

团头湖静卧洞庭湖中,其美丽的传说,不胜枚举:相传八仙之一的吕洞宾,飞渡洞庭湖时,发现团头湖山清水秀,环境优美,便停下来歇息,从其木屐上掉下一块泥土到团湖头中,便形成了今日的仙泥墩。

今天来到这一片水乡泽国,仙境般的自然之美与城市形成鲜明对比。刚才还是高楼林立,车水马龙,都市的喧嚣嘈杂,与城市有关的一切,转眼之间,都被湖泊、河流、田园这一派湿漉漉、水灵灵的绿色世界屏蔽了。水柳、杨柳、樟树、桂树长得肆无忌惮;绿树、芳草、碧水、远山、乌篷船美得让人心颤。

湖面平静,与依依垂柳、亭台楼榭交相辉映。微风乍起,吹皱一湖秋水,群山顺着水岸婀娜了曲线,与澄澈的湖水完美地融合在一起,仿佛这一切都是从水里生长出来的。四面环水的团头湖,其实是一种诗意的包围,在历史长河中任意穿梭,带有古人诗词意境中的属性。没有城市商业文化的侵蚀,试图为都市人群营造一种出有别于城市的慢生活。

这种设计是大自然的不经意之举,这种不经意的雕琢,不小心地掉入了,把恰到好处做到了极致,似乎契合了人心最深处的某种归宿感,契合了历史的某种气场。在我们看来,这种未知所营造的意境已经高于了生活,好像是从美梦中的河流里流出来的,是从那些古老柔软的诗词歌赋涤荡出来的。从一开始的未知,到意境慢慢呈现时,造物主掉入了一种连自己也无法预知的意境。

在这澄澈的水边呆久了,人就感觉自己久居城市僵硬的身心柔软了很多,弯成了一尾鱼,就这样悄无声息地穿过文字,拐进了湿漉漉的春天,游进了水淋淋的江南,钻入如梦似幻的水墨画中。

垂钓似乎是每个来水乡的游客必做的事情,一株垂柳,一根钓竿,一张椅子,钓杆一扬,钓钩引着丝线悠出一道弧线的银光,然后吃进水里,水面漾出几圈细如珠丝的涟漪,复归于静。然后就是凝视着碧蓝的湖水发呆,心亦静如止水,就像一场人生仪式。

许久,仍未见鱼咬钩,水至清则无鱼,

远离城市的喧嚣，回归自然的怀抱，到团头湖静静享受大自然的恩宠。

团头湖江水随着天空的颜色变幻极快，忽蓝、忽白、忽黄，给人一种梦幻。

但团头湖的水却太清太深了，以至于江水变得极其敏感，能感受到任何细节变化，随着天空的颜色变幻极快，忽蓝、忽白、忽黄。垂钓者却显得异常平静，我们不禁疑惑，他们到底在钓什么？因为有人一天都没钓着一条鱼，但却乐此不疲。也许作为世俗之人，来到柔软的水乡，身心也在潜移默化中发生着某种不可知的变化，这种变化让他们的钓离鱼越来越远，离姜子牙、严子陵却越来越近了。

　　桨声欸乃，有乌篷船轻轻摇晃起来，向团头湖深处漂去，桨橹翻动河流，如翻动史页，桨橹上滑下去的是流水与时光的碎片，捞起的是段段陈年往事，像是倏然滑入一个梦境。像是当年游击队出没的微山湖，像是阮氏兄弟和浪里白条们快活的梁山泊，像是传说中的桃花源。其实都不对，应该是那首《梦里水乡》的原版，明媚宁静、古韵缠绵把日子一页一页叠起，就缀出了一本线装的江南……

链接

团头湖是长沙市主要的历史文化遗址之一，民间流传着"团头湖四十八咀，如果葬得起，代代有人在朝里"的说法。据1987年文物考查发现，团头湖共有16处文化遗址，15处窑址，文化内涵丰富，延续时间长，有大量的磨制石器和陶片，距今有3000年以上。此外团头湖生物多样性非常丰富，有动物372种，其中国家二级保护动物11种，中国濒危物种3种，中国的特有鸟类2种。植物328种，其中国家一类保护树种1种，二类保护树种3种。

叁

游園驚夢

CHEERFUL CHANGSHA
TRAVEL SERIES

今天，当我们乐游长沙，一定不能缺少徜徉在那些宽阔、平整的大道，整齐的绿化带，逶迤起伏的城市公园，大片的城市绿地，宽阔的市民广场，绿汪汪的城市湖泊，如橘洲公园、湖南省植物园、长沙生态动物园、南郊公园、烈士公园等，因为每一处都是一个精神休憩之地，都是城市人群的生活方式和幸福指数。

快乐长沙 游 山水

橘子洲
湘江之心，心花怒放

**先读
为快** | 历史如水，文化如山，2005 年之前，橘子洲还是《沁园春·长沙》
里的橘子洲，是一种自由散漫的原生态生活。之后的提质改造，
橘子洲在"天下第一洲"的魄力之下，从洲头到洲尾风光无限，问天台景观、
32 米的领袖雕像、300 米长的音乐喷泉等宏大设施陆续建成，从五月到
十月，每周六进行一次烟花秀，洲头承载了长沙人们的美丽心情；而洲尾，
橘洲沙滩文化园、户外露营基地、硬地网球场、沙滩排球场、户外步行
健身道等，为市民提供着露营、沙排等休闲，在不同的季节还有沙滩科
技博览会、音乐节、啤酒节等各类主题活动，洲尾承载了长沙人们的幸
福生活。

橘子洲民俗文化园

诗意北洲，典型的江南

很多年前，英国的雪莱说"冬天来了，春天还会远吗？"，他的起笔在冬天，但落笔却在春天。

当冰以水的温柔行走时，湘江的春意便以涟漪的形式荡漾了，而这个涟漪的中心无疑是江心的橘子洲。当花草以芳香的名义睁开橘洲的眼睛时，橘洲便有了无限诗意，"春日上芳洲，经春兰杜幽。此时寻橘岸，昨日在城楼……"这种诗意姓唐，名字叫齐己，一个一生漂泊无依的诗僧，此刻，洲的语言，水的禅意，都在他的诗意里含情脉脉，充满着灵性。

也许只有懂得爱又超然于爱，懂得世俗又超然于世俗的唐人，才能般配如此苍翠渺远的风情。多少年来，河堤两岸的长沙人，就一直沉醉在这充满灵性的风情里，这一醉就是一千多年，深入长沙人的年轮与生命，我们便是在这季节轮回的开端登上橘子洲。

芳草萋萋香四溢，杨柳青青千万条，沉睡冬天的新芽已经焕发成绿色的诗歌，撑开游人们的温馨与快乐。

从春情迷离的北洲头公园抽身而出，眼前便是拱形的连洲大桥了，"拱形"一直是历史里寓意丰富的词汇，像一张紧绷的弓，那诗意般的弧线就像人的生活一样，飞扬总是人生的一瞬，平淡才是人生的终极，起点与终点永远都在地平线之下。

不远处便是一曲宋朝的平淡诗意——水陆寺，"拱极楼中，五六月间无暑气；潇湘江上，二三更里有渔歌"，然而肖大经虽然把这诗意写在了宋朝，但却依然映照着今天的现实。春日橘洲，有诗情，也有画意，渔舟唱

各民族游客兴高采烈地在橘子洲游览。

晚，是王勃的印象，也是湘江千百年的图腾，夕阳映照，落霞与孤鹜齐飞。帆影绰绰，秋水共长天一色。渔船随波渐远的景象，是典型的江南，也是典型的婉约，典型的乡愁。

如今，北洲头以成片桔园为绿化主体，走进繁华的背面，返璞归真，为城市生活提供了某种简单而原始的免疫力。简单是一花一叶一世界的清净，是日升月落的天伦，是

2011中国自行车冠军赛在长沙橘子洲公园进行

"采菊东篱下，悠然见南山"的恬静。走入这种简单，我们可以亲山近水，赏花品桔，风清月朗之下，和古人分享同一种生活态度。

虚实相映，梦与非梦之间

"岁晚橘洲上，老叶舞愁红。西山光翠，依旧影落酒杯中。人在子亭高处，下望长沙城郭，猎猎酒帘风。远水湛寒碧，独钓绿蓑翁。怀往事，追昨梦，转头空。孙郎前日，豪健颐指五都雄。起拥奇才剑客，十万银戈赤帻，歌鼓壮军容。何似裴相国，谈道老圭峰。"宋代王以宁在橘洲追古抚今之情溢于言表，风景与英雄在他的诗句里交相辉映。这正是橘洲美的一大特色，虚虚实实隐藏在古人诗词的平仄之间，也隐藏在平实生活，沧桑古建之间。

洲头是绝佳的游客留影处。

今日的我们立在连洲大桥上眺望，华枝春满，天心月圆，赤枫秋浓，山麓日沉，涵括万象的美铭刻在长沙的风骨里，但千百年来，长沙人一面热血理想，却也深谙脚踏实地。他们领悟到橘洲的美不在于翘首凝望的姿态，彼岸的绚烂华美抵不过身边橙黄桔绿的触手可及。活在当下，珍惜日常生活的点点滴滴，是长沙人的务实，也是通往幸福的康庄大道。长沙，这个中国幸福指数最高的城市，对幸福的定义从不好高骛远，却不遗余力。

走下桥，顺着宋代王以宁浏览的路线，漫步水岸小径，步移景异，江边浓荫蔽日，岸堤渚清沙白，柳枝与夏蝉相濡以沫，蝉鸣声中，几丝清静幽远的清凉似是和宋代一脉相承。岸边几朵粉嫩的午荷，清幽地摇曳出远古的恋恋风尘，用最古典的盛放来诠释青青荷叶下的水波荡漾。眺望江面，疾风云开，洲头帆近，旧时来的定是寻橘客，橘子依旧含笑枝头，风雅之客早已不知何处去。时光如汤汤的湘江水，一路向北，橘洲作为无数

五彩缤纷的
橘洲夜景。

远离家乡的长沙人梦萦魂牵的线索，早已幻化成诗中的两两相望，"你站在桥上看风景，看风景的人在楼上看你。明月装饰了你的窗子，你装饰了别人的梦。"用一个梦去装饰另一个梦，梦或非梦，这之间的距离，其实就是橘洲。

在橘洲的南端是著名的朱张渡，古时渡口如今早已废弃，没有实用意义。历史上，朱熹、张栻往来于湘江两岸的岳麓书院与城南书院讲学，朱张渡由此扬名。它见证了朱程理学在湖湘大地的香火鼎盛，诠释着八百年前湖湘子弟虔诚登上岳麓山求学的盛况；更是"惟楚有材，于斯为盛"源远流长的旁观者。现如今不远处的岳麓山的重重绿荫呼应江水的暗潮，两者的渊源由来已久，共同谱写了一段湖湘学子的传奇。

矗立于今日的朱张渡，凝神屏息，侧耳聆听，仿佛还能听到岳麓山方向的读书声，那曾经是古代儒士们修身齐家平天下的温床。现在岳麓山下大学城的莘莘学子们，求学不需要再经过古渡口，但历史和风景"虚""实"相间的美感，与长沙古城超越历史悲欢离合的淡然和豁达的气度不谋而合。

人文异彩，宏图霸业谈笑中

橘洲像一款砚台，点点滴滴都是历史的浓墨重彩，所有的情节埋藏在岛上的一草一木里。以独特的人文美景在中国的历史上留下了浓墨重彩的一笔。

站在洲头极目楚天，残阳沾染过的花瓣纷纷飘落，江水凝视着万顷碧天。在橘洲南洲洲头连续有毛泽东诗词碑、颂橘亭、枕江亭、揽岳亭等景点相串。景点背后的故事如酒，这一壶岁月精心酿造的美酿，簪满湘江的失魂落魄，酿出一股幽然的芬芳。

岛上的水陆寺、拱极楼，它们讲述着元代宗教文化的兴衰荣辱；曾国藩操练水上湘军的号声依稀还荡漾在橘洲上空；左宗棠出山时经过橘洲也发出"迢遥旅路三千，我原过客；管领重湖八百，君亦书生"的感慨。历史不能回溯，只待风乍起，流水萧瑟，如同流泻在铮铮琴弦上的错按杂弹，表露的是比秋风更为复杂的心绪，隐藏的是比天空更为高远的怀念，淡淡水痕，埋没了多少曲折迂回的情节，又见证了多少风云豪杰。

分布在岛上的美孚洋行、英国领事馆等昔日高级别墅等建筑，也在曾经辉煌的历史中渐渐落寞，斑驳的外墙本身就像一张饱经沧桑的宣纸，泛黄中却留下无限遐想的空间。这些浸透了历史人文的建筑仿若凝固的音符，不动声色地隐秘在繁茂的绿植之间，娓娓道来所有物是人非的感慨。

当秋后的红橘满枝头，果实累累的圆满勾勒出闲适的姿态，十里漂浮的橘香引得长沙两岸的小孩子连在梦中都浸透了橘子的味道。幸福的源泉不能忘记挖井人，橘洲南洲头矗立的青年毛泽东雕像不仅仅是一个地标，更是意味着中国近代史上的一个不可逾越的高度和丰碑。那是 1925 年的深秋，青年时代的毛泽东，面对湘江的粼粼水波，心情颇为激荡，才有了那首略显深沉的起调："独立寒秋，湘江北去，橘子洲头……"而最后站在橘子洲头发出的"问苍茫大地，谁主沉浮？"的天问更是改写了中国历史的进程。

伟人的宏愿穿透时间和空间的阻隔，投射到今天如花似锦的生活。现今的橘洲，早已不复当年的忧伤和迷惘，今时今日的长沙人闲暇时登洲游玩嬉戏，更多的是对未来美好的憧憬。星空之下的橘洲，将记录此时人们的幸福安康，保留在清风流水相和的旋律里，传递给未来的长沙人。

江天暮雪，踏雪而歌

说到橘洲，怎可忘记"江天暮雪"景致。在多愁善感的文人笔下，白雪皑皑的橘洲素裹银装，不复往日的田园风光，神光寂然的美感更显清贵。

元曲大家马致远的一曲"天将暮，雪乱舞，半梅花半飘柳絮。江上晚来堪画处，钓鱼人一蓑归去。"将那些羁留远方的旅客在大雪纷飞之时，被迫停留在橘洲，世间万物寂寂无声，江中客船落帆泊岸，雪光上的暮色烟雾一样漂浮不定，心情格外清冷的情态描绘得淋漓尽致。

作为传统的潇湘八景之一，橘洲的冬天未曾改变，但长沙人却变了。现代的长沙人爱热闹，喜聚不喜散，可能很少再有闲情雅致，在大冬天跑到橘洲岛上看风景。然而江天暮雪的美却在于清冷疏离。也许现在的我们，需要异想天开一次，关掉手机，离开热闹不堪的境地，不要让那些人造物件牵绊我们亲近自然的勇气，何不尝试在凌寒剪冰，江风戏雪的时节，邀三五好友，登洲赏雪。

古人秉烛夜谈，隔窗赏雪的美事在橘洲的冬天还有迹可循，那些羁留的旅人的影像永远留在了"江天暮雪"景观中。北宋著名书画家米芾作的"潇湘八景图诗序"，也被艺术史铭记。诗画中，我们仿佛可以看到朔风不忍辣手摧花，几点白梅俏丽温婉，点缀苍松苦竹的场景。大雪了无痕，如果国画中的留白，比直接用颜色渲染的表达更含蓄内敛，艺术和人生原来也是殊途同归。

踏雪而歌，来到暮雪下的橘洲，自发把生活节奏调慢，用心感受大自然的启示，学会天人合一，寻求内心的宁静。橘洲，一直都是长沙人的梦幻之岛。

橘子洲景区游客中心电话：0731-88614640

现今的橘洲，早已不复当年的
忧伤和迷惘，今时今日的长沙
人闲暇时登洲游玩嬉戏。

植物园
花花世界

先读为快　湖南省森林植物园位于长沙市雨花区洞井镇，全园占地面积140公顷，森林覆盖率高达90%，辟有樱花园、桂花园、茶花园、竹园、木兰园、杜鹃园、梅园和花卉盆景园，建有中亚热带最大的珍稀濒危植物迁地保护区。同时园内还有烧烤、露营、跑马、钓鱼、彩弹射击、卡丁赛车等一批特色森林旅游项目，已成为市民亲近自然、休闲旅游的良好场所。

每年三月，湖南省植物园绽放的樱花都会吸引大批游客前来。

湖南省植物园是名副其实的"大观园"，在这个大观园里，汇集了上千种动、植物，有浪漫的樱花、风信子、薰衣草，艳丽的牡丹、向日葵，馨香的桂花、郁金香……一草一木皆诗，一花一鸟皆画。一年四季，花落花开，馨香不绝。

杜鹃花开，爱神降临

走进植物园，顺步道向前，首先到达的是杜鹃园。占地 30 公顷的杜鹃园，被称为中国杜鹃种植资源基因库，是国内首个获国家林业局批准立项建设的杜鹃专类园，目前已种植了 65 个品种、80 个种源、200 余个居群和近百万余株杜鹃花。

作为长沙市的市花，杜鹃花的花语代表爱的喜悦，寓意"杜鹃花开，爱神降临"。

在古蜀国，望帝化鸟劝丛帝，杜鹃啼血满山红。诗人李白的："蜀国曾闻子规鸟，宣城还见杜鹃花。一叫一回肠一断，三春三月忆三巴"。诗人白居易的："回看桃李都无色，映的芙蓉不是花"，无不道出了杜鹃花的神韵。

"最惜杜鹃花浪漫，春风吹尽不同攀"，每年 4 月，杜鹃花开，植物园都会幻化成红色海洋，百万杜鹃在青山绿水间绽放，花团锦簇，娇艳欲滴，绚丽似火。"花里佳丽闹，丛中双鸟言"，花瓣密密匝匝，蕊蕊相依，瓣瓣相连，竟相辉映，引来无数的蜂蝶飞舞。

曲径通幽，渐行渐深。我惊讶地发现，那一簇簇一团团的红色杜鹃，或横或斜、或高或低、或群居或独傲，集聚在青山绿水之间，构成了一片花的海洋。每一株杜鹃都是一个世界，热烈似火；每一朵花都是一个境界，

櫻花树下，情侣在此留影一生一世。

争红斗艳。多么温柔、多么轻曼，仿若仙子们翩翩舞起的拽地长纱⋯⋯

木兰花开，暗香涌动

木兰花开，色如伊人。沿着游步道拾级而上，眼前一片红白世界——木兰园，中亚热带最大的木兰科物种基因库，现有木兰科植物50余种。种类繁多，成片成林，纵横交错，四季常绿，四月花开。

成片花朵先于叶片萌发，一树白花，如雪似玉，缀满枝干，耀眼生辉，加上阳光照射，呈现出"金玉交辉"的迷人风姿。满树紫红色花朵，幽姿淑态，别具风情。似有似无的木兰花香，幽幽弥漫，暗香涌动，沁人心脾。

古时，木兰花是骚客文人激情抒怀的心灵之花。"遮掩墨香，忍醉偷俏，紫陌花开，木兰香远。树影扶疏，抬头远望，望不断天涯⋯⋯"才子佳人，相思之苦，木兰花几乎缠绵了中国上下几千年历史。缠绵之外，李商隐曾借木兰花抒发友人离别之情，陆游曾

三四月份的郁金香展，是与荷兰库肯霍夫公园合作，每一种花都有独特的美，都代表一种风情。

借木兰花抒发怀才不遇，辛弃疾曾借木兰花抒发快意恩仇、激情人生。

牡丹花开，太平盛世

围绕着樱花湖，信步往前，随心而走，闻香识路，牡丹园就成为了湖南植物园最大的诱惑了。湖南森林植物园打破长江以南不能种牡丹的神话，让天下闻名的洛阳牡丹"洛户"湖南。"花开花落二十日，一城之人皆若狂"，5000株牡丹争芳吐艳，足以引得八方游客如潮而至、流连忘返，醉在花间。

尽管今春雨多晴少，但"温情"的春雨让园中"初来乍到"的牡丹饱尝了春天的润泽，"感春意而枝丽，滋春雨而花秀。"朵朵牡丹或怒放迎春，热情似火；或待放含苞，脉脉柔情。花儿娇艳欲滴，富贵优雅；绿叶俯仰有姿，充满生气。

"唯有牡丹真国色，花开时节动京城"，有道是国强花兴。牡丹花儿开，象征着太平盛世，繁荣昌盛。牡丹姿芳质丽，高洁尊贵，美而不张扬，大而不狂妄，香而不媚俗，贵而不高傲，真正体现了炎黄子孙至善至美的光辉形象。牡丹作为国花，是我们中华民族的骄傲。在世界国花之林中，牡丹也是独树一帜，美艳绝伦花中王，独占天下第一香。

珙桐花开，白鸽展翅

牡丹园的不远处便是珙桐园，作为国家一级保护植物，珙桐有着为植物界"活化石"的美誉，是为我国独有的珍稀名贵观赏植物。

珙桐枝叶繁茂，叶大如桑，花形似鸽子展翅。白色的大苞片似鸽子的翅膀，暗红色的头状花序如鸽子的头部，绿黄色的柱头像鸽子的嘴喙，当花盛时，似满树白鸽展翅欲飞，并有象征和平的含意。因此珙桐有"中国鸽子树"的美称。微风吹来，花瓣展翅欲飞、翩翩起舞，犹如数万只白鸽婷立枝头，引得游人阵阵惊呼。

走马观花似地浏览，也花了将近一上午的时间。赏花是一件多么美的事。行走在繁

盛开的向日葵，执着的向着太阳，落落嫣然，彰显生命的繁茂。

花里，感受花的美，感受青春的生命的喜悦。不独花海，哪怕是路边的一株垂杨，爆出的点点新芽，都让人心生无限的欢喜。

有着"植物王国、天然氧吧、生态乐园"之美誉的植物园，结合自身资源的特点，引进国内外优良品种，倾力为长沙市民打造四季不断的视觉盛宴，只为期盼与您的邂逅。

可期待的视觉盛宴

薰衣草：狭叶薰衣草、齿叶薰衣草、四季薰衣草、甜蜜薰衣草等20个品种的薰衣草，共计10万余株，种植面积达3500平方米，您可在6月至8月欣赏到有着"等待爱情"花语的薰衣草盛宴，带您走进薰衣草的芳香世界，感受普罗旺斯的薰衣草美景，体验非一般的浪漫生活。

桂花：桂花园占地30亩，共有桂树上千株，有金桂、银桂、丹桂和四季桂等，且高大挺拔，八月到十月间开放。"亭亭岩下桂，岁晚独芬芳。叶密千层绿，花开万点黄。天

风过，落英缤纷，花瓣如雪，纷纷扬扬地撒落，浪漫而诗情。

香生净想，云影护仙妆。"金秋十月时，来植物园欣赏丹桂纯洁的天姿，品闻丹桂清沁恬淡的馨香。

向日葵：向日葵的花语——辈子的守候，温暖如它。盛开的向日葵，执着的向着太阳，落落嫣然，彰显生命的繁茂。耀眼的金黄，却是张扬了全部的光华。在秋风凄凄的季节，

来看成片盛开的向日葵，感受它的温暖，感受它的傲然绽放。

樱花：樱花湖是近年来植物园里最具特色的景点，这里有来自日本的 2000 多株樱花，每年春天三四月间花开。花开，漫山遍野，如云如烟，一树晕红的花蕾，淡红的花瓣，粉红的花蕊，如天边的云锦，如翩然起舞的

少女。风过，落英缤纷，花瓣如雪，纷纷扬扬地撒落，浪漫而诗情。

风信子：三月份的风信子展，24个品种风信子，是国内规模最大的风信子花展。风信子又名"西洋水仙"，红、蓝、白、紫、黄、粉红色的风信子，傲傲绽放，芳香阵阵，雍容高洁。

郁金香：三四月份的郁金香展，是与荷兰库肯霍夫公园合作，种植面积达到2万平米，分为10个主题展区。每一种花都有独特的美，都代表一种风情。郁金香的美不在于其形状，而是它的色彩。不管是那一种色彩，都被它发挥到了极至，不能用语言来形容。植物园怒放的郁金香，绚丽的色彩，夺目的芬芳，定会让您流连忘返。

温馨TIPS

【玩】植物园充分利用得天独厚的区位优势和优美的森林环境，陆续推出了卡丁赛车、彩弹射击、烧烤、野炊、露营、跑马、林道飞车、垂钓、高尔夫练习场等一批特色游乐项目。

【吃】植物园内辟有小吃一条街，有长沙的各种特色小吃，台北的蚵仔煎、手抓饼，日本的寿司等名吃。

【住】植物园内有樱花会所，坐落于樱花湖边，您可以在尽情赏玩之后在这里安然小憩，乐享那份"闲看庭前花开花落"的怡然自得。

【地址】湖南长沙市雨花区洞井镇植物园路111号

【直达公交】7路、17路、102路、103路、107路、123路、140路、147路、152路、502路、703路、801路、802路、805路

【团队预约电话】0731—85056369

【网址】www.hnfbg.cn

长沙生态动物园
动物王国旅行记

先读为快 长沙生态动物园位于长沙县暮云镇，前身是位于烈士公园畔的长沙动物园。这是中国中南五省最具特色的城市生态动物园，2010年10月建成开放，现园区面积1500亩，由中日著名设计师参照世界知名动物园标准联合设计，共分为步行圈养区、车行放养区、科普教育区、生态景观区、休闲娱乐区、后勤服务区、建有动物笼舍区和驯化场37个，饲养动物300余种类，约5000余只（羽）。

　　这颗蔚蓝的星球上，除了人类，还生活着一群精灵。它们与人类一同分享着这个美丽的家园，并用自己独特的方式，演绎着神奇的生命旋律。和人类相比，动物固然没有人类的智慧，然而，在身体结构和生存本领上，它们却也有着许多人类所不能及的优势。动物是人类的邻居，也是人类的伙伴。

小朋友在与动物零距离玩乐的同时，还可以合影留念。

人类源于大自然，又归于大自然。然而在城市化的过程中人类似乎遗忘了自己的动物属性，标榜自己高级的同时却也与动物越疏远。这种疏远会让人类失去很多。有爱，才会有一切，善待动物，就是拯救我们自己于孤独的边缘。南非野生动物摄影师金·沃尔哈特说："动物们都有自己的尊严，如果能够接近它们，得到动物的理解和爱，那是我们人类的荣幸。"长沙生态动物园用绿色生态还原最纯粹的动物王国，在城市间筑起一道人与自然的和谐景观，用爱架接一座桥梁，缩短了人与动物之间的距离，并以其多样性增加了人们与动物亲近的欲望。

长沙生态动物园前身是位于烈士公园畔的长沙动物园。大门的选址位于入口的两个小山包之间，与自然环境浑然一体，门自天成。大门以"群象"构成动感空间造型，两侧以仿石体块的高低错落、咬合嵌接，形成自由灵动的形态。从入口广场到中心地带的空间象征着从河流源头到大海的流动。通过地面铺装的颜色、质感、纹案的变化，结合中间绿岛的竖向景观环境的概念，表现自然形态与动物关系的主题。园内绿树成荫，草木茂盛，生机盎然。依照原有的小渠修筑的河道，清水潺潺，弯曲流转，成为动物园一道清爽的风景线。

长沙生态动物园分为步行区和车行区。游客既可以在宽敞舒适的大巴内欣赏猛兽掠

（上图）国宝熊猫馆内，性情温顺的"贝贝"和"双双"姿容可掬，行动逗人，深受游客喜爱。
（下图）幸运的游客还可以看到有着陆上短跑冠军美誉的猎豹，快如闪电疾驰的精彩瞬间。

有爱，才会有一切，善待动物，就是拯救我们自己于孤独的边缘。

食、保护领地的勇猛风姿，也可以在环境宜人的步行区中，与温顺可爱的飞禽走兽近距离接触，还可以坐看大象憨态可掬的绝妙表演。

车行区——与狮狼虎豹亲密接触

车行区全部是依山而建的弯弯曲曲的盘山公路。沿路前行，依次经过孟加拉虎区、东北虎区、白虎区、狮区、豹区、狼区、熊区。猛兽区整个区域周围都是脉冲电网，将猛兽与山丘树林隔离开来，便于游客乘车参观。一进园便感受到一种原生态、惊险、刺激的氛围。在这里，可以近距离观看来自热带雨林的孟加拉虎、来自非洲草原的非洲狮、首次登陆中国的黑背胡狼等；可以看到毛色鲜明美丽，虎爪和犬齿利如钢刀的"丛林之王"东北虎。幸运的游客还可以看到有着陆上短跑冠军美誉的猎豹，快如闪电疾驰的精彩瞬间。

食草区分为高山食草区、非洲食草区以及亚洲食草区。在高山食草区，生活的都是国家一级保护动物，如有因喜攀登岩峰而得名的岩羊，体格健壮、性情剽悍、蹄子小而圆、奔跑速度很快的野马等。非洲食草区布置在较为干燥的草地上，这里展示了一群有着漂亮斑纹、体态优雅的斑马。在亚洲食草区生活着在背脊两旁和体侧下缘镶嵌着许多排列有序的白色斑点、状似梅花的梅花鹿。角似鹿非鹿，头似马非马，身似驴非驴，蹄似牛非牛的"四不像"麋鹿以及在医学界被称为"中药的钻石"的马鹿等亚欧大陆的食草动物。

这里没有都市的喧嚣与污染，只有满目的青翠和回归大自然的静谧与清新。在这里，可以领略到人与动物和谐共生的独特感受。

人行区——30 个馆看个够

走过生态绿化广场，便进入生态动物园的步行区。成片的竹林、上蹿下跳的猴群，

新动物园步行区 30 多个动物展示馆绝对让你一饱眼福。

国宝熊猫馆内，性情温顺的"贝贝"和"双双"姿容可掬，行动逗人，深受游客喜爱。猴岛，可见调皮淘气的猴儿跳到树顶，跃到馆边，嬉闹打斗，好不热闹。百鸟乐园内四面环山，莺声燕语，群鸟各展风姿，美不胜收。鳄鱼馆内，被人们称为"活化石"的扬子鳄和湾鳄正安逸的在水中小眠，不胜惬意。

30 个馆各具特色，别具一格，却都趣味盎然。动物们在园内悠然的生活，宛若一幅和谐的大自然写真，没有浓墨重彩却已然触动

游客的内心，好一处动物天然生态园林之家。

动物驯养区——与大象有个约会

大象馆占地 1271 平方米。分为大象室内生活区、室外活动区和驯化展示区。园区现在生活有六只大象，它们出生于泰国，并且在国外训练成熟，能与游客近距离互动。经过驯化的大象，智商与身体机能都有明显的进步，游客们可以看到大象按摩、点球大赛、摇呼啦圈、大象叠罗汉、大象拜佛等多种有趣味的游戏，为广大游客朋友带来无限欢乐。

亚洲象生活于热带森林、丛林或草原地带。群居，由一只雌象率领，无固定栖地，日行性。视觉较差（主要是由于象的睫毛比较长所以影响视力），嗅、听觉灵敏，炎热时喜水浴。晨昏觅食，以野草、树叶、竹叶、野果等为食。大象是群居性动物，以家族为单位，由雌象做首领，每天活动的时间，行动路线，觅食地点，栖息场所等均听雌象指挥。而成年雄象只承担保卫家庭安全的责任。有时几个象群聚集起来，结成上百只大群。

动物园咨询电话： 0731-85476906

园区现在生活有六只大象，它们出生于泰国，并且在国外训练有素，能与游客近距离互动。

月亮岛
星月童话

月亮岛位于长沙城区北部10公里处的湘江江心，原名遥埠洲，因明代有许姓人家在此耕作，一度被称作许家洲，又因形如弯月，近年来又有了"月亮岛"这个迷人的雅号。月亮岛长4980米，平均宽约400米，最宽处800多米，总面积3300多亩，是一个以美丽的自然风光为特色的新兴旅游热点。

美丽之岛

月亮岛，岛如其名，漂浮于湘江中央，东临鹅羊山，西倚谷山，岛屿线条圆润，北高南低，修长窈窕，远眺犹如一弯新月。走上岛，首先映入眼帘的就是那一片又厚又密的青草甸子，匍匐在地面像一张无边的摇篮，孕育着水天一色的美梦。岛上南向滩头野生着一片青翠欲滴的芦苇林，朝思暮想着古时过客的箫声悠扬。风乍起，点燃芦苇的柔情，绿波层层，呼应着湘江的碧波滔滔，那时刻只见水彩流动在光影明暗之间，构成了一个晶莹亮丽的世界，一个水色淋漓的世界，一个瞬息万变的世界。

躺在岛上，凝视着天空的浮云变幻无穷，自然洒脱的意趣令人感到无比的闲适。看着太阳慢慢被江水融化，夕阳像一壶清酒，染醉了半面江水，月亮不知不觉就升上了天空，岛上的一草一木糅进溶溶月色，银白的沙滩吻着湘水碧波，水波荡漾处，潮心涌动。若是恰逢清风吹来，摆弄着芦苇叶，习习有声，如箫声悠扬，偶然惊起鸥鹭盘旋而飞，引发人们无穷的诗情画意。这一刻，整个世界只剩下水和月的空灵，而月亮岛就是承载这水天一色最好的地方。

时光对月亮岛仿佛格外宽容，保留了一份原生态的优美，仿佛一幅朦胧淡雅的水彩

画，画面犹如莲花出水般的清新之美，反映出另一种生活，一种远离名利、远离尘嚣的宁静生活。这种生活是终日奔波劳碌的城市人的终极救赎，它存在于依稀的童年记忆里，流传在老人充满回忆的"话当年"，保留在"开轩面场圃，把酒话桑麻"的田园诗歌里。这种生活可望而不可及，但却在每个人的心里枝繁叶茂，生生不息。

月亮岛，停留在湘江北去的下游，遥望着城市人的疲惫，用碧水和月色的意象，为城市人编织了一个田园生活，修补城市的心里残缺，并构筑一方净土，为现代化的工业城市提供着一种生活方式的免疫力。周末在此静坐，对岸洗心禅寺传来阵阵钟声，一如千百年前，时至今日，仍然盘旋在月亮岛的上空，令人感受到宁静与悠远。这份安宁传达出丝丝禅意，像一杯意境悠远的清茶，需要细细品味。

也许每个人心中都有关于月亮的梦，这个梦的属性是美丽、安宁，在云舒云卷的山水田园里，任流年如水般远逝，只愿有一个宁静的内心，守住曾经的岁月，坦然面对迎面而来的生活。

快乐之岛

美丽的月亮岛还蕴含着关于爱的浪漫与缠绵，传说恋爱中的男女在这里十指相扣，海誓山盟，请月老作证，就会幸福一辈子。世世代代的爱情曾经在这里许下缠绵悱恻的誓言，今天的月亮岛时常看到冉冉上升的孔明灯，如同月亮的影子，连接起天空与湘江，连接起两颗彼此深爱的心灵。那是地面上的情侣在对天空里繁星璀璨诉说星语心愿，在放飞爱情的无限美好与希望。

不止是恋人对月亮岛情有独钟，月亮岛还被誉为"长沙五大露营胜地"之一。黑夜的月亮岛格外幽静，湘江水波泛着盈盈月光，晚上安睡于帐篷之内，仰望郊外的星空，听潺潺流水声，其乐无穷，喜欢露营的驴友一定不能错过。

今日的月亮岛，以它原生态的美丽自然风光成为了长沙旅游地图的新地标。除了观赏夜景和露营，白天的月亮岛也同样可以开展丰富多彩的户外活动：钓鱼、骑马、烧烤、放风筝等，让人

也许每个人心中都有关于月亮的梦，这个梦的属性是美丽、安宁，在云舒云卷的山水田园里，任流年如水般远逝，只愿有一个宁静的内心，守住曾经的岁月，坦然面对迎面而来的生活。

月亮岛，停留在湘江北去的下游，遥望着城市人的疲惫，用碧水和月色的意象，为城市人编织了一个田园生活。

充分享受悠闲的度假生活，尽情欣赏田园风光。

你可以选择一个风和日丽的好天气，邀请三五友人，共同垂钓于湘江河畔，想必别有一番趣味。若是足够幸运，钓到鱼，还可以立刻架起炉火，即地品尝美味的河鲜，原汁原味的鲜美足以满足你挑剔的味蕾。如果不喜欢钓鱼的话，选择在月亮岛上烧烤和野炊也是一件乐事，月亮岛地形平坦、空旷，绝对是烧烤和野炊的好地方，和好朋友一起将精心准备好的食物架于用石头垒成的炉上，生上篝火，食物的阵阵香气飘向远方，伴随着美丽的景致，那无疑将是视觉和味觉的双重盛宴。

野餐之后需要活动一下筋骨，骑马肯定是一个不错的选择。当马鞭在手，马儿开始奔驰，深藏在每个人本性之中的血性和热情便呼啸而出了，每个喜欢速度的人都会享受骑在马背上的感觉，那种奔腾的意愿来自远古，从漠北深处呼啸而至。即使你不会骑马也不要紧，也可以在马主的牵引下，骑着马儿环绕月亮岛游览，马背上的月亮岛，会带来另一番的景致，让我们明白月亮岛的意义在于使我们越来越亲近自然，亲近一种城市生活返璞归真的方式，一种摩登社会映衬下的生态和谐。

温馨TIPS

【攻略月亮岛】

衣在月亮岛：有的季节露营晚上睡帐篷有点冷，如有需要，建议带一件厚衣服防止着凉；

食在月亮岛：月亮岛属于荒岛，购买食物不方便，需要准备充足的零食和水，如还要进行烧烤，请多带点烧烤食品；

住在月亮岛：露营需要自行准备花露水或驱蚊香等物品，以防蚊虫叮咬；

行在月亮岛：自驾车前往月亮岛走普瑞大道

烈士公园 / 漫步云水间

先读为快　长沙烈士公园位于东风路1号，公园由纪念区、游览区和娱乐区三大部分组成，纪念区以1958年建成的烈士塔为中心，塔身庄严雄伟，周围环绕着南岳黑松、喜马拉雅山雪松、南京金钱松和长沙罗汉松等名贵树种。游览区地势开阔，有山有湖，花红柳绿；娱乐区内有游艺场，备有各种现代化的游乐设施。

前事不忘，后事之师

　　由南大门进入烈士公园，两侧苍劲蓊蔚的龙柏映入眼帘，沿着漫长的甬道前行，远远就望见了烈士纪念塔的塔尖，在高台上的丛绿簇拥中若隐若现，那是烈士公园名字的由来，也是烈士公园标志性的建筑。

　　穿过花坛，沿石阶而上，去往年嘉湖的路上会经过烈士纪念塔。那是一栋塔堂合一的建筑，塔堂外部全部为花岗石贴面，塔顶用朱色斗拱八角

年嘉湖碧波荡漾，绿柳垂拂，风光旖旎，游船点点。

绿琉璃攒尖宝顶，其余平顶，辅墙上用绿琉璃镂空花脊。建筑上部为纪念塔，平面呈八方形，塔身南向正面嵌祁阳石碑心，上面镌刻毛泽东的题字还清晰可见；下为纪念堂，八边形，纪念堂四角为壁龛，大堂东、西两侧为陈列厅，陈列有先烈郭亮、夏明翰、杨开慧等90人的遗像和事迹，并陈列有全省76000多位烈士的全部名册。

看到那一幅幅遗像，不仅让我想起哲学历史上一直争论不休的一个命题，轻与重，不同的解释代表了不同的人生选择。"负担越重，我们的生命越贴近大地，它就越真切实在。相反，当负担完全缺失，人就会变得比空气还轻，就会飘起来，就会远离大地和地上的

生命，人也就只是一个半真的存在，其运动也会变得自由而没有意义。"米兰昆德拉的这句话，对于那些烈士的生平，不失为一种解读。不论是夏明翰，还是杨开慧，那些烈士大多年轻，就为中国的革命事业壮烈牺牲。我想他们应该有一颗柔软的心，才会轻易就被人世间的苦难所震撼，沉入烈火熊熊的地狱，不惜舍生取义，用生命之重来奠定民主自由的基石，支撑起整个民族奋起的脊梁。如今在这里泛舟湖上，踏青赏花，游乐嬉戏的人们，总是怀着轻松愉悦的心情，而这种轻盈灵动的幸福感，恰恰是建立在历史的厚重感之上。

在那里祭奠的一缕缕精魂，如今应该是化作清风，守望着今天人们的幸福，如果想

要表达对他们的缅怀，不如选择一个风和日丽的天气，在年嘉湖碧波荡漾的情怀里，畅享一份闲情雅致的愉悦，这更能告慰先烈的在天之灵。

如今，纪念塔周围环绕着的南岳黑松、喜马拉雅山雪松、南京金钱松和长沙罗汉松，常年青翠，使烈士塔更显庄严雄伟，如果觉得这番景色过于严肃，不过走到纪念塔东北处的纪念亭，这是一座仿宋长廊式建筑，染柱为纯木结构，亭上为绿釉琉璃瓦，梁檐上精描彩色图案。梁柱、栏杆均为大红油漆着色，显得富丽堂皇，民族风格十分浓郁，三亭之间是用朱漆红廊相连，中间主亭为两层，登楼平视远眺，西望麓山屏障，东览湖光水色，

遍山苍松翠柏，茂林修竹，郁郁葱葱，美丽的湘山秀水便一收眼底了。

智者乐水，秀美年嘉湖

"潇湘明珠，园林瑰宝"是对烈士公园贴切的比喻，而年嘉湖风景区无疑就是烈士公园核心景点。作为长沙最大的人工湖，年嘉湖伴随长沙烈士公园一起建设，它伴随了一代代长沙人的成长。面积达 46.6 公顷的年嘉湖，湖面辽阔，烟波浩渺，水光潋滟，

人们在公园内晨练。

登高远眺，碧波轻舟，湖光塔影，九曲廊桥，顿收眼底。如同湘江和岳麓山一样，年嘉湖也寄托了长沙人"心忧天下，敢为人先"的宽广胸怀，湖水也同样映衬出长沙的文化和底蕴，以及长沙这座城市独特的魅力。

现在的年嘉湖烈士公园，以湖面为景点中心，用长藤结瓜的手法，环湖接景，在游路旁，将各类树木、花卉片植，群植或散植，与湖中岛屿，湖岸建筑物形成一处处和谐的景点。湖上备有游艇，泛舟于湖面，可以欣赏年嘉湖不同的景致，比如"迎丰晨曦"的薄雾，"三拱揽月"的雅致，"猴岛嬉戏"的喧哗，"水榭倒影"的清澈，"老虎荡风"的呼啸，"湖傍柳影"的婀娜……整个风景区一

扫闹市的喧嚣，把人们从周边的现实空间带到遥远的理想境界，尽享山水的宁静和安谧，徜徉其中，流连忘返。

湖上有人工装点的廊桥亭榭，沿着湖边通幽小径行走，欣赏香荷映碧，垂柳挂青，内心也会变得平静下来。湖心有四岛，岛间建有三拱桥，置身桥上，凭栏眺望，显得水阔天高，别有情趣。其中连接湖岛和堤岸的桥被称迎丰桥，建于1982年，为仿木结构，是依据湘西山区的廊桥形式所建，桥中低栏高廊，曲折有致，具有古老的湖南地方风格，桥的两端各建有一亭，以供游人休息，观赏公园景致。

穿过曲折的拱形石桥来到湖心岛，岛上

每逢节假日，携家带口的人们在此踏青、游乐，其乐融融。

杨柳成荫，湖心岛与烈士纪念塔遥遥相对，岛上以种植红叶树为主，象征着革命烈士一片丹心为人民，另外岛上还种植了棕榈，垂柳等各种风景树木和花灌木，分别体现春、夏、秋、冬四季景色。每逢春秋佳日，年嘉湖上湖面碧波荡漾，绿柳垂拂，风光旖旎，游船点点，游人如织，携家带口的人们在此踏青、游乐等，其乐融融。

链接

【烈士公园的民俗村】湖南民俗文化村是湖南烈士公园另一核心景点，村寨以少数民族群居为特色，相间于亭阁、瀑布、垒石之间，形成了一座座民族村落。以展览、表演、现场演示等不同表达方式，让游客欣赏，参与土家寨的"摆手舞"、侗族的风情表演"芦笙舞"、苗族的绝技表演"上刀山、卜火海"、白族的"三道茶"、壮族的"竹竿舞"，及维吾尔的风情歌舞表演，游人可以在这里参观民间工艺品制作流程，品尝民族风味食品，尽情领略湖南少数民族多姿多彩的民间文化。

烈士公园咨询电话：0731-84556766

洋湖湿地公园　城市深呼吸

先读为快　洋湖湿地公园是中部地区最大的湿地公园，是国家4A级旅游景区，位于长沙市洋湖大道以北，潇湘南大道东线以西、靳江河以南、以东，总占地面积5.2平方公里。根据规划，洋湖湿地公园分为湿地休闲区、湿地生物多样性展示区、湿地生态保育区、湿地科教区四大功能区域。工程于2010年7月29日正式开工建设，2011年6月22日，长沙洋湖湿地公园一期正式开园，免费向市民开放。

诗意洋湖，七彩洋湖

洋湖湿地公园作为中国中部地区最大的湿地公园，凭借湿地独特的生态优势，创造出了都市难得一见的绿洲，就像一方"芦锥几顷界为田，一曲溪流一曲烟"的世外桃源，人们在此流连忘返，可以领略到古人所描述的"蒌蒿满地芦芽短"的田园气息，欣赏"江碧鸟逾白，山青花欲然"的迷人景象，是休闲度假的好去处。

走进洋湖，一种久违的大自然的气息就迎面扑来。水是湿地的灵魂，洋湖湿地公园更是以水为魂，全园有一半面积都是水域，建筑皆紧贴水面，好像浮于水面之上，亭台楼阁与游廊拱桥将水景与陆景相结合，错落有致，构成了小桥流水人家的意境。飞鸟们贴着水面飞行，并将巢筑于新藤老树之上。

洋湖湿地公园有一半面积都是水域，建筑皆紧贴水面，好像浮于水面之上，亭台楼阁与游廊拱桥将水景与陆景相结合，错落有致，构成了小桥流水人家的意境。

漫步其间，只看到几曲清流顺着河岸曲折蜿蜒，汇流至开阔处，水面便清波荡漾起来。沿岸长长的芦苇却低下头，面向小溪摇曳出柔美万种风情。若是天气晴好，泛舟于水面，享受白云、蓝天、碧波、清风的围绕，心情也会随之自然舒畅。亲水而居是城市生活的一种奢侈，洋湖湿地公园的出现，无疑将这种奢侈的少数派变成了大众的生活方式，成为了催生长沙人幸福生活的又一项指标。

水润万物，芦苇、菖蒲、水葱等滨水而居的植物也因此而长得格外茂盛，且高低错落，形成富有层次感的生动线条，随着河岸线蜿蜒，形成了湿地所特有的生态景观。沿着河流行走，一步一景，在水波和阳光的折射下，丛生的水草，绽放的睡莲，互为映衬，犹如一幅精美的水墨国画。

新开辟的生态农田里，水质清澈，鱼翔浅底，清晰可见，若一时兴起，卷起裤管下田去抓鱼，然而"子非鱼 焉知鱼之乐"，不如去荷塘采莲，深入荷叶深处，也许更有意境。这种意境源远流长，千年前的宋朝文艺女青年李清照就喜好这一种意境："常记溪亭日暮，沉醉不知归路，兴尽晚回舟，误入藕花深处。争渡，争渡，惊起一滩鸥鹭。"今天的我们也可以返璞归真，在宋词中寻找那种不事雕琢的自然之美。

洋湖湿地公园整体布局简约开阔，风格自然，以凝练的手法，勾勒出了富有层次的空间，大自然的颜色也因此而层次丰富，互为补充。畅游洋湖公园，画意与诗情互生互衬，一处景致映衬另一处景致。

洋湖湿地公园景色四季分明，春天"枝间新绿一重重，小蕾深藏数点红"的含情脉脉还没有消散，夏日"小荷才露尖尖角，早

有蜻蜓立上头"的风情已经令人产生了无限遐想，秋夜的"明月松间照，清泉石上流"的宁静悠远使人回归内心的平静，初冬时节"一行白鹭上青天"的高远开阔却带给人另一番气韵。所有这些斑斓的色彩，从唐诗宋词里迤逦千年，却在这片水域幻化的空间里活灵活现，洋湖湿地公园之美就像一曲隽永的诗歌，被水面上的清风娓娓道来，谱写着一曲人和自然和谐共舞的浪漫乐章。

生态洋湖，和谐洋湖

位于生态密林服务区的湿地景观塔是洋湖湿地公园标志，也是洋湖最好的观景台，塔下的湿地科普馆与景观塔、广场雕塑等一起形成景观轴线。登塔远眺，洋湖片区以及湘江、靳江河、雅河的湖光山色便尽收眼底了，广阔的水面更是一览无遗，令人不由得想起那首耳熟能详的儿歌："让我们荡起双桨，小船

儿推开波浪，水面倒映着美丽的花朵……"儿歌承载了一代人的记忆，而作为城市载体的洋湖湿地公园，无疑不仅承载起了一座城市发展的回忆，更是一座城市的未来。

当大自然的韵律借风飞舞，现实中的水菱满湖，荷叶田田，荷花映日，芦花摇曳，无一不呼应着中国人关于山水哲学的诉求，诉求着生态和谐，诉求着人与自然的相濡以沫，"道法自然"，这正是洋湖湿地公园的意义所在。

所有诉求的实现，都是建立在湿地，这种特殊地表形态的基础之上。湿地号称"地球之肺"，是一种位于陆生生态系统和水生生态系统之间的过渡性地带，很多珍稀水禽的繁殖和迁徙离不开湿地，因此湿地又被称为"鸟类的乐园"。

目前，野趣盎然的洋湖湿地公园里开辟

出湿地生态走廊，长约2.4公里，这是专门为动物自由迁徙留出的通道，预计每年会有200多种珍稀鸟类在这里安家，届时，洋湖湿地公园将会成为鸟类栖息的天堂。相信未来鸥鹭水鸟群飞的美景将不再是李清照的意境，而是所有幸福的长沙人都能随时领略的诗情画意。

洋湖湿地公园还设置有4个雨水收集池，通过渗透、植物净化等方法对雨水进行初期处理。水质达到景观三类水要求，空气中的负氧离子含量比中心市区高六倍以上，多达3000多种的植物种类会在这里枝繁叶茂，生生不息，洋湖湿地公园正是以湿地为发展的基础，延伸定位为城市的生态修复系统，它得天独厚的地质优势可以对生物多样性进行有效的保护，进一步发挥湿地净化水质的功能，构建出城市、湿地生态与人居和谐发展的示范新城区。

链接

【**洋湖湿地公园游玩攻略**】2014年，二期的洋湖湿地公园将开放一系列新的景观，其中1500余种、15万株湿地植物，150余种鸟类以及大量的亚热带动物和昆虫，将成为新的亮点景观。同时新开放的湿地公园，将延续湘江流域农耕湿地的文化特征，保留场地历史特征最明显的一条主渠进行景观化处理，展示场地故事，还原湘湘农耕文化。

在全面开放的洋湖湿地公园中，市民可以在湿地生态农业体验组团，体验到"我当一天农民"、"我的自留地"、果木采摘、垂钓等丰富多彩的户外活动，或者在招鸟观鸟生境组团，特别设计的观鸟点，将为游客带来各种鸟类的欣赏与科普服务，享受与大自然充分互动的乐趣。

咨询电话：0731-88768889

艺术梅溪湖

先读
为快 梅溪湖位于湖南省长沙大河西先导区，2007年长沙投资600亿启动梅溪湖综合开发项目，该项目是集防洪、生态产业、文化旅游和高档住宅开发于一体的综合型项目。规划范围北起龙王港路，南接桃花岭景区界线、东起二环线、西至岳麓区与望城县界线，总规划面积18.05平方公里。梅溪湖国际新城内有桃岭公园、梅岭公园、节庆岛、中央绿轴、人工湿地等景区景点。

在岳麓山以西，三千亩梅溪湖点亮了长沙这座城市的诗意。青山如黛，空气自成一种清爽气息，这里似乎离城市很远，但却又是那么近。

梅溪湖天然的地理优势，是当代城市圈中难得的山水环境。梅溪湖原属于岳麓山的桃花岭景区，虎形山就像一只趴在岳麓峰下的老虎，梅溪湖街道工委的新办公楼就在老虎鼻尖上，龙王港河与一条支流在此流过。如果不是长沙西二环的拉通，也许梅溪湖至今都不会为人所知。从梅溪湖综合开发项目，到梅溪湖国际新城，一个以"湖"为中心、"山"为依托、"河"为脉络的新型城市蓝图正跃然于世。

2012年，长沙梅溪湖国际文化艺术中心奠基，该项目由曾经获得世界建筑界最高奖——普利兹克奖的扎哈·哈迪德建筑事务所设计，建筑采用"花瓣"造型，宛如一朵绽放的芙蓉花，得岳麓山之钟灵毓秀，采梅溪湖之神采雅韵。项目总建筑面积12万平方米，包括大剧院和艺术馆两大主体建筑，建成后将承接世界一流的大型歌剧、舞剧、交响乐等高雅艺术表演及各类展会。

桃花岭公园 桃花岭公园是梅溪湖的核心景区之一，总规划面积约4360亩，日接待量在10000人次。其中360亩的入口广场以"粉桃迎客"为主题，由3000株桃树、草坪以及人工水

流光溢彩的音乐喷泉

梅溪湖艺术花展

梅溪湖桃花岭公园春意盎然。

景湖营造城市自然景区入口；山腰的面积约200亩的潭影湖是利用原洪寺庵水库进行改造，沿湖形成3公里的亲水游步道，以宽阔平静的水库湖面和延绵的山脉交相辉映，打造公园最具有特色的景观；特色水景区则结合层层分布的叠水溪涧，面积达100亩，共有各类特色叠水溪涧40余个。

在桃花岭景区，有全长24公里的目前长沙市区最长的环形登山步道，将为市民提供极佳的休闲锻炼去处。同时景区将设置有机动车车道、自行车车道、滨水游览线路和山林游览线路多种游览体验路线，为游客提供更多体验选择。

梅溪湖国际灯光节暨元宵灯会 最长景观灯带、最长激光音乐喷泉、最长灯光走廊、最高直射筒灯、最宽灯光瀑布、最新冷光科技、最大人造月亮、面积最大的新春灯会，这些国内之最，都在2013年2月5日的梅溪湖上演，由50多组大型彩灯和梅溪湖现

有景观灯组成的灯光阵将梅溪湖装扮成灯和光的海洋。在中央绿轴、桃花岭公园入口广场、金茂梅溪湖广场、桃花岛、梅溪湖大桥两侧、节庆岛、3000亩湖泊水面上均有大型主题彩灯呈现，环梅溪湖形成长10公里的环湖景观灯带。从高空俯瞰，环湖景观灯带将梅溪湖勾勒成流光溢彩的奇幻世界。

梅溪湖国际文化艺术周 2012年11月16日至22日，为期一周的梅溪湖国际文化艺术周在梅溪湖国际服务区举行。文化艺术周包括4场大型文艺活动、6场国际文艺展演。其中，既有展现湖湘本土文化的优秀作品，又有传统的中国艺术表演，还有国际经典文艺节目，演出场次达10场，共演出节目75个。世界顶级的德国柏林交响乐团演出开幕式交响音乐会、中央民族乐团演出"梅溪中国风"民族音乐会、美国SYOTOS乐队、美国卡纳维尔舞蹈团等世界一流乐队演出闭幕式音乐会。门德尔松音乐节音乐总监、德国柏林

交响乐团首席指挥里奥·夏·巴道尔，中央民族乐团团长席强、首席指挥何建国、吴碧霞和张英席等青年艺术家，美国爵士天后塞雷娜·琼斯等担纲演出。

梅溪湖花卉节　2012年5月，为期一个月的梅溪湖花卉节让市民感受到了春天最灿烂的美。超过5万平方米的布展面积，多达200万盆鲜花用量，让你一进入梅溪湖，就仿佛进入了花的海洋。主入口、景观轴、文化岛、城市广场、风之语广场……到处都能见到不同种类的花朵迎风摇曳。花展线路沿梅溪湖道路采取平面花卉点缀式布置，主要花卉品种有杜鹃花、菊花、红景天、四季海棠、牵牛花、一串红、郁金香、紫丁香等陆生花卉和荷花、睡莲、菖蒲、水柳等水生花卉。在梅溪湖文化岛，由各种花草组成的一幅长20米、高6米——"国内目前最大的植物卷轴"已经完成，杜鹃花、菊花、红景天、四季海棠、睡莲、菖蒲等水生和陆生花卉争奇斗艳、尽展妖娆。

梅溪湖"两型"生活艺术节　2011年8月，由梅溪湖街道承办的以"亲山近水品天露·两型巨变看梅溪"为主题的长沙之夏梅溪湖"两型"生活艺术节开幕式在湖泊北岸的梅溪湖路拉开帷幕。持续一个月的活动包括面向市内外征集能反映梅溪湖翻天覆地变化以及展现岳麓区"两型"社区建设的散文、歌词作品，优秀作品在长沙晚报上刊登；通过组织市民前往象鼻窝、天露葡萄园开展游园娱乐活动，体验田园生活乐趣，展示市民精神文明新面貌。

咨询电话：0731-88606928

世界之窗
游乐总动员

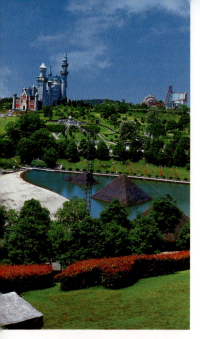

先读为快

长沙世界之窗坐落于长沙市金鹰影视文化城，占地40万平方米，是由湖南电广传媒股份有限公司、深圳华侨城控股股份有限公司和香港中旅集团共同投资兴建的大型文化主题公园。1997年10月1日试营业，经过十七年的努力，已发展成为一个融世界各国建筑奇观、五洲风情歌舞表演、大型器械游乐、先锋时尚活动、影视拍摄基地于一体的综合性大型主题公园。

心若悸动，不必远行

城市喧嚣如故，在熟悉的街道回旋往复，向往一场异国的华丽邂逅。来到星城长沙，你不必去远方，世界就在你脚下。120个世界各地名胜古迹采用不同比例，构筑了厚重的人文历史景观，彰显了一派浓郁的异国风情。为游客创造出一个多层次、高品位、有韵味的游览空间。

这里有异域风格建筑与现代商业文化交融的国际商业街，有世界名胜古迹与人类经典建筑荟萃的文明山及文明河，有"惟楚有材"百人群雕与吊脚楼交相辉映的湘江谷，有美国西部风光与印地安文化尽现的欢乐谷，有典雅的欧式建筑与美丽爱情故事联姻的爱情谷，有绚丽多彩、风姿各异的亚洲诸国文化相互浸润的神秘谷。

从广场向右，便是世界七大奇迹之一的巴比伦花园。这座神话般的建筑是尼布甲尼撒二世为他的王妃修建的。相传王妃因日夜思念花木繁茂的故土而变得郁郁寡欢。国王为取悦她，下令在

万人西红柿大战，每年十月一日激情上演。

三·八女人节，层出不穷的大型女性行为艺术，让女人们狂野发声，
"枕头大战"更成为一道亮丽的风景。

都城巴比伦兴建了高达 25 米的花园。花园采用立体叠园手法，在高高的平台上分层重叠，层层遍植奇花异草，并埋设了灌溉用的水源和水管，花园由镶嵌着许多彩色狮子的高墙环绕，远远望去犹如一座悬浮空中的花园。如今，公元前 600 年的爱情故事已落幕，化作尘埃和泥土，人们来到后人仿建的空中花园，踏寻芬芳。复刻在浏阳河畔的古巴比伦花园被静静清水潆绕，吐露绵绵情愫。

公元前 280 年的一个夜晚，一艘埃及的皇家喜船驶入亚历山大港时触礁沉没，船上的皇亲国戚以及从欧洲娶来的新娘，全部葬身大海，这一悲剧震惊埃及朝野上下。为了不让惨剧重演，埃及国王托勒密二世下令在最大港口的入口处，修建导航灯塔。经过 40 年的努力，一座雄伟壮观的灯塔竖立在法洛斯岛的东端。高耸入云的亚历山大灯塔是长沙世界之窗的标志性建筑，在这里，人们可以更多地感受人类征服海洋的伟大历程。

法国四大洲喷泉始建于公元 1869 年，位于法国巴黎卢森堡公园内，是浪漫主义与现实主义相结合的雕刻艺术珍品。喷泉通过顶部代表欧、亚、非、美四位女神像和底部的奔马、海豚表现了四大洲人民对和平的渴望。除了美不胜收的四大洲喷泉，站在世界之窗的人类文明河远眺，还可以饱览埃及司芬克斯像、埃及金字塔、秘鲁复活节岛巨人头像、美国自由女神像、新加坡鱼尾狮像和澳大利亚悉尼歌剧院等壮美景观。

星光璀璨，狂欢乐园

《越策越开心》《绝对男人》《超级英雄》，这些电视节目伴随了一代湖南人的成长，也是人们记忆中对娱乐和选秀最早的认识。在这些精彩纷呈的电视节目里，世界之窗的优美景观得以展现。《幸福生活呜哩哇》《一家老小向前冲》《悠悠寸草心》和悬疑推理剧《暗夜心慌慌》在景区内摄制，游客在欣赏美景的同时，也满足了与明星近距离接触的愿望。

作为中南地区最新潮的水上狂欢乐园，长沙世界之窗已成为人们在炎炎夏日寻找清凉之所在。在这里，数十项顶尖水上游乐设施免费向所有游客开放。超级冲浪板上下落差高达 25 米，坐在充气皮划艇内从冲浪板的一端顺坡高速滑下，在"U"型槽中左右摆动，尽情享受清凉和刺激，此刻，生活的压力和平日的疲惫早已抛诸脑后，只管让欢喜和尖叫与激荡的水花齐飞。当然，组合滑道、标准泳池、七彩波浪滑梯、家庭竞速滑道、儿童梦幻水屋也能让你拥有不一样的感受。

坐上轨道蜿蜒的过山车，感受风驰电掣的快感。

　　若还是没有尽兴，可以坐上轨道蜿蜒的过山车，感受风驰电掣的快感。或者在高耸的云霄双塔上体会极速下坠的刺激。或者系上安全绳，从高处纵身跃下，体验前所未有的惊险。又或者在光影与音乐中旋转的木马上，享受童话故事里的浪漫与优雅。

　　然而世界之窗的魅力远不止于此，景区不断策划推出的一系列主题活动更是令人惊喜不断。盛况空前的万人多米诺挑战吉尼斯、激动人心的金鹰明星面对面及颁奖晚会、激情大气的五城会闭幕式、轰动全国的"先锋之旅，暴走七天"、另类时尚的万名女性"枕头大战"、女人节大型行为艺术"天下有伞"、情人节放飞浪漫孔明灯。清明节，更是推出"那些年，我们一起追过的春天"的活动，荟萃抽陀螺、踢花毽、打弹弓、滚铁环等经典游戏，共同找回属于那个年代的记忆。万圣节将至，园区上演群魔乱舞专场秀，僵尸、鬼新娘、黑白无常、丧尸、吸血鬼齐聚共舞，推出"全城鬼混哈罗喂"主题活动。

　　在世界之窗的星光璀璨里纵情狂欢，或尖叫或大笑，放下束缚和拘谨，在这其中的万种风情里沉醉，流连忘返。

长沙海底世界
海洋精灵等你来

先读为快 长沙海底世界坐落于浏阳河畔金鹰影视文化城内，占地100余亩，投资近三亿元人民币，由海洋馆、极地动物馆、科教馆、水上乐园、儿童乐园五大功能区组成。集观赏、休闲、娱乐、科普于一体，是中南地区展示物种最多、节目内容最丰富、参与性最强、最具时尚感的海洋主题公园。

魅力深蓝

长沙海底世界犹如一颗镶嵌在浏阳河畔的明珠，吸引着来自四面八方的游客。漫步于海底世界的海洋隧道之中，仿佛置身于深蓝的海底，那身姿曼妙的海草、五颜六色的珊瑚礁、憨态可掬的大海龟，来自世界各地的名贵海洋生物和淡水鱼，在这一刻变得触手可及。

海洋的浩瀚无垠，是未知和神秘的，人类对它的喜爱和探索从未停止。而在湖南这个内陆城市，距离最近的那片海，也有700多公里的路程。1995年以后，湖南人有了这一片属于自己的深蓝，不必穿州过省，海洋就在长沙。

周末去海底世界，孩子们的尖叫与欢笑不绝于耳。

　　海底世界的海洋馆由热带雨林区、中国园林区、海洋生物展示区、精品展示触摸区四大展区组成，除了姿态各异的海洋生物，还可以欣赏到精彩绝伦的"人鲨共舞"、"美人鱼"等表演，馆内温度常年维持在 26 度，让观者倍感舒适。

　　周末去海底世界，孩子们的尖叫与欢笑不绝于耳，这番童真的笑脸与海洋风情相融，眼前所见之景，平添了几分可爱。其实海底世界不仅是孩子们的乐园，也是成年人放逐心情的地方，在压力与生活同在的现代城市，总会有那么一个时刻，想要去海边，一览海的辽阔，让自己的心境也随之平和。

　　当年挥师北伐的曹操来到碣石之下，他的海，是"日月之行，若出其中。星汉灿烂，若出其里"，这番气吞山河的壮阔，来自于接连胜战的自信，也是来自于磅礴大海的召唤。在被排挤出长安以后，李白的海，是"君不见黄河之水天上来，奔流到海不复回"，这样一泻千里的豪迈，来自于个性使然的奔放，也来自于大海的包容。离乡在外，张九龄的海，是"海上生明月，天涯共此时"，这样的深情绵长，来自于远方游子的牵挂，也来自于大海的深情。行走于时间的长卷上，人在慢慢老去。然而今人所见之海，依然如常。

　　而在长沙海底世界，大海带给人类的，不单是表面的波澜壮阔，更是深入其中的领略与遨游。在极地动物馆，可以看到乖巧可爱的大白鲸、聪明伶俐的海豚、幽默滑稽的海象等十来种世界珍稀动物，以及欣赏到白

海洋的神秘莫测、绚丽多姿深深吸引着人类。

鲸、海象等极地动物明星、俄罗斯水下芭蕾的表演。

如果光看还不过瘾，馆内还设有自费潜水，喂食锦鲤、海龟，与鲨鱼、海豚亲密接触等多项"鱼"乐活动。科教馆由科教室、生物进化展厅、海洋动物标本展厅、海洋贝壳标本展厅组成。馆内以现代高科技术，配合生物实体标本、文字解说、图片展示的形式，生动形象地向每一位游客传递海洋知识。水上乐园则有惊险刺激的高台滑水、波涛汹涌的人造海浪、轻波荡漾的环流河、卡通情景的儿童池、深水池，一流的设施、迷人的景色，是老少皆宜的欢乐海洋天堂。

生命的传奇

在长沙海底世界，博大深邃的海洋无时无刻不在演绎着气象万千的生命故事，海洋的神秘莫测、绚丽多姿深深吸引着人类。而人类与海洋的和睦相处，则是地球生命形式

多样化的美好体现。

企鹅，世界上最古老的游禽，生活于南极冰川世界。经历了数千年暴风雪的磨练，企鹅全身的羽毛已变成特殊的羽衣，不但海水难以渗透，就是在零下近百摄氏度，也不能攻破它保温的防线。然而企鹅忍受不了热带气候，于是温暖的赤道水流和较高的气温形成了一个天然屏障，阻隔了企鹅越过赤道北上，它们只能生活在来自南极冰雪融化的水和深海涌来的水流经过的海域里。

北极熊是目前世界上最大的熊科动物，

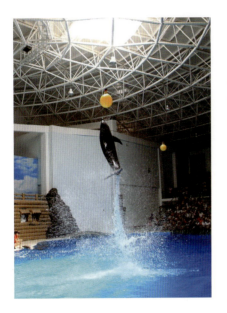

同时，也赞叹着这些属于生命的传奇。它们是散落在世界各大洋及河流中的动物明星，过去，太多的人只能在书本和影像中感受他们的存在，而今，它们是人类眼前生动而鲜活的生命，走过数千年的岁月历练，它们的血液里流淌的是演变、是历史、是生存的信念。人类在它们身上读懂进化论，某种意义上，它们是人类的老师。

长沙属于亚热带季风性气候，四季分明，来自世界各地的海洋生物聚集在这里，尽管有严格的控温技术把关，动物们适宜新环境仍需要一个过程。长沙海底世界会定期为它们进行体检，以确保健康。海豚、海狮这类喜欢与人类接触的动物会在训练师的指挥下进行表演，这是它们来到长沙海洋世界之后的新历程，过去未知的潜力在这里被逐一挖掘，在它们的生命里，开始了与人类相处的时候。这似乎是一场冒险，也是动物与人类和睦共处的新尝试。

它是北极的一张名片。北极熊把家安在浮冰岛屿上，正常情况下，不是水生动物的他们可以游四五十公里，一旦逾越，漫长的海上寻食路将导致它们精疲力竭、体温降低、抵抗力虚弱，如果碰到海里的大风浪，就会被淹死在海里，而日益严重的全球变暖，也正在威胁着北极熊的生存。海豚分布在世界各大洋，是一种本来超群、聪明伶俐的海中哺乳动物，有着惊人的听觉。海豚的皮肤轻软如绸缎，质地似海绵，身体呈流线型，如此也成就了它相当于鱼雷快艇的中等速度。

当这些蕴藏着海洋故事的生物齐齐出现在长沙海底世界，人们惊叹于现代化科技的

传说，生命始于海洋，于是人类对海洋总有一种特别的亲切感。虽然人类无法在海洋中与生物同呼吸，但是在空闲时候，去一趟海底世界，感受先祖的气息，让疲惫的脚步停歇，找寻童真、感受生命。在浩瀚海洋中千姿百态的生命面前，领悟"寄蜉蝣于天地，渺沧海之一粟"的人生哲理。

链接

长沙市海底世界园内可欣赏到唯美浪漫的"人鲨共舞"表演、"美人鱼"表演、俄罗斯水下芭蕾表演，白鲸吐圈、海豚跳跃、海象吹琴、海狮音乐会等十余套海洋特色表演，最终表演时间以景区公布的时间为准。
地址：长沙市三一大道浏阳河东金鹰文化城内。　**咨询电话**：0731-84256005/84256002

南郊公园 / 湘江猎梦

先读为快 长沙南郊公园位于长沙市南郊新开铺，占地36公顷，1965年5月1日建成开园。该园前身是1958年开始筹建的桥头公园，后改作南郊苗圃，经过26年封山育林，形成了森林绿化覆盖率为92.57%的森林植物公园，享有"绿色明珠"的美誉。

南郊曾是荒僻的地方，在城市尚未扩张到达这里的岁月里，新开铺一带的长沙南区，人烟稠密，但规划缺失，而南郊公园，却很早就在江边建立起来了，这不能不说是一个先见。这座当年被称为"桥头公园"的山头，比起停停建建，直到上世纪末期才完工的猴子石大桥还要早很多年。因为这座公园，居住在南区的人们，在市井红尘的劳顿之余，终于有了一个可以休憩身心的好去处。

26年的时光，可以让一个人从咿呀学语的孩童成长为朝气青春蓬勃的青年。南郊公园则用了26年的时光，封山育林，让植被尽情生长。如今的南郊公园，竹叶滴翠，银杉高耸，黑松茂密；从南二环的喧嚣中走入南郊公园，就走入了一个静谧的植物王国。看着那些苍松翠竹，心里就会有一种关于自然生长的喜悦，这种快乐，绝不是尘世间的欲望满足所能比拟的。林间空气清幽，山涧溪水潺潺，越往山上行走，身心就会愈加舒缓，舒缓到极致，便全然忘却形骸的劳苦，把自己融入这片生机盎然的绿意之中。

然而值得歌颂的，不只是这一片清新的绿，自然赐予我们的，还有眼前这辽阔的大江。在南郊公园的山顶上，人们用357块麻石铸成了永恒的

南郊公园竹叶滴翠、银杉高牟、黑松茂密，在喧嚣的城市中，它就是一个静谧的植物王国。

纪念——湘江赋石碑。碑石质朴浑厚，镌刻着湘江流经的脉络，碑文气韵磅礴。"湘江奔流千里，连亘数州，所经历处，皆吾湘奇伟秀丽之区……"一座石碑，可以让我们的心游历过一条亘古流淌的河，沉醉于自然造化的神奇无法自拔。

伫立在南郊公园的临江口，可以清楚地看到湘江把长沙这座城市分为大河东西，河东是一片繁华之地，河西则是一处宁静之所，生活在河东的繁华中，总想超脱一下这凡俗的人生，哪怕只是短暂的一瞬，也足以让我们的心灵得到慰藉；而身在河西，也会有"不识庐山真面目，只缘身在此山中"的感叹。

而在南郊公园，则可一览两岸秀色无余，"山不在高，临江则美"，南郊公园用另一种境界开阔了这句古语意境。暮秋时节，登临临江口，看河西万家灯火，麓山沉默如谜；览湘江千帆过尽，斜晖脉脉水悠悠，万里江天寥廓，一时间，诸多世间烦恼都化作云烟消散，上善若水，淡静如山，眼前的山水，让我们回归了生命的本真。

链接

除了大量的绿色植物及人文景观可欣赏外，南郊公园还有丰富的娱乐设施，如烧烤、速降、攀岩、梅花桩、铁索桥、儿童乐园等，可以为游人提供极为丰富的游园体验。
南郊公园咨询电话：0731-85413219

晓园公园
家门口的风景

先读为快 幽静、清新的晓园公园坐落于五一东路，火车站附近，修建于1984年。公园中依次建有"东苑"、"云水居"茶楼、"迎旭亭"、"双秀亭"、"半亭"等建筑小品，园中种植了多种名贵花木供游人观赏，还设置有多座人体、动物群雕，其中有日本鹿儿岛赠送给长沙人民的青铜群体塑像。

"雨惊诗梦来蕉叶"，是对晓园风情生动的写照；"风载书声出藕花"，则是对晓园意境最好的描摹。现实中的晓园面积有限，地处喧闹，却像一幅唐宋时代的文人山水画，它以小巧、精致、淡雅的风格，在有限的空间里完美地再现了山水湖石的灵性，构筑出了一方小中见大、虚实相间的景观，契合人们内心的每个与自然有关的细节，满足了人对山水自然的向往。

对居住在附近的人而言，可赏，可游，可憩的晓园，是对城市生活一种生动的艺术创造，如同一幅山水画卷，这画卷上有春天鲜艳的山茶花，漫天飞舞的樱花，夏季有娇艳华贵的牡丹，秋天有婉约褪色的红枫，冬日则有点点腊梅。古典的书画之美流泻到晓园的实景中，并从中国传统的山水相融、道法自然出发，点缀、生发、渲染出了山水相叠，花木相扶的景致，让每个季节都特色鲜明，清朗、明媚、灿烂、纯净，都有着自己独特的属性，契合着季节的轮回。这种轮回之美隐藏在园内小巧典雅的庭台楼榭之间，蜿蜒于游廊曲径两侧，渗透在山水花木之间，就折叠出了一种江南所特有的景致，景致典雅，韵味悠长。

走入这样的地方，人很容易就能找到另一个慵懒的自己。那一扇扇古典之窗，一丛丛自然的生长，引领孩童在曲折的园径中迷藏嬉戏，童年便在这种意韵中金黄满地了。小巧别致的矮亭，温润如玉的石凳，回响着老人们的闲话家常，老年便在这种氛围里幸福丛生了。甜蜜的情侣们则顺着曲折的浅池轻渠行走，爱情便到了临水而建的"云水居"，喝一杯清茶，便茶韵悠长情绵绵了。

一座公园的真正意义不仅是让人们看到多么好的景致，更是让人们感受幸福。

其实在这里，生活还可以什么都不做，就这么坐在近水栏杆处，嗅着暗香浮动的空气，感受阳光轻抚似水的年华，静静欣赏随春而来的柳树新芽，时间长了，新芽便在心里成长为了一首不朽的诗歌，生活便从诗词歌赋里走出来了，消融掉我们内心的喧嚣，为我们的生活提供一种山水自然的免疫力。

今天，当城市的发展模糊了季节的轮廓时，去晓园走走，便成了很多人找回生活与季节的一种方式了。不论是晨光中的山茶花，还是早春落英缤纷的樱花，一草一木的枯荣，大家都熟悉得如同自家阳台上的盆栽，这种亲切的熟悉如同来自于生命的本身，永不割舍。

现在，每当晓园公园在每个季节里灿烂时，便有很多新人在此拍摄婚纱照，很多家庭在此拍摄全家福，晓园公园也因此成为了爱情的见证，家的一部分了。有时候，我总是思考一座公园对于人们的意义，当我看到那些灿烂的微笑时，我觉得一座公园的真正意义不是让人们看到多么好的景致，而是让人们看到幸福。

链接

【牡丹花展】每年四月份会在晓园公园举办牡丹花展，展览内容丰富，花展和诗词歌赋展、名家书画作品展、群众文娱活动等结合在一起，老少皆宜，是一家人举家游园，踏春赏花的好去处。

晓园公园咨询电话：0731-82299350

王陵公园/城市慢生活

先读为快

王陵公园，又名望月公园，坐落在长沙市河西溁银北路与咸家湖路交汇处，与长沙高新技术产业开发区毗邻，占地18公顷，地势西高东低，地形以丘陵为主。公园内有闻名遐迩的古墓群，是西汉时期长沙王吴芮家族墓群，公园也因此而得名。

　　遥想两千多年前，西汉长沙王的陵墓初成，驻于咸嘉湖畔，立于湘江之滨，祈愿泽被后世，世代荣华。这块千挑万选的风水宝地，前临湘江，远山如屏障，阻挡了冬季的严寒，陵区坐北朝南，左右溪水分流。

　　今天，历经千年风霜的王家陵墓群，成为了人们修养生息，增添闲情雅致的公园，只有王陵公园门口的仿汉画浮雕上的苍龙、朱雀还栩栩如生，这两个千年之前，汉室皇族最钟爱的图腾形象之一，沐浴在千年后的阳光下，却不再代表皇室高不可攀的威严，仅折射出了一个王朝暮

历经千年风霜的王家陵墓地，今天成为了人们修养生息，增添闲情雅致的公园。

色中的背影而已，成为了一种让人唏嘘不已的情愫而已。凝视的时间长了，就会觉得代表王权欲望的"苍龙、朱雀"远不如"采桑、牛耕、车马、骑士"等平民造型生动，那些男耕女织，耕种桑植的景象才是人类发展的根本，其原生态的生活写照，远比权力的更迭真实，它更接近于现实的生活，也更贴近历史的脉搏。

金秋时节，走入王陵公园，我们便走入了花香，这种花香来自于银桂，也来自于那些不知名的花草。270余亩的翠色迎面而来，包裹着两片开阔而清澈的水域，象鼻山、扇形山、狮子山三山鼎立，草地和水面相生相伴，

相互辉映。其中，象鼻山山巅就是西汉长沙国第五代王安葬之所，吴氏王朝便是在他手里断送的。沿着石径向上，到了"八发奇樟"景点处，一个树蔸上长出的八棵樟树形态各异，令人惊叹。在奇樟之下，一个荒芜的深坑便呈现眼前，这就是著名的象鼻嘴一号墓，带斜坡墓道的岩坑竖穴墓，"黄肠题凑"彰显了陵墓主人身份的尊贵。大自然的鬼斧神工，早超出了帝王将相短若流星的权限，人间的无上尊荣不过是历史的沧海一粟。

小巧静谧的王陵公园，笑看历史变幻无常，像一位旧时代的尊贵乌衣郎，昨日绝世的荣华虽然不复当年，却风华依然。

链接

幕语汽车影苑：坐落在长沙河西王陵公园内，是中南地区唯一的汽车电影院。还专门从大连淘回了一辆老旧的双层巴士，改造成吃饭、观影功能兼具的汽车酒吧，将汽车电影、园林餐饮、户外休闲有机整合，蔚为一绝。幕语系湖南潇湘院线旗下主力电影院，拥有国内一流的汽车电影设备，设有A、B、C三个观影区，能同时容纳近100台车。

王陵公园咨询电话：0731-88803122

后 记

文以载道，书以传世。

为了大力宣传营销长沙市委、市政府确定的"快乐长沙，宜游胜地"的城市形象，不断提升"快乐长沙"品牌的国内外影响力，两年前我们便开始酝酿编辑《快乐长沙》大型旅游丛书，力求从旅游的角度把"快乐长沙"全面、系统、立体地呈现给广大读者和游客。

两年来，我们走访了长沙的山山水水与大街小巷，征询了长沙市宗教局、各区、县（市）旅游局、长沙市各有关旅游行业协会、长沙市餐饮协会等单位领导与专家的意见和建议，最终确定从"游山水"、"道古今"、"品美食"、"享休闲"等方面分四册来编辑旅游丛书，诠释长沙的快乐。

由于篇幅所限，我们在介绍这四大板块时，都不可能穷尽到每一个景区、每一个名人、每一道名菜和每一个休闲娱乐项目。其中《快乐长沙·游山水》以国家 5A 级和 4A 级旅游景区为主，兼顾其他特色景区；《快乐长沙·道古今》以历史人文景区为主，介绍相关长沙名人，而不是所有名人；《快乐长沙·品美食》以兼具传统特色、且具有一定品牌知名度和口碑的菜品、门店、美食圈为主，兼顾其它特色美食；《快乐长沙·享休闲》以时尚、前沿、潮流的动态生活方式为主，兼顾轻松、舒适、独特的静态生活方式。

丛书编著出版，历时两年，数易其稿，得到了省市领导的高度重视和各级各部门及社会各界的大力支持，特别是省委常委、市委书记易炼红，市委副书记、市人民政府市长胡衡华和市委常委、市人民政府副市长张迎春亲自为丛书作序，我们深受鼓舞；同时还得到了很多专家、学者、作家、摄影家及旅游相关企业的大力支持，在此一并表示感谢。

发现美丽星城，传播快乐长沙，是我们的不懈追求，但《快乐长沙》旅游丛书采编工作量大，涉及面广，在编著过程中难免有些疏漏与差错，敬请广大读者、游客予以谅解和批评指正。

山水洲城耀中华，快乐长沙传天下。愿《快乐长沙》旅游丛书能够让大家神往快乐长沙、走进快乐长沙、乐游快乐长沙。

《快乐长沙》旅游丛书编委会
二〇一四年八月

图书在版编目（ＣＩＰ）数据

快乐长沙·游山水 / 长沙市旅游局主编. — 长沙 :湖南地图出版社，2014
（快乐长沙）
ISBN 978-7-5530-0191-3

Ⅰ．①快… Ⅱ．①长… Ⅲ．①旅游指南－长沙市 Ⅳ．①K928.964.1

中国版本图书馆CIP数据核字(2014)第161518号

- -

承制：长沙银马广告策划有限公司 / TEL：（0731）84897826

印制：湖南鑫成印刷有限公司

特别说明：本书部分图片因无法确知作者，希望作者见书后及时与承制方联系

- -

全套定价：168元

快乐长沙旅游丛书之贰

快乐长沙 宜游胜地

快乐长沙 道古今

快乐长沙旅游丛书之 贰

长沙市旅游局出品

谭勇/主编

张爱玲曾说，"每座城市都有每座城市的味道。"的确，城市因为风格各异而显得千姿百态、气象万千。有的古朴，有的现代；有的大气，有的婉约；有的严谨，有的浪漫；有的风光旖旎，有的文化厚重；有的如一本越读越精彩的书，有的如一幅徐徐展开的画……

长沙的味道在哪里？或许每个人的视觉和感受不同，会得出不同的结论，正如一千个人眼里有一千个哈姆雷特一样。我以为，快乐是长沙的特质和味道。

快乐来自历史文化的厚重之感。早在3000多年前，"长沙"之名便有据可查。作为全国首批历史文化名城，长沙素有"楚汉重镇"、"屈贾之乡"、"伟人故里"的美誉，"经世致用、兼收并蓄"的湖湘文化源远流长，"心忧天下、敢为人先"的城市精神影响深远。尤其是屈原、贾谊、杜甫、朱熹、黄兴、蔡锷、毛泽东、刘少奇等灿若群星的名人、圣人、伟人，铸就了长沙"惟楚有材，于斯为盛"的历史荣光。还有那马王堆的千年汉墓、走马楼的千年简牍、岳麓书院的千年弦歌、铜官古镇的千年窑火，都会让你领略到历史人文思接千载的回味之乐。

快乐来自山水洲城的天赐之美。有山有水、依山傍水的城市不少，但像长沙这样灵山、秀水、名洲与都市相得益彰的城市则不多。岳麓山、湘江水、橘子洲、长沙城构成的"四位一体"画卷，会给"仁者乐山"、"智者乐水"带来另一番意境。加上风景秀丽的九曲浏阳河、清新黑麋峰、天然氧吧大围山，更添长沙自然山水的怡然之乐。

快乐还来自多姿多彩的生活之韵。"快乐中国"的湖南卫视，为长

让天下游客畅享长沙的快乐

沙注入了丰富的娱乐基因。穿行在太平街、坡子街、化龙池、解放路等传统与时尚交汇的古街小巷，既有市井文化的悠然自得，更有歌厅酒吧的特有的时尚和动感。遍布城乡的湘菜名品和风味小吃，尽显"舌尖上的长沙"那份火辣与香甜。一年一度的橘子洲音乐焰火、梅溪湖元宵灯展、开福喜乐会、火宫殿庙会、灰汤温泉节等群众性文化活动，为长沙这座娱乐之都植入了新的元素。

让旅游变成心灵之旅、愉悦之旅、快乐之旅，是大多数人的向往和愿景。值得欣慰的是，我们近年来通过树立大理念、建设大景区、打造大品牌、实施大营销、发展大产业，使得"快乐长沙、宜游胜地"的认同度和吸引力与日俱增。吃、住、行、游、购、娱的有机融合，山水风光到人文历史的交相辉映，饕餮美食与娱乐休闲的深度体验，正吸引着无数海内外游客慕名而来。2013 年，长沙共接待游客 9600 多万人次，旅游总收入突破千亿元大关。

这套《快乐长沙》大型系列旅游丛书，就是一部长沙旅游的全景图。丛书分为《游山水》《道古今》《品美食》《享休闲》四册，将长沙的山水风光、历史人文、特色美食、休闲娱乐等旅游精髓一网打尽，图文并茂、生动祥实，堪称是长沙市民乐享生活的休闲指导、各地游客畅游长沙的旅行指南。

借《快乐长沙》出版之际，我们向国内外游客发出热情邀约。热忱欢迎海内外朋友来长沙旅游观光、休闲度假，期待与您相约快乐长沙，悦览快乐长沙，畅享快乐长沙。

是为序。

中共湖南省委常委
中共长沙市委书记

快乐长沙欢迎您

长沙，一座洋溢着幸福、欢乐，独具魅力的品质城市。先后获得"中国最具软实力城市"、"中国十大品牌城市"、"中国十大活力省会城市"的称号。2008 年起，连续被评为全国十大最具幸福感城市，并永久保留此荣誉。2010 年被评为"中国网民最受关注的十大旅游城市"，2012 年又被评为"中国网民最受关注的十大文化旅游城市"。

长沙是历史悠久、底蕴深厚的楚汉古城。马王堆汉墓、走马楼三国吴简、铜官窑唐代釉下多彩见证了长沙几千年的灿烂历史；千年学府岳麓书院傲然屹立，昭示着心忧天下、敢为人先的湖湘文化精神，孕育了黄兴、刘少奇、胡耀邦、朱镕基等先贤伟人。

长沙是山清水秀、风光旖旎的山水洲城。自古以"山水名郡"饮誉天下，融山、水、洲、城为一体，岳麓山巍然屹立，湘江水奔流不息，橘子洲静卧江中，形成岳麓为屏，湘江为带，水陆洲浮碧江心的美丽景观，被评为国家园林城市、国家生态示范试点市和"中国十佳休闲宜居生态城市"。

长沙是朝气蓬勃、快速发展的宜居新城。工程机械、汽车制造、电子信息、家用电器、中成药及生物医药、新材料六大产业集群快速发展；现代服务业发展保持旺盛活力，现代物流、电子商务、金融保险、商务服务、信息咨询等生产型服务业水平提升，被确定为"中国服务外包示范城市"。都市购物、影视传媒、歌厅酒吧、体育健身、旅游度假等服务业闻名全国。

　　旅游是最具拉动力的复合型朝阳产业。近年来，长沙坚持以大项目推进旅游大发展，以灰汤温泉国家旅游度假区、大围山国家生态旅游示范区、岳麓山－橘子洲国家5A景区、花明楼国家5A景区等"国字号"旅游精品创建为抓手，精心打造铜官窑遗址公园、大王山旅游度假区等旅游精品工程；加强城市营销，举办环湘江自行车赛、橘子洲焰火燃放、漂流节……做到月月有活动、季季有高潮；全面推行让游客动心、放心、开心、安心、称心的"五心"级服务，不断提升长沙旅游品位，增强影响力和知名度。全市歌厅和酒吧达到400余家，传统湘菜不断发扬光大，快乐大本营、快男快女、虹猫蓝兔等成为长沙文化的闪亮品牌，长沙成为令人向往的休闲之都、美食之都，长沙旅游正朝着旅游强市和世界旅游目的地阔步前行。

　　快乐是人们的真切感受，追求快乐的脚步不能停止。立足"十二五"，长沙将按照"六个走在前列"的要求，率先建成"三市"、强力实施"三倍"，加快现代化进程，奋力谱写中国梦的长沙篇章！我们不仅要引导高档餐饮酒店开发面向大众的消费，挖掘消费潜能，还要加强旅游与文化、生态融合发展，推进大围山、铜官窑、灰汤温泉等旅游区建设，打响"快乐长沙，宜游胜地"品牌。

　　《快乐长沙》丛书通过对长沙的山水风光、历史人文、休闲购物、美食美味的介绍，纵贯相错，经纬相交，图文并茂，深情款款，既是一套全景式描写长沙旅游文化的优美散文集，也是一套具有使用价值和收藏价值的长沙旅游百科全书。

　　充满幸福感的快乐长沙欢迎您！

中共长沙市委副书记
长沙市人民政府市长　胡衡华

找到快乐的自己

　　长沙，天上的一颗星，地上的一座城，北接洞庭之尾，南纳潇湘云水，扼守山川灵气的交点，气吞云梦，吐纳自如。1.18万平方公里土地，三千年灿烂文明，直到今天，城址也一直未变，街巷的历史与今天的现实依旧缠绵重叠，生生不息。她的历史叫潭州，是我国首批历史文化名城，有名字的历史3000年，建城史2400年，形成村落的历史7000年。她的今天叫快乐，是首批中国优秀旅游城市，是中国最具幸福感的城市，城内的人对她有认同感、归属感、安定感、满足感，城外的人对她有向往度、赞誉度。

　　叫潭州的时候，她古朴沧桑，文化厚重，是楚之重镇，秦之名郡。马王堆汉墓、千年学府岳麓书院、千年古刹密印寺，都在承载着她深厚而悠久的文化底蕴；靖港古镇、铜官古街、乔口渔都，都在展示着她灿烂而质朴的生活底蕴；屈原、贾谊、杜甫、谭嗣同、刘少奇、胡耀邦，都在述说着她"心忧天下，敢为人先"的精神底蕴。

　　叫快乐的时候，她光彩照人，激情四射，是美丽星城，娱乐之都。酒吧狂欢、歌厅火爆、群Mall林立、酒店高耸，都在呈现着她的时尚与浪漫；高山流水、温泉沸玉、农家田园，都在体现着她的锦绣与舒适；美食美味、焰火璀璨、综艺节会，都在彰显着她的妩媚与快乐，风风火火，热热辣辣，既有重口味，也有小清新。

　　这些年来，我们努力地挖掘、整理、思考长沙旅游文化，传承历史，着眼当下，山水洲城，快乐长沙，什么是这座城市最鲜明的个性，最本真的追求，"快乐"跃然心间。为此，长沙旅游也开始了以"快乐"为旗帜，以"建设世界旅游目的地"为目标的逐梦之旅，并取得了一定的成效。旅游总收入在 2013 年达到了 1006 亿元，位居全国省会城市第七；既打造了多条旅游精品线路，也推出了特色景区群，其中，岳麓山－橘子洲景区、花明楼刘少奇故里景区更是成功创建了国家 5A 景区。接下来，长沙旅游应更加突出抓好项目建设、产业融合、城市营销和精细管理，力促旅游品牌升格、旅游消费升温、旅游宣传升级、旅游服务升值，加快旅游强市建设，把这个朝阳般的千亿元产业做得更大、更强、更精。

今天，我们长沙旅游人在努力地贯彻《中共长沙市委、长沙市人民政府关于加快现代旅游业发展建设旅游强市的决定》的战略决策，更好地宣传、推介长沙旅游，长沙市旅游局编著了《快乐长沙》旅游文化丛书，努力地把长沙好玩、好吃、好听的介绍给广大游客。

丛书共分为四册，文字方面，既注重了对文化的尊重，也注重了对文化的深入挖掘与再思考；图片方面，既注重了客观性，也注重了欣赏性；资讯方面，则为读者提供了最为贴近生活的实用指南，既有宏观布局，也有微观指导。

《快乐长沙·游山水》，对湘江、浏阳河、沩水、岳麓山、大围山、橘子洲、湖南省植物园、世界之窗、海底世界等名山秀水及城市景观逐一介绍，展示了长沙秀丽的山水风光，既有亲山乐水的雅趣，也有游园惊梦的闲逸。

《快乐长沙·道古今》，对名人故居、古村古镇、书院寺庙、历史遗址逐一介绍，展示了长沙厚重的历史人文，既有激情燃烧的岁月，也有温馨宁静的光阴。

《快乐长沙·品美食》，对长沙传统老店、时尚新馆、潮流食圈、招牌菜品逐一介绍，展示了长沙独特的美食江湖，既有湘菜传统的内核，也有创新创意的外延。

《快乐长沙·享休闲》，对长沙酒吧歌厅、节会演艺、影视综艺、住宿购物、洗浴足浴、农家乐、新农村逐一介绍，展示了长沙轻松的娱乐休闲，既有温馨惬意的诗意之旅，也有浪漫刺激的不夜狂欢。

丛书从构思到编辑出版，历时两年时间，历经了多次讨论、修改。这期间，丛书的编辑出版得到了市委、市政府领导和各级、各部门的大力支持，得到了各市区县的积极参与。特别是省委常委、市委书记易炼红，市委副书记、市人民政府市长胡衡华亲自为丛书作序，充分体现了市委、市政府对长沙旅游产业发展的高度重视和关心。很多相关领导和专家也对丛书的编辑出版提供了很多宝贵的意见，很多知名的作家、摄影家也为丛书提供了优美的文字和高水平的图片，在此深表感谢。

"看万山红遍，层林尽染"，希望《快乐长沙》旅游丛书的出版，能够成为大家了解长沙的重要窗口；"天上长沙星，地上长沙城"，期盼大家在仰望星空的时候，能够想起长沙，到长沙来体验山、水、洲、城的完美融合、独特风味，来体验快乐长沙的温热阳光，静好岁月，找到快乐的自己。

中共长沙市委常委
长沙市人民政府副市长

快乐长沙 道 古今

目录

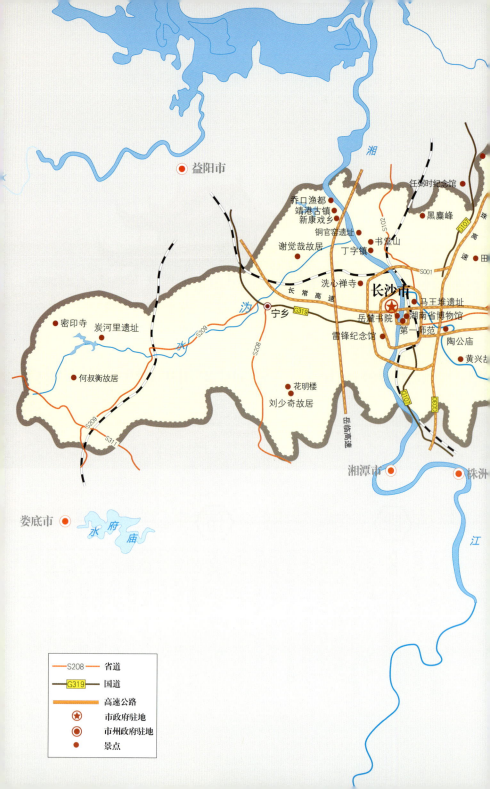

益阳市

湘

任弼时纪念馆

乔口渔都
靖港古镇
新康戏乡
铜官窑遗址
书堂山
谢觉哉故居
丁字镇

黑麋峰

S102

S001

S107高速

洗心禅寺

长沙市

长常高速

宁乡

G319

洈水

S309

马王堆遗址
岳麓书院
湖南省博物馆
第一师范
雷锋纪念馆

陶公庙

黄兴故

G107

G030

密印寺
炭河里遗址

何叔衡故居

S209

S208

花明楼
刘少奇故居

岳临高速

S209

S311

湘潭市

株洲

娄底市

水府庙

江

S208	省道
G319	国道
	高速公路
★	市政府驻地
◎	市州政府驻地
●	景点

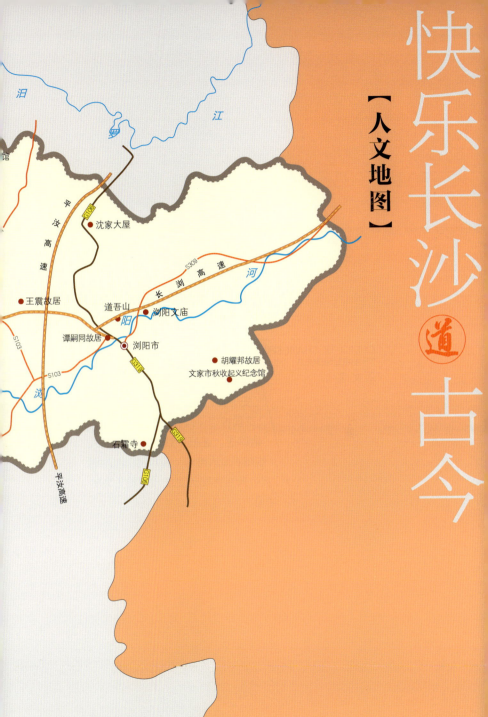

汨

罗

江

馆

平汝高速

G319

沈家大屋

S309

长浏高速

河

王震故居

道吾山

阳

浏阳文庙

S103

谭嗣同故居

浏阳市

S103

G319

胡耀邦故居

文家市秋收起义纪念馆

淴

石霜寺

G106

平汝高速

G106

快乐长沙 道古今

壹

CHEERFUL CHANGSHA
TRAVEL SERIES
历史遗迹

时光如浩淼大海，淘尽万般喧嚣，那些氤氲在历史背后的香气，是我们追寻的线索，走在长沙老街的青石古巷里，流连在博物馆的文物前，古城长沙波澜壮阔的历史，化为了文物上的刀刻笔画；王侯将相今何在？君王的荣宠转瞬即逝，还抵不过薄如蝉翼的素纱禅衣令人难忘；铜官窑千年的烟火，向世界和历史绽放了釉下彩的华丽。

马王堆遗址 西汉美人梦

先读为快马王堆遗址位于长沙市东郊浏阳河西岸，为五代十国楚王马殷及其家族的墓地，故名马王堆。1972年至1974年，先后从墓中发掘出西汉女尸，素纱禅衣及一大批漆器、陶器、兵器、乐器、木俑、丝织品，帛画与帛书等。1972年1号墓出土的帛画，是我国已知画面最大，保存最完整，艺术性最强的汉代彩绘帛画。

公元前202年，汉王刘邦打败西楚霸王项羽，正式登基称帝，封西汉开国元勋吴芮为长沙王，在原秦代长沙郡建立了长沙国。但刘邦当然不愿把辛苦得来的土地白白交给别人，为了限制藩王的权利，丞相由朝廷直接委任，名为辅佐，事实上掌握着实权。长沙国的王位世代相袭，自吴芮始，到其第五代世孙而被撤除。贾谊就曾是五代王吴著的太傅，而第三代王吴回和第四代王吴右同用一个丞相，名叫利苍。

利苍之名，于历史长河中并不起眼，他的夫人辛追，却在两千多年后声名大噪。1971年底，当地驻军在马王堆的两个小山坡上施工，经常遭遇塌方，用钢钎进行钻探时，从钻孔里冒出了呛人气体，有人用火点燃，那

1971年马王堆遗址挖掘现场

道蓝色火焰使他们恐惧和不解。得知消息的考古专家意识到，他们遇到的是一座古代墓葬。后来考古队正式对神秘的墓葬进行了科学挖掘，一个南北长20米，东西宽17米的大型古代墓葬便被挖掘出来了。同时，在这个时逾2100多年的汉墓里出土了一具女尸，其形体完整，全身润泽，部分关节可以活动，软结缔组织尚有弹性，她就是被誉为"东方睡美人"的辛追，旁边二号墓埋葬的是她丈夫利苍，三号墓埋葬的则是利苍之子。

在挖掘考古结束后，一、二号墓回填，三号墓经过加固整理，供人们参观，也就是现在的马王堆遗址。遗址位于马王堆医院内，因出土的文物都保存在湖南省博物馆，所以这里仅剩下挖掘后遗留下来的坑洞，墓坑的

四周为防止塌落，用水泥砌了一个漏斗形灰坑，略显单调，马王堆遗址也因此慢慢被人遗忘。

遗址平常鲜少有游客光顾，这曾经名震一时的地方，比大街小巷都清静太多。来到马王堆汉墓三号墓墓址，顺着小道往遗址走去，不久便可看到墓坑，为了保护遗址，上面建了一个跨度很大的棚子。站在墓道的三层台阶上，马王堆遗址仿佛是另一种时空，这里每一条墓道，都有先民留下的语言，每一寸墓壁，都凝聚着古人的汗水，看着它们，仿佛跨越千年与过去交流。这个远古的墓葬，沉寂了两千多年，当它冥冥中注定与我们相遇时，它带来了太多的惊喜，也留下了诸多疑问。有些问题也许永远不会有注释，但如果亲自去遗址感受，兴许你会有你的答案。

链接

马王堆三座汉墓共出土珍贵文物3000多件，绝大多数保存完好。五百多件各种漆器，制作相当精致，其中黑地彩绘漆棺，色泽如新，体态生动，具有很高的艺术水平。而众多的丝织品中，有一件素纱襌衣，轻盈秀美，薄如蝉翼，织造技巧之高超，巧夺天工。墓内还出土了彩俑、乐器、兵器、印章、帛书等珍品，使身处当代的我们得以体会汉文化的博大与精致。汉墓里出土的大部分文物，现都保存在位于东风路的湖南省博物馆，辛追的遗体更是博物馆的镇馆之宝。

咨询电话：0731-84514630 地址：芙蓉区古汉路89号

图为扩建中的省博物馆效果图，预计2015年开馆。

湖南省博物馆 / 一眼千年

先读为快 湖南省博物馆创办成立于20世纪50年代初，位于长沙市开福区，占地面积5.1万平方米，公用建筑面积2.9万平方米。该馆馆藏文物丰富，尤以马王堆汉墓文物、商周青铜器、楚文物、历代陶瓷、书画和近现代文物等最具特色。是湖南省最大的综合性历史艺术博物馆，也是全国优秀爱国主义教育示范点之一。

　　一座城市的喧嚣与宁静，就如同人的心脏，左边住着喧嚣，右边住着宁静，喧嚣得太盛，容易吵到隔壁的宁静。长沙作为一座有着2400年建城史的古城，它的喧嚣与宁静隔得太近了，用路程的刻度去衡量，距离也许就是一扇厚重的门，这扇门就是湖南省博物馆的大门，大门里面住着的是长沙宁静的前世，如果用时间的刻度去衡量，这中间的距离就是千山万水。

汉初的无声电影

　　推开厚重的大门，我们在今生凝望历史的深处，那些关于人类的遥远记忆，就好比我们的童年，可能没有现在强壮，也没有现在丰富，但那些即便不太清晰的过去，回想起来，依旧能深深打动我们。伍尔夫曾说，生命的根基在于记忆，而曾经的历史，便是一个城市乃至一个民族的根基。

　　不得不说时间是残酷的，它有着横扫一切的狰狞，过去的东西就算保存再好，也必然褪色，但时间却也有着柔情的一面，它让保存下来的东西，散发着岁月的唯美，让那些躲过了光阴肃杀的存留显得弥足珍贵。辛追夫人就有着这样一份幸运，她长眠于2100多年前，在神奇的墓葬中沉睡，不管风雨，一觉便是二十多个世纪。也许是时间将她遗忘了，千年的沧海桑田，尘埃都要幻灭，这位"睡美人"在出土之时形体却依旧完整，肤质润泽。她的存在让刘邦当年划分的长沙国，有了一股湮远的芬芳，而那些一直陪伴着她的器物，则散发出了汉初文明的力量。

　　走在博物馆汉墓陈列之中，就仿佛在阅读一本古老的百科全书，曲裾素纱禅衣，轻若烟雾，薄如蝉翼，讲述着从前的服饰之美。而黑地彩绘棺上面漆绘的流云漫卷，似乎在传唱着许多古老的故事。T型帛画则记录着汉初时人们的想象，地域、人间、天堂，一念之间，涵盖了所有的悲欢。在陈列里还有竹笥、木俑、乐器、陶器等生活用品，以及帛书、"遣策"竹简等学术文献，政治经济、科技艺术、宗教文化、风俗意识、贵族生活，关于那时的一切，只要你细细品读，这本书都可以给你解答。

　　博物馆的汉墓陈列把千年之前的生活，变成了真实的物件，毫无掩饰的呈现在大家眼前，辛追和她所生存的那个时代，就像是一部无声电影，在这里静静放映，引领着人们穿越历史，去感悟汉代文明的缤纷与深邃。

人，活不过手里那件青铜器

　　在辛追出世之前，有一个时代叫青铜时代，是比汉初更为遥远的记忆。在那个时代，湖南还被称之为"蛮荒之地"，但事实上很早

博物馆的汉墓陈列把千年之前的生活，变成了真实的物件，毫无掩饰的呈现在大家眼前，辛追和她所生存的那个时代，就像是一部无声电影，在这里静静放映，

之前已有文明在这里孕育，岳阳铜鼓山发现了距今约 3500 年的青铜器就说明了这一点。

三千多年前的青铜器还在，三千多年前的文明却早就被席卷成泥，而那些制作青铜器的人，更是不知出处，亦不知归处。人的伟大兴许正是如此，在有限的时间里去创造比生命更为长久的事物，来证明自己曾经存在的价值。当然，青铜器并不只是普通的锅碗瓢盆，它们还有着更为深远的意义。在那

个文明并未彻底开化的年代，因为太多未知的事物，所以人们对自然充满敬畏，青铜器则连通着他们的信仰，使大家可以虔诚的与神灵交流，许愿得到护佑。青铜器有时作为一种形而上学的存在，在举行祭祀之时，承载着人们最朴素的生活情感。

青铜器陈列里的人面纹方鼎，就是当时人们的一个情感出口，在先秦时候，"鼎"是权力和地位的象征，人们用它来祭拜先祖，

走在博物馆文物陈列之中，就仿佛在阅读一本古老的百科全书，关于那时的一切，只要你细细品读，这本书都可以给你解答。

甚至把将视为自己所崇拜的神灵，类似于西方所说的"图腾"，纹方鼎四面雕刻的脸谱，便是人们想象的神灵形象。在纹方鼎腹内刻着"大禾"二字，记录着一个方国的存在，只是时间汹涌，器物还在，"大禾"方国的文明早已消散，幸而人们制造了青铜器，让他们的存在有了佐证。

青铜器在它所处的时代，本身就是一种文化元素，同时它还有着很高的艺术价值，博物馆里的虎食人卣、豕尊、象尊等造型诡异奇特、精美绝伦，都是青铜器当中的精品。在青铜陈列之中，每一个器皿，都有着古人双手的痕迹，见证过他们笑与泪的情节，残酷的是，古人早已逝去，而生命不如手里的青铜器活得长久。

陶瓷是一本珍贵的史书

青铜器的制造工艺繁杂，基本上入不了寻常百姓家中，因而只能体现上流社会的生活。陶瓷，则出自于普通工匠之手，流传于街巷市井，雅俗共赏，是一个社会最为朴实的记号。

陶瓷就像人类生活里的符号，伴随社会的发展而变更，当人们开始建起房屋，开始

用粗糙的工具播种希望，陶器就出现了，随着社会经济不断进步，幻化出不同的样貌。瓷业在湖南也是源远流长，至今发现东汉至清朝的瓷窑有四百余处，窑烟袅袅，千年未绝。东汉中期湖南便开始产青瓷，博物馆收藏的西晋青瓷对书俑，是迄今所见唯一的对书俑。

青瓷之后，彩瓷的初盛，则始于唐代的长沙窑。博物馆里的褐斑贴花舞蹈人物瓷壶，有着图案生动、饶有趣味的彩绘，是唐代民间绘画艺术的缩影，而青釉褐绿彩狮座诗文瓷枕，则饰以朗朗上口的诗歌，展现了当时原汁原味的民间文学。古往今来，历史写尽了帝王将相的功过，却难得留住关于民间的记忆，这些源自平常生活里的物件，便是描绘老百姓的珍贵史书。

除了长沙窑之外，始烧于隋代的湘阴窑，清末民初醴陵窑，都是中国瓷艺长河的一条重要支流。历代瓷器陈列里的三大窑展品，仅仅只是沧海一粟，无法反映湖南古代制瓷的全貌。但在博物馆中，也无需顾及数量，最重要的是体会窑工之创意，感受湘瓷之神韵。

明清书画与考古新发现

瓷器上的书画美观灵动，实用之外，还可以装点生活，然而单纯就书画艺术来说，纸张才是它的主要载体，从古至今，多少双巧手，多少个独特的灵魂，让那些普通的白纸变成了纷飞的画卷，汇聚出漫无边际的艺术之海。

当走在众多的书画之间，无尽的古韵书香迎面而来，停步观赏，书画就像是一杯上等的龙井，必须三泡以上，才能尝尽它的滋味。第一遍，品味字画秀美，第二遍，体会作者的意境，第三遍，感悟历史的斗转星移。博物馆所藏的书画以明清时期的为主，明清书画，在唐宋的基础上，趋向于个性，"摹古"派讲究继承传统技法，"创新"派更注重画意内涵和笔墨形式。书画陈列中唐摹《兰亭序》、李东阳的行书诗卷、董其昌的行书轴，陈录所做梅花推蓬图卷，八大山人所做松鹿图轴等颇为引人注目。

书画陈列里的作品都是早期的收藏，20世纪80年代以后，湖南考古工作又取得了众多成就。考古新发现陈列，集中展示了近年来湖南最重要的十大新发现，而龙山里耶

皿方罍是商代晚期铸造的"方罍之王"，1919年，出土于湖南省桃源县架桥镇。1952年，皿方罍的罍盖被湖南省博物馆收藏，罍身流落异国他乡近一个世纪。2014年6月28日，皿方罍的盖身终于合为一体。合体后的皿方罍将被湖南省博物馆永久收藏，待新馆建成后，皿方罍将对公众开放。

战国秦汉城址，已被誉为21世纪我国最重大的考古发现之一。这些从远古走来的痕迹，拂去了古老湖南身上的厚重尘土，讲述着曾经的辉煌与没落，过往的故事无法复原，瞻仰这些旧时物件，或走或停，在祭奠之时，可以感受历史的呼吸。

链接

【网上展览馆】湖南省博物馆因进行改扩建工程，已于2012年6月18日起暂停对外开放服务，到2015年底新馆建成之后，才能重新对外开放。但在闭馆期间，市民也能感受展厅的魅力，省博物馆运用三维影像制作、多媒体信息技术等研发的数字展厅已经上线。大家只需登录湖南省博物馆的官方网站进入"网上展厅"，便可身临其境地观赏展品，磁性的人声讲解，清幽的古典配乐，逼真的图片效果，"秀才"不出门，也能领略史之浑厚，感受艺术的瑰丽。咨询电话：0731-84535566-8605 网址：www.hnmuseum.com

铜官文化园　陶乐无穷

快读先为 长沙铜官窑遗址兴起于八世纪中后期，至五代而衰，距今约有一千多年的历史，位于长沙市望城区丁字镇彩陶源村，是指在唐代出现在漳州（今长沙）石渚湖、铜官一带的瓷器作坊，毗临美丽湘江，坐落于青山绿水间，不计其数的残瓷碎片层层叠叠，不禁遐思悠悠，浮想联翩，如今已开辟为文化旅游区。遗留的大大小小、岸边和水中悠，浮想联翩，如今已开辟为文化旅游区。

我们追寻昨日的历史，考察古代的遗迹，窥视往日的辉煌，长沙铜官窑在中国历史上具有重要的地位，在中国陶瓷发展史上写下了不可磨灭的、光辉的篇章。

它开启一个斑斓的时代

历史是朦胧的，最能证明一个地方历史久远度的，往往是地下文物。它们引领着我们走进历史的深处，去采撷漫漫历史长河中曾经溅起的绚丽的浪花……当那些留存地面的辉煌消失之后，沉睡地下的古陶瓷，便成了我们解密历史的珍宝。

我们追寻昨日的历史，考察古代的遗迹，窥视往日的辉煌，长沙铜官窑在中国历史上具有重要的地位，不仅在中国陶瓷发展史上写下了不可磨灭的、光辉的篇章；而且在中外经济、文化交流和艺术等方面也留下了浓墨重彩的一页。她继承和弘扬了湖湘人"自

强不息、厚德载物"的基本精神，开创了彩瓷时代，创新了装饰工艺和装饰特色，是中国陶瓷史上的明珠。

她首创釉下多彩，是世界釉下多彩陶瓷的发源地，利用还原焰的原理，成功创烧了铜红釉瓷，为宋钧、元明清釉里红及祭红、郎窑红的发展打下了坚实的基础，把铜红釉和红彩的发明烧制时间，从宋代提早至唐代，推前300多年，这一技术的发明与掌握，是陶瓷发展史上划时代的成就。超越现实创烧的铜红釉和集褐、绿、蓝釉等于一体的釉下多彩装饰制作技术，突破了当时"南青北白"一统天下的瓷器装饰格局，开创了世界陶瓷

风格,无论是诗的内容,还是书法的艺术美感,都有很高的欣赏价值。还有大量题记,如"人能弘道、非道弘人"、"悬钓之鱼、悔不忍饥"、"君子喻于义"、"牛怀舐犊之恩"等在瓷器上出现,这些诗或题记既通俗易懂,又发人深思,开创了陶瓷文化品味新领域,将中国传统文化中的诗词歌赋、绘画、谚语、产品广告和独特的模印贴花等融入到瓷器之上,不仅首创了陶瓷装饰艺术,更充分展示了中华民族深厚的历史文化底蕴。震惊世界的外销量彰显了博采众家的开放精神和包容互补的民族大团结精神。

海上丝绸之路上的见证

"古岸陶为器,高林尽一焚。焰红湘浦口,烟浊洞庭云。迥野煤飞乱,遥空爆响闻。地形穿凿势,恐到祝融坟。"唐代诗人李群玉的《石渚》描绘了当年长沙铜官窑泥洞深掘,旋坯彩绘,龙窑长宽,柴火烧瓷,焰炽冲天,瓷业繁盛的场面。

然而这也是它最后的辉煌,之后便是不可避免的衰落,而其中的原因是非常复杂的。

生产新纪元。

她创新瓷器装饰工艺,将其他窑或其他行业的装饰手法运用于瓷,广泛运用模印贴花、印花、贴花、刻花、剪纸贴花和镂空等装饰技法,人物可数清根根胡须,动植物栩栩如生,建筑物富于立体感,堪称世界陶瓷史上一绝。她最先创釉下彩诗文题记,其出土了一大批精美瓷器大部分还保留着唐人的手迹——彩绘和墨笔题诗,目前已发现并释读的瓷铭诗共 103 首,其中五言诗 94 首,六言诗 2 首,七言诗 7 首。

这些瓷器上的诗,虽未落款和署名,也非名人名作,却是当时最流行最普遍的民间

遗迹现状 Remains Status Quo

龙窑考古发掘区域窑场制瓷有关遗迹28处，出土可修复文物上万件，掌握了长沙铜官窑的窑炉构造特征以及相应区域窑址的产品特征，并发现了与窑业生产有关的重要建筑遗迹。

战乱无疑是最直接的因素，瓷器时代属于和平年代，而战争年代是铁器时代。五代末年，战火纷飞，烽烟四起，铜官窑似乎也已耗尽了精力，逐渐被疯长的荒草湮没。

1956年湖南省文管会在文物普查工作中发现该遗址。1957年故宫博物院陶瓷专家冯先铭、李辉柄先生曾对长沙铜官窑遗址进行了调查，确认是唐至五代时期重要窑址，是一处不见文献记载的民办窑场。

1964年开始先后6次进行了考古发掘，初步弄清了遗址分布总面积约0.68平方公里，发现了石渚湖南面窑区的存在，框定了石渚湖的大致范围，确定了76处窑址，19处采泥洞，探明了墓葬区、生活区、码头区、货藏区的分布情况。其中谭家坡1号龙窑是目前世界上保存最为完好的唐代龙窑，窑址正南北方向，总长41米，最宽处3.5米，最窄处2.8米，坡度陡处23度，平缓处9度，揭露谭家坡1号龙窑考古发掘区域窑场制瓷有关遗迹28处，出土可修复文物上万件，掌握了长沙铜官窑的窑炉构造特征以及相应区域窑址的产品特征，并发现了与窑业生产有关的重要建筑遗迹。为有效保护这一宝贵的民族文化遗产，1988年被国务院公布为第三批全国重点文物保护单位，2006年被纳入全国100个重大遗址保护项目，2011年入选第三批国家级非物质文化遗产名录。

作为湘楚大地上最早的出口产品，铜官

遗迹复原 Remains Restoration

瓷器还是中外经济和文化交流的"友好使者"。她的产品遍及亚洲各地、远至非洲,出口29个国家和地区,通过水运,从湘江入长江,经扬州、宁波、广州口岸,开辟了一条通往南亚到北非的"海上丝绸之路"。

1998年,在印尼勿里洞岛附近海域发现的"黑石号"沉船,打捞出6.7万件唐代瓷器、金银器、玻璃、铜镜及银锭等供贸易及贡奉的珍品,其中陶瓷占绝大多数,产自长沙铜官窑的瓷器就达56500多件,可见其烧造之盛况,商业之繁荣。由此可见,她是中国人民与世界人民友好交往的历史见证,也是长沙在对外经济、文化交流中,对世界文化产生了重要影响。

铜官古窑遗址

今天，铜官窑文化旅游区遵循着"两型社会"理念，充分利用铜官窑文化旅游区依山傍水的自然条件，在遵循人与自然和谐的基础上，重塑长沙窑遗址十里画廊。

聪明的长沙铜官窑经营者们，为了使自己的产品抢占市场，博得买家青睐，把商业广告语刻写在了瓷器上，用釉下彩文字标出"绝上"、"美酒"、"卞家小口，天下第一"，"言满天下无口过"、"行满天下无恶意"等广告语。同时，他们还对产品出口地进行特别营销，以适应外销的需要，他们引进阿拉伯文化，创造出了很多新产品。如人物釉下彩绘中有"外国女郎"、"异国情侣"；模印贴花中人物有骑士、胡人吹笛者和舞蹈者，植物有"葡萄纹"、"棕榈树"、"铁树"、"椰枣"等，动物有"摩羯"和特殊装饰的狮子，阿拉伯人十分感兴趣。

亲手做一件陶瓷，既可以感受传统手工艺的历史，又可以体验其中乐趣。

新型陶瓷文化旅游区

今天，铜官窑文化旅游区遵循着"两型社会"理念，充分利用铜官窑文化旅游区依山傍水的自然条件，在遵循人与自然和谐的基础上，重塑长沙窑遗址十里画廊，发挥最大的艺术想象，在不破坏原有风貌的前提下，构建山林、农田、民居、交通等系统，尽量保持乡村田园风光的柔性之美，又使之染上大唐盛世的风采。将铜官文化旅游区建设成了集参观游览、服务休闲、生态农业等多功能为一体的新型旅游区。

近几年，长沙市全面推进铜官窑项目建设，以"大唐陶都"为整体形象定位，重点建设铜官窑国家遗址公园和陶文化创意产业园，围绕"一都两园"框架，将铜官窑文化旅游古镇、彩陶溪特色文化名村、铜官窑遗址公园整体打造成铜官窑文化旅游区，项目的全面推进也带动了周边的基础设施建设，彩陶溪沿线130多栋民居及彩陶路路面得到提质改造，为建设乡村作坊、旅社、小店等文化旅游配套产业提供了基础条件。目前，整个项目已完成建设，并开园营业。

陶艺村电话：0731-88203191

简牍博物馆
梦回三国

先读
为快 ┃ 2005年，由长沙市政府投资过亿修建的简牍博物馆正式对外开放，该馆位于长沙市天心阁和白沙古井之间，馆内藏品主要为14万枚三国孙吴时期纪年简牍，2000余枚西汉初年纪年简牍，另外还有青铜、漆木、书画、金银等其它藏品约3500件，是目前世界唯一一座集简牍收藏、保护、整理、研究和陈列展示于一体的新型现代化专题博物馆，也是长沙一个重要的文化景点和对外开放窗口。

借古鉴今，以史育人

一个城市的发展，既需要有"天下熙熙，皆为利来；天下攘攘，皆为利往"的现代商业繁华，也应该具备一种"淡泊明志，宁静致远"的气韵，饮水思源，这种气韵脱胎于每个城市独特的人文底蕴，扎根于历史深处，博物馆，无疑就是从历史深处生长出来的文化地标。透过那些陈列在博物馆里的文物，我们与历史对话，仿佛看到了人类生生不息的童年，人类就是这样不断从童年的影子里走到今天的。今天，我们在历史的影子里与历史对话，就像叩问自己的灵魂一般。

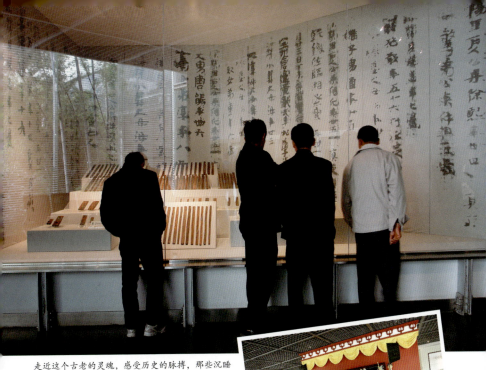

走近这个古老的灵魂，感受历史的脉搏，那些沉睡了千年的简牍用文字睁开了历史的眼睛。

　　这种灵魂，能够穿越风霜雪雨，历久而弥坚，长沙简牍博物馆就是这样一个闪着光芒的坚硬的灵魂。坐落于长沙市天心阁与白沙古井之间，是一座园林式建筑，被清流环绕，黑白两色，每个细节都契合着历史的脉搏，透出魏晋的风骨。作为长沙市的一个文化地标，14万枚孙吴时期纪年简牍，2000余枚西汉初年纪年简牍，另有青铜、漆木、书画、金银等其它藏品约3500件，这些文物所展现的不只是长沙风骨，也是古长沙的风情。

　　走近这个古老的灵魂，感受历史的脉搏，那些沉睡了千年的简牍用文字睁开了历史的眼睛，那些曾经的战火烽烟与风花雪月都已成为了典故，闪着银色的光芒，幻化成千古意象，震撼着我们的心灵，也拂去了历史的蒙尘。此刻，历史的脉络清晰无比，黑白两色，像流水一样环绕着我们，并散发出生活的烟火气，厚重而浓烈。

　　上下五千年，简牍是一首厚重而笨重的诗歌，作为中国文明的载体，它如同一叶扁舟般漂浮在历史长河之上，它从春秋战国的烽火硝烟中起航，盛于秦汉，风雨飘摇三千年，最终停泊在了魏晋的河岸，终结在蔡伦的脚下。三千年，简牍承受了历史之舟，也承受了生活之海，客观地记录了当时的政治文化与社会生活，让我们能够站在历史的入口窥探历史。

　　长沙是中国出土简牍数量最多的城市。1996年7月，长沙市文物工作队在湖南平和堂商业大厦的建设工地内，发掘出战国至明清时期的古井窖57座，出土铜、铁、陶瓷、竹木等文物3000余套，在编号为22号古井窖中发现了1700多年前，三国时期14万余枚吴纪年简牍，超过此前中国历年出土简牍数量的总和。由于三国时期史料匮乏，这批吴简被认为是中国继殷墟甲骨卜辞、敦煌文书之后的又一"世纪考古大发现"，被评为1996年中国十大考古新发现，并列入二十世纪中国一百项重大考古发现。

2003年12月，长沙走马楼又出土了1万余枚西汉时期简牍，以文字的形式生动地再现了汉武帝时期的盛世风云。这些珍贵简牍的重见天日，是二十世纪中国古代地下文献的重大发现，成为中国文物宝库中极为珍贵的宝藏。

悉数馆藏珍稀

身临博物馆，感受那古典的气氛，观摩岁月的痕迹，时光冻结了历史的真实，栩栩如生的保存在博物馆收藏的精粹中，展露出一种强烈震撼人心的神奇魅力，古代文明的源远流长，博大精深，在简牍博物馆简约成一段图文并茂的发展之旅，回顾文明在世界各地的发展，尽管承载与传播方式各不相同，意义却殊途同归，看似各自独立，其实彼此之间首尾呼应，纵使内容纵横开阖，内涵却又一气呵成。

那些从历史长河深处打捞起来的素胚，还原古时。敬畏天命的人向上天祈祷，瑰丽凝重的青铜器是虔诚祭祀的语言。神之下，玉石作为大地的馈赠，却被冠以封建礼制的表征，划分出众生的三六九等，背向人之初

敬畏天命的人向上天祈祷，瑰丽凝重的青铜器是虔诚祭祀的语言。

的平等。神的初衷受到人类的冒犯，惹上岁月深邃的铜绿，兀自暗淡，"怀璧其罪"的玉石只好掉头，翘首企盼丝绸之路上可有知音到访？司马相如当初弹奏了那把"筑"，一曲"凤求凰"引来了西域红在漆木器上的笔锋浓转淡，细细勾勒出汉室尊崇的黑，远域和汉疆的纠葛被演绎得荡气回肠，为千年之后与今人的邂逅埋下伏笔。无数轮回之后，人们才从长沙窑里出土的陶瓷上窥见那一刻相忘于江湖的落寞，瓶身描绘的青柳从泼墨山水画的墨色深处隐去，渗进釉下书的诗词，徒留"无名"二字："君生我未生，我生君已老，君恨我生迟，我恨君生早。"古老的情诗铭刻进历史的深邃，传播千里，流传千年，直抵人心。

你可以激动于中国简帛学发展的深邃凝重；沉湎于简牍的独特人文价值；感叹于中国简牍书法发展起始、演变、成熟的一咏三叹；也可以着迷于《青铜神韵》《湘楚瑰宝》《两汉遗珍》《瓷釉华彩》的秀美典雅……

这些历史遗留下的古迹文物，如今安静淡然地躺在展台之中，任人观赏。它们历经无穷的时空，不曾迷失在岁月长河的流逝中，化为浮光掠影，是时光对城市最好的赠予。

简牍博物馆咨询电话： 0731-85425680

天心阁古玩城市场毗邻简牍博物馆，共分四层，总建筑面积 18632 平方米。是市民休闲绿化广场和户外古玩艺术品广场。天心阁古玩市场前坪为特色古玩跳蚤市场，逢周五、六、日、重大节日开市，市场摊位 600 余户。每到地摊日，都有古玩字画、奇石玉件、金银瓷器、根雕标本、文房四宝、烟标票券、邮票钱币、古旧书籍、连环画册、民间乐器以及老式家具等交易。

长沙古玩市场淘宝指南

除了天心阁古玩城之外，长沙还有 5 个各具特色的古玩市场可供收藏爱好者淘宝。

● **湖湘文化艺术品市场**
偏安城北的湖湘文化艺术品市场开门营业的店家并不多，这里经营的大多是石雕、木雕等大件的古玩。

● **长沙古玩城**
河西唯一一家古玩城，包括"悟源堂"、"永昌瓷号"等在清水塘古玩市场创办初期的老字号。

● **湖南古玩城**
由湖南省文物总店建设，位于韭菜园路与五一路交界处，依托省文物总店，古玩档次较高。

● **大麓珍宝古玩城**
在湖南古玩城南面，一楼多为玉石珠宝、瓷器等现代工艺品，二楼、三楼才是古玩市场。

● **白沙古玩城**
这家由茶馆改造的古玩城共分上下两层，共 70 个门面。进驻的古玩商来自西安、上海、深圳等 13 个城市。这将是长沙唯一一家全部以纯古玩交易为内容的古玩城。

炭河里遗址
四羊方尊的故乡

先读为快 炭河里遗址，位于长沙宁乡县黄材镇，是南方著名的青铜器出土地，年代约为商代到西周时期。著名的青铜器四羊方尊即在此出土，其他重要的青铜器还有人面纹方鼎、大铜铙等。对于位于长江以南的宁乡，能出土大量而珍贵的青铜器，这是中国考古界一个未解之谜。

夕阳西下，落日余晖，无论怎么看，她都像一幅厚重而失传已久的古画，悬在天边。在去往炭河里的路上，我们就碰到了这样的夕阳，那么血红，那么壮美的景象，象华服美人，一回眸，历史便已轮回了几千年，这是我平生第一次触及这么血红的光芒。三千年说走就走了，我们穿越时光而来，在炭河里遗址旁，临风而立。

今天，这里已是历史的荒原，即使是那些真正的历史也已经潜入得太深，哪怕深入期间，我们也只是一群极其遥远的观众而已。然而就是在这片俗而寡味的土地上，曾矗立着一座古城，也矗立着一个谜一般的王朝——西周大禾方古国。

如果不是那些幽蓝的青铜之光，不是那些让人肃穆的青铜器，四羊方尊、提梁卣、虎食人卣、兽面纹铜瓿等大批青铜国宝，足足两千多件，每一件都闪烁着那个时代最为辉煌的文

青铜文化体验馆效果图

作为楚人的后裔，晚风吹拂，我们似乎还能嗅到故国残存的气息，这如同血脉丝丝缕缕而又萦回不绝的先人气息，把人们的视线牵得很远。

明之光，西周大禾方古国这个王朝也许将永埋地下，永无天日。然而历史学家守住文明不过长江这条底线，把炭河里遗址文明归为了意外，甚至用神奇来搪塞解释，其实我对"神奇"不以为然，虽然神奇来自最古老的世界，但它也意味着落后，永远都不时髦。

在我看来，这种意外的文明是能够解释的，溯源历史，周王朝兴起，不但接管了商王朝和其附属国，还包括了对周边野蛮民族的征伐。向北征战，把晋、燕牢牢控制，向南征战，则是文化进入了西蜀和荆楚，慢慢导致诸侯国楚国的中原化。

那时的文臣武将，王侯贵族们纷纷扩大领地，真是"心有多大，舞台就有多大"的

一个时代啊，大家都争先恐后地恨不得把"王土"往自己口袋里多扒拉几块。所以文明不过长江是牵强的，因为欲望是永远都没有底线的，更没有界限，所以炭河里的那些暗青的青铜器与灿烂的青铜文明并不神奇，而是历史的选择。

作为楚人的后裔，晚风吹拂，我们似乎还能嗅到故国残存的气息，这如同血脉丝丝缕缕而又萦回不绝的先人气息，把我的视线牵得很远。想象遥远古代的日月，在故国的上空反复升降，那座土城仿另一个时空里雄峙，虽已是尘归尘，土归土，重归宁静，但痕迹还在，深刻在大地之上，像是在等待着什么。

快乐长沙

道

古今

馨香

CHEERFUL CHANGSHA
TRAVEL SERIES

宗教民俗

红尘与世俗，佛祖与众生，两者看似对立，却相持相依，在轮回中涅槃是佛祖的理想，在苦海中普渡众生，却是平常人对佛祖的诉求。时光荏苒，如今散布在长沙老街巷的古寺，虽然供奉着不同的神灵，却供奉着同样的虔诚。历史的钟声，被信仰结成一张网，扣人心弦；鼎炉下洒落的烟灰，扩散成一圈圈年轮，只有佛前的馨香依然不断。

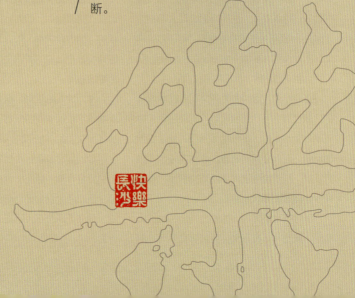

麓山寺、云麓宫
一种境界 两种信仰

读读先为快

岳麓山连岳叠峰数十公里，是南岳衡山72峰之一，如一道天然屏障，横亘长沙市区西面。此地荟萃了湘楚文化的精华，名胜古迹众多，麓山寺、云麓宫便是其中著名的两座。麓山寺又名万寿禅寺，距今已有1700多年的历史，是佛教入湘最早的遗迹。云麓宫，位于岳麓山右顶峰上，属道教第二十三洞真虚福地，其建筑为石柱铁瓦，古朴典雅。岳麓山与那些名山大川相比，其实既不雄伟，也不巍峨，但它却比平常的名山大川更享盛誉，其名声，来自墨客名流的接踵而至，也来自僧侣道人的馨香萦绕。

古寺丰富了山的内涵，深山也氤氲
出了古寺的性灵，涵养出了一片世
俗之上的信仰，这信仰能抚慰苦
难，也能支撑生活。

38

麓山寺，随着历史沉浮

自古以来，寺依偎着山，山包容着寺，深山藏古寺，山高寺深邃，寺古山灵动，山寺已互为属性与注释。麓山寺坐落于岳麓山中，千年馨香萦绕不绝，古寺丰富了山的内涵，深山也氤氲出了古寺的性灵，涵养出了一片世俗之上的信仰，这信仰能抚慰苦难，也能支撑生活。

麓山寺的信仰源于西晋，初名慧光明寺，然而它的灵魂却姓唐，始名麓山寺，是湖南省最古老的寺庙之一。其实，在麓山寺徘徊久了，就会觉得这种选址所暗含的玄机，是我们永远都无法抵达的境界，这种境界的名字叫竺法禅师，左临清风峡，右饮白鹤泉，前对红枫尽染、湘江北去，背倚禹碑风云、林海漫天，麓山寺的选址不仅符合风水宝地之说，还暗合佛教"看光"、"观空"的宗旨。

寺庙的命运其实也是一部人类历史的发展史，在一千七百多年的风雨沧桑里，麓山寺曾六度毁于战火，它的每次被毁都意味着苦难与辛酸，意味着生灵涂炭。两晋南北朝时期，佛教盛行，庙宇数量巨大，"南朝四百八十寺，多少楼台烟雨中"，其实在那个战火纷争的年代，更多的庙宇则建立在人们心里。

旧时，文人墨客过湘江而登岳麓山者甚

众，岳麓山便成为了诗词歌赋最为柔软的容器，杜甫有"寺门高开洞庭野，殿脚插入赤沙湖"，即使苦难漂泊，疾痛缠身，杜甫的胸怀与视野总是宽阔而辽远的。"高殿呀然压苍，俯瞰长沙疑欲吞"，虽与柳宗元同为贬谪之人，但刘禹锡的心远比柳子要亮堂，总是充满着乐观与豪放之情。"野雪空斋掩，山风古殿开"，一生云游漂泊，刘长卿的诗句里总是潜藏着许多陌生的岁月，荒凉却不荒废，即使贫穷，也总让人觉得温馨。之后，李东阳、张洵、张邦政、蒋希禹、陶汝鼎、冯一第、胡尔恺等人都曾用灵魂与这千年古寺对话，并留下空谷回音，袅袅娜娜，氤氲出一山的性灵与意蕴。

香火与战火虽隔着千山万水，然而一字之差，却是前世今生。1944年，麓山寺最后的苦难来自于日军的炮弹，弥勒殿、大雄宝殿、禅堂等大部分建筑被毁，仅留山门、观音阁、虎岑堂。近年来，盛世欣逢，自筹资金修缮，麓山寺再次重生，寺内僧众济济，塑像齐备，藏书其丰，香火鼎盛。佛门便在木鱼声声，香烟袅袅里重归平和，保佑世人之事，也衬托着和谐盛世。

如今的麓山寺由山门、弥勒殿、大雄宝殿、观音阁、斋堂等主要建筑组成。殿堂内的千

绿树成荫的石板路，穿着布鞋的僧人，时间在这一刻仿佛停止了。千年前如此，千年后还将如此。

手观音，温润而立，倾听着人们的苦难和愿景。寺庙山门为牌楼式样，上书"古麓山寺"，不远处的观音阁，所藏的佛经古籍非常丰富。阁前有古罗汉松二株传为六朝所植，又名六朝松，与古寺同着风雨，从岁月中扶手走来，是麓山寺悠久历史的活见证。

麓山寺自晋代伊始，经过隋唐的发展，宋元的传承，至明代中期已是全国佛教禅宗派的著名圣地，为彰扬麓山寺的功绩，万历年间，明神宗还特赐名"万寿禅寺"。清朝时，在智檀、文惺等法师主持下，诗僧辈出，并著述行世。抗战期间，庙宇摧毁殆尽，改革开放之后，重建而恢复中兴。一部麓山寺的历史，也是一部湖湘文化的历史，甚至折射了千年来中国社会的历史。

在云麓宫，做一个出世的梦

岳麓文化历史传承最为深厚的，当推岳麓书院、麓山寺和云麓宫。而有意思的是，从它们的选址，就可以窥见它们的处世态度以及文化内涵。岳麓书院坐落于山脚，离闹市较近，这与儒家经世致用的想法相统一，传统儒学本身就是一种"入世哲学"，圣贤孔子在从政路上"累累若丧家之犬"，才退而专注于学问。山腰上的麓山寺虽有出世之心，却不是彻底的出世，佛家其实是有抱负的，佛家总讲普渡众生，它的抱负在于影响人心。所以自古就有游学、游僧一说，他们借四处游历，推广自己的文化。

耐得住寂寞的当属道家，道人修炼的地方，需要保持清静、整洁和庄严，所以一般建在偏远、人迹罕至的地方。云麓宫坐落在岳麓山的云麓峰顶，远离凡尘，遗世独立，

守护着自己的馨香。这与道家的教义相匹配，道教相信修心可以摆脱尘世的疾苦烦扰，而获得安乐生活，于是建屋观道，追求自身的安宁。

"佛渡愚，道度贤"，佛教历来都是以广大民众为基础的，它是距离人们心灵最近的精神沃土，而道教则在权贵阶层盛行，它更多的是在物质充裕的情况下，追求更高的人生境界，比如长生不老。

明宪宗时期，吉简王朱见浚就藩长沙，因为他推崇道教，便在 1478 年建了云麓宫，最初仿宫殿形制而造，但建后不久遭到毁坏。嘉靖年间，长沙太守孙复，令道人李可经修复，并增植松柏、桐梓、筱篁千株。在之后的时间，云麓宫随风吹雨侵，不断剥落又重新修葺，屡毁屡建。最近一次修建是在 1956 年，人们还于原址增建了二层阁楼一座，名望湘

冬日大雪覆盖着寺院，游客虽稀少，但更多了一些宁静与禅意。

阁，供游人登高远望。离云麓宫不远处，一株古树上挂着一口钟，钟上铭文记载为明万历四年所造，经数百年风霜雪雨却并无锈迹，道人作息时鸣钟，其声激越清脆，偶听如同"归来"之音，故名"归来钟"。

云麓宫周边环境悠然，是道家无为的那种清净，自然为本，不做半点修饰。其所在的云麓峰挺拔秀丽，视野非常辽阔，清风徐来，松涛弥漫，再加上道家数百年的熏陶，宁静而幽远。呆在这里，想起城市中那些硕大的广告牌，几万首付，拎包入住，再加上些类似外国货的称谓，实在俗不可耐。我想游人到了云麓宫，多半也会有种冲动，想要结庐在此，过远离车马喧嚣的日子。

然而，平常人又怎么受得了这里的苦楚，明末清初长沙人廖元度借宿云麓宫，写诗云："林深宵空重，一梳对灯青。月色如秋瘦，虫声触梦醒"。夜晚寂寞独对孤灯，再来点淡淡月色，喃喃虫鸣，半夜惊醒后，那种凉薄怕是要入了肺腑。但遭遇月色虫鸣还算是好的，文人历来拿他们写诗作词，尚能接受，若真碰上恶劣天气才叫难堪。试想，独居于山顶之上，暴雨突来，松涛发怒，洪流倾泻如下山猛虎，目之所及又没灯火相应，此种凄清，哪是咬紧牙关挑挑灯花就能排解的。那些修道者追求着无为的出世境界，遇暑不问暑，遇寒不觉寒，终年隐于道观，实在让人敬佩。

道观，按古人由右至左的写法，应为观道，可解作为洞察道义，云麓宫便是一个观道之所。在这石柱铁瓦之下，不论俗事，只管叩问内心，这是一种我之为我的私心，也是一条通向彼岸的大道。道法自然，无为，亦是一种逍遥的处世哲学。云麓峰上，鸟儿从此树飞到彼树，枝头摇曳，云麓宫依旧沉默，不求人来，也不驱人往。沉默也是回答，如真如幻，道，是什么，你的心便是什么。

当一个人静静呆在云麓宫旁，仿佛要走出人世，从此遁去，可在下山之时，一切又是原来的样子。凡尘虽然恶劣，但又有几个人愿意舍去，毕竟所有的苦痛与期盼，所有的爱恨与烦忧，都在这里。于云麓宫之中，如同是做了一个关于出世的梦。

云麓宫周边环境悠然，是道家无为的那种清净，自然为本，不做半点修饰。

链接

【石刻艺术】麓山寺保存下来的珍贵文物麓山寺碑，是唐代大书法家李邕撰文书写，碑文为行楷书，文采、雕刻都极美，对后世影响很大。云麓宫后坪竖了一块石碑，高2米，碑正面刻"麓峰巩寺"，背面刻竣工记事。云麓宫旁边则有块拜岳石，石头上有早年刻的诗文，相当精美。石刻艺术是我国古代文化中的重要组成部分，记录着各个时代的文明与精神面貌，尤其是汉唐盛世，石刻艺术大放异彩，但因为石刻无法像书画一样普及，难以受到足够的重视。作为纪念物或标记的石刻，镌刻文字行云流水，意在垂之久远，是传统文化留下的珍宝。在欣赏美景之时，也不妨去品味那些古旧的石刻，也许算不上悦目，但必定赏心。

开福寺 /
栖凤潜龙

先读为快 开福寺位于长沙城北新河与湘江交汇处，是一座殿宇宏伟、气势非凡的千年古寺。开福寺是禅宗临济宗杨岐派的著名寺院，始建于五代时期，历宋、元、明、清各代，数经修缮，有著名的内外16景，是湖南省级重点文物保护单位，也是汉族地区佛教全国重点寺院，目前长沙市的佛教协会设在了寺内。

白莲池、龙泉井、放生池、鸳鸯井、凤咀洲、木鱼岭、拔楔亭、嘉宴堂、会春园、回步桥、舍茶亭、清泰桥、舍利塔、千僧锅等一十六景，这些美景分布在开福寺内外。南宋著名理学家张栻，游览开福寺后，曾写过一篇《题开福寺》的散文，极言其风景幽美，"长沙开福兰若，故为马氏避暑之地，所谓会春园者，今荒郊中时得砖瓦，皆因鸾凤之形"。

经元迄明，开福寺周围风景，仍引起人们游览的兴趣。明代文人李冕，写了一首题为《开福寺》的五言律诗："最爱招提景，天然入画屏。水光含镜碧，山色拥螺青。抱子猿归洞，冲云鹤下汀。从容坐来久，花落满闲庭"。

千年以来，开福寺历经兴衰，时修时毁，现存建筑主要为清光绪年间重建，规模宏大，占地面积 1.6 万平方米，建筑面积 6311 平方米。门坊上的分栏皆为浮雕彩绘，不论是人物，还是树木花草，都色彩斑斓，栩栩如生。寺门两旁立有石狮、石象各一对，寺门额题"古开福寺"，寺联"紫微栖凤，碧浪潜龙"。进入寺门，即是放生池，为原碧浪湖残部，上架一座单拱花岗石桥，走过石桥，便见一座汉白玉观世音菩萨圣像，面带微笑，手执杨柳净瓶，脚底下的莲座被九龙拥立，庄重中透着祥和。伫立像前，肃穆与敬仰之情油然而升，尘世的心便也多了几许平和与宁静。

再往前行，便是开福寺的主体建筑，佛殿三进，三殿之间有庭院，植古树名花，并立有清康熙、光绪年间石碑各一道，显得十

一心一净土 五代时期，当时楚王马殷割据湖南，建立楚国，以长沙为都城，在城北营建行宫，建有会春园，作为避暑之地。马殷之子马希范继位后，大兴土木，建会春园、嘉宴堂，袚禊亭于此，又旁垒紫微山，北开碧浪湖，使开福寺一带成为著名的风景胜地。到了后唐天成二年，范将会春园的一部分施舍给僧人保宁，创建了开福寺。

北宋末年，这个寺院已经成为一个别具特色的风景区，相传有：紫微山、碧浪湖、

夕阳下的古寺，呈现另一种禅意，宁静的散发着一股馨香。

分古朴典雅。三大殿东侧为客堂、斋堂、摩尼所、紫微堂，紫微堂上为藏经楼，是唐宋时的古建筑，西侧为禅堂、说法堂、念佛堂等。其中最引人注目的，是1929年重修的大雄宝殿，歇山顶，脊吻作龙凤禽兽饰，四角垂有铜铃，每当风动，铃声清脆。正脊中有宝瓶、法轮，直落云霄。

佛光出云海 开福寺建于乱世，乱世中王权频繁更迭，贵族忙着醉生梦死，而百姓却只能求助佛祖慈悲，把希望寄托在虚无缥缈的来生，把今生的苦难分散在因果轮回中。统治阶级也希望，宗教的慈悲情怀能缓解百姓们的愤怒，忘记他们当下的苦难，因此对扶持佛教更是不遗余力。开创者保宁在此说法传经，就受到了马氏父子的有力支持，当五代楚国马氏亡国后，开福寺作为佛教活动场所一直留存下来，

五代以后，中国历史由分裂割据走向集中统一。宋代，开福寺佛事兴隆，高僧辈出，后历经元、明、清各朝，香火不绝。北宋初，

宋太祖赵匡胤召见了开福寺一个擅长医药的著名和尚——洪蕴，赐他紫方袍，号广利大师。宋徽宗时，又出了一个著名的僧侣，禅宗史上称为开福道宁，他是开福寺的中兴祖师。据《五灯会元》卷十九记载：他从临济宗杨歧派五祖法演获悟，据其传法世系，是南岳怀让下第十四世。徽宗大观年间，潭州地方官席震，请道宁为开福寺住持，僧侣云集，达五百人，使佛寺中兴。道宁还开启了其法脉与日本禅宗之间互通有无的源头，他将临济宗杨歧派禅法，传给了日本求法僧觉心。此外，在道宁之前有进英，之后有守智，都是弘化一方的禅僧。

那位远道而来的觉心回国后，创法灯派，被日皇赐以"法灯圆明国师"谥号，僧徒众多，日本佛教临济宗派因而视开福寺为"祖庭"圣地，几乎每年都要派人来朝拜。光绪末年，开福寺僧人还和国际上佛教界人士相互往来。日本佛教徒水野梅晓，前往南岳，途经长沙，拜访了当时著名诗僧笠云，谈到日本的佛教界"随潮流之转移，与国运以俱新"。笠云深

1929年重修的大雄宝殿，
歇山顶，脊吻作龙凤禽兽
饰，四角垂有铜铃，每当
风动，铃声清脆。

以为然，与著名诗人王闿运等僧俗 19 人"假开福寺，创立僧学"，组织碧湖诗社，赋诗谈禅，后成立了湖南僧立师范学堂，一时传为美谈。

开福寺自建寺以来，虽几经损毁，但香火一直绵延不绝，佛事兴盛。1994 年开福寺被定为尼僧修学道场以来，住持能净法师利生为怀，志存兴复，对开福寺进行了大规模修建，新修了僧堂、放生池、清泰桥、钟鼓楼等；维修了大雄宝殿、法堂、禅堂、念佛堂、摩尼所、斋堂、客堂、藏经楼。1997年，开福寺又从缅甸请回佛祖释迦牟尼玉像和阿难迦叶二弟子玉像。随后又从台湾等地迎请了 5 部大藏经供奉。重修后的开福寺不仅更加庄严肃穆，而且布局合理，错落有致，高雅古朴，成为了湖南佛教界对外展示的一个窗口。

现在的开福寺在住持能净法师的主持

下，弘扬正法，广利众生，法门昌盛，声名远播，吸引了不少高僧大德来访。日本临济宗派佛教高僧，几乎每年都来开福寺拜谒祖庭。台湾著名惠空大师和惟一大法师也多次访问开福寺。香港、澳门、韩国、新加坡等地的大和尚和著名比丘尼也纷纷前来交流佛教文化。

佛缘求禅心　开福寺寺内楹联甚多，大多蕴含佛门教义和为人处世之道。大雄宝殿中有一副很有意味：斋鱼敲落碧湖月，觉觉觉觉，先觉后觉，无非觉觉；清钟撞破麓峰云，空空空空，色空相空，总是空空。对联中折射出的佛教哲学耐人寻味。

千年以来，当帝王将相的故事在人们的心中形成了神话，以至于今天，人们对于那个有历史记载的年代仍充满着幻想。神与佛，神是乐的传说，在天堂；佛是善的传说，在

伫立佛像前，肃穆与敬仰之情油然而升，尘世的心便也多了几许平和与宁静。

人心，一念天堂，一念地狱，心灵总是能接近人最本真的原始。每个人若需要审视内心，就要避开烟火与喧腾，选择高度，选择深度，选择清静。

走进开福寺，感悟佛文化，其实就是对生命的感悟，在殿内，凝视着佛祖的佛像时，佛像下青灯木鱼，粗茶淡饭，在这种清苦的生活中修炼，戒贪、戒嗔、戒痴，随心、随缘、随性。生命的真谛是简单，简单的人生才是

真正享受的人生，然而简单并不是不明理义，不晓世事，而是洞达、睿智。

凝视着那些古老而简单的佛堂、斋堂、客堂，我更加深信简单就是生命最朴实的真理。其实崇尚简单，是对生命强烈的爱。生命的道理也原本简单——男人与女人共同组成人类，生与死共同组成生命的过程。世界上最珍贵的玩石，如玉如珠，往往是最单纯的排列组合；世界上最透彻的生活哲理，也往往藏在最质朴无华的人生世界里。而那些帝王将相们总是把生活搞得很复杂，他们总想着保护自己，保护自己的江山，在复杂中生存，心有城府，精于算计，甚至泯灭人性，而他们的生命则在这种算计中加速流逝着。衣服可以褪掉颜色，头发可以剪去岁月，月亮可以出来也可以隐去，其实一切原来就这么简单。一杯水，可解旅人之渴；一盅酒，可尽宾主之意；一片书信，一条永远流不完的河流，淌着不尽的真诚与热情，简单是生活的至境，是真的终极。

链接

【开福庙会】每年春节期间，开福区都会在开福寺山门外举行盛大的庙会。除了祈福和赏灯，市民还能在庙会看戏、赏灯、猜灯谜、舞龙狮、品美食等，其中猜灯谜是传统庙会里最重要的节目，还有百龙闹海、口吐千珠、鼻孔喝酒等经典的杂耍表演，此外，湘绣、剪纸、面塑、篆刻、糖画等领域的能手也将向人们展示传统工艺。庙会时间从止月初一持续到正月初七，一连串具有历史文化特色的活动将让春节更有年味，更富有传统色彩，展示出最质朴的民风民俗。

开福寺咨询电话：0731-84485300

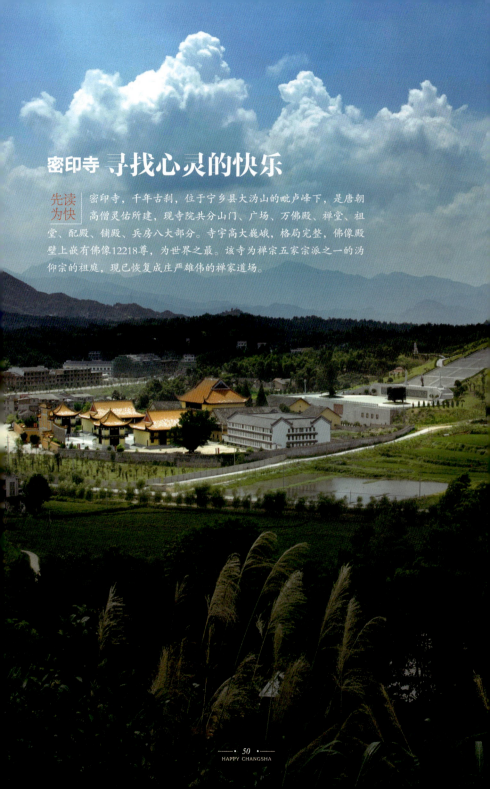

密印寺 寻找心灵的快乐

先读为快 密印寺，千年古刹，位于宁乡县大沩山的毗卢峰下，是唐朝高僧灵佑所建，现寺院共分山门、广场、万佛殿、禅堂、祖堂、配殿、铺殿、兵房八大部分。寺宇高大巍峨，格局完整，佛像殿壁上嵌有佛像12218尊，为世界之最。该寺为禅宗五家宗派之一的沩仰宗的祖庭，现已恢复成庄严雄伟的禅家道场。

天色阴雨，并不妨碍游客们前来朝拜的虔诚。

走进密印寺，心是空的，性是空的，缘也是空的。空，是佛化痛苦于无形的智慧，却于无声处，解构了我们所有的品相，无身空性。凝望郁郁葱葱的山和树、鸟和岩，迫不及待地回望来时的尘与土，我知道，生命可以生活在别处，现在和过去，前世和今生，只是佛预设的境域，境域之外，抑或还有更高的天空，更蔚蓝的理念。

佛无处不在，是一种生活信仰

我知道，我又走到了让人心神宁静的地方，来这样的地方，很容易走错，因为它千沟万壑，森林密布，即使是有靓丽的道路相连，那也是弯弯曲曲，象一幅无涯轴国画，永无止境。其实公路始终有个方向，这个方向就是河流，从古至今，河流从来都是人类的方向，历史就是沿着河流不断轮回的。行驶在通往沩山密印寺的公路上，我坚信1200年前的

灵祐禅师所走的就是这条路，因为河流是我们共同的方向。

1200年前，一生漂泊的苦瓜和尚司马头陀走进这里，他看到了奇峰耸立，飞瀑流泉，云雾飘渺的沩山。当他置身于此山中、林中时，感觉就已经是个仙境，那时，迷蒙的阳光，稳住了佛的树枝；山中鸟鸣，穿透了岩石的深幽，是阳光，还是佛性？是鸟鸣，还是经声？是片段，还是结果？都不可言说。他感觉身体变得轻飘飘的，恍然正在进入神仙的角色，思绪如白云飞舞。

不久后，灵祐就从远处"足蹬芒鞋独身"走来了，开始了"猿猴为伍，橡栗充食"的艰苦生活，期间他想过放弃，一走了之，确实是太苦了，因为汉传佛教历来就注重苦修行。当年，释迦牟尼在菩提树下获得了"无止正觉"，其实就是"四谛"。即"苦谛"，意

鼓乐声声，法事隆重而虔诚。

指人生一切皆苦；"集谛"，人生之苦的根源在于人的欲望；"灭谛"，即涅槃，这是给人们死后进入佛国的许诺。"道谛"，即达到涅槃的途径，通过精神上的自我净化、修行，克服和消灭痛苦的根源。

佛教注重苦修行，三大法门：戒、定、慧都与苦相连，要求人们在成佛的过程中，行很大的出世行为。要想成佛，去西天极乐世界享福，就必须通过涅槃而达到幸福的彼岸，就是你要通过轮回的苦海，要么坐小乘佛教的快艇，要么挤大乘佛教的泰坦尼克号，都必须经过出世的苦行僧的修炼，这是相当有难度的。

对于重视世俗生活的中国人，完全遵循，有颇大难度。于是禅宗把难度降低，就是你不要做很大的出世行为，端茶吃饭，砍柴担水，皆为修行。如何成佛，主要看悟性和缘

分，也许霎那间，就可以明月清风，一叶大江，顿然空灵，就成佛了。其实我觉得这样才真正的把佛教融入了生活，融入了天地人，深入民间，让人获得安慰，同时也让人安详，也许就是在那时，佛便无处不在，成为了一种生活信仰。

前世和今生，都是佛预设的境域

灵祐最终守住了信仰，留下了，也许在那一刻，他突然变成了另一个人，掌握了某种难以言说的秘密，而那个秘密也一定与信仰有关。而当他守住信仰时，南禅最早的宗派沩仰宗也就逐渐形成了，一座金碧辉煌的庙宇——密印寺也随之拔地而起。唐宋时，密印寺占地广阔，殿宇宏伟，僧众多达3000余人，寺田3700亩，盛极一时，暮鼓晨钟，晨敲夕叩，声闻数里。

今天，我们走进密印寺，这座千年古刹

禅是佛的暗示，佛
是生命的信仰，也
是生命的境界。

依然闪烁着佛的光芒，温暖着世人之心，保佑着世人之事。虽屡经兴废，但仍然保存着大量建筑，有山门、大殿（万佛殿）后殿、配殿、禅堂、祖堂等，尤以万佛殿最为宏伟壮观，至今仍保存着贴金佛像 12182 尊，镶嵌于四壁，备极庄严，堪称海内第一。

然而密印寺建寺不久，就遭到了一次损毁，唐武宗李炎（841-846）毁寺逐僧，这也是佛教在中国历史上遭到的一次大迫害。此前，韩愈写了一篇著名的《谏迎佛骨疏》，又在《原道》中斥佛教是蛮夷邪说，高呼"人其火！火其书！庐其居！"李炎果真这么干了，下令裁撤天下佛寺，据统计，共拆毁佛寺四千六百多处，还俗僧尼 26 万余人。

佛教遭到迫害，这其实是一次儒、释、道三教在中国思想界的交锋，最后以权力加暴力的方式消灭了一种信仰，但真正的信仰是很难消灭的。迫害时，灵祐被迫"裹首为民"，蓄须发，并在迫害之后，被宰相裴休重新把他迎出来，弘扬佛法，并筹资帮其兴建寺庙。这其实是一位大禅师对于信仰的真悟，庙堂拆毁了，须发蓄起来了，但佛在心中，这是佛真正的不二法门。我觉得这才是佛法的精髓，密印寺的灵魂。

作为建造者，裴休不但重建了密印寺，而且还把自己儿子裴文德送到密印寺出家为僧，其实裴文德还有个更响亮的名字——法海，一个与白娘子纠缠不清且不解风情的和尚。裴休一生与佛法有缘，死后也选择长眠沩山。站在他当年亲手种植在密印寺的千年银杏树下，我相信他当年肯定感觉到了沩山那种天地间所潜藏的力量，经历了轮回与涅槃。今天，这棵需要 12 人合抱的古银杏仍郁郁葱葱，即使老得连心都空了，然而它把根守住了，守住了根就守住了这一方土地，守住了佛的性灵。

走出佛殿，心是空的，性是空的，缘也是空的。空，是佛化痛苦于无形的智慧，却于无声处，解构了我们所有的品相，无身空性。凝望郁郁葱葱的山和树、鸟和岩，迫不及待地回望来时的尘与土，我知道，生命，可以生活在别处，现在和过去，前世和今生，只是佛预设的境域，境域之外，抑或还有更高的天空，更蔚蓝的理念。

洗心禅寺 / 善解人意

先读为快 洗心禅寺位于长沙市望城区黄金乡，西北8公里处的高顶山麓，原名洗心庵，为清初汉月法藏禅师于1620年创建，至今已有386年历史。开山以来，寺院佛事兴隆，高僧辈出，如清末中兴长沙开福寺的方丈体辉大和尚；现任中国佛教协会会长一诚长老等都出自洗心禅寺。现存寺庙依山而建，占地108亩、总建筑面积30000余平方米。

长沙西北八公里，高顶山麓，有一种灵动的气息，弥漫着三百年前氤氲的记忆。三百多年前，汉月法藏禅师在这里开山建庙，普渡众生，他用木鱼声钟声打扫人们的心灵，用佛法自然洗去人心的贪婪与浮躁，让心清如水，纤尘不染。六十多年前，一诚大师在此礼明心为师，剃度出家，开始了以弘法利众为己任，实践苦行头陀的一生……这里就是洗心禅寺。

　　禅家说："万法由心生"，心为主宰，有心则有物，无心则无物，心净则佛，心乱则凡，故必须洗心。商朝的开国君主成汤洗澡的时候外除身上污垢，内洗内心渣滓，所以他洗完澡后，身心焕然一新，他在自己的洗澡盆上还刻了九个字"苟日新，日日新，又日新"来警戒自己。

　　不知是时代忙碌了人，还是人忙碌了时代。现代人终日蝇营狗苟，浅斟微利虚名，低吟朝荣暮辱，称讥苦衰毁誉。茫茫人海间，滚滚红尘中，触目之处，是芸芸众生的忙忙碌碌：忙事业、忙爱情、忙家庭……就连见面的问候语也由"吃过了"改为"忙啥呢"？古卷青灯、皓首穷经，于当今，是难得的神话。

　　穿越人间的迷雾与沙尘，顺着檀香之路，我们踏上了前往洗心禅师的洗心之旅。禅意轰鸣，心平如水，未到禅院，禅似乎已给了我们智慧。立于广阔的洗心广场之上，面对着飞檐翘角，金碧辉煌的宫殿庙宇，不禁追根溯源禅寺的前世今生。

　　公元 1620 年，法藏禅师创建，为临济

正宗三十一世。开山以来，寺院佛事兴隆，高僧辈出，如清末长沙开福寺方丈体非大和尚；现任中国佛教协会会长一诚长老等都出自洗心禅寺。民国年间，寺院规模宏大，殿堂屋宇建有三进107间，住僧70余人，置水田200亩，山林菜地200余亩。大跃进中，因为历史原因，洗心禅寺彻底被毁灭。

新世纪伊始，因缘成熟，主持一诚长老发愿重建洗心禅寺，续往昔之胜因，重建三宝福地，再树庄严宝幢。今天，落成后的洗心禅寺，布局以中轴线为基准，分左右两厢排列。中轴线上依次是山门殿、天王殿、大雄宝殿和法堂；左厢为虚怀楼、西归堂、鼓楼、禅堂和方丈楼；右厢是云海楼、客堂、钟楼、斋堂和尊客寮。整个殿宇回廊相衔，融殿、阁、堂、房于一体，庄严古朴，气势恢宏，金碧辉煌。

寺院整个建筑群融南北风格于一体，红墙金瓦，翘角飞檐；殿内满堂缅白玉佛像，玉质上乘，雕刻精美，古朴神韵；法相庄严，其中三世佛每尊都是用高5.8米，重30余吨的整块玉石雕刻而成，更是极为罕有，不失为该寺的亮丽瑰宝。寺宇前方占地四十二亩，直径达一百零八米，能容纳上万人的洗心广场，恢宏别致，蔚为壮观。

当我们站在洗心禅寺的庭院里，环视禅寺时，它是那么德高望重，香火袅袅，庄严肃穆。经声依然在吟诵着，依然厚重，一波一波漫过寺墙，漫过岁月，净化着每一寸经过的土地，总能点亮一颗颗善良的心，令人敬畏。经卷一页页翻过，红尘的烦恼也一页页翻过，木鱼一声声回响，七情六欲便转身了，宁静安详，波澜不惊。

洗心禅寺电话：0731-88382000

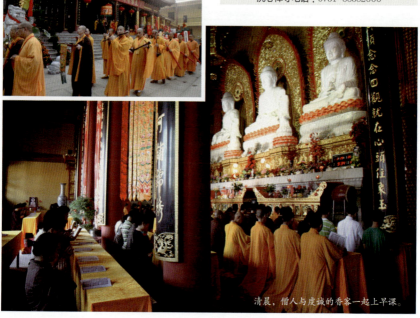

清晨，僧人与虔诚的香客一起上早课。

陶公庙
畅游传统庙会

先读为快 陶公庙位于长沙县梾梨镇，滨临浏阳河，枕靠临湘山，四周古木参天，风景十分优美，属省级文物保护单位，有"六朝遗庙，千年名山"之称。据史书记载，晋太尉陶侃之孙陶淡与其侄结庐临湘山，后来两人隐居于此，人民仰其清名盛德，故立此庙祀之。

古樟后的古楼，威严而庄重，漫步其中，感受到一种遗世的悠然。

古庙集聚山与水的灵气

浏阳河逶迤流淌，有几道湾留在了榔梨，就在临湘山下，陶公庙静静地坐落在那里，已逾越了千年。古城长沙周边，上了千岁的寺庙并不在少数，但像陶公庙这样依托着山，又如此靠近流水的，恐怕只有这一座。山与水的灵气在此地汇聚，陶公庙在选址之时，就注定了它的不平凡。

两晋时，大司马陶侃的后嗣陶淡与陶烜叔侄，结庐在临湘山上，后来他们干脆隐居在这里。据《晋书·隐逸传》记载："陶谈，夏子，字处静，幼孤，好导养之术，谓仙道可祈。"自古以来，士大夫弃家修道，一般都是不得已而为之，陶公叔侄隐逸山林也是因当时的环境所致。两晋时期，国运衰弱，君主更换频繁，若想尽忠连一个长久的领导都没有，而且陶淡"幼孤"，想要尽孝的亲人也已离去。既不能齐家，也不能治国平天下，只好退而修身，陶淡叔侄选择修道也许合了自己的心意，但现在想来，他们那时也应当有过悲愤之心。

陶公在临湘山修道，改变了榔梨千年的历史，两人"羽化升仙"后，士民在此建立祠宇，经过历代皇室、官府的扩建和改造，使陶公庙颇具规模。每到庙会，群众从四面八方赶来参加拜祭活动，让原本偏僻的榔梨有了集市，还发展成了经济繁荣的古镇。陶公庙造就了榔梨古镇，它集聚着山与水的灵气，绵延着历代的香火，如今依旧人来人往，人们前来祈福或瞻仰遗迹。

古楼，"上台终有下台时"

陶公庙的山门前是一个广场，由青石板铺成，偶尔有小狗在上面悠闲地走过，累了就随意躺在地上打盹。踏着整洁延伸的青石板，白墙青瓦的弧线也越来越近，古朴的味道弥漫在山门周围，我从右边的偏门进入，门额上有"紫府"二字，两边嵌着"立德不朽，有仙则名"的楹联。古来有"立功、立德、立言"三不朽的说法，这里只取了其中之一，道家讲究出世，所以无法立功，崇尚无为也不刻意立言，但对德行却要求很高，因此像陶公这样真正的修道者颇受人们敬重。

在古城长沙周边，上了千岁的寺庙并不在少数，但像陶公庙这样依托着山，又如此靠近流水的并不多见。

从石门往后紧接着就是门屋，庙宇的建筑呈现出古代工匠高超的技艺，无论屋脊、爪角、照壁、吊檐、栏杆、门窗都像是精美的艺术品，恰到好处地运用雕刻、彩绘等多种手法加以装饰，显得气势恢弘，古香古色。门屋的正中是一座戏台，上面"古楼"两个字是光绪皇帝之师翁同和亲笔书写，台口的对联则是著名书法家颜家龙先生的墨迹。戏台背面的楹联颇有意思，上联"凡是莫向前，看戏何如听戏好"，下联"做人需顾后，上台终有下台时"，既有着道家的不争与淡薄，又有着深刻的处世哲学，让人警醒。

从前，古戏台上通宵达旦地演出湘剧、京剧和各种地方戏曲，丝竹之声，十里相闻，这便是历史文化大餐，为当时没有多少活动的人们带来了许多快乐。每当有演出时，周围的男女老少蜂拥而至，放下农活与琐碎，如同过节一般。而现在，传统戏剧式微，听戏的人也不再，即便偶尔还有人在戏台上表演，但台下的喝彩声已经寥落了。

古樟装点来往的岁月

戏台的左前方有一颗 800 年的古樟树，虽腹空干裂，却依旧葱茂苍翠，绿意盎然，它比庙内大部分的物件都要年长很多，陶公

光影之间，朝拜的香客更显虔诚。

庙保存的建筑大多是乾隆年间重建，光绪年间扩展的，许多麻石上还留有"光绪"的字样。现在前来烧香的人们还会从古樟旁经过，走向庙宇的正殿，在那里虔诚的卜卦、求签，几位道姑或在解签，或与香客交谈。

正殿中摆着长长的板凳，还有几张藤座椅，香客们可以坐在上面休息，陶公叔侄的塑像供奉在殿中，墙上还悬挂着岳麓书院山长罗典写的"观自在文"四个字。微风掠过樟树叶子，整个庙宇一副悠闲、随意的模样，多了像公园一般的闲适，少了不可及的神秘宗教感，也没有那么浓的商业气息。

陶公庙的偏殿，30多年前还是一所小学，

有上课时的书声琅琅，也有下课时的唧唧喳喳，整个庙宇都是学生们的游乐场，说不定还有淘气的孩子爬在古樟树上耍去。如今斯人已去，古樟被保护起来，焕发着勃勃生机，古楼依然屹立，古庙依旧巍峨，古老的文化将伴随着一代又一代的人成长。

不论社会如何发展，我们的身边依旧有许多解不开的情结，当面临这些问题，有些人会求助于知识，有些人则选择祈祷，大家用不同的方式调节内心的天秤，来获得精神上的安宁和希冀。不论你赞同哪种，都可去陶公庙看看，或感受那里古色古香的底蕴，或在那里寻找心灵上的信仰。

链接

【榔梨古镇】六朝古庙的存在，让榔梨有了久远的历史，从前的庙会，让人们蜂拥而来，造就了榔梨的经济繁荣。当年的古镇已经不在，现在的榔梨建起了许多仿古建筑，依稀能让人感受到这里的古时韵致。浏阳河在镇旁流淌，陶公庙是榔梨的文化脊梁，那些经历过的岁月，还悄然附着在水乡的青檐白墙之上。来寻访古庙的魅力，也不妨去古镇看看。

铁炉寺　佛语花香

铁炉寺位于长沙县捞刀河镇汉回村，距长沙市15华里，始建年代不详。铁炉寺原为和尚主持，1931年正式改为尼庵，至今已有80多年之久。20世纪50年代初，该寺殿前的天井中长着两棵枝繁叶茂的古茶树，传说茶树是南宋高宗建炎年间钟相、杨幺起义时，岳飞出兵洞庭湖一带，路过此地，亲手种植。

晨起，正是微露天气，从长沙市区起始，十几分钟车程，到了铁炉寺。沿途越往前走，环境越清幽，空气也慢慢轻松起来，铁炉寺仿佛是一种召唤，把我们的心从嘈杂中解脱出来，趋向于平和，也趋向于无车马喧。

穿过一片秀美的树林，清新的绿意溢满了我们的眼睛，心情也随之舒缓了很多。当"十方铁炉寺"的字样映入眼帘时，目的地便到了，下车呼吸几口湿润的空气，头脑清醒得仿佛能感受到对面山头上鸟儿在煽动翅膀。抬头看着寺门，左右两边分别书写了"法雨"和"慈云"，笔力苍劲而用意简洁，道出了佛家的大义，慈云覆盖众生，法雨普降天下。

顺着大门往前走，路的尽头是寺庙大殿，大殿前立着颇为精美的香炉，微风从炉前经过，吹动了悬挂在上面的铜铃，叮咚作响。香炉里未燃尽的烟火伴着植物的气息，散发出淡淡的幽香，风搅动着我们的嗅觉和思绪，心情也开始辽阔起来。

铁炉寺精致且安详，虽说不是大庙宇，但历经沧桑的它依旧能抚慰一方人心，实为难得。

在这风景秀丽的铁炉冲里，如今铁炉寺有几十间建筑错落其中，精致且安详，虽说不是大庙宇，但历经沧桑的它依旧能抚慰一方人心，实为难得。五十年代初，铁炉寺殿前两棵古茶树在暴风雨的夜里倒下，这仿佛是个暗喻，没过几年铁炉寺便被催毁了。然而浩劫过后，铁炉寺的尼师们继续刻苦修持，在仅存的两间杂屋里，自己耕耘刺绣，为佛教维护了一片生存空间。

直到 1977 年，了证、正顺两位师太开始恢复重建，可因经济收入有限，师太们只能节衣缩食，用土木重修大雄宝殿、念佛堂等建筑，但这般苦行并没有带来太多平静，

聚集了诸多心血的铁炉寺，不久便因连夜大雨的侵袭，倒塌了九间房子。此后十六年时间里，她们过着艰苦的生活，却从未放弃重兴铁炉寺，1993 年，在各界的帮助下终于收获了善果，寺宇重兴的夙愿终于圆成。

叙述其中的苦难容易，可真正经历这些沧桑却难以想象，师太们虽是女流之辈，但虔诚的信仰撑起了铁炉寺的兴衰，让今天的我们才可以在这里得到安宁与慰藉。菩提双树，一枯一荣，因为她们的无我，而成就了今天的大我，让铁炉寺由枯至荣。

走进大雄宝殿内，我点了一炷清香，许愿于佛祖，也感恩那些为铁炉寺苦行的尼师。

链接

【培养青年僧人】铁炉寺热心于培养青年僧人，老尼师们懂得"人能弘道、非道弘人"的道理，她们大力支持这些新入道的青年出外参学，报考宗教院校，提高素质，从而真正成弘扬佛法的接班人。这些青年佛子由于出家便受到严格教育，又有前辈们农禅并重、学修并举的影响，故信仰上坚固虔诚，生活中律已有度，成为铁炉寺、也可以说是佛教界的一批好接班人。**电话**：0731-866728819

石霜寺 / 御赐福寺

先读为快 石霜寺位于浏阳市金刚乡石庄村霜华山上,为湖南名寺,因山而名。据碑文和《石霜寺略》载:寺始由唐僖宗李儇(874—888年)下旨,宰相裴休监建。石霜寺曾管辖寺院48处,房屋5048间。唐僖宗赐香火田300石,传有骑马关山门之说。有"殿高九十尺,佛高七十尺"之名,"浏阳大佛"寺院之宏大可想而知。

去往石霜寺,日头正烈,清翠是一路的底色,连绵起伏的山岭舒缓地把绿色的田野,静谧的村庄,还有那令人神往的恬静,一并环拥成一幅新鲜而温润的水墨画。满山的葱郁隔绝了燥热和喧嚣,一缕山间特有的清凉迎面扑来。

到达石霜寺,映入眼帘的是一个偌大的广场,黄色外墙红色屋瓦,集中的一片,宁静是石霜寺的本色,佛的禅意在这片土地上氤氲了1000多年。步入寺内,空气里透着淡淡的檀香,大雄宝殿里,僧众止在念经,佛音袅袅而来,让人顿觉平和许多。

石霜寺,又名唐石霜崇胜禅寺,立寺地名曰石庄,因此处山名"霜华",山下小溪水流激荡,拍石后喷雾如霜,故寺名曰"石霜"。石霜寺始由唐僖

连绵起伏的霜华山舒缓地把绿色的田野，静谧的村庄，还有那令人神往的恬静，一并环拥成一幅新鲜而温润的水墨画。

宗李儇（874－888年）下旨，宰相裴休监建。御赐为"唐代国寺，仰食皇恩"，敕封"崇胜禅林"。

石霜寺属佛教祖庭，历来是中国佛教禅宗道场，在佛教禅宗史上地位显赫，禅师辈出。开山祖师庆诸和尚炼就"心体堪寂"，号称"枯木禅"；唐皇僖宗的第三个儿子在这里出家，法号普闻，并且修行有道，号为龙湖禅师，石霜寺由此声名大作；还有楚圆、慧南、方会等10多位名载史册的高僧大德在此传经诵道。石霜寺开佛教五家七宗，临济宗的杨岐、黄龙两宗便是发源于此，日本佛教真严派和临济宗派亦是由此发脉，声名远扬海内外，朝拜礼佛信士络绎不绝。

然而这座千年古寺也没能逃过各种破坏，经历"法难"、战争、灾害的磨砺后，寺内菩萨、庙宇或于大火中消失，或因年久失修自然倒塌，寺内八珍也多有遗失，早已不复鼎盛时期"骑马关山门"的盛况。

1978年后，在政府的重视下，修葺或重修山门、天王殿、大雄宝殿、观音殿、玉佛殿、藏经楼、祖师殿、伽蓝殿、关圣殿等大殿，石霜寺也得以重现往日光辉。踏入山间大门，木鱼声声，暗香幽幽。来来往往的香客们，使得这里终日青烟袅袅，千般祈求，万种心愿，都融进那缕缕升腾的馨香中，佛音萦绕在耳，有一种可以让人心平静、安详的虔诚，在不可名状的信念中氤氲着和美与禅意。

链接

千年古柏、古银杏：寺前坪山门内及寺后现存有千年古柏、古银杏各一株，据说柏树还是幼苗时，即向左倾斜，小沙弥欲拔掉，被庆诸制止，用土石垒围正，故名为左柏，高30米，胸径达80厘米，枝叶繁茂。如今，树在人亡，佛塔累累，该寺的开山祖庆诸和尚和他的后继者就葬在寺的后山附近，而古柏和银杏仍迎朝送晚，屹立寺后。

远离城市的喧嚣，绿荫环绕着古朴的清真寺，给人一种祥和的感觉。

清真寺 / 穆斯林的精神港湾

先读为快 长沙市清真寺原名清真客寺，始建于清朝，原址在三兴街，由回族穆斯林群众集资兴建，1989年，长沙市伊斯兰教协会决定重建清真寺，于1992年在长沙市白沙井岭建成一座具有浓厚阿拉伯式风格的清真寺。

　　走在长沙市芙蓉路上，我们很容易看到高耸的摩天轮和硕大的贺龙体育馆，它们用饱满的线条呈现出了长沙的硬朗。而贺龙体育馆西侧的回龙山上，隐着的两处幽静之地，则用深情的内涵展示了长沙柔软的一面。一处是大家熟知的白沙古井，另一处就是长沙清真寺。城市的高楼承载繁华的同时，也掩盖了许多文化的细节，如果不是刻意去寻觅，应该难得遇见隐藏在高楼大厦之间这座静谧的清真寺。

　　乘车到白沙古井，我们仔细询问了一番，才得知从白沙井登上回龙山往前走，清真寺在一块高地上面。顺着回龙山的小道前行，假山和竹枝对

长沙的穆斯林虽然算不上多，但是有了这座清真寺，他们便有了属于自己的精神港湾。

应两旁，山上还有长亭矗立，若不是我亲眼所见，还真想不到在喧闹之侧还有这样的安宁。直到走过一个转角，长沙清真寺终于映入我的眼帘，慢慢靠近，浓郁的伊斯兰风格扑面而来。

长沙清真寺最早是在康熙五十年 (1711) 由来自晋、豫、陕等地的穆斯林商人集资兴建，是中国传统庙堂式结构，但那时的建筑已在 1938 毁于文夕大火。眼前的这座清真寺为 1992 年易地新建，采用了比较典型的阿拉伯建筑风格，与中国风的清真寺相比，多了一份异域情调。长沙清真寺占地 6 亩，建筑面积 2700 平方米，其主殿分 3 层，1 层为聚会厅，2 层为办公室，3 层为礼拜殿。主殿后面便是阿訇、寺师傅及工作人员居住的生活区。大殿前面大坪建有花坛。常青树围绕着以白、蓝两色为主调的建筑，和谐而又庄严肃穆。

在长沙这座充满娱乐的城市里，清真寺并不是耀眼的存在，靠近它时，甚至感觉到了一种低调和内敛。但这并不妨碍清真寺的魅力，它的魅力不止源于穆斯林的虔诚，还在于它本身就是文化星空里的一抹璀璨。长沙的穆斯林虽然算不上多，但是有了这座清真寺，他们便有了属于自己的精神港湾。

链接

地址：回龙山白沙岭（近贺龙体育馆）。乘车路线：139、145、15、803路在白沙井下，150路在省财政厅下。

基督教 / 感受神的洗礼

先读为快 长沙市北正街基督教堂，位于长沙市黄兴北路76号，原名中华圣公会礼拜堂，是湖南省级文物保护单位、近现代保护建筑。始建于1905年，1910年被毁，1911年于原地重建，1915年全部竣工，解放后先后作为长沙市百货公司火柴仓库、湘财公司庆典中心，2004年12月20日重新复堂。北正街基督教堂是典型的哥特式建筑，由孟良佐博士（主教）设计。教堂坐东朝西，建筑面积为703.09平方米，平面布局为拉丁十字型。

  19世纪中叶，大批的传教士沿着海运、河运进入中国，他们游走于这片古老的土地上，积极地宣传着他们的信仰——基督教，留下了一座座西式的教堂建筑。北正街教堂就是那时候的产物，当时孟良佐任长沙圣公会会长，而他也是一位知名的建筑师，曾参与创建华中大学（今华中师范大学）。

  1905年，他来到长沙，在北正街选好地皮，自己画了教堂的图纸，建起了这座教堂。因为教堂全部由麻石建成，因此冬暖夏凉，非常舒服。

平安夜，北正街教堂音乐崇拜。

1910 年，长沙发生"抢米风潮"，当地饥民把外国领事馆、洋行和教堂等全毁了，北正街教堂也被毁得差不多。1911 年，教堂开始重建，到 1915 年才完全修好，取名"三一堂"。现存教堂平面布局为十字型，坐东朝西，高 15 米，四周以 22 根 1.1 米见方的石柱为骨架，由扁六角形花岗石砌成外墙。正向立 4 根尖顶石柱，中柱间为弹弓式石库门，左右柱间置半弧形窗，花岗石窗台线。其它均为弹弓式窗口，安菱花格窗页，栗色油漆。室内木席纹地板，前为圣经台，台高 0.5 米，宽 9 米，进深 5 米。硬木平拱式屋架，内钉里板，红色平瓦屋面，为长沙独特的石砌建筑物。

1904 年，黄兴因领导华兴会起事反清而被当局搜捕，曾在该教堂逃过一劫。1912 年，辛亥革命成功后，黄兴特意回到长沙，在北正街教堂与黄吉亭牧师重逢。黄兴题写对联赠于教堂，对联至今保存完好。1913 年，黄兴在上海圣彼得教堂接受洗礼，成了一个"圣公会教徒"。

解放后，北正街教堂移交长沙市百货公司作火柴仓库，上世纪 80 年代后期归还教会，教堂大门上方"中华圣公会"字迹一直保存着。2004 年，教会对教堂进行了维修并恢复宗教活动，将"中华圣公会"字迹改为"基督教堂"。

如今，北正街教堂在吴微牧师的带领下，始终信守"自立、自养、自传"的三自原则，大力加强神学思想建设，积极引导广大信徒走"爱国爱教、荣神益人"的道路。为了端正教会信仰，扎稳基督根基，他们积极开展神学思想建设，不断加大对信徒的培训力度，力保教会整体素质稳步提高。除了周日的两堂主日崇拜、英文团契聚会外，还有周一的祷告聚会、周二的查经聚会、青年团契灵修学习，周三有迦南聚会，周五有青年聚会，周六有新生命小组学习。此外，北正街教堂每年至少举行一次培训班、一次和平祈祷会、一次重阳敬老活动、一次平安夜以及圣诞感恩崇拜，每年举行两次洗礼，每月举行一次圣餐礼，通过丰富多彩的活动，增强信众凝聚力，让教徒和睦相处。

天主堂/聆听福音心语

先读为快 天主堂全称"圣母无染原罪教堂"，始建于1902年，是长沙最早的教堂。它位于开福区湘春路长春巷7号。1991年，天主堂被公布为长沙市市级文物保护单位。2002年被公布为省级文物保护单位，2002年被公布为长沙市近现代保护建筑。

　　天主教作为基督教三大派别之一，是所有基督教的教会中最为庞大的教会，在全世界拥有 11.3 亿多教徒。天主教在中世纪曾深入西欧社会的政治、经济、伦理、法律、学术、文化、教育和艺术等各个领域，成为无所不在的精神力量。随着欧洲列强相继向海外扩张，天主教向非洲、中南美洲、北美洲和亚洲开展传教，无数的传教士拿着一本圣经，前往世界各地，期望天国的福音能感化更多的人。

　　正是乘着这股西风东渐的风潮，清光绪二十八年，意人利籍的传教士翁得明漂洋过海，来到长沙，利用光绪二十六年"衡州教案"的赔款在此修建了一小型教堂，希望能感化更多的人投入天主的怀抱，这便是长沙天主堂的由来。

百年来，一共有18位传教士在天主堂传教。1910年被毁，抗日战争期间遭轰炸。图为抗日战争后修复的天主堂老照片。

天主堂是长沙第一座教堂，作为20世纪初欧洲宗教文化进入湖南的见证，它的建筑风格以中世纪的欧洲宗教建筑为蓝本，主体由教堂和一座方柱形钟楼两部分组成，主楼神父楼与教堂连为一体，形成了群体式庭院式格局。而钟楼高22米，有7层高，高耸单薄的建筑风格延续了中世纪欧洲哥特式神秘阴沉的风格，令人想起雨果的名著《钟楼怪人》里的钟楼。

教堂为双檐单层石柱砖木结构。教堂墙基为方形花岗石构造，南端入口为麻石台阶，近门为尖端石柱门廊及大门牌坊，牌坊上耸立了一座高2米，重约半吨的花岗石十字架，外墙镌刻了"天堂"两个金色大字。

走进教堂，第一感觉就是肃穆堂皇，让人想起米开朗琪罗的宗教壁画。只见顶棚呈弧形，堂内6根圆形石柱和6根梅花磨石柱，托起天顶两侧14个小穹隆顶和当中的3个大穹隆顶。穹隆顶被漆成了天蓝色，上面还点缀着金色的星星，寓意着星空。堂内祭台，圣像，唱经楼等设施齐全，墙壁被粉刷成淡红色，大厅设有坐凳、跪檐供信徒祈祷，左右长条木窗上挂有14幅耶稣苦难像，北端正中为祭台，供奉着圣母玛利亚油画像。

百年来，一共有18位传教士在天主堂传教。1909年，天主堂成为长沙第一座修女院。1910年，天主堂在长沙"抢米风潮"中被焚毁，1911年又予以扩建，重修了教堂、修女院、育婴堂和神父住宅。抗日战争时期，天主堂遭到了炮弹袭击，战后进行了修复。1966-1980年，教堂停止开放。1980年12月重新对外开放。现在的天主堂为天主教湖南教区的主教堂，长沙市天主教爱国会和教务委员会的办公场所。

快乐长沙 道 古今

叁

书香

CHEERFUL CHANGSHA
TRAVEL SERIES

书院文化

以岳麓书院为代表的书院文化，是中国文化上不可逾越的山峰，也是长沙文脉的最高峰，以传道济世、兼容并蓄、自由讲学为特征，代表了中国古代教育的辉煌与骄傲，历经千年，仍生生不息，后起之秀的浏阳文庙、湖南第一师范大学、湖南自修大学，传承了这份学术自由创新的精神，也让长沙的书香千年不绝，代代人才辈出。

岳麓书院 惟楚有材

先读为快

岳麓书院位于湘江西岸的国家5A级风景名胜岳麓山风景区，为中国古代著名四大书院之一。岳麓书院占地面积21000平方米，现存建筑大部分为明清遗物，主体建筑各部分互相连接，完整地展现了中国古代建筑气势恢宏的壮阔景象。1988年，岳麓书院建筑群被国务院批准为第三批国家重点文物保护单位，也是岳麓山风景区的重要观光点。

岳麓书院成了湖湘人文的一种信仰，驱使人们去感受它的内涵与温度。

纳于大麓，藏之名山 院以山名，山因院盛。岳麓书院作为我国古代著名的"四大书院"之一，坐落在岳麓山下。古人视岳麓山为南岳七十二峰之一，是衡山之麓，因而得名岳麓。岳麓山近市而不喧，林深而泉甘，林草繁茂。每到春天，桃花、迎春、玉兰、百合、芙蓉、蔷薇等花木漫山遍野，姹紫嫣红中绣出一幅麓山织锦画，令人目不暇接；夏季的岳麓山，林间阴凉，歌唱着的画眉、黄鹂、布谷、杜鹃等鸟雀在林间穿梭，共同谱写出夏日清曲；秋天的岳麓山，"幽"字当头，幽壑千重，幽泉千缕，夹杂着红叶缤纷，美不胜收；若是冬季来此，碰巧遇上漫天飞雪，可以伫立在山头上，迎着寒风欣赏著名的"江天暮雪"。

岳麓山的人文景观是岳麓山另一道亮丽的风景。顺着岳麓山的山路前行，行至一座典雅的园林建筑前，这便是千年学府，岳麓书院。书院有八景，柳塘烟晓，桃坞烘霞，桐荫别径，风荷晚香，曲涧鸣泉，碧沼观鱼，花墩坐月，竹林冬翠，四季景色轮换，情景交融，如诗如画。

自然的奇珍优美，孕育了这一方山水的灵性，自古名山多佛道，著名的"湘西二寺"之一的麓山寺，建于西晋泰始四年，为湖南

最早的佛寺之一，有"湖湘第一道场"之称，之后岳麓山的佛教势力日益发展。不远处就是与麓山寺并称的道林寺。

岳麓书院还以保存大量的碑匾文物闻名于世，唐开元大书法家李邕在这里，写下了著名的《麓山寺碑》，文词华茂，字体秀劲，加之刻工传神，人称"北海三绝"。唐代著名书法家欧阳询曾题写了"道林之寺"的门额。"邻居尽金碧，——梵王家"的诗句，真实描述了唐代，麓山已形成寺庵林立、殿阁相望的景象。江夏黄仙鹤勒石刻篆，因为文、书、刻石都十分精美，向有"三绝"之称，此碑以其书法著名于世，传拓碑文曾风靡一时，笔法刚劲有力，是最为著名的唐碑之一。除此之外，还有明刻宋真宗手书"岳麓书院"石碑坊、"程子四箴碑"、清代御匾"学达性天"、"道南正脉"、清刻朱熹"忠孝廉节碑"、欧阳正焕"整齐严肃碑"、王文清"岳麓书院学规

碑"等。岳麓书院的园林建筑及其碑匾文物，具有深刻的湖湘文化内涵，它既不同于官府园林的隆重华丽的表现，也不同于私家园林喧闹花俏的追求，反映出一种文人志士的清雅气韵。

千年学府，弦歌不绝 自神禹开疆以来，岳麓山历来为文人骚客所眷顾，他们在此寄寓隐居，游息读书，为麓山增添了光彩，也为开创书院埋下了种子，如晋代的陶侃曾居麓山"杉庵"，其址就在书院之内。唐将马燧也曾建道林精舍于道林寺旁。这些作为文士活动的地方，也是书院的雏形，

归隐山间本是读书人的一种姿态，但出世的心还是放不下红尘的牵挂，当儒、佛、道三者教义交流融合，为岳麓文化的新发展开辟了道路，也为岳麓书院的创办奠定了文化基础，作为文化名山的岳麓才进入一个新的发展阶段，即以儒学为中心的岳麓文化的新局面。

北宋开宝九年，岳麓书院初建。北宋大中祥符年间，当时的天子宋真宗，亲自召见岳麓书院山长周式，亲书"岳麓书院"匾额，岳麓书院遂成为天下四大书院之一。

两宋之交，岳麓书院遭战火洗劫，乾道元年，湖南安抚使知潭州刘珙重建岳麓书院，他延聘著名理学家张栻主掌岳麓，以反对科

举利禄之学、培养传道济民的人才为办学的指导思想，培养出了一批经世之才，于是岳麓书院的名字，在每一个读书人心中变得崇高起来。

乾道三年，朱熹来访岳麓书院，与张栻论学，这次"朱张会讲"，不仅是长沙，也是中国古代文化史上的一件盛事，推动了宋代理学和中国古代哲学的发展。时隔27年后，朱熹重整岳麓书院，颁行《朱子书院教条》，经过他的整治，岳麓书院再次进入到繁盛时期。

此后，岳麓书院在摧毁与重建中历经无数轮回，即使一时沉寂，但重振书院辉煌的心愿成为中国文人传承千年的一种坚持。明朝弘治七年，长沙府通判陈钢使基本恢复岳麓书院的旧貌，后经过多次修复扩建，岳麓书院形成了亭台相济、楼阁相望、山水相融的壮丽景观，同时书院的讲学、藏书、祭祀三大功能也得到了全面的恢复和发展。

明朝正德二年，阳明心学一代宗师王守仁也慕名来到岳麓讲学，王守仁及其弟子在岳麓书院的讲学是继南宋湖湘学派之后，岳麓书院的又一次重要学派活动，标志着岳麓书院又一个学术繁荣期的到来。随后的清代康熙、乾隆两帝纷纷赐御书，愈发从官方肯定了岳麓书院在全国的地位。

明清至民国初期是岳麓书院培养人才的

鼎盛时期，一批批日后将深刻影响中国历史的人物从这里走向社会。余秋雨对此评价说："你看整整一个清代，那些需要费脑子的事情，不就被这个山间庭院吞吐得差不多。"

惟楚有材，于斯为盛 岳麓书院大门上的对联，"惟楚有材，于斯为盛"，道尽了岳麓书院历史上人才辈出的盛况。纵观岳麓书院一千多年的历史，早在北宋，山长周式便"教授数百人"。南宋理学家张栻出任山长后，岳麓书院成为湖湘学派的发源地，培养出了一批"岳麓巨子"。当年历时两月的"朱张会讲"，吸引了大批士子前来听讲。

岳麓书院，闪烁的不仅仅是它源远流长的历史，更加夺目的是其思想文明之光，这是一种能够穿越历史，存于现实，影响未来的无形力量。今天，悉数这种力量的源头，

有一个名字不能忽略——张栻，这个名字代表了意志与思想产生的魅力。

当年，佛、道、儒抢占思想阵线，儒家势微，缺乏当年在孟子、荀子和董仲舒时代的生机勃勃，靠着对经典书籍和历代儒家学者的注释，已无法对社会变化所带来的新问题提出有效的解决方法，相反佛教盛行，尤其是禅宗和道教声势浩大。儒家亟需中兴，重夺思想界的盟主地位，于是以张栻、朱熹为代表的新儒家们开始走出四书五经等儒家经典，吸各家之所长，把佛教，尤其是禅宗里的玄学、哲学，其中也包括道家的思辨方法论，和道教的宇宙观，用吸功大法、乾坤挪移，就全部搬进了儒家的思想里，为后来明清新儒学抢回独尊地位奠定了基础。作为湖湘学派的盟主，张栻则将这些更加具体化——"经世致用"，就是在修炼个人操守的同时，也要修

图为台湾著名佛教大师星云大师在岳麓书院讲学。

炼治国平天下的技能。

在他之后，理学思想不断发展，内涵不断扩展，顾炎武、黄宗羲、王夫之等思想大家不但继承理学，也对其进行反思。政治思想上，他们继承和发扬了孟子的民本思想，提出了政府官员的道德责任，应该"为天下，非为君也，为万民，非为一姓也"的现代民主思想，远远超越了法国大思想家卢梭。而这种"天下为主，君为客"的提法，是中国近代政治思想的一大突破。

张栻留给岳麓书院，留给整个民族的遗产，是一种生命的哲学。从根本上说，张栻的理学是一种生命哲学，是对人的生命存在进行了深刻反思；它确立人的生命存在的价值体系，甚至把生命提升为宇宙世界的本原和本质，是对生命价值的一种直截了当的悟。

链接

书名：《岳麓书院史话》 **作者：**朱汉民

　　内容提要：岳麓书院是中国文化史、中国教育史上的骄傲，她有着悠久的办学历史，培养了众多杰出的人才。纵览岳麓书院发展的辉煌历程，我们将会看到这所千年学府，如何从简陋的书院萌芽，发展成为闻名天下的书院，如何在不闻书声的战火废墟中，一次又一次地再创辉煌，如何由一所古代书院，发展成为今天的湖南大学……此书以图文并茂的形式，全面而系统地阐述了岳麓书院创办、历经宋、元、明、清办学至今的历史，及其学术源流、人物风貌、书院建筑等，以向读者展示这个独具魅力的精神家园与文化圣殿。

　　岳麓书院咨询电话：0731-88823764

湖南第一师范
风华正茂年少时

先读为快 湖南第一师范学校位于长沙市天心区境内，地处书院路中南段，前身为南宋城南书院。1914年3月，湖南公立第一师范学校与湖南省立第四师范学校合并成为湖南省立第一师范学校。1938年，毁于文夕大火，之后迁至长沙河西左家垅，1950年，迁回原址，更名为湖南省第一师范学校。1968年，按原貌修复，并建有陈列馆，1972年，被评为省级文物保护单位。

咏叹千年 "妙高峰高耸云表，江流环带，诸山屏列，此城南第一奇观"，明崇祯《长沙府志》中所记载的妙高峰景致早已凋零，然而作为古长沙城南第一名胜，千百年来，无数文人墨客曾在此停驻，流连忘返于这一方山水之中。南宋绍兴三十一年，失意的张浚带着儿子张栻来了，虽一生抗金，但生逢乱世，奸臣当道，张浚的一生几乎都是在不断贬谪中蹉跎着。此刻，妙高峰虽美，但国难山河碎的忧伤，总是让他无心美景，更何况人生已至花甲，秋风瑟瑟，时日无多。

张栻的少年时期，也因此随着父亲的起伏跌宕，而四处漂泊，戎马一生，厌倦官场张浚终于放弃了让张栻从政为官的想法，决心让他潜心学问，去衡山拜胡宏为师，学习二程理学。站在今天回望那个时代，这其实是另一个版本的"弃武从文"，张浚手中的枪最终没能挽救昏昏欲睡的南宋，而张栻手中

的笔能否挽救一个民族的灵魂？历史自有它的答案。

虽然不舍，但前路已在脚下，此刻正值深秋，落叶纷纷，秋雨绵绵，秋风瑟瑟，寒意渐浓，张栻最终还是上路了。一路南下，从寒冷走入寒冷，从秋风走入飞雪飘零的衡山紫云峰，然而他的两度拜访，却都被胡宏拒之门外，直至第三次，张栻终于在文定书

湖南第一师范是红色旅游的爱国主义教育基地，现已成为青少年进行革命传统教育的课堂。

院见到了胡宏，但胡宏却并不与之交谈。最终，胡宏还是被张栻的执著与聪慧触动了，收其为弟子，传授孔子仁义之学和二程的理学思想。在讲学中，张栻的学识得到了胡宏的赏识，盛赞道："圣门有人，吾道幸哉"。受到这位湖湘学派大师的影响，张栻开始以圣贤自期。

冬去春来，妙高峰上的参天古树黄了又绿，千年古刹的钟声依旧袅袅，春意正浓，繁花尽开，妙高峰的春天终于等回了张栻的学成归来，其实他的归来，也意味着一个民族的春天正在孕育、萌芽。不久后，城南书院便在妙高峰上书声朗朗了，这声音里有着儒家的"仁义道德"，也有着理学的"经世致用"，而这声音里所飘荡的灵魂则叫张栻。之后，朱熹的讲学，则让灵魂更加质朴而壮实，焕发出勃勃生机。

校舍古朴，绿树成荫。

当时，江南各省乃至偏僻的四川都有学子远道来长沙从学，读书人更是"以不得卒业湖湘为恨"。张栻认为，知与行二者的结合是教学必须贯彻的重要原则和方法，对"汲汲求所谓知，而于躬行则忽焉"的学风尤为批评。在他的影响下，湖湘弟子把重视"经世致用"作为"践履"的标准，并在各个领域卓然成器，湖湘学派也因此更加流光溢彩。

书院里的"城南十景"是美的，然而湖湘学子争相前来却并不是因为美景，而是因为共同的理想。马背上得天下的太祖，深谙"重

武轻文"的凶险，"抑武扬文"便成了宋朝的国策，书院也因此成了读书人的囚笼。这其实并不代表着读书人的春天来了，一个黑暗的官场正在腐蚀国家的未来和文人的希望，每至此，儒家便成了归处，"穷则独善其身，达则兼济天下"，这正是那时书院精神的生命之所在。

在那个年代，太多读书人被科举利诱，沉迷其中不能自拔。他们也许早已忘记书中深意，读书，不过是为了求得一官半职。城南书院的出现，则不是以科举为目的，而是

岁月的更迭，有限的生命做古，精神和信仰历久弥新。

以讲学为旨归。用书院的新生修正科举的弊端，想来也是半生流离的张浚、寓居山野的胡宏希望看到的，这也是理学家所追求的理想。

然而随着南宋的轰然崩塌，盛极一时的城南书院在元代改为僧寺，书香不绝转为了馨香飘渺，几度兴废。直至清代道光二年冬，城南书院在故址原貌复建，咏叹千年的学府终于在那一刻，欣然重归。

百年师范 冬去春来，更迭轮回，岁月黄了又绿，绿了又黄，有限的生命已作古，摧毁的建筑，沿袭下来的精神和信仰。1916年夏天，孔昭绶站在湖南第一师范学校的大门口，百感交集。三年前初任一师校长，他还没来得及为学校的振兴而努力，就因反帝被迫留学日本。然而背井离乡，寄人篱下的留学生活并不美好，他真切地体会到了弱国没有尊严，回国后，他再度接到就任湖南第一师范校长的聘书，当他推开一师厚重的大门，看着朝气蓬勃的学子们，孔昭绶不由热血沸腾，为了这一天，他等得太久了。

百废待兴，重返一师的孔昭绶，开始大刀阔斧的改革，然而就在此时，一个学生与孔昭绶有了交集，这个学生就是毛泽东。上任第一天，孔昭绶接到了他递来的《退学申请报告》，当时的湖南第一师范是三湘学子争

岁月如水，沧桑爬上墙壁，时光沉淀深处。

相报考的学校，出现学生要求退学的情况非常罕见，孔昭绶也因此有了一次和毛泽东的倾心长谈。

夏日的清晨，有风徐来，"为中华之崛起而读书"，那时的湖湘学子们总是心怀天下。阳光透过窗棂，照射在少年毛泽东散发光泽的脸颊上，也许在那一刻，孔昭绶看到了少年中国的未来，真正意识到了一个学校对于一个国家的责任，只要少年的方向对了，那么未来中国就有希望。

在接下来的学校改革中，顺应当时新文化运动的潮流，孔昭绶推行民主教育，提倡自治，宽松学术氛围，以新的姿态树立在长沙教育界。同时，留学日本的经历也让孔昭绶十分推崇日本学校教育中推行的"军国民教育"，痛感于国力羸弱，他认为中国的未来，

应该从强大国防，鼓舞士气民心开始，他也因此把蔡元培提出的"德智军美"写在一师礼堂入口处的牌匾上，激励学生以此为目标。

1916 年 10 月底，一师学生志愿军正式成立了，这是孔昭绶的创举，也是他推行"军国民教育"的结果，毛泽东是积极响应者，参加了一师的学生志愿军，直至毕业。近两年的学生志愿军生活，不仅在毛泽东的思想中注入了尚武精神，还使他经受了严明的军纪考验，接受了系统的军事训练。

"衡山西，岳麓东，城南讲学峙其中。人可铸，金可熔，丽泽绍高风。多材自昔夸熊封。男儿努力，蔚为万夫雄。"一师的校歌旨在"唤起学生讲学兴味，并涵养其高尚之思想"，强调在学生中提倡自觉、自动、自治。校旗采用红麾、黄膘、蓝绿色的旗面中央置以白色

影视作品《恰同学少年》剧照

五角星，内携一黑色"师"字，作为"代表一师之徽识"。学生制帽上也携有"师"字的五角星，制服领章上则缀有"第一师范"四字，无不体现"唤起学生爱校心"的良苦用心。

为贯彻民主主义的教育方针，孔昭绶制定了以"知耻"为中心，包括"公诚勤俭"诸内容的校训。所谓"知耻"，就是要使人人知"国家之耻"，以挽救民族危亡为己任。而要挽救民族危亡，就必须使"人人知实力充足，而后国家之实力充足"。他认为，学习在德智体方面全面发展就是充实自己的实力，因此促进学生全面发展的教育就是"根本解决"民族耻辱和民族危机的关键。

今天，湖南第一师范学院依然屹立在街市繁华处，庄重静美。千百年来，从这里走出无数英雄豪杰，毛泽东、蔡和森、陈天华、段德昌、何叔衡、李维汉、罗学瓒等人，一个名字就是一段惊心动魄的历史，就是一颗革命的火种。岁月如水，沧桑爬上墙壁，时光沉淀深处，但一师的精神仍在，且万古长青。

链接

近年来，《恰同学少年》《建党伟业》《建国大业》《风华正茂》《湘江北去》等一系列影视作品在湖南第一师范拍摄，使得这所集东方文化内涵和西方建筑风格于一体的学府被观众熟知，其千年积淀的湖湘文脉、百年锻造的红色精神顿时辐射全国，如今这里已成为影视拍摄基地和人们旅游的新焦点。

第一师范咨询电话：0731-85125807

浏阳文庙
大成殿里面的呐喊

先读
为快 浏阳文庙位于湖南省浏阳市城区圭斋路，是我国保存完整的孔庙之一，它始建于宋朝，清嘉庆二十三年迁建于今址，道光二十三年续修，改建了大成殿，增建了奎文阁。浏阳文庙总占地面积6000多平方米，共有13个建筑单元，建筑风格仿造了曲阜孔庙的宫殿式古建筑群，是一座典型清式江南风格的建筑群。1983年，湖南省人民政府公布浏阳文庙为湖南省文物保护单位。

整个大成殿殿前露台上东西各置舞亭一个，舞亭为木质结构，重檐四角攒尖顶，盖绿瓷瓦，下托黄琉璃瓦当，是祀孔时舞生演舞的地方。

斯文在约，万世师表

湖南的书院有一个特点，总是散落在水系两岸，如颗颗珍珠般闪耀，从湘江上游的永州宁远文庙，到中游衡阳石鼓书院、长沙岳麓书院，再到下游岳州文庙、湘阴文庙，浏阳文庙也不例外，它坐落在浏阳河边。书院的选择，很大部分取决于水域的开放与流通。历史上，商业、人员、知识都是沿着河流行走，当人们需要更加开阔的眼界，更好的前程时，知识就成为了一种必需品，书院就应运而生了。有书院的地方是幸运的，它能为一个地方开化民风，积蓄人才，更能够为人民提供一条走向远方的通道，即使是底层社会大字不识的农民，穷困潦倒，他们也会产生一丝望子成龙的期盼，而这种期盼恰恰是一个社会发展的基石，也是人性最为温暖的部分。

浏阳文庙也是这样一个培育希望的摇篮，它始建于宋，重修于清，现存的大成殿，为文庙主体建筑，建在一个1米多高的麻石铺垫的露台上，由32根大石柱支撑。大成殿的建筑，重檐歇山顶，盖黄琉璃瓦，屋角飞翘，屋脊为青花空心方瓷砖，中竖五色葫芦宝顶。殿内设八卦藻井，朱漆雕花格扇门。整个大成殿前露台上东西各置舞亭一个，舞亭为木质结构，重檐四角攒尖顶，盖绿瓷瓦，下托黄琉璃瓦当，是祀孔时舞生演舞的地方。露台下为踏步台阶，中间有祁阳石雕盘龙。大成殿露台下为宽6.21米，长42米的甬道，直通大成门。

大成殿后为御碑亭，梁上悬有康熙、乾隆等题匾的"斯文在约"、"万世师表"多块，现已无存。但曾国藩赠予浏阳文庙"雅淡和平"、"精深正乐"两块匾额还在，说得是闻名天下的浏阳文庙祭孔古乐。清代道光年间，浏阳乐律学家邱之稑大胆冲破几千年来"非天子个议礼、不作乐"的禁忌，修正康熙皇帝所作《律吕正义》的乐律缺陷，在发掘整理古代"韶乐"的基础上进行创作，完美再现了古代"韶乐"，被誉为"中国古代音乐的

从文庙到新算学馆，浏阳文庙开湖湘新风气，在大成殿里发生革新的呐喊。

活化石"。它乐律动听、舞姿优美、气势非凡，是中国几千年儒家文化的体现，文化底蕴深厚，连曲阜文庙也曾派人前来学习。

从文庙到新学算馆，开湖湘维新风气

在那个"万般皆下品，唯有读书高"的年代，给苦难以希望的只有尊孔的儒家文庙——浏阳文庙，始建于宋朝，科举从此成为了浏阳人走向远方的一条绕不开的路，这也是中国仕人唯一的一条路。

当年，在董仲舒的时代，儒生还是一个人数非常小的精英团体，是完全可以被政府行政部门吸收。而由于这个时候的儒生，其大量的比重是来源于豪门精英，因此在经济生活上无需对"利"太过着重。但是在宋朝以后，一方面是科举制的程序化，另一方面

是活字印刷术的普及，导致的教育成本大幅度降低，读书的门槛降低了很多，不再是权贵阶层的专属了，然而读书人多了，录取率就低了，投入和产出很难成正比。

这对于世代耕耘，守着穷山恶水，自古尚武的浏阳人来讲，仅靠种田和编织鞭炮为主要收入的家庭来讲，他们很难支撑起一个读书人，再说做炮仗的泥腿子，一个个都是暴脾气，一点就着，这种性格与摇头晃脑的"之乎者也"确实距离太远。所以，在相当长的一段时间里，浏阳文庙只是一个金碧辉煌的官员政绩工程而已，沦为了少数人吟诗作赋的风月场所。

清嘉庆 1818 年，浏阳文庙迁建于今址，浏阳市城区圭斋路，道光 1843 年续修，迁

大成殿的建筑，重檐
歇山顶，盖黄琉璃
瓦，屋角飞翘，屋脊
为青花空心方瓷砖，
中竖五色葫芦宝顶。

崇圣祠于右，改建了大成殿，增建了奎文阁。自此，浏阳文庙更加富丽堂皇，宏伟壮观，占地面积 6000 多平方米。中轴线上由南向北依次为万仞宫墙、泮池、状元桥、棂星门、大成门、甬道、露台、大成殿、御碑亭。

随着爆竹行业的渐渐崛起，财富的积累，浏阳人开始逐渐走入书院，然而这已是清代的事情了，浏阳终于走出了一个户部员外，四品大员，他的名字叫谭继洵。比他更出名的是他的儿子——谭嗣同，中国近代资产阶级著名的政治家、思想家，维新志士，他主张中国要强盛，只有发展民族工商业，学习西方资产阶级的政治制度。公开提出废科举、兴学校、开矿藏、修铁路、办工厂、改官制等变法维新的主张。写文章抨击清政府的卖国投降政策，1898 年变法失败后被杀，世称"戊戌六君子"之一。

"望门投止思张俭，忍死须臾待杜根。我自横刀向天笑，去留肝胆两昆仑！"是他在临刑前的晚上，留给整个民族的遗言。当年，他在浏阳文庙里的奎文阁创办了中国近代第一个民间科技团体"新算学馆"，开湖湘维新风气之先。

如今站在浏阳文庙里，沧桑无言，斑驳无语，我们要告慰他的是，当初那个被他用头颅，用鲜血浇灌的旧中国，已不再积贫积弱并任人宰割的中国，而是一个正在崛起的大国了。

链接

最佳旅游时间：长沙属于亚热带季风性气候，温和湿润，季节变化明显。冬冷夏热，四季分明；春秋一般短促，夏冬则显绵长。其年平均气温 17.2℃，全年保持着温和湿润的气候特点。长沙春天气候多变，此时外出可多穿点衣服，以防感冒；秋季一般始于 8 月中旬前后，气温适中，天空晴朗，总体而言，秋季 9、10 月份是出游浏阳文庙的最佳时间。**咨询电话：**0731-83629445

湖南自修大学 毛泽东宣言

先读为快

湖南自修大学位于长沙市中山路74号，是毛泽东与何叔衡、易礼容等人利用船山学社的社址和经费，为中国共产党创办的一所最早的干部学校。1921年建立，1922年12月，李达应聘到校任学长。1938年，湖南自修大学毁于文夕大火，1954年在原址复建，1964年对外开放，现为省级重点文物保护单位。

说起湖南自修大学的背后故事，就像开启了一壶历经百年的陈酿，其间，文化、历史、人物、思想糅杂在一起，闻之酒香醇厚，后味悠远。

今天的湖南自修大学，只是位于长沙市中山东路北侧，一座年久失修的单层三进四合院，它的前身，是辛亥革命时的船山学社，时间若再往前推进，这里曾经是曾国藩祠。

辛亥革命后，湖南一些文人学士，为研究明末清初唯物主义思想家王船山的学说，在此建立了"船山学社"。这些文人以保存国粹，弘扬国学为己任，一直强调以"夷夏之辨"为核心的种族意识，虽然在湖南教育文化界产生了相当影响，但随着民主共和思想的传播，原来一些观点激进的民族革命者，逐渐转变成为传统文化的护卫者和新文化的反对者，客观上形成了一股强大的保守主义思潮，直接影响和阻碍了新文化运动在长沙及湖南的展开。

在这种背景下，1921年8月，毛泽东、何叔衡等人选择在这里创办一所传播马列主义和培养革命干部的学校，宣传新思想，难度和阻力可想而知。但初生牛犊不怕虎的毛泽东，在门首上亲笔题书"船山学社"。他和何叔衡，在守旧思潮浓厚的船山学社旧址，共同创办自修大学，培养传播民主进步，开创新时代的救国救民思想。

1921年8月16日，毛泽东在湖南《大公报》上发表了《湖南自修大学组织大纲》，同时他又起草了《湖南自修大学创立宣言》，

蓝天，青瓦，红木屋，一切仿佛就在昨天。

宣告了湖南自修大学的成立。这所学校在宣传马克思主义，发展党团组织，培养革命干部等方面都发挥了重大的作用。

湖南自修大学创办了校刊《新文化》，一共四期，校刊上登载了不少关于研究马克思列宁主义理论，和解决中国革命实际问题的重要文章，如毛泽东的《外力、军阀与革命》，和李达的《何谓帝国主义》等，都是其中具有代表性的作品。此外，湖南自修大学还附设了补习学校，实行平民主义，使无钱的贫民能够入学。

当年的毛泽东、何叔衡等人，对办学和传播马列主义思想充满了热情，他们曾在这里的图书馆挑灯夜读，在联合会办公室里，对未来的骨干畅谈国家形势，在这里研究学问，主张自己的政治思想，对之后中国历史翻天覆地的变化，埋下了伏笔。

链接

【湖南自修大学教育方法】湖南自修大学注重学员自学，反对教员用填鸭式方式施教。教学方式有"特别授课"、"函授指导"和"特别讲座"二种方式。除外语需要"特别授课"外，其余课程皆无上课时间；"函授指导"和"特别讲座"均邀请国内外学者、名流担任。教员职责是解答问题，订正笔记，修改作文。学员每人每日作读书录及填写作业表一件，每月作文一篇，皆由学长考阅，以定成绩良否。修业年限无定，以修习一科完毕，成绩及格，给予修业证书。咨询电话：0731-82222126

快乐长沙

肆

道 古今

CHEERFUL CHANGSHA TRAVEL SERIES

古村古镇

古物有情，古色古香，岁月无声，奔流不息。古楼、古镇、古井，宛若颗颗珍珠散落在长沙这片土地上，时光将长沙酿成一壶沉香的老酒，汉代的贾谊曾为这份酒香写赋助兴；盛唐时期的铜官古镇，青石板路上还留下了当年繁华的印记；"四面云山都入眼，万家烟火总关心"道出了天心阁的气势与情怀；站在晚清时节的靖港古镇码头上，扁舟所承载的依然是厚重的历史和柔丽的夕阳余晖……

快乐长沙

天心阁

阁上天心天上阁

先读为快 天心阁为长沙重要名胜，也是长沙仅存的古城标志。楼阁三层，建筑面积846平方米，建筑主体碧瓦飞檐，朱梁画栋，阁与古城墙及天心公园其它建筑巧妙融为一体。其基址占着城区最高地势，加之坐落在30多米高的城垣之上，因此也是古时长沙的至高点。其名始见于明末俞仪《天心阁眺望》一诗中，是旧时文人墨客雅集吟咏之所。

从前天心阁是长沙城的至高点，如今天心阁是长沙城的老照片。

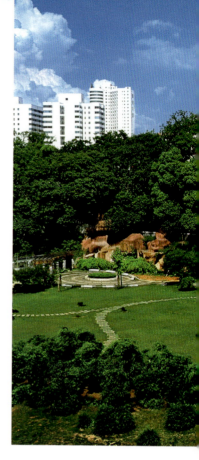

近有妙高峰为伴，远望岳麓山为屏，黄花绿草，翠色妆点。

一城一故事 古时星象学者认为这里地势高峻，地脉隆起，为文运昌隆之祥兆，于是在城楼建"天心"与"文昌"二阁与之相对应，专职用于祭祀文昌帝君和魁星。文昌本为星名，是古代对魁星之上六星的总称，被认为主大贵，后被道教尊为主宰功名、禄位的神。魁星常追附于文昌帝君，魁星是天上二十八宿之一，在汉代便有"魁主文章"之说。古人所绘的魁星像，头部像鬼，一脚向后翘起，正如"魁"字的大弯钩，一手捧斗，像"魁"字中的"斗"字，一手执笔，意谓用笔点定考中之人的姓名。魁星一脚踏着一只大海龟，叫"独占鳌头"，故士子考试之前和金榜题名之时，都要跪拜文昌帝君和魁星。

清雍正以前，湖南士子要远赴汉口参加乡试，雍正以后长沙单独设立了贡院，每逢秋闱，湖南士子云集长沙，天心阁城头上祭祀文昌帝君和魁星的香火更加旺盛。乾隆十年城南书院入驻天心阁下以后，文昌帝君和魁星更加受到一心追求功名利禄的士子们的顶礼膜拜。

乾隆十一年，当时的抚军杨锡被主持兴建天心阁，据载，当时城墙高33米，加阁之后，高度达到了48米，为古时长沙城的重要军事防御要塞。辛亥革命以后，为了发展贸易和交通，拆除城墙，修筑环城马路，仅存天心阁立于城头的一段城墙，这段城墙由于地势高，为攻守险要，更是成了兵家必据之地。

1852年，西王萧朝贵率太平天国农民军攻打长沙，与清军鏖战，中弹殉难于天心阁，太平军以失败而告终，至今城墙上还留下一些炮眼。1905年，孙中山、黄兴在日本派遣同盟会会员陈家鼎回湖南组织同盟会机关，其秘密机关一度设在天心阁内。1930年7月27日，彭德怀率领工农红军攻入长沙，也在天心阁向部队作过报告。

1938年，"文夕大火"，古城长沙一片焦土，阁楼更是荡然无存，唯有那坚实的明清古城墙在无声地哭泣。2004年底，天心阁主阁一楼建成"百年长沙"史料陈列馆，以百余幅珍贵图片展示了长沙近百年的历史

变迁，而"长沙大火"幻影成像展示厅采用声、光、电等高科技手段再现了六十七年前发生在长沙的那场惊世劫难——"文夕大火"的全过程。

天心阁饱经战火，屡毁屡建，现遗留城墙长 251 米，高 13.4 米。古城上的铁炮，外表已是锈迹斑斑。天心阁中有崇烈亭，又名"入胜亭"，该亭为十六柱斗拱状，建八角歇山顶，石台阶有护栏，是 1946 年为纪念抗日阵亡将士所建。曾有联曰："有亭冀然，览风物睹江流之胜；是真勇者，执干戈为社稷而亡"，现存楹联为"天若有情天亦老，心到无私心自宽"，横批"天心"。这些古迹不仅记载着长沙古城的动荡历史，还体现了湖湘儿女坚韧不屈的精神。

古阁雄踞，气象蔚然 天心阁位于城南一隅，楼阁碧瓦飞檐，朱梁画栋，古香古色。登上天心阁，天心阁作为长沙古城的"活化石"，"四面云山皆入眼，万家灯火总关心"，融古楼阁与古城垣于一体。近有妙高峰为伴，远望岳麓山为屏，黄花绿草，翠色妆点，极目四望，不远处的湘江一脉相承了屈子贾生拳拳赤子之心，全城景物，尽收眼底。

清代诗人李绍隽所咏："城南耸高阁，直与丹霄薄。插顶上天门，扪着星斗落。我今一登临，极目真穹廊。物色卷横空，烟霞飞漠漠。湘水作带环，麓屏为扁钥。远浦送帆来，晴岗凝翠幔。雁字写长天，渔叟沿江泊。塔峰指顾间，万户倚楼脚。举目白云低，风动响铃铎。胜迹昭今日，纵笔摇山岳。"描绘出天心阁"高阁插云"、"麓屏耸翠"、"疏树含烟"、"池塘夕照"的美景。

现在的天心阁为1984年重建，阁楼具有明清两朝城楼风格，整个阁体呈弧状分布，高阁用游廊连接，形似山峦起伏，错落有致，气势宏伟。它的结构用挑梁，不用斗拱，三层阁用四十六根红漆圆柱支撑，廊柱结合，栗瓦粉墙，灰白色石基敦厚稳实，六十二头

石狮各具姿态，三十二只龙首托起翼角，翘首蓝天，三十二只风马铜铃迎风鸣响，巨龙各领风骚。石壁图案，更是古人所崇拜的图腾、狩猎、战车和战马，看上去，仿佛仍然是旌旗猎猎，战马萧萧。整个建筑色调凝重而雄浑，风格去华饰而存古朴，是一幅历史的画，是一首古雅的诗。

现在的天心阁已成为古典园林袖珍公园，入门通路开阔，两旁绿树成荫，园内五彩缤纷，鸟语虫鸣，是人们习拳舞剑、练琴读书、游览休憩的一个好处所。只有每天早上传来的戏曲声仿佛穿越了时空，带来了几个世纪的沧桑。

链接

2012年，南昌市的滕王阁、岳阳市的岳阳楼、武汉市的黄鹤楼、永济市的鹳雀楼、蓬莱市的蓬莱阁、昆明市的大观楼、南京市的阅江楼、长沙市的天心阁、西安市的钟鼓楼、宁波市的天一阁等十大中国历史文化名楼，以在长沙举行的"中国历史文化名楼年会"为活动起点，共同申报联合国物质文化遗产。
天心阁景区咨询电话：0731-85155379

渐行渐远的老长沙

读快
先为

什，斑驳的矮楼，虫蚁蛀室的木门，心里总泛起一种亲切。

想去长沙老街巷走走的念头有些日子了，每每想起那些老街巷，旧物

漫步在高墙深巷，穿梭于绵绵而幽远的古长沙，如同走进历史长廊，走进一幅深邃而幽远的古长沙画卷，仰望它们的一砖一瓦、一石一木，白果园、化龙池、小古道巷、上碧湘街、西文庙、潮宗街、高升门……每个厚重而优雅的名字背后都有着一段段平淡而真实的故事，牵连着人们的辛酸与喜悦，也缠绵着人们割舍不断的眷恋与情缘。

遥想是在一个初夏的午后

太平街，时间的印记

　　一座老城最深的气味往往来自日子的背面，来自那些最阴暗的背光面，来自那些最老旧、残破的街巷，它们才是城市的守望者，被时光不断打磨，被历史不断渗透。一些朋友告诉我，要想看清长沙，首先得去一条老街，不看那条街，不可能了解长沙。因为它不仅是一条街，它更是长沙曾经的全部，太平街就是整个长沙。

　　那天，我一个人在太平街上转悠，秋色已浓，天气微凉，连阳光都带着几分寒意，斜照在屋檐上，马头墙的影子被拉得幽长，阳光和阴影都很清晰。街面是用麻石铺就，两边是一些百年老店，夹杂着一些现代感十足的酒吧、茶吧、清吧，给人一种在古老与现代之间穿梭的矛盾感。这些现代生活符号，

秋色已浓，天气微凉，连阳光都带着几分寒意，斜照在屋檐上，马头墙的影子被拉得幽长。

冲淡了老街浓浓的古意，闪烁的霓虹把老街的斑驳沧桑映照得如同幽灵一般，空淡、清寂，甚至给人几分忧伤之感。表面看这是一种经过精心修饰、修旧如旧的繁华，但我却觉得这是一种经历了悲痛忧伤之后的化茧成蝶、凤凰涅槃。只有把悲痛与忧伤一起理解，长沙古老而真实的内核才会显露出来。

　　长沙有太多的老街巷，坡子街、潮宗街、福庆街、吉祥巷、大古道巷、小古道巷、苏家巷等。在这些古街巷中，太平街不算长，

但却给人一种永无尽头之感，那些麻石纹理就如同城市年轮一般，迂回曲折，遥远漫长。这座城市有文字的历史是3000年，建城史是2400年，形成村落的历史达到了7000年。有河滨草地，有飞禽走兽，有高山森林，人类可以在此度过漫长的进化史，等待文明的曙光照进生活。

　　太平街一带自古为人文荟萃和商业繁华之区。清代地方政府为满足货物和居民出入城需要，在小西门和大西门之间新开一门，

名太平门，太平街之名由此而来。至今，太平街的街巷骨架仍完整保留清代初期的格局。这可从清嘉庆、同治、光绪和民初等各个时期的长沙老地图中得到印证。这里蕴藏着深厚的湖湘文化和湘楚风情，也保存了贾谊故居、长怀井、金线街麻石路、明吉藩府西牌楼旧址等文物古迹和近代历史遗迹，也有乾益升粮栈、利生盐号、洞庭春茶馆、宜春园茶楼等历史悠久的老字号。

在太平街的中间有一座古香古色的戏台，这就是清末湖南第一家湘剧戏园原地复建的纯木戏台"宜春园"。平日里，戏台上下是空旷的，偶尔有三五游人在旁边拍照留念，逢年过节的时候，这座极富长沙特色的戏台就会再现老长沙的视听之娱。

青瓦、瓦脊、檐墙和那带着古朴风韵的旧景旧物，为我们拼凑了一段已然远去的历史，也因为有这样一条街的存在，这座繁华的城市才不失韵味，让每一个来到这里的人，有幸感受到过去的沧桑和如今的太平。

白果园：硝烟散去，老街依旧

一条呈不规则 S 型弯曲的小巷从幽邃里走来，走进步行街繁华盛景的现代文明里，这是长沙市仅存的 4 条古麻石街之一，青石铺路、清石砖墙、老式公馆，很容易把人的思绪带回清末民初年代。白果园，因多栽种白果树（银杏）而得名，在这条长仅 120 米、宽仅 3 米的小巷里，遍地都是文物古迹。支巷"老泉别径"因宋代大文人苏洵曾居住于此而得名，"老泉"就是苏洵的别号；巷中"八大公沟遗迹"是长沙仅存的古地下排水设施遗迹，见证了长沙城市的历史与变迁。

走进白果园，最令人印象深刻的是小园东墙竖立着的大型仿铜浮雕文化墙，上雕与白果园紧密相关的两大历史事件图案：一为毛泽东创办《湘

街巷里的人们，休闲自在，诠释着老长沙的生活方式。

江评论》，旧址就在白果园 33 号，古铜漆色的大门见证着那段激情燃烧的岁月；一为程潜、陈明仁领衔的湖南和平起义，程潜公馆位于白果园 21 号，1949 年 8 月 4 日，时任湖南省政府主席的程潜与陈明仁将军一道宣告湖南和平起义，为中国人民的解放事业作出了重要贡献。一条小巷，孕育了两大风云事件，徐徐展开的历史画卷，如今仍辉映古城。

化龙池：百年古街，巷深酒香

　　化龙池南起大古道巷，北止织机街，至今仍保留着麻石路面，街区为古长沙善化县的城市缩影，善化县治自北宋开始到民国元年，一直附城南郭，与长沙县县治同城。自宋代开始，这里便是长沙城的中心地带。

　　用美丽来形容这条古街绝不为过。首先她原来的名字就相当美丽，叫做玉带街，她还有一个美丽的传说，一对善良的夫妻为了挽救长沙免遭洪水灭顶之灾毅然投身古井，这也是化

龙池这个名字的源由。古井现位于化龙池街边，一潭清水深不见底，像一个历经风霜但无比坚强的老者，千年以来默默拱卫着街道和古城长沙。

如今的化龙池应该有两个。白天的街道古香古色，邈远而孤寂，两侧朴旧的建筑，千年玉兰树叶稀疏，筛下一地横斜枝影，像斑驳不清的岁月，唯一的一家小卖部同时也是个肉铺；晚上的化龙池霓虹灯闪烁，这里已成为长沙著名的清吧一条街，华灯初上，市民和外来观光客纷至沓来，三四老友一起，选择一家自己喜欢的清吧慢斟细酌，同时感悟着这百年古街的历史韵味，小卖部美丽的老板娘将肉摊收起，转做烧烤。一白一夜，两张截然不同的面孔，百年古街，深巷之处酒香绵延。

古井现位于化龙池街边，一潭清水深不见底，像一个历经风霜但无比坚强的老者，千年以来默默拱卫着街道和古城长沙。

小古道巷：麻辣烫里，眷念绵长

　　小古道巷西起黄兴南路，中有流水沟、云泉里等小巷连接，东止磨盘湾。小古道巷因旧有古道观"南岳行宫"而得名，清光绪《善化县志》载："南岳行宫在十四铺小古道巷。"这里供奉的是南岳祝融大帝，祝融是传说中的火神，在坡子街火宫殿未出现之前，南岳行宫是长沙百姓祭祀火神的主要

南岳行宫是长沙百姓祭祀火神的主要场所，只可惜，岁月流逝行宫早已不在。

场所，只可惜，岁月流逝行宫早已不在，旧址上建起了古道巷小学，或许，朗朗书声是对已消失的南岳行宫最好的慰藉。现在的小古道巷以经营刀剪、古玩者居多，董同兴刀剪店、叶顺发古玩店都颇具历史。小古道巷里有个经营了几十年的麻辣烫排档，老板娘姓肖，世代居住于此，逢人张口就笑，忙时帮闲的人很多，显得邻里关系极为和睦，旁边一桌客人来自涉外经济学院，来这里吃趟麻辣烫要跑上十余公里，她们中有人就出生在这条巷子里，吃着这里的麻辣烫长大，对她们而言，对麻辣烫的怀念，亦是对老街的眷念。

现今小古道巷古风古韵虽已不及明清繁华时期，但其传统生活、民风民俗仍绵延不断。历史总要传承一些适合现代人生活需要的文明，人类总是要延续一些美好的东西。怀旧是人们返观自己的经历、自然而生的心理需要，亦是一道不可或缺的精神食粮。

文庙坪：千年学宫，古韵深长

"道冠古今"牌坊写满了沧桑遗风，千年的袅袅书香与文夕大火的淬炼使这里成为一方圣土，她立在一块空坪内，巍峨壮观，向世人展示着在千年历史上曾经有过的威严和名望，每一位来访者都会对其心生景仰，如同旧时在此牌坊下经过都必须下马落轿的文人高官。

文庙原是供奉孔子之所，文庙与官学结合，行"左庙右学"之制，所以百姓习惯称学宫

老街上的"麻辣烫"味美价廉，是游客们的最爱。

天气好的时候，附近的居民都喜欢聚在牌坊下，品一茗清茶摆一回龙门阵。

为文庙。北宋治平元年（公元 1064 年），潭州知州吴仲复在长沙城东南大兴土木，建设学宫，将庙学改为州学，这就是长沙府学的开端。学宫历经元、明、清三朝，数次遭战火所毁，之后又复修、增建，直到 1938 年，学宫毁于"文夕大火"，庞大的建筑群只剩下了这座明露沧桑的"贤关"古牌坊。

如今，文庙坪三府坪、泉嘶井、上黎家坡的建筑大都依旧是石墙砖风格、雕花的镂空窗格，附近民居几乎都以《论语》中名言为主要内容书写对联，小商店店名都是取自孔老夫子在《论语》中的语录，甚至连麻将馆门楣都是"天地英雄气"，如果运气好碰到一位上了年纪的老人，你就可以和他谈谈《诗经》聊聊长沙古城历史。天气好的时候，附近的居民都喜欢聚在牌坊下，品一茗清茶摆一回龙门阵，这里或许不是最久远的长沙，但一定是最悠闲的长沙。

夕阳静默的拉长路人的身影，在潮宗街，总有一种想打赤脚的冲动

潮宗街：石板悠扬，万街朝宗

　　麻石青路、乌漆厚重的大门、花岗岩的门楣、镂空的栏杆、古旧的走廊，无论你站在潮宗街的哪头，历史的记忆都会出现在街的另一头。

　　潮宗街，临湘江，位于湘江中路与黄兴路两条主干道之间，长约 1000 余米。明清时长沙县署就在潮宗街上。那时，出潮宗街，过潮宗门，便到长沙码头，长沙是中国四大米市之一，潮宗街上集中了许多米行，湖南的大米从这里源源不断运往国内其它地方，人来人往，早在数百年前就催生了这条街道的烟雨繁华。

　　走进潮宗街，总让人有目不暇接的感觉。书社、教堂、戏台、公馆、牌楼、革命、文化、米市，还有异国人往来麻石路的背影，长沙没有哪条街有这样的排场，能够讲出这许多故事。贴着麻石的清凉，品嚼着巷尾悠扬的吆喝，潮宗街总让人有一种脱鞋褪袜打赤脚的冲动，从

（左图）大韩民国
临时政府旧址。
（右图）真耶稣教
会礼拜堂。

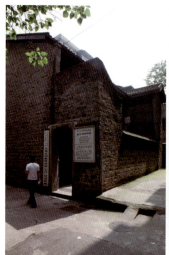

巷头走到巷尾，像是从过去走到今天，从一壁古朴的青光中逃逸，却又回到时间的迷惘中。走过潮宗街，你会想象起一个凄美、神秘故事的开端，然后以曼妙的奇迹结尾。

有几个地方不得不重点推荐。19 号真耶稣教会，是一座已有八十多年历史的教堂，教徒何细莲介绍，教堂建于 1923 年，秉着"国人自立、自养，绝不借助外力"的精髓而兴，这与当时长沙其它西洋教堂完全所不同，幽深空旷的大堂，静坐其中，人顿生空灵之感，这或许就是信仰的力量；梓园巷的民国旅社戏楼在一个大四合院里面，四周房子围成一个"天井"，昏暗天色里有些旧时旅社的感觉，戏台虽已破败不堪，但它出现在一个隐藏着故事的环境中，那种戏味儿就出来了；楠木厅巷 6 号，"大韩民国"临时政府旧址，抗战时期，朝鲜以金九为首的反抗殖民主义

爱国人士，在上海成立了"大韩民国"临时政府，沪松沦陷，"大韩民国临时政府"迁到长沙，如今，每天都有大批来此寻宗朝圣的韩国游客。

在我的感觉里，长沙的老街就像一个江湖，很多年逝水如斯，注定有些老街将崛然而起，而有些老街将面目全非。潮宗街的坚强在于，她将一身硬朗的麻石从老街的根脉中突破出去，一直延伸到耀眼瞩目的文化舞台。它并不是独自风光的，它是带着一个集团——三贵街、九如里、连升巷、梓园里、寿星街等等——一起上位的。她既是过去的老当权派，又是当红的"炸子鸡"，俯瞰长沙，似乎再没有哪个老街的联合能够压过这里的势力。长沙的市井在这里炉火纯青，长沙的风味在这里融汇贯通，长沙的老街纷纷把出口指向潮宗街，于是，万街朝宗了。

靖港
枕水而居的光阴

先读为快 靖港，位于望城区，是古时益阳县、宁乡县、湘阴县以及靖港地区农产品的集散地，也是军事重镇，曾有"小汉口"之称。中国历史文化名镇，古镇现有古建筑面积超过5000平方米，有曾国藩迎战太平军的古战场遗址、湖南省委旧址、"革命母亲"陶承故居、宁乡会馆、青楼建筑宏泰坊等，"八街四巷七码头"、麻石街、古建筑、老店铺、名作坊、乌篷船等一应俱全。

烽火硝烟的历史

　　走进靖港是在一个清晨，那时，古镇还在枕着湘江的波涛熟睡，像一个熟睡在母亲怀抱里的婴儿，和美恬静。雾气从水面袋袋刀起，漫无目的，随风飘逸，很快就把古镇包围了。我的视线很快陷入了一种幻觉，无数幻化的影像向我袭来，很快，这些影像就与记忆中雾气弥漫的故乡重叠了。对于出生在水边的人来讲，雾气是一种气味与象征，他们的身体里总有一些若有若无的雾气在游荡。

水乡多雾，雾是水乡靖港最美的霓裳，它把古镇氤氲得更加空灵、寂静，能够让人忘记时间，站在深邃的历史入口，与历史对话。我看到了被阻挡的历史，它与时间是同一个方向，当时间以发展的手段把古镇逼入绝境时，历史终于停滞了，沧桑斑驳便爬上了时间的墙壁、木板、石板，生长出了青绿与暗灰，孕育出了风情与美丽，靖港便在时间与历史的缝隙中古韵沉香了。

在老长沙的记忆里，靖港赫赫有名，是益阳、宁乡、湘阴以及本地农产品的商贸集散地。作为湖南四大米市之一，它还是省内淮盐主要经销口岸，商贾云集，店铺林立，市声鼎沸。民国时，靖港与津市、洪江同为湖南最为繁盛的三镇，有"小汉口"之称。宏泰坊、八音堂、杨泗庙、宁乡会馆，都曾记录着古镇的历史与繁华。

历史一页页翻过，陆路兴而水路衰，沩水改道，靖港也因此繁华远去，停留在了历史深处，犹如一本厚重的古书，散发着浓郁的油墨清香。今天，靖港的清晨距离战争已经很远了，远得人们忘记了战争的双方，甚至战争的目的。麻石似乎永远都是古镇最坚硬的表情，代表着古老沧桑，也代表着厚重的历史。

然而战争似乎是人类历史永恒的主题，且总是距离河流很近，这是因为生命需要河流的滋养，战争也同样需要。作为长沙在湘

碧水蓝天，栏杆拱桥，古镇悠悠，靖港就像一条长龙伏在岸边休憩。

江上的西北门户，两河交汇处的靖港而言，任何有战略眼光的军事家都会占据此地。

公元 621 年，唐朝大将李靖在湖北荆州战败萧铣之后，入洞庭，逆湘江而上，官兵片片驻扎于靖港。那时的靖港还是一片芦花飞舞的处女地，被称为芦江。此后，李靖一路征战，直至桂林，为大唐王朝奠定了南大门。后来，李靖离港，远征漠北，"百姓德之，名其水曰靖港，以志不忘"，让英雄成为自己的一部分，这是淳朴的老百姓纪念英雄的最好方式，也是载入史册的最好方式。

之后，以战争的方式载入靖港史册的还有曾国藩，1845 年，与太平军石达开部的鏖战，湘军伤亡惨重，战船全遭颠覆，让这位晚清重臣颜面尽失，两度投身湘江，两度被捞起，蓬头跣足，逃回长沙。

阳春白雪，醉生梦死

步入古镇，靖港的清晨已经距离战争很远了，远得人们忘记了战争的双方，甚至战争的目的。麻石似乎永远都是古镇最坚硬的

传统和现代，古朴和时尚在老街碰撞。

表情，代表着古老沧桑，也代表着厚重的历史。转弯、过桥、下坡，我走得越来越慢，被浓浓的古韵牵绊着，挽留着，岸边的杨柳随风飘舞着，一半在街上，一半在水面，像是从水里生长出来的，又长长地垂落在水面上。

女人们正在河滩上浣洗衣裳，她们是古镇的先觉者，靖港是女性的靖港，水是靖港的魂，女人是靖港的梦。女人善变，一个女人走到河边，等她从河边回来时，就像是两个人了，浑身上下水灵灵的，明亮，光鲜，你感觉这些女人的生命，在走近一条河后，就轮回了，在另一个灵魂里展开了。而那条河，仿佛已存在于她们回光耀眼的眸子里，空灵、亮澈、含情脉脉，她们的身姿与步态，盈盈款款的，仿佛也押上了这河水的韵。

"临江帘卷千帆客；夹岸芦飞一港云"，凝视着古镇仅存的青楼宏泰坊的门联，我似乎看到了女人们美丽睫毛下的眼泪，如清晨的露珠一般，映照着女人的苦难史。宏泰坊是那时的古镇最让人魂牵梦绕的地方，是南来北往的商人权贵、贩夫走卒、文人墨客的温柔乡。其故事永远都是春花秋月，阳春白雪，醉生梦死，其主题永远都是情意绵绵，男欢女爱。

欲望的精神憩园

在半边街站久了，我也渐渐恍惚起来，仿佛正在隐入某个梦境。一条街道为什么只有半边，也许这是一种暗示，一种兼容并包的胸怀，作为一座繁华的集镇，靖港应该有这样的胸怀，向每个过往客商敞开，就像开门迎接四方客。门始终开着，来去自如，这无疑给人一种家的温馨，这种温馨是南来北

古街的青石板路上，人们来来往往，古镇的味道，他们可以远观、可以游玩、也可品尝。

（上图）制秤和剪纸是传统的老手艺，这些珍贵的传承，正成为古街上的一道风景。
（下图）游客们在这古老的戏院里观赏一次当地的花鼓戏，确实有滋有味。

往的客商心里最隐秘的情愫，他们日夜奔波操劳，不就为了家人的生活，一家的温馨吗？

靖港虽然距离喧闹的长沙很近，但它却是个适合做梦的地方，无论是谁来到这儿都会像回到了阔别已久的故乡。夜宿靖港，摇起一支弯曲的木橹，在芦江上来回悠然搅动，倒映在水中的石桥、楼屋、树影，都被这木橹搅碎，碎成斑斓的光点，迷离闪烁。“两岸芦花一叶舟，凉风深夜月如沟。”水是绿的，墙是白的，瓦是黑的，水中柳影是深黛或翠绿的。细浪款款，微波粼粼，轻舔两岸的泥土、树根。小小的木船在宽阔的河道中缓缓滑行，紫云宫的夜半歌声，宏泰坊的一夜风流，半边街的独特景致，吊脚楼的水乡风情，汝洋湖的荷塘月色从隐秘的历史通道走来……

我恍然想到这座千年古镇对于人类的非凡意义，它不是一个让人来凭吊的古迹，而是让我们这些为尘世所累，为着一个个欲望疲于奔命的人提供了一个精神憩园，让我们在古老韶光的温馨中重返安逸与宁静。

链接

【吃在靖港】姜盐芝麻豆子茶，将生姜捣碎，和炒熟的芝麻、黄豆或黑豆倒入茶罐内，加少许食盐，摇匀，即可倒入茶杯以飨客人。汤汁鲜咸爽辣、嚼之香脆可口，有驱寒祛湿之用。

糯米甜酒，将药引子碾碎放入米饭中，把饭筑紧，保持适度的温度，24 小时后，就香飘四逸，既可生吃，也可甜酒中冲蛋或煮蛋，加红枣、荔枝、桂圆等，味道香醇甜美。

靖港香干，选用上乘黄豆，配以芦花好水，香干细嫩而紧凑，色鲜而香醇，且微咸带甜。香干焖回锅肉、香干炒芹菜等是靖港的特色菜，味美至极。

姚记坛子菜，主要出售多种坛子菜和豆腐乳。坛子菜的手工传统做法，就是把坛子装上菜然后密封，其中有萝卜、黄瓜、蕨菜、豆角、洋姜……酸味辣味、野味鲜味无所不有。

【玩在靖港】从古老的民俗表演到现代时尚的酷玩方式，靖港古镇一应俱全。有花鼓戏、皮影戏、舞龙舞狮、水上游船、垂钓、酒吧文化街等。

【住在靖港】芦江苑宾馆是一家按五星级标准设计的宾馆，明清风格，四合院形式，古色古香，设施齐全，可承接 20 多人的小型会议。集客房、餐饮、会议、休闲于一体，环境优雅、舒适。

望江楼宾馆整体为欧式砖体建筑，北依杨柳湖，环境安逸雅致。最大会议室能容纳 200 人，有标准间、休闲房、豪华套房等。

杨柳湖客栈为典型明清风格四合院建筑，依河傍柳，景观美不胜收。设有标准间、休闲房、豪华套房等，还有休息室，娱乐室，小型会议室等。

房房客栈是大型青年旅舍，融明清建筑风格与现代简约色彩于一体，以实惠的价格为“背包客”、“暴走族”提供舒适方便的住宿条件，是名副其实的年轻人聚集地。

靖港古镇游客服务中心咨询电话：0731-88301599

新康戏乡 戏味十足

先读为快

新康位于望城区，与靖港古镇、乔口渔都、铜官陶城形成四大景区，是长沙望城区文化特色乡镇“一江两岸四镇”的古镇群之一。新康依托源远流长的花鼓戏、皮影戏、酿酒等文化和技艺，弘扬“戏”文化特色，启动“新康戏乡”建设，着力建设极具江南水乡特色的风情小镇。

新康，是一个一千七百多岁的名字，始于西晋太康年间，取新阳县的“新”和“濂水（八曲河）”之濂，去水旁而得名。进入新康，最先看到的是临河而立的社戏码头，码头之上是戏台。千百年来，这古老的戏台，演不完的花鼓戏曲，还有更为久远的江南丝竹。但花鼓戏与昆曲、粤剧等不同，它是一种更为大众、底层的民间艺术，所用乐器很简单，无非锣、鼓、唢呐、二胡等三五件，所唱内容多为古典评书、神仙故事、章回小说，腔法和粤剧、昆曲等相反，不走低沉悲戚之道，而是抑扬顿挫，高亢昂扬。

《刘海砍樵》、《洪兰桂打酒》、《霸王别姬》……红白脸谱，五色油彩对应着哀怨喜乐，轻轻一扬，便神韵万千了；三尺水袖，风花雪月不成故事，轻轻一甩，便又风情万种了。英雄美人，名臣草寇，精忠报国之士与祸国殃民之君，就靠这大红大白的脸谱，才能从锣鼓声中，拧出神韵。《洪兰桂打酒》是新康本土的戏，它是花鼓戏经典剧目中唯一以真人为原型创作的，其故事发生地就是新康。端午佳节，忠良之后，洪兰桂去裕源糟坊打酒，与糟坊西施蓝翠英一见钟情，互许终身，瞬间便天荒地老了。

透过这个故事，我们可以看到老百姓对于奸臣的痛恨，对于忠良的抚慰。在那个泥沙俱下，奸臣当道的时代，善良和忠诚，一生被危险追逐，与残酷周旋，但无论如何谨小慎微，终究未能躲过那一支支暗箭阴险的造访，一个个陷阱危机四伏的等候。只能眼睁睁地看着，一句谗言，一道圣旨，将一个家族开膛破肚，热血温暖了奸臣的手，冷了百姓的心，然而老百姓却让自己的热情温暖了一个家族受伤，甚至冰冷的心。不禁让人感叹，正义和真理永远都在民间，在老百姓最朴实的人生观里。

这种朴实的人生观，戏曲比历史更有温度，也比历史更加真实、权威。而永远保持这种人生观的新康，无疑也是温暖的，对于我们这些陌生的游人，他们总会热情地递上一杯芝麻茶。沉沉浮浮，热气腾腾，一杯茶就能泡出整个新康，氤氤袅袅，浓浓的，香香的，让我们手中一杯茶，心里一片春。此外，几乎在每天下午两点半，新康大剧院都会上演花鼓戏，戏街上，也会有随看随演的皮影戏。

链接

裕源糟坊： 新康酿酒历史悠久，自古便是远近闻名的"醉"乡。在新康乡有一家有名的酒坊裕源糟坊，糟坊店主熊铁军，祖祖辈辈都是酿酒人。17 岁开始跟随父亲学酿酒的他，经过近 10 年的学习后独立酿酒。其谷酒，口感纯正、酒香扑鼻。咨询电话：0731-88520198

乔口 水乡渔光曲

先读为快

乔口镇，位于长沙市望城区，距长沙市区约40公里，三面环水，总面积65平方公里，是一个地理位置独特、水产丰富、商贸繁荣、景致怡人的江南鱼米之乡，历史文化积淀深厚，自然风光优美，民俗风情独特。是集休闲、娱乐、垂钓于一体的水上乐园。

进入乔口，第一眼看到的便是一种吉祥的寓意，一个设计独特，温婉大气的门廊，鱼的外形，状如跃龙门。

千年小镇，浓浓明清古韵

长沙往西 40 公里，有一处江湖环绕的水乡古镇，这是一处与靖港一样，将水的诗意铺展到极致，将商的内涵演绎到极致的地方，它就是乔口，有着"长沙十万户，乔口八千家，朝有千人作揖，夜有万盏明灯"之美誉。屈原、贾谊和杜甫等都曾在此留下了足迹与诗情。

由此上溯 2296 年，那个伟大的爱国主义诗人，三闾大夫屈原被贬，放逐到沅湘地带。期间，他入洞庭，逆湘江而上，到乔口采风，乔口淳朴的民风与秀丽的山水，随之融入到了煌煌史著《九歌》，并登堂入室，达到了中华文化的制高点。

1065 年后，伟大的爱国主义诗人杜甫被湘江大风逼进乔口，一生漂泊忧愁的诗人心绪不佳，但诗兴仍在，《入乔口》便脱口而出，"漠漠旧京远，迟迟归路赊。残年傍水国，落

日对春华。树蜜早蜂乱，江泥轻燕斜。贾生骨已朽，凄恻近长沙。"诗中所提到的"贾生骨已朽"，指的就是悲情的贾谊，《吊屈原赋》就是他在经过乔口溯流到长沙期间写就的巨作。

今天，从长沙市区沿雷锋大道驱车一个多小时，便可以抵达望城乔口渔都，历史长河已流淌数千年，水乡乔口仍在，那些曾经远去的春夏秋冬与诗情画意仍在，并以一种全新的诗意展示在人们面前。

进入乔口，第一眼看到的便是一种吉祥的寓意，一个设计独特，温婉大气的门廊，鱼的外形，状如跃龙门。且停且行，走入古镇深处，街道两旁明清雕花木建筑民居跃然于眼前，青瓦白墙飞檐翘角，厚重的木窗格子，透出丝丝古意。木窗上有鱼儿正在跳跃，就像是鱼户将鱼儿随手镶嵌在木窗中。

沿着麻石古街缓缓漫步，只见不宽的街

雨中的乔口，被各色雨伞，装饰出了别样的感觉。

面人流如织，两边的百货店、南杂店、服装店一家接一家。店铺舒展古朴的翘檐，张开幽深的门扉，带着久远的温馨记忆和现代的鲜活气息开门迎客。据查证，乔口古镇古时就是个商贾云集的好地方，因它为四县交界处，为入长沙水路的必经之地。想那时，寻常百姓人家上集镇购物，所到之处，衣袂飘飘，打躬作揖，比肩接踵，吆喝声不断，寒暄声不绝，一派盛世昌平景象。

偶尔看到一条幽静精致的小巷，信步穿过，感觉那悠远的气息时刻伴随身边，好像走进一段历史，心灵获得巨大的放松。习习而来的江风穿过一条条青石小巷，从那些镂空雕花木窗中吹进来，沁人心脾，这是身处闹市所没有的淡泊宁静。

千年渔都，浓浓鱼味悠长

水的荡漾让乔口拥有了温柔的诗意，23000亩水面，湖泊、湿地、溪流足以让古镇充满诗意。其中团头湖的水域面积更是达到了8000多亩，作为一个天然湖泊，团头湖湖岸曲折多湾，是长沙地区最大的湖泊。湖区四季风景宜人，南部群山绵延，林峦攒秀，湖内碧波荡漾，水天一色，湖内的自然景观和人文景观交相辉映。湖内有仙泥墩、塔山咀、樟木咀、黑公咀等48咀，有美女晒羞、河螺晒孔、兔子望月等自然景观，关刀山、熊虎山威猛突出，团洲、长洲静卧湖中。其美丽的传说，不胜枚举。

柳林江曲折的水岸线折叠出了古镇最温柔的曲线，水草萄匐在岸边，游道随着水草

蔓延，而那些古老的民居也随之临水而立，杜甫码头、大码头、三贤祠、乔江书院、万寿宫等古迹就如珍珠般散落在水岸边。行走在这样的曲线上，我们总会被那些憨厚而亲切的乡情羁绊住脚步，一杯茶水、一片酸黄瓜、一声问候都能让人感觉到一种有别于城市的陌生。

我很喜欢这种陌生环境里的萍水相逢，这样感觉不到世态炎凉，偶遇善意，还会心生感激，感觉触及了某种光芒，甚至生命的芳香。这其实是乔口，也是我们民族的本真，这么多年，忙忙碌碌，这些被城市遗忘的善意，在这样的乡村随处可见。行走、奔波、忙碌，我们不就是为了获得某种情感的回归吗？

作为一个临水而居，以水为生的古镇，"渔"是融入血液的一种生存方式，千百年来，乔口渔民朝迎日出，暮送斜晖。细密的渔网，腥鲜的气味，世代繁衍，无有止息，传承出来的不但是精湛的捕鱼技艺，还有灿烂的渔业文化。如今的乔口已经成为了"渔都"，忙碌的都市人可以在此观鱼、赏鱼、钓鱼、吃鱼……一切以鱼为主题的活动，我们都可以在这里找到。

乔口渔都咨询电话：0731-88360016

铜官古镇
有温度的眷恋

先读为快　铜官古镇位于望城区北境的湘江东岸，依山傍水，峰峦起伏，山、水、洲、城，田园、公路交织成景，有"山城"之称。铜官古镇文化底蕴深厚，文物古迹众多，现在仍保存完整的"长沙铜官窑"已有1300多年的历史，千年来窑火不断，是世界陶瓷釉下多彩的发源地，是全国五大陶都之一，开辟了"海上陶瓷之路"。2007年铜官镇被列入湖南省首批历史文化名镇名录。

色彩斑斓的时代

千年古镇，铜官古窑，十里窑厂，闪烁着陶瓷文明之光。滨河而居，唐瓦宋墙，犹有明清石板路。走在古镇的麻石路上，低头陶瓷碎片依稀可见，大唐时光踏脚可寻。那一排排质朴的瓷，一个个鲜活的罐，似诗似画，在星星点点的历史碎片中，向我们讲述着千年古镇铜官曾经的繁华。

铜官，据史载，为楚国的铸钱地，官船商船遍布湘江之上。三国时，关羽与周瑜在此共铸铜棺，以誓互不侵犯，划定吴蜀界线。铜棺之名始于此时，人们讳言"棺"，因此改书为"铜官"。

然而铜官，虽有"铜"名，却无铜矿，有的只是适宜制陶的泥土。历史最终选择了"因地制宜"这条亘古不变的定律，陶瓷成为了铜官最终的属性与宿命。作为中国唐代彩瓷的发源地，铜官窑始于初唐，盛于中晚唐，

终于五代，兴盛了300余年。300余年为中国获得了一个千年不变的称呼——China，而这其中就有铜官窑最浓墨重彩的一笔。

唐代的瓷器，颜色以青、白单色为主，而铜官窑却创立了釉下多彩，尤其是红色最为显著，成为了中国釉下彩绘的第一个里程碑，也为中国陶瓷开启了一个色彩斑斓的时代。

诗人般的情怀

然而地处湘楚荒蛮之地的铜官，并没有引起史学家的注意，以至于史书竟然没有铜官窑浓墨重彩的一笔。然而历史不容抹煞，文人墨客用诗情画意赋予了铜官更加旺盛的生命力。

公元769年的春天，湘江刮起了一场罕见的大风，大风掀起波澜，肆虐着一切，除了风，时间仿佛停止在了某个位置，不再前进。然而谁都没有料到，这场大风把长年漂泊忧

思的杜甫逼进了铜官。

大风之后，当沧桑满面的杜甫放眼江面，眺望远山窑火时，千古佳作《铜官渚守风》便从湘江河底喷薄而出："不夜楚帆落，避风湘渚间。水耕先浸草，春火更烧山……"铜官窑的熊熊大火，与杜甫的落魄相比，一边是繁荣，一边是饥饿，诗人心中的疾苦涌现在诗歌里，铜官也因此有了诗人的情怀。

一年之后，这悲苦的大文豪死在了前往岳阳的一叶扁舟上。铜官人为了纪念他，在铜官渚建起了守风亭，刻上《铜官渚守风》，铭记他当年的行踪和遭遇。

与远观而未近看的杜甫相比，同时代的湘籍诗人李群玉，经洞庭湖入湘江，在石渚湖见到了铜官窑的烧窑盛况，并写下了《石渚》："古岸陶为器，高林尽一焚。焰红湘浦口，烟浊洞庭云……"

再现大唐陶瓷盛世

风霜，以历史之名侵蚀了每根柱子；雪雨，以时光之义敲碎了每块砖瓦，无情的岁月摧毁了古镇曾经的繁华，苍老的古窑终于崩塌成了遗址。这片曾经火热过的土地，早已冷却，并被为世人遗忘。然而古窑塌了，但碎片仍在，星星点点，映照着那些往昔岁月。

走在古镇的麻石街上，不禁有一种误闯历史深处的错觉，古巷幽长，明清风格的建筑，白墙黑瓦，古色古香。十里陶街，一家家陶瓷店铺，有唐代流传下来的陶瓷物品，也有新鲜出炉的。如今，这条老街正在被改造成陶瓷精品街，向流落他乡的铜官陶瓷艺人发出召唤，再现大唐陶瓷盛世。这些艺人中著名的有"泥人刘"刘子振，民间艺人周和生，陶瓷工艺美术大师雍起林、刘锡武，陶瓷造型、模具大师冯炳坤，"泥人刘"传人刘昆庭，铜

然而作为一种历史记忆与文化符号，它是不应该被遗忘的，文化旅游成为了铜官古镇的未来发展之路。

官窑传人胡武强，他们不但是铜官陶瓷艺术的精英，更是铜官人民的骄傲。

也许是因为国人太喜欢阴柔、精美之物，作为曾经辉煌的瓷都，铜官窑作为一种历史记忆与文化符号，它是不应该被遗忘的，文化旅游成为了铜官古镇的未来发展之路。

现在，为了招徕游客，来到古镇的游人，都可以亲手制造一件瓷器，算是对那个时代的敬礼。大家争相拿着一团瓷泥，揉着、捏着、旋转着，然后把刻上自己名字的泥胚，像一场人生仪式般交到老师傅手里，放入窑火煅烧。这样的煅烧，不仅是对昔日窑都辉煌的追忆，更是对今日新生文化旅游市场的精彩演绎。

链接

铜官之最

1、最早发明釉下多彩，突破了当时"南青北白"一统天下的局面，极大地丰富了瓷器装饰艺术。

2、最早对外开放的口岸，早在唐代，铜官窑瓷器就出口 29 个国家和地区。

3、面积最大的古文化遗址，已发现窑炉 9 座，窑包 13 处，遗址面积达 30 万平米。

4、保存最为完整的唐代古龙窑，谭家坡古龙窑，总长 41 米，最宽处 3.5 米，最窄处 2.8 米。

5、最早釉下彩绘，如花鸟画、动物画、人物画等，纹饰潇洒飘逸，独步天下。

6、最先涉足商业广告语，为了使自己的产品能抢占市场，在器物上用釉下彩文字标出"绝上"、"美酒"等。

铜官泥人刘陶艺电话：0731-88200298

白沙井
甘甜的生活

先读
为快白沙井，位于长沙市天心区白沙路旁，被誉为"长沙第一泉"，现有泉眼四口，井口东侧竖有"白沙古井"石碑。毛泽东在诗词中说"才饮长沙水，又食武昌鱼"，长沙水指的就是白沙井之水，它与山东济南趵突泉、贵州漏趵泉、杭州虎跑泉并称中国四大名泉。

　　城市如河，总有暗流涌动，这些不为人所见的暗流，往往才是一条河流最重要的能量。长沙在两千多年的历史中，城市方位能够保持基本不动，成为中国历史上最长时间在同一地址建城的城市之一，显然是有其深层原因的。其中之一，我想是因为这些井，有井的地方就是故乡，无论城市如何变化，只要这些井在，就总能找到回乡的路。

　　白沙井,位于天心区白沙路旁,常年清流不息。清乾隆年间,进士旷敏本、优贡张九思分别曾作《白沙井记》《白沙泉记》,盛赞其泉"清香甘美,夏凉而冬温"、"流而不盈,挹而不匮",并将它与天下名泉济南趵突泉、贵阳

有井的城市是幸福的，
白沙井水脉清澈，纯净
绵长，经年不息，浸润
着长沙这座充满生活气
息的历史古城。

古井成了市民心中的一个情结、一种习惯，走上十里地，只为一品井水的甘甜。

漏跑泉和杭州虎跑泉媲美。晋代文学家谢惠连有"饮湘美之醇醪"之赋，诗圣杜甫有"夜醉长沙酒，晓行湘水春"之佳句。作为"长沙水"的标志，白沙井可以算做是这座城市的精神源流。抛开那些充满了民间色彩的传说故事不谈，仅就此井自身而言，就有着无穷的妙趣，除了四个井口满盈清泉之外，水量大时，井壁上的泉水也喷涌而出，肆意流淌。靠近另一侧井壁的溢流槽里，欢流如歌，掬起一捧清冽，便有一种醍醐灌顶般的清凉滋润身心。

白沙井有一种强大的气场，一股清冽的气息，这种气息弥漫于整个回龙山周围。长沙的秋天还有几分热度，从酷热的街道走过来，还没到白沙井井台，凉意就已经涌了过来，与同属中国四大名泉的济南趵突泉相比，白沙井则更多了一份亲切感。宽大的井台上，

周围挑水者络绎不绝，然而就在解放前，白沙井还实行会员制，那时的长沙有一个叫"挑水会"的组织，挑卖白沙井水的都必须缴纳数枚银元入会才可以取水。

侵蚀下降泉的特殊地质构造成就了白沙井，白沙井日夜不息的流淌，以它命名的白沙井组，是长沙最主要的泉脉。由江西宜春潜流至长沙的这一条绵长的泉脉，一路奔流，造就无数清泉，最终在长沙涌出，成就了古城长沙名符其实的第一井。

有井的城市是幸福的，白沙井水质清澈，纯净绵长，经年不息，浸润着长沙这座充满生活气息的历史古城。在井中，我们看到了历史，品味了甘冽，也遇见了快乐。井水给予了这座城市太多，此城此井，相依互存，成为了一道千年不变的风景。

沈家大屋

大宅门里的小日子

先读为快 沈家大屋位于浏阳市龙伏镇，始建于清同治四年，占地1万余平米，有三寿堂、师竹堂、德润堂、筠竹堂和崇基堂等建筑，共有20多栋楼房、200余间房，其中公共厅堂有17间。

一个时代的建筑，往往保留着一个时代的特色，如同一幅生动画卷，镌刻着历史的兴衰沉浮，供后人解读，沈家大屋就是这样一座建筑群。占地1万余平方米的沈家大屋，外表已显得破败，甚至有些断壁残垣，给人以沧桑之感，但走进院落，仍是烟火人间的生活气息，17间厅堂、20多栋楼屋、200多间民房，由回廊和巷道相连，屋屋相叠，户户相通，庭院错落，人在其中，犹如身处迷宫，莫辨东西。

沈家大屋建筑高大宏伟，特别是主屋层高达到了9米，内有正厅、横厅、十字厅、巷道、长廊等。大屋的其余住宅都是依地势而修建，后面续建的师竹堂、德润堂、筠竹堂和崇基堂等主要向北延伸。

虽然建筑已遭损坏，但从幸存装饰中仍可看出，当时的造型非常优美。

大屋内所有的厅屋原来都由格子门窗装饰，十字厅、过厅和斗拱的木工也相当考究，讲究对称，应该是成双成对的吉祥之意。虽然这些装饰多数已遭破坏，但从幸存装饰中仍可看出，当时的雕刻工艺十分细腻，造型也非常优美，上有天堂天神，下有花草虫鱼，中有形形色色的人物造型，如赵云、张飞跃马横刀等战斗形象，还有关于各种民间传说的雕刻，如《年年发财》《麒麟送子》《吉祥如意》等。

此外老屋中原有4处宅院中建有照壁，均有彩色浮雕和壁画，有村落、行人、牧童、学校等生活场景，也有"定军山"、"黄鹤楼"、"十三福"等传统戏剧场景，还有"松下问童子"、"独钓寒江雪"之类的诗词配画……人们可以在此领略到晚清时期的浮雕艺术之美，慎密、细腻，层次丰富。

从老屋气势恢弘的结构布局，以及风格清新的园林装饰和浮雕艺术，可以看出大屋主人是知书达礼之人。据沈家族谱记载，大屋先主沈抟九为清朝乾隆年间人，出身贫寒，曾在浏阳城做伙头，然而虽为劳工，他却对读书情有独钟，当他凭勤勉成就了殷实家业，大兴土木时，房屋的建构与选址都契合着中国古老哲学的玄机。

百年前，蓄西式小分头，手提留声机的辛亥志士焦达峰宣讲革命真理时所用的师竹堂，至今还肃立在老屋中央。1927年8月，毛泽东秘密在沈家大院主持会议，讨论和制订了秋收起义计划。文化大革命时，妇女识字班和儿童团的红火，至今还温暖着老屋十字厅的门墙。"人民公社大食堂"时期刷写的标语和宣传画，依旧色彩鲜艳，真实地再现了那些特别年代的印迹……

链接

【沈家大屋与秋收起义】沈家大屋在中国近代革命史上具有非常重要的历史意义。"八七"会议后，毛泽东根据中共中央的指示回到湖南，组织领导湘赣边界秋收起义。1927年8月18日，他在沈家大屋召开改组后的湖南省委第一次会议，讨论制定秋收起义计划，并成立了秋收起义领导机关——前敌委员会。9月9日，爆发了在近代中国革命史上具有里程碑意义的秋收起义。

书堂山　欧阳询的起笔

先读为快　书堂山，位于望城区丁字镇书堂村，山上建有书堂寺，景色绮丽。唐代大书法家欧阳询及其子欧阳通曾在此山读书，书堂寺即欧阳家族之书堂故址。今存洗笔泉等遗迹，以『书堂八景』为代表，分别是：读书台址、玉案摊书、洗笔泉池、太子围圩、双枫夹道、桧柏连珠、稻香泉涌、欧阳阁崃。

欧阳询，读书人都不陌生，岁月之河洗刷不掉他留下的墨迹，成名于大唐盛世的他与同时代的颜真卿、柳公权、晋代王羲之、宋代苏轼并称中国古代五大书法家。欧阳询书法造诣很深，正楷、小楷、行书、草书、隶书、飞白、大篆、小篆八体皆精，楷书成就尤为突出。

他的《九成宫醴泉铭》碑贴，至今仍是学习楷书的典范。当时，世人以藏欧阳墨迹为荣，朝野上下甚至外国使节，四处告请，倾尽行囊纷纷求购。如今日本《朝日新闻》的报头题字，就是从欧书《宗圣观记》中选用。

欧阳询以其书法刻削劲绝、法度森严、平中寓险，与虞世南、褚遂良、薛稷合称"初唐四家"，又与颜真卿、褚遂良、柳公权被人们并称为"欧颜褚柳"。他的书法造诣，已达到"不择纸笔，皆能如意"之境界。他的《八诀》与《传授诀》、《用笔论》、《三十六法》等都

欧阳询曾在这里洗手
中的笔，如今这一池
青苔，倒真像毛笔染
成的墨色。

是他学书的经验总结，比较具体地总结了书法用笔、结体、章法等书法形式技巧和美学要求，是我国书法理论的宝贵遗产。

其实欧体最大的特点是笔力险劲，险劲对于心术很高的中国人而言是一种少有的精神，我们或许太习惯于四平八稳了，很少有一种彻底的思维方式和艺术表现，欧阳询能够把他的笔锋从中庸里伸出来，就成了大师。

有人说看一个人是不是大师就看他的作品同我们民族的精神联系得有多深，这个"深"既是紧密，也是距离，由深度产生的距离，否则就是层面上的东西。欧阳询挖掘到了别人尚未挖掘到的深度，抵达了他能够抵达的一种极限，我想这就是"彻底"的最好解释。

现在，望城区丁字镇的书堂山下仍保存有欧阳父子读书习字遗迹。清代大书画家郑板桥有诗《书堂山》："麻潭长耸翠，石案永摊书。双枫今夹道，松柏古连株。稻青泉水涌，洗笔有泉池。书堂称故址，太子号围圩。"

人们对欧阳父子是充满崇敬的，曾在书堂山中建起祭祀欧阳父子的欧阳阁。山中书堂寺门曾镂刻着"书香玉座，堂构名山"的楹联，寺前古树"皆大十围"。当我走进书堂山中，仅看到"洗笔泉"这处相传为欧阳询父子习字洗笔处的石刻。有人告诉我，这石刻原为"洗笔泉池"，可是现在那个"池"字却不知去向了。明人曹廷用曾为此题诗："洗笔迹存人去远，墨云浮水尚依然。临池欲写当年事，碧草凄凄锁暮烟。"

书堂八景残缺着，但欧阳询这位书法大师的艺术成就却辉煌地写在中国历史中，如这满山的春色绿如墨。书堂山正因这浓墨的浸润而成为中国历史人文中永恒的胜景。

伍

**CHEERFUL CHANGSHA
TRAVEL SERIES**

名人旧址

千年古城长沙，人杰地
灵，伟人频出，将帅云集。
他们的名字力透纸背，背后
都有一段感动人心的故事，且
广为人知，英勇悲壮的情怀更
是可歌可泣。他们的文韬武略
浸染着民族大义的气度，他们用
不同的姿态为中华民族之崛起而
鞠躬尽瘁，他们用身躯铸就了中华
民族坚挺的脊梁，用热血谱写了民
族的壮丽诗篇，用生命和智慧改变了
近代中国历史的走向，他们也因此而
青史留名，流芳百世，芳香绵绵。

快乐长沙 道 古今

贾谊故居 长沙的历史地标

贾谊故居位于长沙市太平街，始建于西汉文帝年间，是长沙王太傅贾谊的府邸。贾谊故居被誉为"湖湘文化源头"，是长沙作为"屈贾之乡"的标志性文化遗产，为湖南省重点文物保护单位，中国最早的名人故居。

时光深处的悲伤

一座老城最深的气味往往来自日子的背面，来自那些最阴暗的背光面，来自那些老旧的街巷和古建筑，它们才是城市的守望者，被时光不断打磨，被历史不断渗透。作为一座有着两千多年建城史的长沙而言，要想真的看清它，就一定要去太平街，因为它不仅是一条街，它更是长沙曾经的全部。

太平街的贾谊故居在汉武帝时期，由皇帝敕命修缮贾谊故居，这是对贾谊故居的第一次重修，此后的两千多年里，贾谊故居历经了约 64 次重修，最近的一次是在 1998 年。明朝成化年间，长沙太守钱澍寻贾谊古井，募款修建贾太傅祠，这是贾谊故居第一次以祠宅合一的形式重修。贾谊祠后建有大观楼，祠前有一口井，相传是贾谊所凿，称太傅井，井旁有一石床，为贾谊当年原物。宅前有两块碑石，左右各一，高约丈余，字迹剥蚀不可辨认。又有大柑一株，传为贾谊手植。以上文物均毁于 1938 年"文夕"大火。

这栋老房子的一砖一石间流露的都是贾谊跼躇感怀的神情，一个文人的悲吟能够跨越千年而不息，这是文化力量的强大之处。

后仅存亚殿一座，祠正堂正壁上，刻有屈原像。古井尚在，古碑尚存，石床1958年被盗，旁另辟小巷，名为太傅里。

贾谊故居的格局主要分为三部分，贾谊太傅祠、太傅殿、寻秋草堂。贾太傅祠主要用来供奉贾谊铜像及其作品；太傅殿主要介绍有关贾谊的生平和其思想；寻秋草堂的设置是为了方便前来吊唁贾谊的文人骚客，给他们提供一个吟诗作画的场所，现在的游人也可以在这里饮茶休息。故居内还设有碑廊，内陈列《古今名人咏贾诗选刻》及明清历次重修故居碑文，共有历代名人咏贾诗二十一首及明清重修故居碑文五篇。

悲伤郁结，永不解脱

那天，我一个人在太平街上转悠，秋色已浓，天气微凉，连阳光都带着几分寒意，斜照在屋檐上，马头墙的影子被拉得幽长，阳光和阴影都很清晰。街面是用麻石铺就，两边是一些百年老店，夹杂着一些现代感十足的酒吧、茶吧、清吧，给人一种在古老与现代之间穿梭的矛盾感，长沙的部分真相便在这种矛盾中显露出来了。

走进太平街的贾谊故居，徘徊在故居狭小的空间里，我仿佛看到了那只不吉祥的鹏鸟。当时的贾谊心生感慨，写下了《鹏鸟赋》，此赋借与鹏鸟的问答，抒发怀才不遇之情，并用老庄"齐生死、等祸福"的思想来自我宽慰。"祸兮福所倚，福兮祸所伏；忧喜聚门兮，凶吉同域。"《鹏鸟赋》依据道家关于一切事物都处于对立状态中反复变化的观点，对祸福、死生作了通达的评述，企图以此求得自己精神上的解脱。然而他始终没有解脱，他的心情也一直都不好，因为他的心事太重，

他一直在等待文帝的召唤，人只要有了等待就会觉得时间太慢，心情不好。

此刻，贾谊就站在屈原当年站立的码头上，在湘江对岸的岳麓山上，就有一座屈子祠。突然间，他觉得自己走入了历史的暮色中，走入了屈原的宿命。宿命这个东西很伤人，它能让悲伤成倍，脚下无路，欲哭无泪。望着滔滔湘江，贾谊写下了《吊屈原赋》，以表达对屈原的崇敬之心，并发抒怨愤之情。

当他在长沙的第四个年头来临时，文帝终于想起他了，然而当他风尘仆仆奔赴京师见到文帝时，汉文帝问他的第一个问题却是，你觉得这个世界上有鬼吗？鬼是什么东西？

两人竟然席地而坐，谈到半夜。不管怎么样，总算回来了，做了梁怀王的太傅，虽不算升迁，但还是体现出了文帝对他的重视。然而天不遂人愿，调皮捣蛋的梁怀王坠马摔死了，贾谊为此深深自责。那会，他觉得自己就是一只鹏鸟，给梁怀王带来了凶兆，一年后，忧伤就要了他的命。

几十年后，太史公读懂了屈贾的忧伤，因为他自己也是个忧伤之人，于是作《史记·屈贾列传》，把这两个同病相怜的人放在了一起。至此，长沙有了一个深沉忧伤的别称——"屈贾之乡"。

链接

【大门无对联】在传统的中国民居里，大门的两边都会贴有对联，而贾谊故居的大门上却没有对联。这是因为贾谊的地位太神圣，任何人都不敢把自己写的对联挂在前面。明清时，湖南历任巡抚写了许多对联，但都不敢挂上去。2000年，贾谊故居向全球华人征联，共收到世界各地15000多副对联，专家评审后也没有选出大门联。如今，对联还在搜集之中。**贾谊故居咨询电话：** 0731-82272799

谭嗣同故居
千载湖山不寂寞

先读为快 谭嗣同故居位于浏阳县城关镇北正路，建于明末清初，占地约10000平方米。故居坐西南朝东北，砖木结构，二进院布局，东侧有园囿，前栋临街，面阔5间，进深2间，二层硬山顶。他的屋子在五间西房的北套间，自题为"莽苍苍斋"，他的许多诗文、信札都在这里写成。莽苍苍斋原有一副谭同同自书的门联：上联是"家无儋石"，下联是"气雄万夫"。后改上联为"视尔梦梦，天胡此醉"，改下联为"于时处处，人亦有言"。

从屋顶盖的小青瓦，到厅堂和过道铺设的青砖和卵石，还有两边砌的风火山墙，你能感受到那个时代的文化气息。

一个时代的坚固与舒适

　　站在浏阳河畔的谭嗣同故居门口，就像站在了时光隧道的入口，每一扇向我打开的门，都可以让我走进一百多年前的中国。

　　房子是硬山顶结构，对于安土重迁的中国人，无论大夫，还是小老百姓，又无论是这样的大夫第，还是小小百姓的黄泥土坯茅棚，每一个家，都是要精心构建的。譬如这房子，从屋顶盖的小青瓦，到厅堂和过道铺设的青砖和卵石，还有两边砌的风火山墙，你都能看出一种那个时代想要的坚固与舒适。

　　那时大地还没有钢筋水泥，最坚硬的墙壁是南方特有的灌肚墙，墙肚子里灌进去的

是糯米、桐油和蜂蜜。整个房子，门脸不算宽，但进伸很长，中堂，后堂，过亭，深三进，广五间，三栋二院一亭。这样的房子，不但能藏东西，还能给人一种团聚的感觉，一种温暖的被庇护的感觉。

　　若纯粹从建筑工艺的角度去看，它的工艺主要体现在木雕之精美上，梁架，斗拱，雀替，都被当年的工匠一刀一刀地雕刻过，那些被历史的刀深深雕刻过的痕迹，依旧隐隐作痛。但我去的时候，这房子早已流露出了年久失修的荒凉，那倾颓的墙基，被风雨剥蚀的雕梁画栋，突兀地，裸露着。

浏阳河，浩淼逶迤，从大山中来，奔湘江而去。

用热血唤醒民族的英雄

谭嗣同（1865-1898），字复生，号壮飞，又号华相众生。不过，这里说是谭嗣同的故居，他其实却生于北京。那会儿他父亲还在京城为官，一家老少都住在北京。直到谭嗣同十三岁那年，他父亲已由户部员外官升四品，外放甘肃天水，考虑到那里的荒僻闭塞，父亲便把他送回浏阳老家，他才第一次回到祖居地，住进了这座大夫第。

"大夫第"不仅因为他的装饰精巧、富丽堂皇而吸引众多游人，而且也因他曾经是中国近代史上"戊戌六君子"之一谭嗣同的故居。1865 年 3 月 10 日，谭嗣同生于北京宣武门外澜眠胡同，从小跟随父亲，并拜师学艺，13 岁那年第一次回到祖居地浏阳，就住在"大夫第"内，虽然时间不久，但留下了许多耐人寻味的故事。

他的少年时代是在浏阳度过的，这里的湖湘文化是相当有底蕴的，少年谭嗣同拜欧阳中鹄等名士为师，这位欧阳老先生是后来的著名戏剧家欧阳予倩的爷爷。谭嗣同在欧阳中鹄和刘人熙等湖湘名士的指点下，系统地研读了王夫之等人的著作，尤其是汲收了王夫之思想中的民主性精华和具有唯物色彩的部分，这也让他对传统的时文八股更加厌恶，曾在课本上写下"岂有此理"！

　　浏阳人自古尚武，这里出了个天下闻名义侠——大刀王五，谭嗣同少年时曾跟他习武，还真练出了些本事。一次，他在后花园那棵梧桐树下正练着呢，被好友唐才常瞅见了，唐才常早听说谭嗣同的辫子功了得，想试试他的功夫，趁谭嗣同没提防一把抓住他的辫子，谭嗣同只轻轻一摆头，人与辫便一起轻盈地飞出，唐才常看得眼红，自此便跟谭嗣同一起练把式了。这哥俩后来成了志同道合的维新派志士。

　　"望门投止思张俭，忍死须臾待杜根。我自横刀向天笑，去留肝胆两昆仑！"这是他在临刑前的晚上，留给整个民族的遗言，让

如莽莽昆仑一样的浩然肝胆之气飘荡在神州大地上，血性刚烈，坚韧不拔。

咨询电话：0731-83629210

黄兴故居 优雅的秘境

先读为快 黄兴故居位于长沙县黄兴镇凉塘，距离长沙市区大概20多公里路程。近代著名的民主革命家黄兴诞生于此，并在这里度过了他的青少年时期。黄兴在39岁的时候曾经写下了一段关于故居的诗句："惊人事业随流水，爱我园林想落晖"。这故居载不动的是黄兴难解的乡愁。

黄兴故居成为全国重点文物，是因为近代著名的民主革命家黄兴诞生于此，并在这里度过他的青少年时期。

黄兴故居位于长沙县黄兴镇凉塘，距离长沙市区大概 20 多公里路程。从长沙去黄兴镇可走长沙大道行驶 9.6 公里，从榔梨 / 黄兴出口离开后，沿 X 035 行驶 8.1 公里，就来到了目的地。

黄兴故居毗邻浏阳河，前方有鹿芝岭，是一处尽得山水的宝地。故居门前有三个并列排着的大小相似的清水塘，它们都有自己的名字，分别是"大凉塘"、"小凉塘"、"门前塘"。这些池塘在很早的时候，因为周围种满茂密的垂柳，烈日下在浓荫乘凉给村民送来不少清凉，因此凉塘也得以成名。当然春天的时候去，也能找回昔日凉塘的记忆。凉塘不是死水塘，因为它与缠绕故居的"护庄河"接通，因此终年活水流淌。塘边绿树成荫，水中的碧波微微荡漾，这是静与动的写生，更是绿色的盛宴，满眼的绿意盎然，让人心生清净。

黄兴故居占地约 36 亩（除开水域面积），

黄兴故居位于长沙城东约15公里长沙县杨托乡（今黄兴镇）凉塘，为一所泥砖青瓦平房的民居建筑。

是一所泥砖青瓦平房的民居建筑，泥墙外敷白灰，里面的门、窗、椅、桌、凳等陈设皆为木质。里面的房间主要分为四部分，主要陈设馆展出黄兴使用过的家具、文具25件，以及照片、墨迹等，还陈列了黄兴父亲黄筱村先生和母亲罗夫人生前居室的原貌和什物摆设，"南轩"为黄兴3位姐姐的房间，"稼圃"为时佃户所住的房间，另外还有就是牛碾房、谷仓、厨房等。

黄兴故居左边有一个石榴园，每到春暖花开时节，灿若云霞，花红似火的石榴树开遍了整个园子，为这座故居增色不少。右边的紫竹园，则在看庄人的护理下生长得极为茂盛，一根根紫色的竹子汇集成一个优雅神秘的意境，令人着迷。

从故居的规模可以看出，少年时代的黄兴生活安逸，黄家的收入水平在当时的湖南农村完全算得上中等偏上。据史料记载，黄家有田地可以出租，一季收成约有七八百石。优裕的生活并没有消磨黄兴的意志，反而让他有机会阅读到大量的进步书籍，从而燃起他投笔从戎，为共和革命奋斗的激情。

"开国之功未可忘，国人犹自说孙黄。"作为一个开国功臣，黄兴的一生几乎都在战斗生涯中度过。他性情刚烈，果敢决绝；他务实严谨，拒绝空谈，他本人就是湖湘精神的集大成者，也是湖湘文化的诠释者，要感悟湖湘文化，可以从黄兴开始，而感悟的源头还得从黄兴故居开始。

故居咨询电话：0731-86880133

花明楼 伟大的红色史诗

先读为快 花明楼位于湖南省会长沙宁乡县境东南，靳江河畔。据《宁乡县志》载："昔有齐公，择此筑楼，课其二子，攻读其中。"齐公将这栋木楼取名为"花明楼"，取"柳暗花明又一村"之意。花明楼有铜像广场、刘少奇故居、刘少奇同志纪念馆、花明楼、修养亭、万德鼎、刘少奇坐过的飞机等景点，为国家5A级旅游景区。

广场上的铜像让人瞻仰，故居前的荷花迎风绽放。

花明楼位于长沙西南 40 公里，据《宁乡县志》载："昔有齐公，择此筑楼，课其二子，攻读其中。"齐公将这栋木楼取名为"花明楼"，取"柳暗花明又一村"之意。许多年过去了，楼与人已成历史，而"花明楼"却成了这里的地名。

在红色的诗行里前行

穿过景区大门，我们在红色的诗行里前行，穿过苍松翠柏夹峙而成的路，踏上青灰色的大理石台阶，便望见了翠绿空阔的广场，整齐的松柏簇拥着庄严肃穆的刘少奇铜像。少奇铜像伫立在天地之间，面部神情微笑，大衣随风飘动，目视远方。铜像高 7.1 米，象征着他 71 岁的风雨人生，也象征着党的生日，寓意他一生为党为民，鞠躬尽瘁。

走过铜像广场，便来到了刘少奇纪念馆。这是一所呈三级阶梯展开，为分散自由群体型庭院结构的建筑。大门楼正中悬挂的金字匾额，上面篆刻邓小平同志手书的"刘少奇同志纪念馆"八个苍劲大字。沿着阶梯走入正门，一幅巨大的刘少奇和人民群众在一起

的照片映入眼帘，立即将我带入到红色的记忆中。

这间 900 平方米的展厅陈列着 3000 多件藏品，这是时空的魔法，让现在和过去在这里交汇。刘少奇青少年时代用过的农具，让人联想到那个年代的苦难，和一个少年的勤勉。刘少奇睡过的床铺和用过的草帽、眼镜、公文包，赴苏访问时穿过的水獭皮大衣和用过的袖珍收音机，还有一对一直使用到逝世前的海绵枕头，这些都是刘少奇生活的点滴，也是岁月的沉淀，更是最质朴的细节，就像一架时光机器，立马把人送去那个红色年代。

再行至一段路程，看到一栋高五层的木制古楼。抬头望上看，楼顶匾额赫然写着"花明楼"三个字，据悉，这是由已故全国政协副主席赴朴初先生亲笔题写。花明楼的平面采取集中式布局，逐层上收。楼内雕梁画栋，背景墙以梅、兰、竹、菊、荷的图案为主，隐喻着刘少奇坚持真理，矢志不渝的崇高风范。除此之外，花明楼内还陈列了宁乡十景、宁乡出土的青铜器、湖湘文化名人及青年刘少奇的雕塑等，既展示了风光秀丽的宁乡，也渲染了这块宝地的深厚文化。

刘少奇同志曾经写下过《论共产党员的修养》，它鼓舞了一代又一代共产党员，是一部经典励志的红色作品。为了纪念这部伟大的著作，政府在花明楼内修建了一座修养亭。修养亭的风格与古园林建筑群相似，质朴大方、庄重典雅。陈列的《论共产党员的修养》的提纲手迹、历代名家论修养和我国三代领

穿过景区大门，我们在红色的诗行里前行，穿过苍松翠柏夹峙而成的路，踏上青灰色的大理石台阶，便望见了翠绿空阔的广场。

导人对《论共产党员的修养》的评价等作品，以德育的力量一次次敲打着我们的思想和灵魂。

在笃定的信仰中顿悟

岁月豁然分割阴阳，天地顿然间错开前世今生，我们在和风细雨中向着花明楼前行，是走近一个生命，更是走近一种人生的信仰。

穿过铜像广场，浏览完刘少奇纪念馆，感受他一生的丰功伟绩与刚正不阿之后，我们来到了他的故居。故居前临碧水，后靠青

山，静静地矗立在那儿，21间半房子，殷实的家庭条件，这样的一个家庭，这样的一个人，不管从生活、家庭的条件，还是读书学习、爱情亲情的氛围，与革命的艰难困苦是不可想象与联系的。

1913年，15岁的刘少奇进入宁乡县玉潭学校就读，期间，当他听到袁世凯将接受"二十一条"的消息后，刺破手指，写下"誓雪国耻"的血书。1920年冬，他来到上海共产党发起组创办的外国语学社学习，翌年7月，他到达莫斯科，被安排进东方劳动者共产主义大学学习。在俄国的艰苦日子里，他阅读了大量马克思主义的理论著作。也就是在这年冬天，他加入了中国共产党，实现了人生旅程的重大跨越。自此，刘少奇投入到滚滚革命洪流中，走进了工农群众中，领导罢工，走上了生死难料、九死一生的长征路……

在堂屋的正中，供奉着一个神龛。旧时的农村，都有烧香拜佛的习俗，少奇的父母也不例外。可以想象，在刘少奇从18岁就离乡远行、浪迹天涯的那些日子里，他的母

红色旅游教育基地，沐浴了一代又一代人的成长。

亲曾经多少次在此烧香跪拜，为儿子的安危和事业而祷告。

　　走进少奇的卧室，那陈旧的书桌，古朴的煤油灯，简陋的搪瓷杯，色彩斑驳，折射着岁月的光华。杂屋里那古朴的农具，锄头，那碓屋里的板仓，推子，碓子，风车，记录着已经逝去的生活场景。与天井相连明亮的横堂屋，还可以见到刘少奇回乡调研时，与社员干部、儿时伙伴促膝谈心的情景。

在繁花的诗意里的止步

　　走近刘少奇故里花明楼，是在一个细雨纷飞的清明。雨，是清明节最忧伤的语言，是季节的泪，是生与死的契约。而雨也是最明媚的诗篇，是季节的馈赠，是命运变幻的转角。雨糅杂着天地的精华，倾尽所有灌溉

和滋润宁乡这方灵杰之地，只为等待繁花的盛开，也让"遁入花明楼，百花不负卿"成为极致的可能。

　　花明楼的繁花盛景在你还未步入景区大门时，就已经用盛情的姿态开始为你准备惊喜了。大门前的绿地上，一棵棵红花檵木带着一身红艳和优雅等候多时了，就如一个个风姿绰约的美人，春风吹拂它的温婉，也柔化了来客的内心。红檵花虽然细小，但是千千万万朵爬满枝丫，汇聚成的美不只优雅而且壮观。

　　慢慢地走近刘少奇纪念馆，就会听到另一种春花的岚岚细语。一株4米多高的绣球花树在雨后阳光的照耀下更加洁净，让整个花明楼更加生机盎然，绣球花是对春的深情眷念，所以它的花朵饱满而莹润，它的花语

伟人已逝，那抹
笑意却永远定格
在人民心中。

是希望，也是春天的寄予。

　　红色与绿色在花明楼火辣的夏季相恋，两颗心的交叠则能演绎最神奇的风情，这是荷花的故事。刘少奇故居前一池塘荷花总能让人联想起比诗更美的意境，只可惜，这次没有遇见夏季，当然也闻不到扑鼻而来的满塘荷香，更见证不了一段旷世奇恋。

　　我错过了艳丽的夏天，也错过了金色的秋天，所以错过了铜像广场金灿灿的菊花。

特别是在国庆这个旅游佳期，铜像广场便摆满了菊花盆栽，多个品种的菊花争奇斗艳，是一场金黄盛宴。菊花具有清寒傲雪的品格，也隐喻少奇高风亮节的品格。

　　离开花明楼，已经是傍晚时分，山色沉稳肃穆，水流静寂无声。历史终于拨开了迷雾，恢复了它的本来面目，还将沿着该有的轨迹继续向前。脑海中难以挥却的是红色诗行和繁华的诗情，当然还有透彻灵魂的顿悟。

链接

【其他景点】如今的花明楼，已是国家5A级旅游景区。双狮岭、森林公园、芙蓉寨、猴子石、姊妹桥、百木山、"大夫堂"、麻山宝塔、谢英墓、麒麟山、石柱书声等景观与"刘少奇故居"交相辉映，共同构筑出这方山水的奇美，赋予了它厚重的历史人文。

花明楼景区咨询电话：0731-87094027

胡耀邦故居
洗礼吾辈身心

先读为快 胡耀邦故居位于浏阳市澄潭镇，坐落于苍坊村西岭的山脚下，于1995年修缮后对外开放。伟大的无产阶级革命家、政治家，人民军队杰出的政治工作者胡耀邦诞生于此，并在这里度过了短暂的少年时期。胡耀邦故居有胡耀邦的祖屋、胡氏祖墓、胡家老井等景点。2012年1月，胡耀邦故里旅游景区获批国家4A级景区。

苍坊故居今昔

出长沙，进浏阳，从这个闻名全国的花炮之乡迤俪南行，经大瑶过南川河，便是澄潭镇；沿着澄潭新修的水泥公路前行约一个半小时，就到了中和镇苍坊村。这里，便是已故总书记胡耀邦的故乡了。

胡耀邦故居，就坐落在苍坊村西岭的山脚下。雨中的苍坊村，三三两两的农人顶着塑料雨披急行；溪水喧嚣不绝于耳，清澈的溪水卷着树叶顺流而下，这条溪名为"敏溪"，胡耀邦小时候，常在溪边帮母亲洗衣担水。据胡氏家谱所载，"西岭胡氏"在此世代农耕，安身立命，已经近400余年。

雨雾中，隐隐约约可见一座青瓦黄墙的建筑。撑伞前行约三十米，眼前豁然开朗。一棵合抱的柿子树上挂满了金色的果实，旁边，是一座湖南常见的青瓦砖木结构的房屋。正对着石级的门楼上是一块黑色的牌匾，上书"胡耀邦故居"五个大字，门边是一副已经有些褪色的红色对联："支分西岭，业绍南塘"。

这里就是胡耀邦出生的地方，也是胡耀邦的祖屋。直到1991年前，胡氏一族中，胡耀邦的胞兄胡耀福一家仍居住在这里。胡耀邦在这里渡过了

一座湖南常见的青瓦砖木结构的房屋。正对着石级的门楼上是一块黑色的牌匾，上书"胡耀邦故居"五个大字。

他的童年和少年时代。直到14岁时参加革命，一别32年，直到1963年才回过一次家乡。这座坐北朝南的农家建筑始建于清朝咸丰年间，已有140余年的历史。

据记载，1962年，胡耀邦回乡视察，当时乡亲们就提议将胡耀邦祖居予以修缮，但是书记婉拒了大家的盛情，还再三叮嘱家人不准大兴土木。十多年过去了，这座祖居实在是破旧不堪，到了濒临倒塌的地步，这个时候胡耀福心急如焚，特意跑到北京告诉弟弟胡耀祖居要塌掉，结果胡耀邦却回答说："年代久了，倒就让它倒吧，外边倒掉了，人就搬到里面去"。因为书记的强烈坚持，故居到他逝世时都没有得到修整。1995年是胡耀邦诞生80周年，浏阳市决定修复胡耀邦故居。

眼前的胡耀邦故居显然已经修缮过了，面积450平方米，共有房屋19间，如胡耀邦童年时代的卧室、父母和兄长的居室，以及正厅、横厅、客厅、厨房等。故居旁边开辟了陈列室，展出的有胡耀邦在中国革命建设各个历史时期的相片以及眼镜盒、笔筒、衬衣、中山装、风衣、皮鞋、书信、衣箱等物品。其中一件后背满是小洞的白色汗衫，据说胡耀邦一直穿到1989年。

胡氏祖墓坐落在公路旁的高山上，前有南川河支流流经，掩映在茂密林木之中，显得古朴而沉静。虽然胡耀邦书记并没有安葬在这里，但是游人也能够虔诚地祭奠一段族人的记忆。据载，胡耀邦的先人世代居于江西高安县的浯塘，明朝万历年晚期（16世纪末），一代先人胡允钦，字建十，携家眷离开江西故土，来到湖南浏阳中和乡定居。胡耀邦即是胡允钦的第12代孙。胡耀邦一生鞠躬尽瘁，为人民奉献所有。当今世人来到这里，也可集中且澄净地铭记他高洁的灵魂，皈依他笃定的信仰，膜拜他不朽的风骨，这是一场心灵的修行。

《人民的耀邦》油画／周小愚绘

胡耀邦故居里有一凉亭，里面有一口古井，大概四尺深。据说这是胡耀邦上四代祖父胡中泮于清朝咸丰年间修建祖屋时开凿的，算起来这井也有两三百年的历史。井水清澈甘甜，四季不断，胡耀邦一家还有周边的村民都喜爱喝。行至此处，舀一泓清泉，还能品尝那段励志的陈年旧事。

少小离家老大回

1915 年 11 月 20 日，胡耀邦就出生在祖屋中父母所住的大房间里的一张挂帐大木床上。在私塾教书的三伯父胡祖仪为其取名耀邦，字国光，小的时候，父母乡邻都叫他"九伢子"。

今天，了解胡耀邦童年生活的乡邻都已做古。前人留给后人的记忆是，胡耀邦自幼家贫，很小就跟着父兄上山拾柴；但他聪明勤奋，满五周岁便入胡氏私塾启蒙读书。1925 年 9 月，胡耀邦离开苍坊村，去 20 华

里外的文家市里仁学校上高小。从家到学校的 20 里山路，是对胡耀邦最初的磨砺，他在这条山路上整整奔走了四年。

胡耀邦在文家市上学时，湖南农民运动已渐渐高涨，各种革命活动在学校里公开进行。胡耀邦被校长陈世乔指定担任少年先锋队队长和宣传组组长。1929 年夏，胡耀邦高小毕业，以全校第一名的成绩考取了浏阳县立中学。他在语文毕业考试时，写了一篇描述农民艰辛生活的作文，名震浏阳。遗憾的是，这篇文章没有保留下来。

胡耀邦在浏阳中学的生活非常短暂，只有一年时间，但各门功课都相当优秀，他还很喜欢演说。离开浏阳中学时，他已经是一位宣传革命口若悬河的演说家。

红军走后的 1928 年，文家市恢复了中共组织，成立了雇农协会。胡耀邦的父母双亲和哥哥姐姐都参加了革命。父亲胡祖仑是乡苏维埃政府的土地委员，母亲刘明伦当上

了乡妇联主任，哥哥胡耀福是儿童团长，后任团支部书记，大姐也参加了苏区妇联。

亲人的行动影响了胡耀邦。据钱江所著《胡耀邦的家世和童年》所载，1929年12月，回家度假的胡耀邦由里仁乡少共书记杨国英介绍，秘密加入青年团。他的表哥勇，则先一步投奔红军去了。1930年10月，胡耀邦被调到区委做宣传工作，不久，上级派人到浏阳挑选青年干部，胡耀邦入选，前往江西。告别的那天，母亲刘明伦拖着小脚为小儿子送行。这时，胡耀邦距自己的15岁生日还差一个月。

从此，这个少年走上了革命道路，九死一生成为职业革命家。

胡耀邦离开家乡闹革命之后，一走就是32年，解放后直到1963年，时任团中央第一书记的胡耀邦下派到湖南任省委书记处书记兼湘潭地委第一书记，到文家市考察，才

顺路回了一次家。"少小离家老大回，山河依旧鬼魔摧。新朋相见不相识，笑问客从何处来。"离开家乡32年的胡耀邦回到浏阳后，将唐代诗人贺知章的《回乡偶书》稍加改动，作为与故乡人的开场白。

这一年回乡，胡耀邦回家仅仅住了一晚，随后便投入到工作中，确定文家市区为巩固发展农村集体经济工作的重点。带领十多人的工作组与区社干部、群众同吃同住一个多月。这是胡耀邦离家参加革命之后，回乡最长的一次，是第一次也是最后一次。

我们徘徊在潺潺的敏溪边，流连于故居的每个房间，沉思在耀邦故居陈列馆，感受他为党为民，鞠躬尽瘁的一生，得到心灵的洗涤。我们很难想象其中的苦难与坚持，一生只为一个目标，只做一件事，不仅需要意志，还需要天赋，而这种天赋一定是生命最直接的流露。

链接

【胡耀邦的家世】 据载，胡耀邦的先人世代居于江西高安县的浯塘，明朝万历年晚期（16世纪末），一个名叫胡允钦，字建十的农民，携家眷离开江西故土，来到湖南浏阳中和乡定居。出生于1569年的胡允钦，被浏阳中和乡的胡家后人尊为"西岭胡氏"的先祖，族谱上称为"建十公"。胡耀邦即是胡允钦的第12代孙。

高安胡氏迁居浏阳之后，人丁兴旺，曾几修家谱。在清朝末年修的胡氏家谱中载有"赏戴头品顶戴、兵部侍郎、太子少保、钦命湖北巡抚"谭继洵所作的《一世建十公赞》里有这样的诗句："哲人虽往名未终，典型微微田舍翁。仰瞻遗像契我衷，愿肃冠裳拜下风。"这位谭继洵就是"戊戌变法"中"六君子"之一谭嗣同的父亲。

【胡耀邦的父母亲】 据浏阳市党史办编辑的《胡耀邦与家乡浏阳》一书记载，大革命时期，胡耀邦的母亲刘明伦积极参加革命，曾任浏阳八区苏维埃妇联主席，并动员丈夫积极支持革命工作，正是在母亲的影响下，胡耀邦走上了革命道路。解放以后，胡祖仑夫妇仍在苍坊村以务农、挑脚为生。直到1950年，时任中共川北区党委书记、行署主任的胡耀邦派秘书林成汉回乡，将父母双亲接到四川南充一起生活，以后，他们又随胡耀邦到了北京。1954年5月，胡祖仑在北京病逝。

故居咨询电话：0731-83780021

杨开慧纪念馆 丹心碧血照千秋

读
为
快

杨开慧纪念馆由杨开慧故居、陵园、杨公庙、陈列馆四部分组成，占地126亩，是中国百家红色旅游景点景区之一，湖南省爱国主义教育基地、湖南省妇女儿童爱国主义教育基地，内有故居、陵园、杨公庙三处省级文物保护单位，从1966年起对外开放，现为国家4A级旅游景区。

杨开慧纪念馆是湖南省首批爱国主义教育基地和全国首批拜祭红色旅游景点景区之一，经过整整三年的建设，该馆于2010年11月16日起正式开放。

杨开慧故居位于长沙县清泰乡板仓，距长沙约70余公里，始建于清末，土木结构，盖小青瓦，面垅背山，坐北朝南，前筑以防护矮墙，形成院落。占地面积约680平方米。房舍以上、中、下三栋平行排列，前低后高。前栋为双面木门，中嵌木栏转门；中栋有三级踏步上入过厅，门

走进杨开慧故居，屋后是一片茂密的山林；山林映衬下的开慧故居古朴幽静。

额悬挂"板仓"二字横匾；后栋正中为堂屋，左右为住房。两侧厢房多作杂房、配房，栋栋之间形成小院或天井，院内植桂花和女贞树。

"我失骄杨君失柳，杨柳轻飏真上重霄九。"这是毛泽东于 1957 年所写的《蝶恋花·答李淑一》中的句子，"骄杨"便是毛泽东深切怀念的妻子——杨开慧。章士钊曾问毛泽东"骄杨"作何解，毛泽东说："女子为革命而丧其元，焉得不骄？"

走进杨开慧故居，屋后是一片茂密的

山林，在山林的映衬之下，开慧故居显得古朴幽静。这座场屋始建于 1795 年，占地1400 平方米，现存大小房屋共 36 间，偌大的院子和众多的房屋，能够感觉到这是一个还算富足的家庭。杨开慧的父亲杨昌济是著名的学者、教授，曾留学日本、英国，一生"撰行纯洁、笃志好学"，"欲栽大木柱长天"，爱国思想浓烈。

1913 年春，杨昌济留学回国应聘到湖南省第一师范任教，开慧与全家一起迁往长沙，住在一师附近的天鹅塘"板仓杨寓"，正

（左页图）距故居右侧 300 米处的棉花坡山头上，建有杨开慧陵园一处，并建有大型词碑一方，镌刻毛泽东手书《蝶恋花·答李淑一》词一首。墓地四周苍松环绕，以慰英灵。

在一师读书的毛泽东和蔡和森等经常到"杨寓"求教。于是，开慧便认识了毛泽东，并经常参加他们关于救国救民的讨论。1918年夏，杨昌济应聘到北京大学任教，开慧随父迁居北京，同年秋，毛泽东为组织赴法勤工俭学来到北京，在北京大学图书馆任助理员，也就在此时"又遇见并爱上了杨开慧"。

由于革命的需要，两人只能靠书信抒写思念之情。走进杨开慧的卧室，旧木床、书桌、青花瓷坛整齐摆放，可以想象当年的她就是坐在这张桌子边，用毛笔书写着封封深情。1982年，修缮旧居的工人，从杨开慧卧室后墙的泥砖缝中发现了她留下的手稿，达12页之多。看着娟秀的字体，彷佛看到一个女人温软的内心。"天阴起朔风，浓寒入肌骨。念兹远行人，平波突起伏。足疾已否瘥？寒衣是否备……念我远方人，复及数良朋。心怀长郁郁，何日复重逢。"历经多年，这些文字坚毅地表明着一个女人、一个爱人、一个母亲可亲可敬的形象。

大革命失败后，杨开慧带着孩子回到板仓开展地下斗争。1930年，杨开慧被湖南军阀何健抓捕，严刑逼问下，杨开慧坚强不屈，大义凛然。1930年11月14日，杨开慧英勇就义于长沙城东门外识字岭，年仅29岁。

距故居右侧 300 米处的棉花坡山头上，建有杨开慧陵园一处。1959年修建纪念亭、纪念塔于墓前，1967年4月重修墓地并建陵园，1969年杨母向振照与之合穴，新建合葬墓于今地，占地约1.3公顷。从山脚至墓区约150米，由三层梯形平台相连，每层有石阶，近百余级。墓冢在最上层正方形平台之中，平台边长18米，石砌墓，为混凝土结构，大理石贴面，墓长6.6米，宽5.8米，高0.4米。墓碑横置斜放，横长2.7米，宽2.3米，汉白玉石质，刻楷书碑文"杨老夫人与开慧烈士同穴"。碑后墓石上刻有建墓年月铭文。与墓平行，墓后另建大型词碑一方，镌刻毛泽东手书《蝶恋花·答李淑一》词一首。墓地四周苍松环绕，以慰英灵。

链接

【她的至诚】"自从我完全了解了他对我的真意，从此我有一个新意义，我觉得我是为母亲生之外，是为他而生的……假如他被敌人捉着去杀，我一定要跟着他去共达这一个命运！"—摘自杨开慧手稿《从六岁到二十八岁》

【交通】驾车走京珠高速至开慧出口，行2km即到；107国道至李家锻向东行4km即到；或从长沙汽车东站乘坐东站至开慧中巴可直达。【景区电话】0731-86430095

雷锋纪念馆

永恒的丰碑

先读为快 湖南雷锋纪念馆坐落在湖南省长沙市望城区雷锋镇连绵的丘陵间，是中央、省、市三级爱国主义教育基地和全国颇具影响的精神文明建设阵地，纪念馆总面积达9.4万平方米，由雷锋生平事迹陈列室、雷锋塑像广场以及文化活动中心、接待服务中心等组成，现为国家4A级旅游景区。

雷锋同志，永存于我们心中

如果你是一滴水，你是否滋润了一寸土地？如果你是一线阳光，你是否照亮了一分黑暗……每当想起雷锋，就会想起这段话。他的微笑，萦回在一代又一代人心中，久久不散。他以平凡却不平常的厚德善行，建树起一种砺人向上的博大精神，滋润着中华民族思想的绿洲。

雷锋同志 1940 年 12 月 18 日出生，他是全心全意为人民服务的同志、中国人民解放军战士、伟大的共产主义战士。雷锋 5 岁时，他的父亲雷明亮在江边运货的路上遭到国民党逃兵的一阵毒打，造成内伤。1944 年，当雷锋父亲反抗日寇时，又遭受毒打，由于没钱治病，不久就去世了。雷锋家里很穷，他哥哥雷正德 12 岁就去当童工，因为岁数小，被饿成了皮包骨，最终不幸染上了肺结核，不久也去世了。雷锋的弟弟也不幸被饿死在家中。更不幸的是，雷锋唯一的亲人——他

的母亲，受到地主的凌辱后，于 1947 年中秋之夜悬梁自尽。年仅 7 岁的雷锋从此沦为孤儿，在六叔公和六叔奶奶的拉扯下，艰难地活了下来。1959 雷锋应征入伍，1962 年 8 月 15 日，在和战友执行任务时不幸殉职，年仅 22 岁。

雷锋生平事迹陈列馆以雷锋不同时期写的日记为线索，集中展示雷锋同志的成长过程及雷锋精神的形成过程，而此前则是以雷锋同志"四种精神"为线索布展。展馆中收

在那个红红火火的革命年代里，雷锋成了一代中国人的榜样，影响了一代又一代人的成长。

藏了雷锋生前亲友、战友、同事、领导提供的有价值的实物20多件，包括雷锋日记等在内的捐赠、复制、仿制的各类展品400多件；还有湖南文艺界名流为纪念馆创作的一批以雷锋为题材的艺术品，包括雕塑、油画、书法等。

为了纪念雷锋同志，修建了雷锋塑像广场，屹立其中的雷锋塑像容光焕发，照耀来自世界各地的每一位参观者。雷锋塑像制作于20世纪90年代初，由我国著名雕塑家朱惟精先生设计制作。该雕塑全部由麻石制成，塑造的是身穿军装、头戴军帽的雷锋同志背着枪的英姿。该雕塑自建成后就一直安放在雷锋纪念馆门前的广场上，多年来，已成为雷锋纪念馆的标志性雕塑，每一位远道而来的参观者都争相与之合影，"背枪的雷锋"更是成为了人们记忆中的经典形象。2002年5月，湖南省人民政府通过"关于公布省级文物保护单位的通知"，将雷锋塑像公布为省级文物保护单位。

雷锋精神，永不褪色的主题

今天，当年的安庆乡已改名为雷锋镇，在这里，随处可见与雷锋相关的印记，雷锋大道、雷锋学校、雷锋市场……无不表达了望城人对他的怀念和骄傲。雷锋纪念馆位于雷锋镇黄花塘的一处山丘上，坐北朝南，土木结构。四个展厅庄严肃穆，庭院里遍植翠竹、松杉。展厅里有雷锋一家三代用过的棉絮和蚊帐，有雷锋日记、信件、文稿，还有雷锋生前学习的毛选……这一切都仿佛昨日，人们似乎还能从他的照片里听到他爽朗的笑声。

在展厅里，还有一辆雷锋曾经驾驶过的拖拉机。1958年春，雷锋调入团山湖农场工作，为了让这块荒芜湖地变成粮仓，上级给农场分配了一台拖拉机指标，雷锋只用了一周时间就学会了驾驶技术。因为这种经历，雷锋后来又远赴东北，支持国家经济建设，在鞍钢做了一名推土机手。

湖南雷锋纪念馆是对人民群众，特别是青少年进行共产主义教育和革命传统教育的课堂。雷锋，干一行、爱一行、钻一行，在平凡的岗位上作出了不平凡的事迹。他对共产主义事业无限忠诚，热爱祖国，热爱人民群众，"把有限的生命投入到无限的为人民服务之中去"。在他身上，人们看到了中华民族传统美德和共产主义道德的完美结合。湖南雷锋纪念馆为宣传弘扬雷锋精神，推进两个

雷锋故居位于望城区今雷锋镇雷锋村简家塘。故居原为谭姓地主所有，因雷锋祖辈佃种谭家的田而住在此。老屋原有房屋两进12间，三面环山，西面为塘。1940年12月18日至1956年11月，雷锋在此生活了16年。1958年故居房屋因年久失修被拆，后由雷锋堂叔雷光明在原址重建了3间茅屋，1993年修复对外开放。现在，正房内还陈放着雷锋祖孙三代用过的两张床、1张大柜、1张书桌和几条凳子。

文明建设发挥了重大作用，雷锋精神鼓舞着几代人。

走出纪念馆，驻足在馆前的台阶上，想起了贺敬之一首短诗："看，站起来你一个雷锋，我们跟上去，十个雷锋，百个雷锋，千个雷锋……"是啊，雷锋并不曾远去，还将影响一代又一代的中国人。

雷锋纪念馆电话：0731-88107959

新民学会旧址 建党先声

先读为快 新民学会旧址位于长沙市湘江西岸荣湾镇周家台子，原是蔡和森在长沙的旧居。新民学会是毛泽东、蔡和森等组织的一个革命团体，成立于1918年4月。五四运动期间，该会高举反帝反封建旗帜，联合长沙各界反日爱国力量进行驱逐军阀张敬尧斗争，为我国近代革命史谱写了光辉的一页。旧址毁于1938年长沙"文夕大火"。1986年，旧址复建工程竣工。

恰同学少年，风华正茂

毛泽东在第一师范求学期间，为改造中国与世界，于1918年4月与蔡和森、何叔衡等人在荣湾镇蔡和森家里正式成立新民学会，当时有会员20余人，毛泽东当选为干事，到1920年发展到70多人，学会是当时湖南革命斗争的核心组织，为宣传马克思主义，作出了重要贡献，后来不少会员成为中国共产党的早期党员。原会址于1938年毁于火，现存建筑为1984年重建。除了按原貌恢复了旧有房屋外，新增设有辅助陈列室，邓小平、陈云分别为旧居题字"蔡和森故居"、"新民学会成立会旧址"额匾和馆名。现旧址已

被辟为爱国主义教育基地。

阳光透过新民学会旧址斑驳的木窗，洒在绿叶上，张扬一片明媚，循着阳光的足迹，我们走进这幢古朴农舍，竹篱环绕，香樟耸立，时光飞快地回溯，彷佛看到一群热血青年正围桌而坐，"革新学术，砥砺品行，改良人心"的声声呐喊，回旋于耳……

在新民学会旧址的入口处，新民学会的牌楼高耸，横匾为陈云题写的"新民学会"，两侧为蔡畅题写的"毛蔡寄庐流芳千载，新民学会建党先声"。穿过牌楼，可以看到镶嵌有"沩痴寄庐"字样的朝门。1917年，蔡和森为了在长沙求学，将全家从双峰迁往长

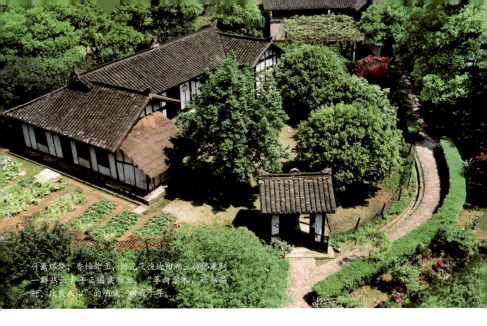

仔藏环绕，香樟矗立，时光飞快地回潮，彷佛看到一群热血青年正围桌而坐，"革新学术，砥砺品行，改良人心"的呐喊，回旋于耳

沙，当时这里四周都是坟墓，地处荒凉，房租十分便宜，"沩痴寄庐"的大意是"一双峰籍人寄住在看坟的房子里"。然而就是在这样一间屋子里，却酝酿着建党的先声潮流。

指点江山，挥斥方道

1911年的辛亥革命虽然瓦解了中国两千多年的封建王朝，但是当时的军阀为扩张自己势力，在湖南三进三出，不断地进行拉锯混战，战火几乎蔓延全省，百姓生灵涂炭，民不聊生。腐败和残酷的军阀统治，激起了社会各阶层的不满和反抗。1915年9月，陈独秀在上海创办了《青年》，主张民主和科学。这股民主之风同时吹向了湖南这块荆楚胜地，当时的毛泽东、蔡和森和萧子升等接受到这股民主之风后，形成了"奋斗、向上的人生观"。他们迫切追求真理，并决心探求国家民族的兴盛之道。

1918年4月，毛泽东、蔡和森为主的一群学生决定成立新民学会，并确立了新民学会的宗旨"革新学术，砥砺品行，改良人心"。故居旁的陈列馆中，摆放了新民学会主要成员、学会成员留洋寻求救国真理以及宣传新思潮的照片。新民学会成立之后所确立的"改造中国与世界"的方针，激励着莘莘学子们分为两批来寻求救国真理，一批成员为向外发展，赴法勤工俭学，另一批成员留在国内抵制日货，宣传新思潮。

链接

【恰同学少年】蔡和森在这里租住后，同学毛泽东、肖子升、张昆弟等经常到他家来聚会，他们经常进行三浴，即太阳浴、雨浴、风浴。每到星期六的下午，毛泽东等同学会游泳横渡湘江过河，从一师学校来到蔡和森家，有时露宿在蔡和森家旁边的坟山上，畅谈通宵，有时露宿在岳麓山的爱晚亭。

交通：乘坐公交63路、106路、109路、117路、132路、152路、301路、401路、902路均可直达
咨询电话：0731—88883401

秋收起义会师旧址 中国革命的摇篮

先读为快 秋收起义会师旧址位于浏阳文家市里仁学校。1927年9月，湘赣边界秋收起义部队进攻中心城市失利后，毛泽东领导的各部队在此会师。里仁学校建于清道光二十一年，原名文华书院。1962年，国务院公布里仁学校及标语巷为全国重点文物保护单位。1995年，该旧址被定为青少年爱国主义教育基地。

日子犹如一卷书，翻过去就成了历史。但作为一种客观存在，翻过去的历史并不会就此湮灭。尤其是它的精华之处，往往在岁月的打磨中历久弥新。中国革命是一首充满血与火的长篇史诗，秋收起义是其中最激越的一行。

1927 年大革命失败后，中国共产党决定武装反抗国民党的统治。同年9 月 9 日，毛泽东领导的湘赣边界秋收起义爆发了，秋收起义的部署是兵分三路，会攻长沙。但由于当时的形势是敌大我小，敌强我弱，不久起义部队便各路受挫。在万分危急的时候，毛泽东审时度势，运筹帷幄，当机立断作出放弃攻打长沙的决定，命令各路起义部队迅即到文家市会合。

9 月 20 日，初升的朝阳照耀着文家市，工农革命军 1500 余人集合在里仁学校的操坪，举行会师大会。战士们围拥着一位身着老蓝布衣衫，穿着一双草鞋的毛泽东，静听他作出发前的讲话。毛泽东用直白的语言，说

秋收起义纪念馆

出了一直压在人们心头的话，他的声音在晴空里回响："中国革命没有枪杆子不行。这次秋收起义，虽然受了挫折，但算不了什么！胜败乃兵家常事。我们的武装斗争刚刚开始。我们的力量是伟大的。反动派并不可怕，只要大家团结起来，继续勇敢战斗，终能用小石头，打烂蒋介石的大水缸。"起义部队高擎红旗，向着井冈山进发，后来在井冈山地区创建了中国第一个农村革命根据地，点燃工农武装割据的星星之火。

会师旧址的里仁学校，始建于清朝道光年间，是一座墙垣高大、四进两厢的砖木结构古楼。虽然经过了上百年的风浸雨蚀，饱经沧桑，但染上了革命印记的这幢殿宇，远远望去仍不失庄重巍峨。院落两边墙上，保存有"打土豪分田地"、"建立工农政权"等内容的红字标语。斑驳色褪的字里行间，留下的是昨天鲜血与土枪长矛共写的那页历史。

在一堵壁框内，镶嵌着一面缀有五星镰刀锤子图案和"工农革命军第一军第一师"字样的红旗。这是秋收起义部队的第一面旗帜。

拾级上阶，漫步庭院。左侧一栋红柱红门红窗的连廊，有一间标明是毛泽东当年的住房，屋内一把破椅、一张旧床，陈设极为简单。另一间木板墙面的大屋，是前敌委员会会议室，宽敞明亮。1927年9月19日夜里，毛泽东就是在这里，慷慨陈词，力主改变攻打长沙的计划，引兵井冈山。高大的古樟、简陋的桌凳、原始的桐油灯盏、暗旧的镂花门窗，都长存有一段英勇悲壮的故事，都能让我们寻找到共产党人的思想源头，感受到一代伟人的风度，领略到当国家和人民罹灾患难的时候，与我们血脉相承的先辈，是如何义无反顾承负起民族解放大业的精神风貌。

电话：0731-83768005
地址：湖南浏阳文家市里仁学校

中共湘区委员会旧址 见证革命爱情

先读为快 中共湘区委员会旧址，位于长沙市八一西路。1921年10月10日，中国共产党的省级支部，中共湖南支部成立，是年冬季，支部在清水塘租下一所房子，作为秘密办公地，同时用于支部书记毛泽东一家住宿。1951年逐步复原了室内陈设并对外开放，1969年复原周围环境，兴建旧址纪念馆。

这是一座具有典型南方风格的砖木结构民居建筑，这也是毛泽东和杨开慧革命期间的一个特殊的家，屋前是干净澄澈的清水塘，池边杨柳依依，石榴怒放似火……在这间古旧而温馨的青砖平房里，毛泽东和杨开慧相依相扶，共同为革命运动的开展出策出力。

1921年，中国共产党成立，毛泽东、何叔衡作为湖南代表参加了中国共产党第一次全国代表大会。回湘后，于10月10日在长沙建立了全国最早的省级党支部——中共湖南支部。这一天也被许多同志称为"双十节"，因为这一天既是辛亥革命的纪念日，也是中共湖南支部成立的纪念日。为了使中共

湖南支部有一个活动和联络的地方，1921年冬天，由支委易礼容经手租下了原清水塘22号这栋普通的农舍，作为湖南支部秘密办公和毛泽东同志住宿的地方。

进门便可以看到堂屋正面墙上悬挂着一张巨幅照片，这是毛泽东在1924年拍的。堂屋右侧的房间是毛泽东和夫人杨开慧的住房。临窗摆着一张书桌和一方高凳，书桌上放着盏煤油灯。毛泽东经常在此工作到深夜。墙上的照片是杨开慧与两个儿子毛岸英、毛岸青的合影。杨开慧举止温雅，性格坚强，善于思考，是一位有追求有抱负的知识女性。1920年冬她与毛泽东结婚后，仍一边在岳

云中学读书，一边协助毛泽东在湖南从事党的创建工作。直到1921年冬，她才离开学校，同毛泽东一道住进了清水塘22号，算是正式有了一个"家"。

杨开慧是中国共产党最早的女党员之一，在中共湘区委员会这个特殊的"家"中担任机要和联络工作。白天她帮助毛泽东整理材料，撰写外稿，联络工作，晚上还要为前来清水塘开会的同志站岗放哨，为通宵工作的毛泽东准备夜宵、烘笼。她经常坐在这间堂屋门边，以便随时可以看到大门外的动静。正是由于她周密细致的工作，中共湘区委机关设在清水塘这段时间，一直不为敌人所知，非常安全。

走进饭厅左边的房间，里面摆放着许多椅子和条凳，这是一间会议室，位于整幢房屋的西北角，比较隐蔽安全。党的一些会议经常在这里召开。为了避开军阀的耳目，会议多在深夜进行。有时，毛泽东同志在这里和工人同志讨论研究领导工人运动的问题。

1923年初，毛泽东同志派工人党员刘东轩、谢怀德两位同志到军阀赵恒惕的家乡衡山岳北开展农民运动，建立了"岳北农工会"。大会发表的宣言分析了农民痛苦的原因，是由于封建地主的剥削和帝国主义压迫，指出"要为自己解除困苦，只有大家联合起来"。

农工会成立后，随即派人四处演讲，启发农民的阶级觉悟，会员很快增加到10万人以上。在农工会的领导下，岳北农民轰轰烈烈地开展了平粜和阻禁地主的谷米、棉花出境的斗争并取得了重大胜利。1923年夏，毛泽东同志离开湖南，出席在上海召开的第三次全国代表大会。这次会议高度评价了湘区的工作。三大以后，毛泽东同志留在了党中央，从事党的领导工作。中共湘区委员会的继任书记是李维汉，区委机关随着李维汉的安排迁往他处，而杨开慧则带着孩子继续在这里居住到1924年3月。

咨询电话：0731-82242209

后 记

文以载道，书以传世。

为了大力宣传营销长沙市委、市政府确定的"快乐长沙，宜游胜地"的城市形象，不断提升"快乐长沙"品牌的国内外影响力，两年前我们便开始酝酿编辑《快乐长沙》大型旅游丛书，力求从旅游的角度把"快乐长沙"全面、系统、立体地呈现给广大读者和游客。

两年来，我们走访了长沙的山山水水与大街小巷，征询了长沙市宗教局、各区、县（市）旅游局、长沙市各有关旅游行业协会、长沙市餐饮协会等单位领导与专家的意见和建议，最终确定从"游山水"、"道古今"、"品美食"、"享休闲"等方面分四册来编辑旅游丛书，诠释长沙的快乐。

由于篇幅所限，我们在介绍这四大板块时，都不可能穷尽到每一个景区、每一个名人、每一道名菜和每一个休闲娱乐项目。其中《快乐长沙·游山水》以国家 5A 级和 4A 级旅游景区为主，兼顾其他特色景区；《快乐长沙·道古今》以历史人文景区为主，介绍相关长沙名人，而不是所有名人；《快乐长沙·品美食》以兼具传统特色、且具有一定品牌知名度和口碑的菜品、门店、美食圈为主，兼顾其它特色美食；《快乐长沙·享休闲》以时尚、前沿、潮流的动态生活方式为主，兼顾轻松、舒适、独特的静态生活方式。

丛书编著出版，历时两年，数易其稿，得到了省市领导的高度重视和各级各部门及社会各界的大力支持，特别是省委常委、市委书记易炼红，市委副书记、市人民政府市长胡衡华和市委常委、市人民政府副市长张迎春亲自为丛书作序，我们深受鼓舞；同时还得到了很多专家、学者、作家、摄影家及旅游相关企业的大力支持，在此一并表示感谢。

发现美丽星城，传播快乐长沙，是我们的不懈追求，但《快乐长沙》旅游丛书采编工作量大，涉及面广，在编著过程中难免有些疏漏与差错，敬请广大读者、游客予以谅解和批评指正。

山水洲城耀中华，快乐长沙传天下。愿《快乐长沙》旅游丛书能够让大家神往快乐长沙、走进快乐长沙、乐游快乐长沙。

《快乐长沙》旅游丛书编委会
二〇一四年八月

图书在版编目（ＣＩＰ）数据

快乐长沙·道古今 / 长沙市旅游局主编. — 长沙 : 湖南地图出版社，2014.7
（快乐长沙）
ISBN 978-7-5530-0191-3

Ⅰ. ①快… Ⅱ. ①长… Ⅲ. ①长沙市—地方史 Ⅳ. ①K296.41

中国版本图书馆CIP数据核字(2014)第161510号

承制：长沙银马广告策划有限公司 / TEL：（0731）84897826

印制：湖南鑫成印刷有限公司

特别说明：本书部分图片因无法确知作者，希望作者见书后及时与承制方联系

全套定价：168元

快乐长沙旅游丛书之 叁

乐

快乐长沙

快乐长沙 宜游胜地

快乐长沙 品美食

快乐长沙旅游丛书之 叁

长沙市旅游局出品

谭 勇 主编

快乐长沙旅游丛书

快乐
长沙

张爱玲曾说，"每座城市都有每座城市的味道。"的确，城市因为风格各异而显得千姿百态、气象万千。有的古朴，有的现代；有的大气，有的婉约；有的严谨，有的浪漫；有的风光旖旎，有的文化厚重；有的如一本越读越精彩的书，有的如一幅徐徐展开的画……

长沙的味道在哪里？或许每个人的视觉和感受不同，会得出不同的结论，正如一千个人眼里有一千个哈姆雷特一样。我以为，快乐是长沙的特质和味道。

快乐来自历史文化的厚重之感。早在3000多年前，"长沙"之名便有据可查。作为全国首批历史文化名城，长沙素有"楚汉重镇"、"屈贾之乡"、"伟人故里"的美誉，"经世致用、兼收并蓄"的湖湘文化源远流长，"心忧天下、敢为人先"的城市精神影响深远。尤其是屈原、贾谊、杜甫、朱熹、黄兴、蔡锷、毛泽东、刘少奇等灿若群星的名人、圣人、伟人，铸就了长沙"惟楚有材，于斯为盛"的历史荣光。还有那马王堆的千年汉墓、走马楼的千年简牍、岳麓书院的千年弦歌、铜官古镇的千年窑火，都会让你领略到历史人文思接千载的回味之乐。

快乐来自山水洲城的天赐之美。有山有水、依山傍水的城市不少，但像长沙这样灵山、秀水、名洲与都市相得益彰的城市则不多。岳麓山、湘江水、橘子洲、长沙城构成的"四位一体"画卷，会给"仁者乐山"、"智者乐水"带来另一番意境。加上风景秀丽的九曲浏阳河、清新黑麋峰、天然氧吧大围山，更添长沙自然山水的怡然之乐。

快乐还来自多姿多彩的生活之韵。"快乐中国"的湖南卫视，为长沙

让天下游客畅享长沙的快乐

注入了丰富的娱乐基因。穿行在太平街、坡子街、化龙池、解放路等传统与时尚交汇的古街小巷，既有市井文化的悠然自得，更有歌厅酒吧的特有的时尚和动感。遍布城乡的湘菜名品和风味小吃，尽显"舌尖上的长沙"那份火辣与香甜。一年一度的橘子洲音乐焰火、梅溪湖元宵灯展、开福喜乐会、火宫殿庙会、灰汤温泉节等群众性文化活动，为长沙这座娱乐之都植入了新的元素。

让旅游变成心灵之旅、愉悦之旅、快乐之旅，是大多数人的向往和愿景。值得欣慰的是，我们近年来通过树立大理念、建设大景区、打造大品牌、实施大营销、发展大产业，使得"快乐长沙、宜游胜地"的认同度和吸引力与日俱增。吃、住、行、游、购、娱的有机融合，山水风光到人文历史的交相辉映，饕餮美食与娱乐休闲的深度体验，正吸引着无数海内外游客慕名而来。2013年，长沙共接待游客9600多万人次，旅游总收入突破千亿元大关。

这套《快乐长沙》大型系列旅游丛书，就是一部长沙旅游的全景图。丛书分为《游山水》《道古今》《品美食》《享休闲》四册，将长沙的山水风光、历史人文、特色美食、休闲娱乐等旅游精髓一网打尽，图文并茂、生动祥实，堪称是长沙市民乐享生活的休闲指导、各地游客畅游长沙的旅行指南。

借《快乐长沙》出版之际，我们向国内外游客发出热情邀约。热忱欢迎海内外朋友来长沙旅游观光、休闲度假，期待与您相约快乐长沙，悦览快乐长沙，畅享快乐长沙。

是为序。

中共湖南省委常委
中共长沙市委书记

快乐长沙欢迎您

长沙，一座洋溢着幸福、欢乐，独具魅力的品质城市。先后获得"中国最具软实力城市"、"中国十大品牌城市"、"中国十大活力省会城市"的称号。2008年起，连续被评为全国十大最具幸福感城市，并永久保留此荣誉。2010年被评为"中国网民最受关注的十大旅游城市"，2012年又被评为"中国网民最受关注的十大文化旅游城市"。

长沙是历史悠久、底蕴深厚的楚汉古城。马王堆汉墓、走马楼三国吴简、铜官窑唐代釉下多彩见证了长沙几千年的灿烂历史；千年学府岳麓书院傲然屹立，昭示着心忧天下、敢为人先的湖湘文化精神，孕育了黄兴、刘少奇、胡耀邦、朱镕基等先贤伟人。

长沙是山清水秀、风光旖旎的山水洲城。自古以"山水名郡"饮誉天下，融山、水、洲、城为一体，岳麓山巍然屹立，湘江水奔流不息，橘子洲静卧江中，形成岳麓为屏，湘江为带，水陆洲浮碧江心的美丽景观，被评为国家园林城市、国家生态示范试点市和"中国十佳休闲宜居生态城市"。

长沙是朝气蓬勃、快速发展的宜居新城。工程机械、汽车制造、电子信息、家用电器、中成药及生物医药、新材料六大产业集群快速发展；现代服务业发展保持旺盛活力，现代物流、电子商务、金融保险、商务服务、信息咨询等生产型服务业水平提升，被确定为"中国服务外包示范城市"。都市购物、影视传媒、歌厅酒吧、体育健身、旅游度假等服务业闻名全国。

旅游是最具拉动力的复合型朝阳产业。近年来，长沙坚持以大项目

推进旅游大发展，以灰汤温泉国家旅游度假区、大围山国家生态旅游示范区、岳麓山－橘子洲国家 5A 景区、花明楼国家 5A 景区等"国字号"旅游精品创建为抓手，精心打造铜官窑遗址公园、大王山旅游度假区等旅游精品工程；加强城市营销，举办环湘江自行车赛、橘子洲焰火燃放、漂流节……做到月月有活动、季季有高潮；全面推行让游客动心、放心、开心、安心、称心的"五心"级服务，不断提升长沙旅游品位，增强影响力和知名度。全市歌厅和酒吧达到 400 余家，传统湘菜不断发扬光大，快乐大本营、快男快女、虹猫蓝兔等成为长沙文化的闪亮品牌，长沙成为令人向往的休闲之都、美食之都，长沙旅游正朝着旅游强市和世界旅游目的地阔步前行。

快乐是人们的真切感受，追求快乐的脚步不能停止。立足"十二五"，长沙将按照"六个走在前列"的要求，率先建成"三市"、强力实施"三倍"，加快现代化进程，奋力谱写中国梦的长沙篇章！我们不仅要引导高档餐饮酒店开发面向大众的消费，挖掘消费潜能，还要加强旅游与文化、生态融合发展，推进大围山、铜官窑、灰汤温泉等旅游区建设，打响"快乐长沙，宜游胜地"品牌。

《快乐长沙》丛书通过对长沙的山水风光、历史人文、休闲购物、美食美味的介绍，纵贯相错，经纬相交，图文并茂，深情款款，既是一套全景式描写长沙旅游文化的优美散文集，也是一套具有使用价值和收藏价值的长沙旅游百科全书。

充满幸福感的快乐长沙欢迎您！

中共长沙市委副书记
长沙市人民政府市长　胡衡华

找到快乐的自己

长沙，天上的一颗星，地上的一座城，北接洞庭之尾，南纳潇湘云水，扼守山川灵气的交点，气吞云梦，吐纳自如。1.18万平方公里土地，三千年灿烂文明，直到今天，城址也一直未变，街巷的历史与今天的现实依旧缠绵重叠，生生不息。她的历史叫潭州，是我国首批历史文化名城，有名字的历史3000年，建城史2400年，形成村落的历史7000年。她的今天叫快乐，是首批中国优秀旅游城市，是中国最具幸福感的城市，城内的人对她有认同感、归属感、安定感、满足感，城外的人对她有向往度、赞誉度。

叫潭州的时候，她古朴沧桑，文化厚重，是楚之重镇，秦之名郡。马王堆汉墓、千年学府岳麓书院、千年古刹密印寺，都在承载着她深厚而悠久的文化底蕴；靖港古镇、铜官古街、乔口渔都，都在展示着她灿烂而质朴的生活底蕴；屈原、贾谊、杜甫、谭嗣同、刘少奇、胡耀邦，都在述说着她"心忧天下，敢为人先"的精神底蕴。

叫快乐的时候，她光彩照人，激情四射，是美丽星城，娱乐之都。酒吧狂欢、歌厅火爆、群Mall林立、酒店高耸，都在呈现着她的时尚与浪漫；高山流水、温泉沸玉、农家田园，都在体现着她的锦绣与舒适；美食美味、焰火璀璨、综艺节会，都在彰显着她的妩媚与快乐，风风火火，热热辣辣，既有重口味，也有小清新。

这些年来，我们努力地挖掘、整理、思考长沙旅游文化，传承历史，着眼当下，山水洲城，快乐长沙，什么是这座城市最鲜明的个性，最本真的追求，"快乐"跃然心间。为此，长沙旅游也开始了以"快乐"为旗帜，以"建设世界旅游目的地"为目标的逐梦之旅，并取得了一定的成效。

旅游总收入在 2013 年达到了 1006 亿元，位居全国省会城市第七；既打造了多条旅游精品线路，也推出了特色景区群，其中，岳麓山－橘子洲景区、花明楼刘少奇故里景区更是成功创建了国家 5A 景区。接下来，长沙旅游应更加突出抓好项目建设、产业融合、城市营销和精细管理，力促旅游品牌升格、旅游消费升温、旅游宣传升级、旅游服务升值，加快旅游强市建设，把这个朝阳般的千亿元产业做得更大、更强、更精。

今天，我们长沙旅游人在努力地贯彻《中共长沙市委、长沙市人民政府关于加快现代旅游业发展建设旅游强市的决定》的战略决策，更好地宣传、推介长沙旅游，长沙市旅游局编著了《快乐长沙》旅游文化丛书，努力地把长沙好玩、好吃、好听的介绍给广大游客。

丛书共分为四册，文字方面，既注重了对文化的尊重，也注重了对文化的深入挖掘与再思考；图片方面，既注重了客观性，也注重了欣赏性；资讯方面，则为读者提供了最为贴近生活的实用指南，既有宏观布局，也有微观指导。

《快乐长沙·游山水》，对湘江、浏阳河、沩水、岳麓山、大围山、橘子洲、湖南省植物园、世界之窗、海底世界等名山秀水及城市景观逐一介绍，展示了长沙秀丽的山水风光，既有亲山乐水的雅趣，也有游园惊梦的闲逸。

《快乐长沙·道古今》，对名人故居、古村古镇、书院寺庙、历史遗址逐一介绍，展示了长沙厚重的历史人文，既有激情燃烧的岁月，也有温馨宁静的光阴。

《快乐长沙·品美食》，对长沙传统老店、时尚新馆、潮流食圈、招牌菜品逐一介绍，展示了长沙独特的美食江湖，既有湘菜传统的内核，也有创新创意的外延。

《快乐长沙·享休闲》，对长沙酒吧歌厅、节会演艺、影视综艺、住宿购物、洗浴足浴、农家乐、新农村逐一介绍，展示了长沙轻松的娱乐休闲，既有温馨惬意的诗意之旅，也有浪漫刺激的不夜狂欢。

丛书从构思到编辑出版，历时两年时间，历经了多次讨论、修改。这期间，丛书的编辑出版得到了市委、市政府领导和各级、各部门的大力支持，得到了各市区县的积极参与。特别是省委常委、市委书记易炼红，市委副书记、市人民政府市长胡衡华亲自为丛书作序，充分体现了市委、市政府对长沙旅游产业发展的高度重视和关心。很多相关领导和专家也对丛书的编辑出版提供了很多宝贵的意见，很多知名的作家、摄影家也为丛书提供了优美的文字和高水平的图片，在此深表感谢。

"看万山红遍，层林尽染"，希望《快乐长沙》旅游丛书的出版，能够成为大家了解长沙的重要窗口；"天上长沙星，地上长沙城"，期盼大家在仰望星空的时候，能够想起长沙，到长沙来体验山、水、洲、城的完美融合、独特风味，来体验快乐长沙的温热阳光，静好岁月，找到快乐的自己。

中共长沙市委常委
长沙市人民政府副市长

快乐长沙
品
美食

目录

河

浏

阳

快乐长沙

【美食地图】

品

美食

万家丽食圈

长沙汽车东站

◆ 57℃湘

烈士公园

◆ 御连晚香   ◆ 老湘食酒楼
晚报   大道
冰火楼   ◆ 湘之味   ◆ 凯旋湾食府
◆ 金太阳
仙都酱板鸭(火星店)
◆ 天福食家(新都店)

◆ 好食上   ◆ 老面馆   ◆ 潮粥道粥铺   远大路

万
家
丽
路

◆ 东北水饺滋补面馆   车   ◆ 心长顺钱粮湖土鸭
袁家岭   ◆ 火宫殿   站   玉楼东
解放东路   长沙火车站   ◆ 大蓉和   玉楼东
玉楼东   长沙火车站   锦泰广场   万家丽广场
湘宴活鱼村   新鹿回头
德克士凯旋餐厅   ◆ 海里捞风味火锅   人民东路   ◆ 新长福
韶
山
北
路   新骑士时尚餐厅   好食上   人民东路   人民东路
◆ 花江狗肉   人
◆ 千家客土菜馆   民   ◆ 湘乡香农家小厨
中   ◆ 宜家菜馆
路
◆ 大蓉和   ◆ 大中华鲍翅海鲜城

桂花路   ◆ 捷可尚咖啡&茶
东
二   长
环   ◆ 树代自助   ◆ 农家流香   沙   大   道   长沙大道
◆ 邵阳土菜馆   ◆ 老口子餐馆
东
塘   ◆ 译文客家牛肉   ◆ 大众餐馆
中
路   ◆ 金德餐馆
◆ 老樹园大虾城
◆ 木屋子花江狗肉   动东路
◆ 砣仔子家菜馆   沙湾公园

南二环食圈   杜花路   长沙火车南站
◆ 三雅亭面馆   长沙火车南站
◆ 湘银洞活鱼馆
◆ 聚友轩餐厅

快乐长沙品美食

壹

传统老店

CHEERFUL CHANGSHA TRAVEL SERIES

老字号是历史对生活的馈赠，是一方水土的特质积淀，长沙作为历史文化名城，有着可观的老字号群体，火宫殿、杨裕兴、玉楼东、黄春和、德园、甘长顺、新华楼、向群锅饺等，这些老字号氤氲着历史的烟火气，转化为地道醇厚的风味，成为长沙人们的生活。不管是玉楼东的剁椒鱼头、杨裕兴的面、火宫殿的臭豆腐，还是德园的包子、新华楼的削面都是走入长沙这座城市最韵味的景致。

"火"食的诱惑

食色性也，人之大欲，而火红本就是能勾起食欲的颜色。当你走过坡子街，一座以火红色为主调的建筑映入眼帘，极为吸引目光，如果说里面再有点美食的香味飘来，怎能不让人驻足，滋生进去大快朵颐的冲动。火宫殿起源于平常街巷，两百多年，没有改变它的草根本色，飘香的小吃扎根于一方火红的砖墙之内，填饱了人们的肚子，也充实了人们的精神生活。

美食云集的火宫殿，是湘菜文化的一抹浓厚印记，单单一个"火"字，就把湖南的味道给点透了，甚至从侧面反映出湖南

火宫殿 湘食乡情香旅

先读为快 火宫殿是长沙著名的历史文化景点，位于长沙市坡子街，同时也是一家驰名中外的『中华老字号』企业。它集民俗文化、宗教文化、饮食文化于一体，是长沙乃至湖南具有代表性的大众餐饮场所，特别是里面的风味小吃享誉中外。在火宫殿可以品尝到各种湖湘美食，比如长沙臭豆腐、正宗红烧肉、糖油粑粑等。

人的性格。尽管火宫殿里的美食千变万化，有臭豆腐的臭，有姊妹团子的甜，有糖油粑粑的糯，可谓是杂陈五味应有尽有，但在湘菜的定义里，最不能缺的就是辣。火辣的口感穿梭于菜品之间，不断在味蕾上传承，是湖南人不可割舍的情愫。火宫殿作为湘食的承载者，必然少不了火辣的味道，这种味道既诱惑着热爱湘菜的本地人，也能让来

到湖南的旅客一饱口福。如果想要了解湖湘文化，去火宫殿再好不过，美食本身就是文化的一部分，走上餐桌，便可来一场舌尖上的潇湘行。

火宫殿用瞩目的红色，挑逗着路人的眼睛和胃，在美食争雄的坡子街里脱颖而出，火宫殿也用深刻的红色展现着历史，讲述着自己两百多年的文化底蕴。最开始，火宫殿是祭祀火神祝融的庙宇，建成于清乾隆十二年六月二十三日，这一天被定为火神寿辰祭日，每年此时，官府会出资筹办祭祀仪式，地方商会便组织商家参与，火宫殿周围逐渐形成了庙会，热闹非凡。

自有火神庙以后，长沙对失火的民居、

商家都有规定，民家失火须来拜火神爷，商家失火则要请戏班唱三天大戏，这既是对预防火灾的宣传，也很大程度带动了火宫殿的发展。有了庙会和庙戏，便引来不少人前来赶庙会、看戏，各种美食也就随着赶热闹的市民云集而来。

到了清道光年间，坡子街已是商铺林立，乡绅蔡世旺带头集资，把火宫殿的规模扩大了几倍，新建了石牌坊、古戏台、财神庙等建筑。每当清晨，火宫殿里悠扬的钟鼓声伴随缥缈的香烟，弥漫着浓郁的火庙文化，文人雅士都爱来此喝茶听戏，品尝美食。火红的砖墙内，有着火辣的味道和火神的文化，走到其中，既有美食入胃，又有文化入怀，所以火宫殿，火了。

味蕾上的乡愁

火宫殿的名声不只是来源于美食和文化，如今，它已经升华为一种习俗，成了品味长沙的代名词，是长沙乃至湖南的一张美食名片。只要去品尝一下火宫殿的美食，就会对湖南美食文化有深入的了解，像是爬了一趟岳麓山，走了一趟橘子洲头，就对湖南

火宫殿的小吃作为长沙的代表，深入人心，图为外国友人在火宫殿品尝地道的长沙小吃。

火宫殿的名声不只是来源于美食文化，如今，它已经升华为一种习俗，成了品味长沙的代名词。（上图）聚餐之余，人们在观赏火宫殿的花鼓戏。（下图）逢年过节，火宫殿庙会热闹非凡。

2011年2月9日雨夜，美国驻中国大使洪博培来到火宫殿吃夜宵，点了臭豆腐、刮凉皮、糖油粑粑等十多种小吃，吃得很开心。洪大使风趣的说："我比老布什有口福，他在北京宴会上吃过臭豆腐，并记在日记上。我今天是吃正宗的火宫殿臭豆腐。

的历史文化与山水风光有了深刻印象。

有人说，人最难改变的是语言，因为那是与母亲有关的传承，然而我觉得人最难改变的还有胃，因为这是一种与生活有关的延续。童年，总是因为贪玩而忘记回家，直到饥肠辘辘，此时，即使一碗简单的炒饭，也会觉得是最好的美食，即使许多年过去了，那种简单的炒饭味道仍然伴随着我们，并与过去的时光一起沉淀，发酵成了一种与故乡有关的味道。简单的炒饭如此，其他美食自不必说，这些伴随着我们成长的味道，如今已深深融入我们的血液中，成为了一种对故乡与岁月的认同，深入我们的生命与年轮里，成为了一种身份认同。

在湖南长大的人，自然对湘菜的味道更为亲近，吃迥然于湖南口味的食物，即便精致可口，到底还是少点快活。如果身在异乡，许久不吃家乡的味道，是要馋的，试想，地道的湖南人要是天天啃汉堡度日，久了一定会烦，会想念湘菜的味道，这种想念可以称之为味蕾上的乡愁。

味蕾上的乡愁在火宫殿是可以解的，兴许还能让你收获惊喜，几百种食物在菜单上，挑选便已经是个难题，你只要随着记忆去抉择，有时候那些久违的美食突然来到眼前，甚至会被它们触动。曾经在长沙求学的

毛泽东，青年时便因为革命走南访北，几十年间很少身在湖南，1958年，毛泽东回湘探访，特地到火宫殿品尝湖南美食，便有了那句"长沙火宫殿的臭豆腐，闻起来臭吃起来香"的名言。这句话被口口相传，火宫殿里臭豆腐也声名远扬了。然而这顿"主席宴"却绝非几片臭干子而已，桌上有毛泽东挚爱的红绕肉等菜肴，也有壮志已酬的快意和几十年间尝尽世间百味之后的乡情。

长沙是毛主席迈向革命的起点，同样也留着许多湘籍革命家的印记，他们在回乡之时，只要有机会，都要到火宫殿品尝美食，一解味蕾上的乡愁。彭德怀、王震、胡耀邦等人都曾光临过火宫殿，而早年在这里做过"抗日救国演讲"的徐特立，晚年也是和亲朋一起在这里大快朵颐。如今的火宫殿不但市民蜂拥而至，也是接待外宾的胜地，加上

国内外媒体的宣传介绍，火宫殿里常常是座无虚席。

道不尽芳香盛宴

等待，从来都是一件难事，来火宫殿若遇上高峰期，等待又成了必须要面对的事。等一朵花开容易，但等一桌美食少不得内心急切，难得优雅。我们去火宫殿的时候，里面基本上已是满满当当，好不容易找个地方坐下，邻桌已经火热地吃起来了。只能喝一口热茶，任凭香味在身旁弥漫。

点了火宫殿的八大传统小吃，臭豆腐、红烧猪脚、肉丝馓子、三角豆腐、龙脂猪血、姊妹团子、荷兰粉、八宝果饭。等待上菜的过程总是漫长的，趁着这个时间，我们便四处参观，火宫殿内古色古香，环境优雅大气，又显得别出心裁，若不是美食在身旁

流淌，会恍然觉得自己是来瞻仰古迹的。

景象虽美却依然抵不住胃内已空，期待的菜品终于来了。这小小的臭豆腐馋住人们几百年，还要感谢一场意外，当年长沙府湘阴县城的姜姓豆腐店，因一缸酱腌豆腐干久置发臭，店家舍不得扔，油炸后偶创出这诱人的臭豆腐。夹上一块放进嘴里，外焦里嫩、芳香爽口，回神再往桌上看去，满满一盘已经所剩无几。幸亏这时肉丝馓子上桌，朋友们也就不用再克制自己。苏轼曾为一位做馓子的少妇写诗"纤手搓来玉色匀，碧油煎出嫩黄深。夜来春睡知轻重，压扁佳人缠臂金"，馓子之美显现无疑，甚至能隐隐感觉到美食家苏轼的爱屋及乌。

红烧猪脚历来是火宫殿的著名小吃，其猪脚原料很有讲究，采用宁乡所产米坨子

2007年6月13日香港特首曾荫权与夫人来到火宫殿，受到长沙火宫殿有限公司总经理唐一帆的热情欢迎，并陪同曾特首、特首夫人共品火宫殿小吃。其间特首曾荫权还特意来到美食街排档前，向工作人员询问臭豆腐制作方法，并亲手拿了一片不加任何佐料的刚出锅的臭豆腐尝试，连声称赞。

装饰古朴典雅的火宫殿。

猪的前脚，经火炙去毛后泡水刮净，解切后加入桂皮、八角等佐料，用文火慢慢烹制而成。红烧猪脚色泽红亮，骨肉分离而不烂，味浓鲜香，平常就算再斯文的人也难以保持自己的吃相，大口啃了起来。

接着服务员上的糯米团子，是因一对姐妹而扬名，所以就叫姊妹团子。它们一高一矮，高的馅咸，矮的馅甜；一团一尖，圆的像荸荠，尖的像蒜球，倒真是性格迥异的两"姐妹"。可我不敢多吃，怕撑肚子，还得为其他美食留着空间。品完鲜美嫩滑的三角豆腐，细嫩滑爽的龙脂猪血，芳香清雅的荷兰粉和软糯油润的八宝果饭。饱则饱矣，心里也被充得满满当当，不得不说品尝美食是最接近快乐的一种方式，只是味长词短，道不尽此间真意。

链接

火宫殿上承数百年的饮食传统，经营品种三百多样，仅小吃就有一百余种。不同特色的招牌菜琳琅满目，庙会素食、特色湘菜、名茶细点、风味创新小吃，更有湘西南的时令土野菜、营养的豆制品及冰宝食品。一箸入口，沉淀着万千滋味，火宫殿众多的美味难以言尽，如若前去品尝，定是人生难得的享受。

坡子街总店	地址：天心区坡子街127号	电话：0731-85814228
五一东路分店	地址：芙蓉区五一大道868号皇冠假日酒店2-3楼	电话：0731-84116803
东塘分店	地址：雨花亭芙蓉区韶山北路507号	电话：0731-85568303
黄花机场店	地址：长沙县黄花镇黄花机场B1楼	电话：0731-84799126
奥特莱斯店	地址：芙蓉南路友阿奥特莱斯购物公园内	电话：0731-88809448

杨裕兴
一面之交的诱惑

先读为快 杨裕兴面馆是以汤面、米粉闻名的百年老店，创建已有百余年。清光绪二十年（1893年），杨心田在长沙城三兴街开设粉馆，兼营汤圆，取名杨裕兴。1937年，其子杨菊村任老板，在青石街（今解放路）附设分店，增设汤面、卤腊味、蒸饺等食品，尤以汤面盛名全市。长沙大火后，老店重建，分店设棚屋复业。至1945年两店合并，注重汤面经营，成为湖南省内著名面馆。

汤勺挥舞，汤面飘香

浅黄的碱面，铺在碗底，翠绿的葱花，在碗内的原汤中浮沉。碱面之上，还盖着酥软香浓的油码。早晨，来一碗香喷喷热腾腾的碱面，是长沙人由来已久的习惯。大家都知道，让汤面成为美味的诀窍，就在原汤。

杨裕兴面馆是长沙汤面的头块招牌，熬制原汤自然颇有心得。和任何一家粉馆面铺一样，杨裕兴并没有独特秘方，也是用筒子骨和鸡骨架熬汤，只不过他们拥有自己的诀窍。要想得到一锅好原汤，就得熬出香浓稠酽的清汤。熬汤时用真材实料，不需要掺杂干果、卤药包等中药香料。杨裕兴面馆的厨师们懂得，简单，就是美味的一种境界。

简单并不代表随意，用料无需繁复，但熬汤的过程却是非常讲究。掌握火候便是其中的重要技艺，火候，是与食材的细心交流，什么时候应该热情的催促，什么时候应

该理性的轻语，都要把握好，急不得也懈怠不得。好的原汤，就在于掌握火候。熬汤，重在一个熬字，骨头要焯水，汤熬出来才漂亮。打泡撇沫要及时，在适当的时候挥舞汤勺，才能有之后的热面飘香。在汤上开始出现浮沫时，就要用汤勺打泡撇沫。如果晚了，一冲散，汤中的杂质就溶到原汤中，汤水一浑，就会有种钳猪毛时的腥骚。没有掌握这一诀窍，即使用干果、香料药包、槟榔、地龙来避味，舀到碗中的汤，也会残留着让人不悦的气息。

湘菜大师许菊云、张力行编撰的风味小吃书上，记录说，汤中间放一个纱布包，包里裹着豆豉、姜片、葱枝、干椒、桂皮、八角、茴香等。筒子骨和鸡骨架汤撇沫，改成文火后，约熬两小时，汤呈酱红色或茶色，澄清透明，就散发一股原汤的清香，这样熬出来的汤，味道则会更浓厚一些。有人在杨

杨裕兴创建百余年，取
"富裕兴盛"之意，因
粉面味道鲜美，生意兴
隆，一时名满古城。

（上图）清光绪二十年（公元1894年），长沙人杨心田在三兴老街设店，主营粉、面，为图利市大吉，取"富裕兴盛"之意，命名曰"杨裕兴"。因味道鲜美，生意兴隆，一时名满古城。几经兴替，传承至今。

（左图）杨裕兴独有的"鸡蛋面"，选用上等面粉按特定比例加鸡蛋和水精制而成，下锅不粘不稠，入口不滑不腻，软硬适度。而其手工米粉，采用传统工艺，选取优质大米，经浸泡、蒸煮、切条等多道工序制成，水煮不糊汤，干炒不易断，爽滑入味。

（下图）杨裕兴的原汤，采用了筒子骨和鸡骨架来熬煮，汤体澄清透明，散发着一股诱人的浓香。而一锅香浓稠酽的好汤，秘诀除了选用真材实料外，更需火候拿捏精准。火候，味道的境界，是对美食的细心呵护。

杨裕兴经过世纪锤炼，口耳相传，形成了一套专用服务术语——"面牌"，如"带讯"、"免青"、"轻挑"、"过桥"、"宽汤"等。服务员口齿伶俐地唱报面牌，身手敏捷地用面板一端就是十多碗粉、面，老长沙对此习以为常。

裕兴吃过面后，常常会买一些鸡蛋面回去煮，却总煮不出杨裕兴的原汤来。用高压锅压出来的原汤，筒子骨渗出的有益物质大多被破坏，而且无法撇沫。如果不是在杨裕兴面馆，难得有这样美味的原汤面。

声名遐迩的百年老店"杨裕兴"面馆，由店主杨心田创建于1893年，至今已有100多年的历史。最开始杨心田在三兴街租一铺面，经营米粉及汤圆，为图利市大吉，店主取富裕兴盛之意，冠名"杨裕兴"。因经营有方，"杨裕兴"获利颇丰。1929年开始，杨心田利用所获盈利，购置房产扩大经营。杨裕兴面馆里的汤勺在长沙挥舞百年，面的美味在长沙人的舌尖传递，成了几代人的记忆。"面"由心生，因为选料熬汤皆非常用心，汤面质优味鲜，杨裕兴之盛名传于长沙。

经典之面，大众之选

"杨裕兴的面，徐长兴的鸭，德园的包子真好呷！"不知这始于何时的民谣，唱出了古城长沙老字号昔日的魅力与繁华。作为第一批通过认定的"中华老字号"企业，杨裕兴随着餐饮业竞争的日趋激烈，也不可避免地面临着品牌和信誉的双重考验。

为此，杨裕兴运用现代连锁经营的手段，用经典的味道围绕着长沙的大街小巷，推动传统小吃的产业化经营。不到两年时间，杨裕兴已成长为有着近30家杨裕兴品牌面馆和几家甘长顺品牌店的大型连锁企业，以深厚的饮食文化为沉淀，融入了长沙人的生活。于2001年归入杨裕兴旗下的甘长顺，也是一家餐饮老字号，由汨罗人甘长林创建于清光绪九年，因取"长治久顺"之意，故名"甘长顺"。二者异曲同工，将传统的味道融入现代的潮流，经久不衰。

经久不衰的东西总有它独特的地方，除了原汤独特清新，气香而不腻之外，杨裕兴的环境也有着古朴的韵致。俗话说，一招鲜吃遍天，杨裕兴红火百年，秘诀还有其首创的"鸡蛋面"。鸡蛋面是用上等面粉按特定比例加鸡蛋和水精制而成，下锅不粘不稠，

杨裕兴面馆的服务员，均身手敏捷，能用面板一端就是十多碗面条，图为杨裕兴面馆里的"端面王"。

入口不滑不腻，软硬适度，富有韧性，堪称一绝。而杨裕兴的油码也是美味绝伦，酱汁、肉丝、酸辣、牛肉、杂酱是五种最常见也最受欢迎的油码。长沙面馆业有一套专门的套用术语，即面牌，如所谓带迅、免青、轻挑、溶排、过桥等。如果你到杨裕兴面馆，看到服务员口齿伶俐地唱报面牌，身手敏捷地用面板一端就是十多碗面条，这样的氛围，食欲怎么会不油然而生。"杨裕兴"

面馆在长沙市的分店，鸡蛋面和主要油码实现了统一配送。面馆早、中、晚三餐都提供服务，除了粉面，还有炒菜、凉菜、炖菜等。

杨裕兴走着循序渐进的连锁之路，扩张的同时，在内部进行有序的整顿和梳理，依靠连锁经营，对长沙餐饮业的发展起到了促进作用。这个发轫于明清年间的面馆，用它经典的味道，根植于大众的生活之中，成为了人们不可错过的选择。

链接

【中华老字号】第一批正式通过认定的430家"中华老字号"名单由商务部公布，湖南省共有12家企业获得这项殊荣。其中，长沙就有9家企业入选。它们分别是：长沙饮食集团火官殿有限公司、玉楼东有限公司、杨裕兴有限公司、又一村有限公司、九芝堂股份有限公司、长沙市凯旋门摄影有限公司、湖南省老杨明远眼镜有限公司、长沙九如斋食品开发有限公司、长沙玉和酿造有限公司。长沙获得"中华老字号"的数量不仅在省内遥遥领先，而且在所有中部城市中位居榜首。

店名	地址	电话
芙蓉中路店	地址：长沙市芙蓉区芙蓉中路459号	电话：0731-85604488
三王街店	地址：长沙市芙蓉区三王街三王丽都大厦1楼	电话：0731-82288192
德政园店	地址：长沙市芙蓉区德政街17号	电话：0731-84789416
岳麓山店	地址：长沙市岳麓区岳麓山公园大门西侧	电话：0731-85455847
营盘路店	地址：长沙市开福区营盘路35号	电话：0731-84310428
桂花树街店	地址：长沙市雨花区桂花树街32号	电话：0731-84141674
城南中路店	地址：长沙市天心区城南中路90号	电话：0731-85510168
车站南路店	地址：长沙市车站中路48号	电话：0731-85790477
阳光1店	地址：长沙市岳麓区麻园路黄鹤小区二片二栋1楼	电话：0731-82453168

玉楼东 / 湘菜的黄埔军校

先读为快 长沙玉楼东是一家驰名中外的"中华餐饮名店"、"中华老字号"，是湖南省唯一的"国家特级酒家"和"全国十佳酒家"，是湖南省餐饮企业中唯一的"小巨人企业"，是一家久负盛名、饮誉三湘的百年名店。历代湘菜名厨谭奚庭、舒桂卿等都曾在此掌勺主理。中国烹饪大师、湘菜大师许菊云现在此潜心研艺，授技传徒。玉楼东因其雄厚的技术和特有的历史文化底蕴，成为正宗湘菜的发源地，享有湘菜"黄埔军校"的美誉。

典雅古朴的宴会大厅，在细节里透露出百年老店的气质。

一部浓缩的湘菜发展史

在吃的法则里，传统反而是永不褪色的标杆，那些端坐在城市里的老字号，让岁月研磨成一杯浓浓的咖啡，那种醇香馥郁，随意间就能翻寻出一份地道古朴的生活况味。在长沙，百年老字号"玉楼东"绝对当属湖南美食的符号，这里有从1904年开始氤氲而来的菜香味，有湘菜史上最重要的大厨：谭奚庭、舒桂卿、许菊云，有"剁椒鱼头"、"发丝牛百叶"、"酱汁肘子"等经典的湘菜。从某种意义上来说，玉楼东承载的不只是"老"，它所代表的是一种信赖与习惯，是传统的坚持，是与食客们共享的时间记忆。

清光绪三十年（公元1904年），玉楼东就登上了历史的舞台，在那时已经是个有名的"角儿"，初名玉楼春，系取白居易《长恨歌》中"金屋妆成娇侍夜，玉楼宴罢醉和春"之意而得名。因"春"有召妓之嫌，又因当时店址在长沙青石桥东茅巷口，故更名为"玉楼东"。

酒楼经营至1920年（民国九年），由当时号称"湖南第一厨"的谭奚庭掌勺主理，生意红极一时。谭氏早期为殷实户操办酒宴，后受雇于江苏盐商朱乐堂当私厨，故其所制菜点果品除了具有浓厚的湘菜特点外，还兼具淮扬风味，玉楼东成为了当时达官贵人宴请宾客的首选场所。清木翰林、曾国藩之嫡长孙曾广钧登玉楼东用膳，吃到玉楼东的名菜"麻辣仔鸡"和"汤泡肚尖"时赞叹

玉楼东五一路店，是人们宵夜的好去处。

不已，即席赋诗"麻辣仔鸡汤泡肚，令人常
忆玉楼东"。

1938年长沙"文夕大火"，玉楼东被烧
成一片废墟，一度歇业。解放后玉楼东迁至
今五一广场续业，先后更名为"奇珍阁"、
"广场饭店"、"实验餐厅"。1985年，
长沙市饮食公司为振兴湘菜，恢复名老特店
和传统湘菜，将酒家恢复"玉楼东"原名。
1990年，酒家在一代湘菜名厨、中国烹饪大
师、湘菜大师许菊云及中国烹饪大师、湘菜
大师、玉楼东董事长张涛的带领下，大胆推
陈出新，供应"麻辣仔鸡"、"汤泡肚尖"
等传统名菜数百种，保留了玉楼东的传统风
味，同时开设早晚茶，经营长沙地方风味小

吃，生意红红火火，成为当时长沙餐饮的一
张名片，使百年老店重焕青春。

一百多年以来，玉楼东成为了一部浓
缩的湘菜发展史。在厨师方面，玉楼东造
就了民国时期南京政府行政院长谭延闿的
"御厨"谭奚庭，新中国成立后为党的"八

玉楼东作为湘菜的突出代表，不仅有各色招牌湘菜，也有长沙流行的特色小吃，图为有足球大的"空心大麻球"。

大"主厨湘菜的舒桂卿，选调到省委接待处专门为毛泽东、胡耀邦、江泽民等领袖们做菜的石荫祥以及目前中国800万厨师中唯一的全国人大代表、中国烹饪大师、湘菜大师许菊云。他们以其独特精到的厨艺培养出了一代又一代的湘菜大师，所以玉楼东也被称之为湘菜的"黄埔军校"。2009年10月，玉楼东被列为长沙市的"非物质文化遗产保护"。

风味中的经典与新颖

玉楼东这个老字号就像是刻在老长沙的文言文，无须伸手，就可以触摸到湘菜的根本，就可触摸到老长沙这座城市的脉络。玉楼东的菜单浓缩着老长沙最地道的生活滋味，这些传承已久的经典老菜融入的是大厨们多年来累积的看家功底，记录着他们对丁滋味和人生的特殊感触。

玉楼东的总店主要以正宗湘菜为主，有的以名人传菜，如"毛家红烧肉"、"组庵鱼翅"等；有的以地名传菜，如"东安仔

鸡"、"洞庭龟羊汤"；有的以刀功精妙传菜，如"发丝百叶"；更有以口味独特传菜，如"麻辣仔鸡"等。当然，如果你对玉楼东的湘菜发展非常了解，你还可以吃到获得全国烹饪技术比赛金奖的"柴把桂鱼"、"龙舟载宝"，还有获得部优金奖的"酱汁肘子"、"麻辣仔鸡"、"腊味合蒸"等20几个菜种。

在五一路上的玉楼东是现在所有分店内最老的一家店，已经有十几年历史，大气的黑色现代风格，而在细节里透露出百年老店的气质，偌大的一楼是大厅，干净敞亮，上楼即是以不同历史名楼命名的包厢，当然就如所有受过褒奖的成功者，一面墙上摆满了餐厅在各类美食大赛里的获奖奖牌。五一路分店沉淀了非常厚实的湘菜文化，不仅保持了传统湘菜的风味特色，还开发出曾国藩、左宗棠、彭玉麟、胡林翼四大湘军首领系列菜。

五一分店的菜品以湘菜、粤菜、湘味海

（上图）口味牛蛙（下图）香辣串串烧（右图）湘菜大师许菊云在研制新菜品。

鲜吸引来北往的客人。因地域的优势，品种的繁多和创新，使玉楼东这个老字号在长沙人心中有了更扎实的地位。非常值得一提的是它的特色小吃，不仅有点心类、烧烤类、药膳类、蒸菜类，还有从街头小巷挖掘出一批在长沙流行的炖品小吃，如白粒丸、甜酒蛋、桂圆蛋、兰花干子等，将街头小吃以更新的口味在酒家推出。现在玉楼东的小吃销售已占据长沙小吃市场的半壁江山，每天23时至次日凌晨2时，常常是座无虚席。

　　玉楼东作为湘菜的突出代表，其菜名更换换代快，菜式繁多，有招牌菜式、热菜系列、小吃系列、创新菜系列及私房菜系列，不管是传统的金字招牌湘菜，亦或是后来的创新湘菜，这些别致风味凭借着地道的鲜香爽口，收买了众多长沙人的胃，在经往的岁月里，见证着星城每一个鲜活的日子。

链接

玉楼东五一路店	地址：长沙市五一大道125号	订餐电话：0731-82777988
玉楼东远大路店	地址：长沙市远大一路1号	订餐电话：0731-82778999
玉楼东星沙店	地址：长沙（星沙）经济技术开发区天华中路118号	订餐电话：0731-82396566
湘菜玉楼东食神店	地址：长沙市南二环雅塘村口	订餐电话：0731-85050558
新玉楼东	地址：长沙市万家丽路付家湾中路一段115号	订餐电话：0731-82777999
玉楼东私房菜馆	地址：长沙市万家丽北路浏阳河大桥北端	订餐电话：0731-85556956
玉楼东红星店	地址：长沙市中意一路189	订餐电话：0731-82535488
玉楼东黄花机场店	地址：长沙机场T2航站楼附1楼	订餐电话：0731-84798721

百年德园

长沙人的早点

先读为快 德园始建于清光绪年间，辛亥年间，几名官厨盘下老店，搬迁到长沙市樊西巷口，以官菜和包点招徕顾客。因为包子馅大皮薄而闻名全省，长沙解放后，德园获得了新生，1993年被国家贸易部授予"中华老字号"称号，后搬迁到侯家塘新址营业，并注册了"百年德园"商标沿用至今。

"杨裕兴的面，徐长兴的鸭，德园的包子真好呷。"说的就是长沙人耳熟能详的几道美食。其中的德园，名字取《左传》中"有德则乐，乐则能久"之意，建于清光绪年间，是一位唐姓人家在长沙八角亭附近开的一家夫妻店。民国初年，几位失业的官厨流落民间，因缘际会之下，他们集资盘下了几经易手，却毫无建树的德园，迁店于南正街中段樊西巷口，以官府菜肴、点心招徕食客。

当时，在制作完菜肴之后，总会有海参、瑶柱、金钩、鱿鱼、虾仁等上乘余料留下，主厨为免浪费，故将余料细细剁碎，拌入第二日的包点馅心中，谁知无心插柳柳成荫，德园的包点风味更加怡人，倍受顾客青睐，南北四城人竞相前往品尝，门前日日如潮如织，德园包点至此成为长沙一绝。

即使是普通的包子，德园的厨子也会精益求精，比如日常的盐菜包子，厨子会特别精选上好的青菜干制成的盐菜做馅心，"色乌条嫩，清香浓

如今德园的包子仍采取传统的蒸笼工艺。

郁"，剁碎为细沫，入铁锅干炒至水汽蒸发，再重新倒入茶油，爆炒至乌黑油亮。当馅料香气四溢时，厨师便将之盛出，放入大盆，再加入生肥肉丁，用大火蒸透后，取出冷却，再加入白糖、生糖肥丁、冰糖、熟茶油等一起搅拌，盐菜馅心才算制作完成。

当热气腾腾的包子出炉时，掰开盐菜包子，只见馅色乌黑油亮，香气扑鼻，香甜夹咸润，冰糖如水晶光洁，肥丁脆爽，入口奇香甜润，远胜长沙其他地方的盐菜包子。自此，德园逐渐形成了驰名长沙的"八大名包"：玫瑰白糖包、冬菇鲜肉包、白糖盐菜包、水晶白糖包、麻茸包、金钩鲜肉包、瑶柱鲜肉包、叉烧包。

德园包子好吃，功夫全在馅上。除了上好的猪腿肉外，还拌以香菇酱、冻油等调料吊鲜味，最后还要撒入碾碎的芝麻来调香。用白糖、冰糖、玫瑰糖或桂花糖相拌而成的糖馅料，吃起来香甜爽口，油而不腻，十分鲜嫩，"出笼热喷喷，白色皮喧松，玫瑰甜香美，香菇爽鲜嫩"。

"德园有德重人缘，八大名包天下鲜……"这是一位食客为百年德园的包子写下的诗句。坐在德园吃包子，配上一杯早茶，老茶客们会将糖包子和肉包子底部，各扯掉一坨，入口品尝，再将十几粒"大红袍"茶叶塞入糖包子馅内，然后两包对合，并压成一个大饼。这种以浓茶咽双包的吃法，老长沙称之为"糖垛肉，一生足"。

链接

【10万个包子】民国四年，百年德园从臬后街迁到南正街中段的樊西巷口营业，当年端午，德园推出了部分碱水粽子与包子同卖，人们买粽子的同时，也买包子，并以这两样食物赠送给长辈亲友贺节。这一年端午，德园的包子从农历五月初一到初五，共卖出包子近10万个，成为轰动老长沙的一大新闻，自此，长沙每年的端午，除了吃粽子、盐蛋外，也开始流行吃包子，进而演变成至今仍在流传的一大地方习俗。

甘长顺

面面俱到，甘旨唯斯

先读为快 甘长顺由汨罗人甘长林创建于清光绪九年（1883年），取"长治久顺"之意。甘长顺面馆历来以精取胜，其店门口所挂"甘旨唯斯"匾牌正体现了这一特点，该店还创造性地推出蟹黄面、寒菌面，随后便在全市风行。

　　不同于长沙其他百年老店，甘长顺开张伊始，面临的就是生意清淡。光绪九年，甘长林在长沙药王街租下铺面自营面馆，少年入面馆学徒的他虽然手艺精湛，却不擅经营，造成资金短缺。翌年，恰逢慈禧太后五十寿辰，时任湖南巡抚的潘鼎新率城中官绅在万寿宫为其祝寿，在甘长顺订了2000碗寿面。随后，长沙首富做寿，也定下甘长顺寿面，并大开流水席。从此，甘长顺声名大噪。

　　1904年，创始人甘长林去世后，其妻接手了甘长顺，因为汤面的质量下降、价格上涨，生意日渐式微。直到1918年，甘长林之子甘寿鹏长大成人，

接手店面，重新整顿，甘长顺才真正迎来事业的春天。

甘寿鹏精于管理，严把进货关。面粉选用汉口丰年牌或上海牡丹牌，猪肉选"前夹瘦"，鸡肉选"子母鸡"，牛肉选"黄打肋"。甘长顺最为人称道的还属自家的擀面，擀面师傅边擀边卖，客人随到随下，口感非常好，深受老百姓喜欢。当时有谚"神仙难吃刀下面"，说的就是甘长顺刚擀出来的面条味道好，神仙也难吃到。甘长顺擀面讲究"四要"，即皮子要匀，面条要细，碱要适度，水要适量。此外，上堂的面要水清、汤开、油码热。

甘长顺以汤面为主，面码是一碗面的关键。"鸡丝火"是甘长顺面馆独创的招牌面码，做法是将极嫩的鸡脯肉与宁乡猪肉制作的火腿肉切细丝拌炒，再加入香菇、玉兰片和韭菜、香葱等配料，色香味形面面俱到，入口香嫩鲜滑爽，五味俱全。甘长顺作坊内备的几口大缸，就是专门用来烘制火腿肉的。当年湖南督军谭延闿也极爱吃甘长顺的鸡丝火面，兴之所至，还将"鸡丝火"对"鸦片烟"撰成一联，市井相传，更使得甘长顺名号不胫而走，成为长沙城内第一流的面馆。

甘长顺的汤面价比同行业略低，且待客热情，顾客进店笑脸相迎，排座位、抹桌凳、递毛巾。出堂面时必会做到"三带"：带筷子、带冷盘、带调味品。同时保证"三好"，一是快，准时送到。二是热，盖好汤面以防冷却。三是鲜，味道和店里的一样。甘长顺虽店堂不大，但因为过硬的质量和细致的服务赢得了口碑，营业额远大于一般面馆，生意久盛不衰，扬名四方，成为省内著名面馆之一。

链接

传说当年有个叫石川的日本老人，患有严重胃病，无论吃什么东西都疼痛难忍。唯独吃甘长顺的面条气通胃畅，食欲大增，倍感舒畅。除了甘长顺的擀面好，还有一个主要原因是甘长顺特制的秘方香醋，不仅味道醇厚而且有助消化。吃过甘长顺面的人都会觉得那里醋的味道不同，因为当年的香醋是甘长顺委托酱厂另行酿制的。如今，甘长顺在长沙的韶山北路、东庆街、窑岭、五里牌等多处都开设了加盟店。

新华楼

片片"柳叶"情

先读为快　新华楼始创于1953年，前身为仁和粉馆。1978年底更名为新华楼削面馆，改建为三层楼房，经营品种也由原来的米粉为主改为以削面、面食为主。2002年，成立长沙市新华楼餐饮有限公司，以崭新的面貌屹立于竞争激烈的餐饮市场，开始了新的征程。

长沙人爱吃粉，每个早晨都是从一碗粉开始的。1953年，在五一西路开业的仁和粉馆正是主营米粉这类大众化食品，并以传统手法精工制作，虽然甚得口碑，却少了几分特色。如果不是之后的一次重要改变，新华楼也许早已淹没在长沙的众多粉馆之中。

1978年，仁和粉馆更名为新华楼削面馆，引进山西刀削面，并结合长沙人的口味，改良为炸酱刀削面。从此，"一叶落锅一叶飘，一叶离面又出刀，银鱼落水翻白浪，柳叶乘风小树梢"的刀削面正式落户长沙，成为一代长沙人最为浓郁的美味回忆。

当年的新华楼可谓是一个繁华的小夜上海，店面装潢古朴大方，门前硕大的红灯笼迎风飘荡，门前的礼仪小姐打开门，热闹的人声和食物的馨香扑面而来，瞬间点燃了腹中的饥饿感。一碗炸酱刀削面上桌，肉汁的酱香味立刻从鼻尖蔓延到胃里，刀削面的面皮较宽，顺时针方向均匀地码在碗中，把小碗肉酱倒在面上拌匀，迫不及待地尝上一口，刀削面筋道十足，酱的口感稍甜，越嚼越能品出肉酱的香味，风卷残云似地吃完，齿颊留香。那时的新华楼门庭若市，除了口

味绝佳，更重要的是价格公道，寻常百姓家都能消费得起。很多年后的今天，新华楼依然是当年面向大众化消费的酒家，再来这里吃上一碗刀削面，美味不变，回忆一如酱香般绵长。

上个世纪八十年代，为适应市场需求和企业发展的需要，新华楼又一次大胆创新，改造生产设备、改善消费环境、扩展经营范围，将品种增加到西点、面点、饭菜、卤味、风味小吃，特别是率先引进的广式早晚茶、自创的小吃宴、首推的规范化服务和倡导的诚信经营，在长沙餐饮业独领风骚。二十世纪八十年代末到九十年代初，长沙市人民政府向全市发出"店学新华楼"的号召，国家商业部也授予新华楼"全国商业系统明星企业"的称号。1992年，新华楼成为长沙市当时唯一打入全国餐饮业百强的企业，一时间空前火爆。

新华楼作为长沙的老字号之一，致力于传承和发扬中华美食的同时，不断创新和改革，曾经的炸酱刀削面现在也推出了纯绿色食物翡翠面，吸引着越来越多的食客前去品尝。

链接

新华楼作为名牌企业，与同类酒家相比，价格要低20%左右，主要面向工薪阶层，产品也以中低档为主，在这里可以品尝到削面、蒸饺点心、南北风味小吃、传统湘菜、营养滋补炖汤、鲜榨果汁等，现在在长沙设有三家分店。

新华楼车站店　地址：长沙市五一路35号　　　电话：0731-84152057
新华楼坡子街店　地址：长沙市黄兴路坡子街115号　电话：0731-85996705
新华楼东塘店　地址：长沙市雨花区劳动中路54号　电话：0731-85521000

向群锅饺店门前时刻排起的长龙，已然成为吃向群锅饺的一道风景。

向群锅饺 舌尖的向日葵

先读为快 向群锅饺店创建于民国初年，旧址在黄兴路，主营锅饺。20世纪30年代，向群锅饺已声名远扬。近百年来，向群锅饺以其独特风味，时刻吸引着长沙百姓。如今，长沙城还流传着一首童谣："向群锅饺，口味特好。向群锅饺，无人不晓。"

《清稗类钞》中说："中有馅，或谓之粉角，而蒸食煎食皆可，以水煮之而有汤叫做水饺。"北方以水饺著称，南方则有煎饺盛名。煎饺又名煎饺儿、火饺、锅贴饺子等，俗称锅饺，长沙向群的锅饺就是南派饺子的代表。

老长沙也许还记得，昔日的登隆街（今解放西路）是长沙市繁华的"小吃一条街"，小桃园、乐园及聚兴园等名店就设于此。聚兴园是向群锅饺店的前身，因为三位老板分别是江苏、浙江和湖南人，店里主营的锅饺、生煎包、麻饼、蟹壳黄、牛角白饺子等融合了江浙与湖南特色，后来无人不晓的向群锅饺正是产生于这种背景之下。随后聚兴园迁往黄兴北路，并取"面向群众"之意，更名为向群锅饺。

此后因为城市变迁，向群锅饺一度消失在人们的视野中。直到2006年，长沙市坡子街火神筋复兴了十大老字号。而其中最引人瞩目的一家，无疑是向群锅饺，长沙人再一次闻到那熟悉的馨香，仿佛时光倒流，回到初尝向群锅饺的遥远年代，此刻的回眸，凝聚着岁月变迁的朦胧。

上世纪90年代，长沙著名的锅饺店主要有向群锅饺、红梅锅饺、友谊锅饺，其中以向群锅饺名声最著，这是因为向群锅饺有三绝。一是做法独特，在平底大铁锅上放少许油，油热透后熄火，待油放凉后重新点火，放入饺子，再用小火慢煎至皮色金黄，这样的锅饺香气四溢，撩人食欲。二是饺馅独特，三鲜锅饺、海鲜锅饺、肉馅锅饺、素馅锅饺，款款焦香诱人。三是辣椒油劲爆爽口，风味独特。

向群锅饺店里的品种非常简单，主食为锅饺和蒸饺，另外就是甜酒冲蛋、海带排骨汤。这里一直保留着老式面馆的传统，要吃什么就在柜台点单，然后拿着小票去排队等候，店门外时刻排起的长龙已然成为一道风景。与表皮的焦香相比，肉馅的浓香充满了玄机。向群锅饺在肉馅中巧妙地加入了肉皮冻，这样一来，锅饺在滋滋作响的油锅中，化出了鲜美的汤汁，清淡不腻，留给味蕾无限回味。

链接

初来长沙的人走进坡子街，首先就会被向群锅饺店外排起的长龙所吸引，然后忍不住地想要一尝究竟。向群锅饺馅不大但皮很薄，煎得到位，外焦内嫩，热吃皮很脆。配锅饺的辣椒油非常劲爆，又香又辣，喜欢吃辣的人绝对不能错过。

快乐长沙美食

贰

時尚新館

**CHEERFUL CHANGSHA
TRAVEL SERIES**

在长沙吃热闹、吃潮流，这座负载着湖湘文化的城市，对口味有着非凡的创造力，香辣的湘菜经过改良，演绎成时尚新馆的美妙口感，57℃湘的精致铁板湘菜，大蓉和的湘川融合菜式，冰火楼的创意新湘菜，徐记海鲜楼的海鲜盛宴，金牛角王的中西范儿，湘鄂情的湘鄂粤风情，新长福的养生风尚……在长沙吃是一种乐趣，不仅能吃到菜肴的原本精髓，更能吃到长沙人丰富想象中的诱人美味。

新长福 口福致尚

先读为快

新长福原名长福酒楼，始创于1998年，在长达十四年的餐饮经营中，汇集湘菜饮食之精髓，融合各大菜系特色，恪守餐饮经营之道，取得了良好口碑，也得到了市场的认可。先后被省卫生厅、省烹饪协会、省工商局等单位多次授予『餐饮业食品A级单位』、『消费者信得过单位』、『十大金牌酒楼』。2011年末，『新长福』商标被国家工商总局商标局认定为中国商标领域的最高荣誉『中国驰名商标』。

新品之悦

新长福以湘菜为本，注重对传统的继承与创新，引进了天南海北的优质食材，融汇各菜系的烹调特色，强调食材本味天然，不断推陈出新，满足顾客的口味。

在新长福品湘菜，第一不得不尝的是"御品口味蛇"，经过焖烧、油煸、加高汤煎制等多道工序，蛇皮香脆，蛇肉紧实，酱汁香辣味浓，紧紧裹住蛇肉，红艳艳的辣椒浸得蛇肉油光诱人，入口甘香鲜嫩，细品爽辣非常，

开业最早的新长福国贸店

回味无穷。历来位列餐桌珍馐的鳖，俗称水鱼，精华滋味不在肉，而在鳖甲四周的"裙边"，胶质浓糯，细嫩鲜香，能"补劳伤，壮阳气，大补阴之不足"，新长福精心将之红煨，滋味尤为鲜美，营养也更丰富。田鸡和鱼都是湘菜的常见原料，田鸡细嫩，而青鱼则是淡水鱼中的上品，两者皆含有丰富的蛋白质，新长福别出心裁，将田鸡和鱼尾对拼成一盘上品佳肴，口感香鲜，色艺俱佳，惹得人垂涎欲滴。还有新长福的金牌手工粉，纯手工制作，柔软滑口又不失劲道。此外，新长福旗下出品的茶油豆豉蒸腊肠、干锅羊肚菌、长福秘制土龟、芋头牛肉丝等精品湘菜，都广受顾客好评。

在新长福除了享用地道的湘菜，精美的粤菜也不可错过。在世界范围内都有深远影响的粤菜，其烹调技艺多样善变，用料奇异广博，善于在模仿中创新，依食客喜好而烹制。而新长福的粤菜，不仅传承了传统意义上粤菜的味觉享受，更体现了一种对精致生活品味的追求，引申出以小见大的饮食哲学。

小到千叶豆腐这样一盘素菜，新长福都会不遗余力地将豆腐的细腻嫩滑表露无遗，配上酥韧的白果，弹牙的蘑菇，入口感觉似曾相识，却又透露出一种初次邂逅的惊喜。还有被称为"益阳草"的韭菜，有"裸体人参"之称的海肠，可以组成一道韭菜炒海肠的小品菜肴，滋味鲜甜更能养气补血。另外一道黄金龙头鱼也是特色鲜明，龙头鱼肉

典雅的就餐环境

质柔软，光滑无鳞，含有丰富的水分和蛋白质，酥炸制法，香脆可口。传统的粤菜深井烧鹅，鹅皮嫩脆似一咬即破，皮下一层薄薄的鹅油甘香滑润，鹅肉肌理清晰，吃起来肉质结实香醇，连骨头也很入味。

还有新长福的海鲜菜肴，特别是金秋时节，舌尖上的"蟹"逅，肉质甜嫩、黄满膏肥，烹调精妙，至鲜至醇，焕活味蕾，羡煞旁人。"蟹痴"李渔曾言："天下食物之美，有过于螃蟹者乎？"沉醉之情溢于言表。还有鱼翅、龙虾、象拔蚌、桂花鱼、龙胆鱼、东星斑、大连鲜鲍、阿拉斯加蟹等海鲜，新长福以湘粤菜系两大制法烹调，爽辣鲜美呼之欲出，使其具有了更适合湖南人的"重口味"之余，也保证了食材的原味。

长久之福

新长福发展到今天，已经有十四年的历史了。十四年风风雨雨，从一开始的筚路艰辛，到今天成为湘菜的中坚力量；从一个规模不大的酒楼，成长为今天集中央采购、营运培训、市场营销、产品研发等于一体的大型现代化餐饮管理公司；从立足长沙发展到面向全国，新长福以一道道美味佳肴，飘香了饮食男女的肠胃。

十四年来，新长福一直专心致志于美食营养之道，悉心沉淀，形成了以高档粤菜、精品湘菜为主，融谭家菜、大连菜、山东菜为一体的饮食文化。十四年来，新长福以一盘盘色香味俱全的菜品，向所有的食客展现出食物原味的本真，催生出一朵朵香醇丰繁的

美食之花，让美味在食客的舌尖徐徐绽放。

新长福不仅在"食之味"上不懈创新，更注重与健康密切相关的"食之安"，强调"营养膳食均衡、健康养生美味"的理念，并将之贯彻到经营的每一个环节，始终坚持以"福文化"为企业核心，即以人为本，以质为根的企业文化，不断追求品牌的创新和突破，既尊重传统餐饮文化，恪守诚信经营之道，同时也注重企业品质提升，为每一位到新长福品鉴食物的客户，提供安全、新鲜、美味、营养的食物。

在新长福就餐，中国风和福文化元素随处可见，顾客在享受美食的同时，还可以感受到中国传统文化的魅力，因此在新长福，你不仅可以享受物超所值的菜品，还可以感受到一流的环境、亲切的服务，就餐这件事也因此而变得风雅幸福了。

未来新长福并不会固步自封，它将以现代营销理念为手段，准确把握生活形态和消费意识，紧跟市场发展脉搏，推陈出新。旗下出品的新品菜肴不断受到顾客的热力追捧，力求打造以餐饮为龙头的三湘第一品牌。没有最好，只有更好，这一直是新长福努力的方向，也是新长福为之奋斗的目标。

链接

[新长福新时空店] 地址：长沙市芙蓉中路三段398号新时空大厦2—5楼
美食热线：0731-85012777　85212888　85213088
[新长福世嘉店] 地址：长沙市人民东路199号　美食热线：0731-85359999　85144833

湘鄂情 / 美味情缘

先读为快 2007年，北京湘鄂情餐饮管理有限公司正式注册，2009年，公司在深圳证券交易所正式挂牌上市，成为我国第一家在国内A股上市的民营餐饮企业。公司在湖南倾心打造的长沙湘鄂情餐饮有限公司，延续了湘鄂情的品质和特色，经营粤、湘、鄂及各地特色菜，主打湖南、湖北风味，服务一流。

1995年，在深圳蛇口漂泊的湖南、湖北人吃到了来自故乡的味道，而成就这种味道的湘湘菜馆，是一个不到40平米、只摆放了4张桌子的地方，老板孟凯是湖北人，老板娘是湖南人。一年后，人气火爆的湘菜馆兼并了深圳当地一家鄂菜饭店，为了铭记与妻子刻骨铭心的爱情，老板孟凯将菜馆更名为"湘鄂情"。

如星星之火般，湘鄂情从深圳一路开到了北京。1999年，成立北京湘鄂情酒楼有限公司，这个最初位于海淀区定慧寺旁不太起眼的路边店，在原来的湘菜、鄂菜出品优势上再加上粤菜海鲜，试业一个月后，近千平方米的大厅天天爆满。2001年，孟凯又在妻子的老家长沙开设了一家营业面积8000平方米、可同时容纳2000人用餐的湘鄂情酒楼，一时之间成为长沙餐饮界的航母。

今天的长沙湘鄂情，门面幽深敞阔，装修气派亦不失典雅，拥有豪华大气的中式宴会大厅、32间宽敞雅致的包间。菜品以湘菜为主，粤菜为辅，兼营鄂菜。其湘菜汇集了京、粤、川各大菜系之文化精髓，结合湖南本土的饮食文化理念，在人文、营养、食疗方面独具特色，并将四季时蔬与稀有珍馐相融合，将传统与时尚相结合的"健康美食"餐饮理念贯穿其中，形成具有湘鄂情特色的湘菜风味。

湘鄂情钟情于食，更注重于情。曾经有一位客人在湘鄂情就餐时说过年要去海南旅游，服务员听见了，就在客人离开时送给他一个大苹果。客人不解，服务员说，这是祝您一路平安。这就是湘鄂情，你能在这里品尝到香辣可口、精致美观的各色菜肴，更能品味到一种食物之外的情谊。时常有客人来

夜色湘鄂情，车水马龙，生意兴隆。

湘鄂情商务宴请，服务员会在适当的时候帮宴请者挡酒抑或敬酒，这也在无形中拉近了餐厅与客人之间的距离，让就餐的过程轻松而温暖。

从夫妻情意开始，再到现在将温情传递给前来就餐的食客，湘鄂情完成了一场完美的蜕变，凭借着优质的服务和品牌影响力，湘鄂情被国家工商行政管理局认定为"中国驰名商标"，并先后获得"全国绿色餐饮企业"、"中国烹饪协会会员"、"全国特级酒家"、"中华餐饮名店"、"第五届全国烹饪技术比赛"团体金奖等诸多殊荣。

链接

[长沙湘鄂情餐饮有限公司]（湘鄂情雨花店） 地处长沙市劳动东路，东临长沙体育新城、繁华的武广新站，西连直通长沙河西开发区的猴子石大桥，交通便利，特色菜品包括小米活海参、土乌龟、有机鱼头、血酱鸭、香口逸嘴蛙等，并有免费停车的服务。

地址：长沙市雨花区劳动东路289号嘉盛华庭·EA财智中心裙楼

电话：0731-84534777 84325999

秦皇食府

秦朝的回味

长沙秦皇食府餐饮管理有限公司，是以秦文化为背景，集全国名厨、名菜于一体的大型餐饮连锁企业。殿堂装饰、摆设均以古秦文化与风俗为主元素，配以秦国兵佣和铜车马、瓦当、文饰、古典音乐及仿秦服装，营造独特的秦文化氛围。"集八大菜系于一体、收七国佳肴于一席"的秦皇食府，已成为品味秦皇历史、彰显秦楚文化的经典品牌。

六王毕，四海一，秦始皇收天下剑戟以铸铜人，治三十六郡而安天下，人才流动，百艺俱兴，名厨荟萃于三秦大地，秦皇美食，也就应时而生。时隔两千多年，秦皇食府探究先秦美食之风韵，利用现代厨师的创意，学习各地美食的制作方式，在提供各种口味食物的同时，也将秦皇饮食文化带到了人们面前。

秦皇食府内的一桌一椅，一杯一盏无不透着浓郁的秦朝文化气息。

身着秦朝服饰的女服务员和秦时战马。

走进秦皇食府的大厅，一个勇毅逼人的兵马俑驾着一匹骏马，拉着战车探步向前，仿佛要冲向万里疆场，浓郁而古朴的气息扑面而来。当一道道色、香、味俱佳的佳肴，用十分讲究的精美器皿盛放，端上厚重古朴的餐桌，再由侍者将美酒倒入酒樽后，整个大殿便漾满酒香，那种穿越之感达到了极致，

在品尝美食的同时也与文化撞了个满怀。

从一开始秦皇食府就决心走文化餐饮之路，打造出中国餐饮文化品牌，因为他们觉得只做菜式难以出新，只有将餐饮插上文化的翅膀，企业才能腾飞得更快，才能更好地弘扬几千年来形成的餐饮文化。

"兴尽秦汉雄风中，味在秦朝瓦罐里"食府的许多菜品都是有典故可循的，比如秦皇瓦罐汤，秦始皇统一六国后，各地以美女、方物取悦秦皇，楚国因为拒秦最惧怕秦始皇怪罪，因此特制陶罐，置楚所产的鸡、鱼、野生菌、竹笋及佐料于瓦罐中，温煨整日，以所得的汤献上，秦始皇后大悦，赐名"秦皇瓦罐"，并且将它设为常年贡品，楚境因此而免灾。除了秦皇瓦罐，楚国竹香鱼、燕国蜗牛钵、魏国兔兔香等也都是秦朝

服务员的服饰以及色香味形俱全的七国佳肴，无不闪烁出秦朝文化璀璨的光彩。

有名的美食，体现着当时的饮食文化。

事实上，秦皇食府打造中国餐饮文化品牌并非只停留在思想上，在长沙5000多平方米的秦皇食府，我们看到，这里的一杯一盏、一桌一椅、一碟一碗，一张名片或一张订餐卡无不渗透着浓郁的秦朝文化气息，而府内的秦时古战车、文官俑、兵马俑、将军俑、瓦当、酒鼎、狼牙旗、服务员的服饰以及色香味形俱全的七国佳肴，无不闪烁出秦朝文化璀璨的光芒，甚至是包厢的名字，也是用秦朝时期的地名。

在如今，许多地方在墙上挂几幅字画，给菜品编几个故事，就说自己是在做文化。这种流于表面的文化，只能算是一种推销手段。而在秦皇食府，文化已经渗透到企业的各个角落，连餐巾纸盒印制的花纹，都是有历史渊源的。也许很多顾客不会注意这些细节，但秦皇食府也坚持做到位。文化不只做给别人看的，是用来沉淀和体味，只有将文化做到细致，才能真正投入，从中受到美好的回馈，如此，于顾客于企业都是好事。

链接

【功夫茶】秦皇食府吸引客人的除了美食，还有武术茶艺。顾客把酒言欢，酒兴酣畅之际，一位身着黄色绸缎的茶师会来到酒桌前，一声"高山流水"，那铜壶长长的茶嘴便神奇地绕过脑后，长臂过肩，一注热气腾腾的茶水犹如飞流挂壁，奔腾直下，注入茶碗。秦皇食府的茶艺班底由10多名来自云贵的茶师组成，这些茶师全都经过多年的专业训练，娴熟绝妙，为席上贵宾增添了许多乐趣的同时，也丰富了秦皇食府的文化内涵。

秦皇食府总店　地址：长沙开福区湘江中路一段199号　电话：84319133
市府店　　　　地址：岳麓区岳麓大道158号　　电话：88211919
劳动西路店　　地址：天心区劳动西路272号嘉盛奥美城　电话：85119933
车站北路店　　地址：芙蓉区车站北路31号　　电话：82287667

大蓉和

湘川菜"混血儿"

先读为快 大蓉和以"色鲜、香醇、味美、形奇、器雅"的融合菜系而闻名，大蓉和菜品，贵在创新，不拘地域，不拘流派，博取众长，自成一体，色鲜诱人，奇香扑鼻，味纯可口，做工精细，深受长沙食客们的喜欢。

湘川嫁接的路子

　　一直以为大蓉和与"芙蓉国里尽朝晖"有着某种契合，不曾想"大蓉和"原就是"大融合"，湘川双融，和睦和美，以美食的名义诠释生活。大蓉和素以"色鲜、香醇、味美、形奇、器雅"的融合菜系而闻名。讲究的是原汁原味，吃鸡品鸡味，吃鱼尝鱼鲜，绝少用怪味来骚扰菜肴的本味，另一方面又融合了现代人的消费习惯，注重个性尊崇和健康环保。

　　在董事长李自康十多年的悉心经营下，大蓉和的品牌和形象已经深入人心，并成为湘菜行业的领军之一。做什么菜，一直是让李自康头疼的问题。什么是好菜？卖得好的菜才是好菜。"要实事求是，要贴近当地市场。我们有一句话：千万不要把自己喜欢的菜当成好菜推荐给客人。"经过观察，他看到很多餐馆把自认为最好的菜搬到另外一个城市，但顾客不接受，餐馆生不了根，只好关门。这样的例子太多了。"把最正宗的毛氏红烧肉、东安仔

鸡拿到外面去，往往顾客并不买账，他们接受的是符合自己口味的菜。"李自康他们意识到，只做川菜没有自己的特色，只做湘菜也难被人接受，从而确立了"湘川嫁接"的路子。

"融合菜"能综合多种菜系的优势，不光是在口味上的融合，而且在原材料选择与开发，厨师队伍的建设上也可以看到"融合"的身影。大蓉和常年聘请各个菜系的大厨，"同室操戈"共同切磋，各地的风味再经过"湘味"的改进，就能适合湖南人的口味。

消费对象决定了你该卖什么菜。中餐是艺术，而不是一个已经定型的工业产品，应该根据不同的地域、习性、人群做不同的口味。大蓉和在湖南是湘菜餐饮品牌企业，做新派湘菜；在四川是川菜餐饮品牌企业，做新派川菜。各地大蓉和菜品有共同之处，但也有区别，因地制宜，入乡随俗，充分尊重市场，因此得到了各地顾客的青睐。这也是大蓉和"厨师跟着老板走，老板跟着市场走"的理念。

湘菜里的"融合菜"

对于大蓉和来说，每道菜都是一个阶段，必须不断否定过去，否定自己，创新出让人们耳目一新的菜式。这里的"融合菜"是一种无菜系束缚，不拘地域，不拘流派，博取众长，自成一体，就地取材的创意菜，把湘菜的传统精髓保留下来，加以融合创新，呈现给食客以全新的、细腻精致的湘菜口感。因而大蓉和的菜肴尊崇"形如淮扬味在川，色及杭帮精其粤，地道蜀风又似湘"，循序渐进的款款新品亦如"混血儿"般，兼容并蓄，美味醇香。

有机黄豆芽

养生金瓜

养生大煲

大蓉和迎宾路店位于烈士公园的南大门，守着烈士公园一园的宁静与浪漫，简洁的外部装饰，却将惊喜暗藏其中。步入大厅，非常现代的装修风格，将中西文化融合，时尚却也悦目。店内悬挂了多幅中国旅美画家李自健的画，柔和的灯光和着轻柔的音乐，营造出店内宁静舒适而又不失神秘的氛围。

据《易经》记载，所谓里形而上者谓之道，形而下者谓之器。这里的美食非常注重装盘的赏目，所谓有佳肴耀目，亦有大器生辉，道与器为一体，相得益彰之美，使得每一道都似一件艺术珍品，都不忍心动筷子。这样的氛围，乐享安于一隅的静谧，品味新颖的精致湘菜，可谓人生之一快意事也。

【特色菜品】

养生金瓜 菜品的美德中，赏心悦目算一项。这道点心，蜂蜜的天然蜂甜结合小金瓜蒸后的淡淡甜香，颜色可喜，甜香诱人，送一块金灿灿的蜜汁小金瓜入口，特殊的金瓜粉糯甜美在舌尖融化成了一抹香气，仿佛还没有尝到味，就已经获得了无上的享受。

鸿运当头 地道的湘味剁椒鱼头，大蓉和的招牌菜。鱼头边点缀几个芋头，鱼头上覆盖着几片火红的辣椒，甚是养眼，寓意也极好，很受欢迎，几乎是每桌必点的菜，鱼头吃完以后可以加入面条，面条混合着鱼头和剁椒的汤汁，十分好吃。

养生大煲 筒子骨炖萝卜是一道经典的蓉和菜式，筒子骨就是猪的腿骨，因为形似棒子，四川人多称棒子骨，用来煲汤，既不油腻又滋补，萝卜更是适合养生的蔬菜，民间谚语道："冬吃萝卜夏吃姜，不劳医生开药方"，萝卜可以中和骨头汤中的腥味和油腻，使棒子骨汤鲜中带甜。

铁盘水晶虾

清香江团鱼 四川境内江团鱼属全国唯一的粉红类，白里透红，比其它江河所产的江团鱼更高一筹，是一种稀有的珍贵鱼类，曾被人们称为"嘉陵美味"。江团鱼是一种高蛋白、低脂肪、营养丰富的高级滋补食品，肉质细嫩，味道鲜美，肥而不腻，是席上珍品，有"千里送名鱼，皇家席上珍"之说。苏轼诗赞江团："芽姜紫醋灸银鱼，雪碗擎来二尺余，尚有桃花春气在，此中风味胜纯鲈。"

铁盘水晶虾 一道很具水乡风味的蓉和特色菜，虾仁经温油滑熟，呈现出半透明的玉色，晶莹剔透，绵绵软软，围在盘子的周围，点缀些葱花，色形美观，真可谓"清水出芙蓉，天然去雕饰"。这道水晶虾制作精细，虾仁滑嫩，白净滋润，鲜嫩可口，相当的美味。

链接

长沙大蓉和迎宾店	地址：长沙市芙蓉区迎宾路烈士公园南门	电话：0731—84445105 82226877
长沙大蓉和曙光店	地址：长沙市雨花区曙光中路左家塘	电话：0731—85797749 85797333
长沙大蓉和贺龙店	地址：长沙市天心区贺龙体育场北门	电话：0731—88880444 88828977
长沙大蓉和延年店	地址：长沙市芙蓉区铁通大厦	电话：0731—82661777 82661778
长沙大蓉和星沙店	地址：长沙市星沙大道商业乐园	电话：0731—86789866 84067760
长沙大蓉和青园店	地址：长沙市天心区原青园宾馆	电话：0731—85316666 85310000
长沙大蓉和河西店	地址：长沙市岳麓区银盆南路	电话：0731—83757777 88860099

徐记海鲜
来自海洋的食谱

先读为快 徐记海鲜作为长沙海鲜的领导品牌，自1999年创立至今，经过13年的诚信经营，已发展成为湖南餐饮行业的知名品牌，在全国同行业中也享有盛誉。徐记海鲜先后多次获得省市级"十大金牌酒楼"、"最佳饮食文化奖"、"金色十五佳酒楼"、首批"餐饮业食品卫生A级单位"等荣誉称号。目前公司已有十余家门店，分布于长沙、西安、青岛三地。

1999年，徐记海鲜从湘阴来到长沙，首创了海鲜大排档，以生猛海鲜作为招牌，并结合了海鲜与传统湘菜的烹饪特点，创造出了一种全新的湘菜，色香味形取得了大胆的突破，很快就成为星城餐饮业的一颗新星。

原生态是自然赋予人类饮食最本原的一种生活状态，食物呈现出来的原汁原味，彰显出自然的味道，而徐记海鲜加工海鲜及各系菜品十几年，最坚持的莫过于美味来自于食材本味的原则，为了追求原味，徐记海鲜不惜北上大兴岭、大连和渤海湾，南下广东沿海、广西北海，西去滇贵高原、四川

典雅的店堂，规范的服务，美味的海鲜，为顾客提供了一种温馨的美食氛围。

盆地，东飞长江入海口、苏州阳澄湖，满天下采购珍贵的原生态食材，从渤海海珍、北海小海鲜到东南沿海、深海海鲜，从长江三鲜、阳澄湖大闸蟹到西江瘦身鱼，从大兴安岭细木耳、川滇野生菌类到洞庭湖旁的各色时蔬。为了呈现出最新鲜的食材，徐记海鲜算得上是煞费苦心。

为了对海鲜的生鲜之美充分尊重和呵护，徐记海鲜融合湘粤两大菜式的优势，各取所长，推崇用最家常、最简单的方法和最少的调料烹制菜肴。在烹饪中注重少油、少盐、少味精的营养健康饮食原则，不使用香

精、色素等食品添加剂，无论在原材料的采购、加工、制作、搭配、调味，还是火候掌握上，都体现了对原材料本汁本味的尊重，这与徐记海鲜崇尚生态自然的餐饮文化哲学一脉相承。

徐记海鲜做美食，菜品不断推陈出新，并为此而提出了"适时而食"的理念，选择原材料讲究季节性，讲究选用同一食材不同时期的不同部位，还讲究对菜品风味与口味的调和，确保味道的浓淡合乎季节、气候的变化，让菜品品质达到最佳，对人体健康最适宜。此外，在菜品制作方面，徐记海鲜也

徐记-潇湘三宝

非常注重每个细节，精心搭配调味，火候精准掌握，烹饪技巧别出心裁。

徐记海鲜对菜品的"形"更是精益求精，要求刀功精湛、色泽精美、装盘考究，坚持做到每个菜品都符合"精心设计，精细做工，做出精品"的标准，期望做到不仅让顾客食欲大开，赏心悦目，还要让顾客获得更高的品质享受。

链接

【徐记海鲜长沙布局】徐记海鲜　全国服务电话：4 000 000 311

总公司	地址：长沙市芙蓉中路一段163号新时代广场南栋20楼	电话：0731-84464858
长沙伍家岭店	地址：长沙市开福区新唐家巷39号	电话：0731-84473888
长沙曙光店	地址：长沙市曙光北路91号	电话：0731-84152685
长沙金瑞店	地址：长沙市芙蓉中路二段164号	电话：0731-85514688
长沙阿波罗店	地址：长沙市八一路1号	电话：0731-85174299
长沙湘江店	地址：长沙市湘江中路二段208号欧陆经典1楼	电话：0731-84461099
长沙市府店	地址：长沙市岳麓区岳华路以东银馨家园B10栋	电话：0731-89789268
长沙喜乐地店	地址：长沙市雨花区万家丽中路三段59号喜乐地购物中心五楼	电话：0731-88285299
长沙万国城店	地址：长沙市开福区福元西路199号万国城商业楼三楼	电话：0731-89715309

57℃湘
一场舌尖上的恰恰

先读为快 57℃湘品牌于2009年11月5日诞生，成为长沙餐饮潮流发源地，外地游客游玩长沙必吃57℃湘。57℃湘芙蓉店坐落于长沙芙蓉中路195号，白色主调装修，极具小资情调。芙蓉店于2009年12月获得上海大世界吉尼斯——"世界上最大的铁板烧餐厅"的称号，成为了餐饮业的艺术之花。

57℃的最佳口感

在十五世纪前后的西班牙，水手们在海上生活无聊时就以钓鱼为乐，然后将捕获的鱼炙烤得皮香肉熟，这种烹调方法就是铁板烧的雏形。后来，再由西班牙人传到墨西哥及美国加州等地，直到二十世纪初由一位日裔美国人将这种铁板烧熟食物的烹调技术引进日本加以改良成为今日名燥一时的铁板烧。

高温铁板上，刀叉相伴为伍愉快地舞蹈着，间或有少许的盐和胡椒在周围蹦跳伴舞，白葡萄酒引发热情升腾的火焰，鲜肉在铁板上发出的"嗞嗞"声，幻化成耳边跳动的音符……以铁板为厨房，以刀铲做道具，享受每一次食物在铁板上嗞嗞作响的乐趣，其间穿插着铁板烧师傅精彩的"Show time"，花两三个小时享受这一场味蕾欢宴，实在是惬意，57℃湘致力于顶级铁板烧，带您走进铁板烧的美味世界。

57℃湘芙蓉店，位于交通便利的芙蓉中路，外墙浅黄色藤蔓装饰，大厅白色基调，墙纸富于异国风采，极具小资情调，很是吸引年轻人。57℃是中国烹饪协会确定的食物入口的最佳温度，湘代表湘菜，把湘菜和铁板烧结合起来，可以让菜品在最佳温度时呈现给客人，这是57℃湘的特别诱人之处。

开放式湘味铁板烧

长期以来，铁板烧被赋予贵族饮食的定位，日本更认为铁板烧是日本料理的最高境界，57℃湘第一次将湘菜与流行世界的铁板烧相结合，推出了具有浓郁湘味的铁板烧，

在57℃湘用餐，还可以亲手制作铜锣烧，充满趣味和甜蜜。

以铁板为载体，融合湘味香脆爽于一体的精致口感，开放式湘味铁板烧给美食赋予新定义，呈现不一样的湘菜美味。

在57℃湘，大圆桌、四方桌不见了踪影，灶台搬到了食客的眼前。帅气的厨师，个个"秀色可餐"，当面给食客做菜，炒手们面带微笑，把炒菜变成艺术创作，让美食从容上盘，勾起食客的馋虫。用餐长桌像一个吧台，围绕了一长排高凳子，客人成排坐着，哪怕身边是陌生人，只要一个眼神的交汇，便可能演绎出一段新的友谊或爱情。餐厅鼓励客人拼桌搭餐，因为这样更实惠、时尚，说不定还会有N次邂逅的佳话。

在铁板上做湘菜，是湘菜的一次有趣探险。正宗铁板烧少不了香煎鹅肝、海鲜龙虾、松版牛肉这些顶级原料，这一些57℃湘也能做，但他们最大的创意，却是让湘菜

在铁板上演出，成为铁板烧舞台上的耀眼新秀。例如传统的生煎鱼饼，用新鲜鱼脯手工锤制，煎制出来以后金黄酥香，长沙炒饭配以咸鲜香辣的地方配料现场炒制，完全不输于韩式炒饭。不用说，有些菜是带有辣味的，但炒手就在眼前，你可以面对面提出要求。顺便值得一提的是，57℃湘芙蓉店还获得了吉尼斯世界纪录认证，这可是铁板烧业的奇谈。

【热销菜品】

飞鱼籽蒸蛋 造型较为可爱，一个个挖开口的鸡蛋装在螺旋铁架上，里面是搅拌过的蛋液，放到铁板上加热至凝固，待蛋液快熟透时放入一勺飞鱼籽，接着继续加热，整个过程有些漫长，好在味道确实很鲜。鱼籽的营养价值也是极高，是养身健脑的佳品，对青少年发育是好处多多。

法式煎鹅肝 鹅肝被西方视为"天堂美食"，富含不饱和脂肪酸，可降低体内胆固醇含量。这里的鹅肝煎得超级香嫩，入口即化的口感，包上外皮烤得脆脆的吐司一起吃，一方面可以吸走鹅肝多余的油水，另一方面提升了口感的对比度，非常好的搭配。

蒜香河虾 选用上等太湖虾现场煎制，选材非常新鲜，事先都已开背去筋，师傅火候掌握得不错，虾的肉质紧实弹牙，加入了蒜泥、葱等调配料，加重了它的香味，这道菜是《天天向上》节目的推荐之品，也是超出想像的一道美味。

铜锣烧 本店经典甜点之一，形色犹如铜锣，疑似有声，口感软绵，透脾甘甜，足以犒劳你的味蕾。第一次看到现场制作的铜锣烧，过程非常有趣，也可以自己动手试试的噢。

什锦炒饭 取优质米饭，配以火腿，洋葱等近十种荤素食材现场炒制，香喷喷的米饭也似湘女，绵柔多情。

香烹田螺 选野生田螺，配秘制卤汁酱现场制作，香脆可口，偏辣，典型的湘菜口味。

秘酱焗生蚝 生蚝称之为"贝类黄金"，极具营养价值，配以秘制酱料，风味独特。

飞鱼籽蒸蛋

铜锣烧

秘酱生蚝

什锦炒饭

链接

【星城57℃湘】

57℃湘芙蓉店 地址：长沙市天心区芙蓉中路195号　电话：0731-88775757

57℃湘王府店 地址：长沙市芙蓉区车站北路步步高超市三楼　电话：0731-84425757

冰火楼 冰与火的美食之道

**先读
为快** 冰火楼酒店创办于1988年，现有冰火楼华天总店、梦泽园分店、
柏郡酒店三家酒店，连届荣获"长沙市十大金牌酒楼、最具人气
奖、消费者信得过单位、诚信经营单位、中美著名品牌"等殊荣。冰火楼
以创新湘菜作为特色产品定位，菜品上博采众长，结合湘人食性，不断
推陈出新，形成了一套成熟的独具特色并不断创新的菜品体系。

　　冰的晶莹剔透，火的热烈奔放，两者的碰撞该是怎样的华章？冰火楼，
冰火于一室，极尽阴阳和合之美，融冰的清爽，注入火的热烈，得来冰火缠
绵的别致口感，直抵人心。将冰火之道，用于厨艺，或浓或淡，或鲜或咸，

觉，但又不失其原汁原味，以此得来顾客的不断惠顾。

走进冰火楼解放路店，湖湘餐饮的文化艺术特色纷呈，大气亲和又不失现代风味的大厅装饰很是悦目，各层大厅、包厢的装修风格随势而变，古香古色有之，浪漫情调有之，热闹中有一处宁静的所在，宁静之中又精巧别致。冰火楼的楼面布局会定期变化，不过万变不离其宗，拆除一些，搬动一些，装饰一些，亮化一些，一个新的冰火楼又焕然出炉，处处可见经营者的用心。

包厢内灯光柔和，壁画营造出冰火楼特有的温馨氛围，餐桌上雅致、精巧的器皿令人赏心悦目，每一处细节都做到精致。冰火楼的每一款菜都兼具色、香、味、形，在餐桌边坐下，慢慢品尝创新湘菜的精致口感，可以体验到满满一筷子丰足完整的快乐。

【特色菜品】

御品乌鸡王： 乌鸡又名乌骨鸡、黑脚鸡等，是公认的滋补强壮之品。乌鸡肉质细嫩，味

增之一分则多，减之一分则少，取恰好的分寸，做别致的湘菜，在冰与火的矛盾之间寻求味蕾的新鲜感觉。

纯正的湘菜口味使冰火楼的食客熙熙攘攘，不过最留得住客人的，莫过于冰火楼率先提出的"创意新湘菜"的理念。冰火楼的创意新湘菜定位为做时尚年轻，口感醇和，精致精美的精品湘菜。不断创新，不断改良菜品，让消费者每次来冰火楼都有新的感

御品乌鸡王

养生石锅黑豆腐

泡椒鲜鲍

鸡汁有机淮山

道鲜美,可以烹制出色、香、味各异风味别具的多种菜肴。本店这道乌鸡与传统的炖法比较,由于改用了清新的煨制,不但保持了乌鸡的原汁原味,而且滋味独特,是一道益气活血,养颜润肤的珍馐美食。

养生石锅黑豆腐: 上等黑豆研磨成豆浆后,自制成黑豆腐,外韧内嫩,清新爽滑。精挑细选的上等羊肚菌,含抑制肿瘤的多糖、抗菌、抗病毒的活性成分,具有增强机体免疫力、抗疲劳、抑制肿瘤等诸多作用,两种原材料的结合,将营养和健康在湘菜中演绎得淋漓尽致,味型适中,深受消费者追捧。

泡椒鲜鲍: 这是一道典型的海鲜湘菜的做法,既保留了鲍鱼的营养价值,加入泡椒以

后,使其味道微酸微辣,具有湖南特色和几分湘情湘韵。其出品大气,泡椒的点缀有似鸿运当头,西兰花的相伴寓意玉树金钱,结合"健康吃出来"的理念而研制的一道创意新湘菜。

鸡汁有机淮山: 淮山亦称山药,具有多种营养保健的功效,而双峰青树坪镇出产的淮山得益于其特殊的气候土质,细腻,粉中带糯,独具特色,当地人长期把它作为节日享用和馈赠亲友的佳品。据《本草纲目》记载其具有健脾、补肺、固肾、益精、降血脂、调肠胃等多重功用,食药两用。青树坪淮山其生长的土质和天然养分使其更营养成分更丰富,口感更醇和。

链接

【星城冰火楼】

冰火楼(解放路东总店) 地址:长沙市芙蓉区解放东路271号(华天大酒店对面) 电话:0731-84116437

冰火楼(梦泽园店)   地址:长沙市芙蓉区车站北路289号   电话:0731-82194477

冰火楼(柏郡酒店)   地址:长沙市新省政府新韶西路1号(新省政府西门) 电话:0731-84776666

西湖楼 中国最大的酒楼

先读为快 西湖楼始办于2000年，因落址浏阳西湖山畔而得名。2004年，董事长秦灵芝于星城长沙再创新业，新址坐落于长沙马栏山，旁靠省广电中心、西邻浏阳河、东接黄花国际机场、北望世界之窗，占地面积88亩，可同时容纳4000人就餐。2004年，被上海大世界吉尼斯总部认证为中国规模最大的酒楼。2006年，被长沙市旅游局评为长沙首家旅游五星级酒楼。

　　巍巍城楼，青墙碧瓦，古老而厚重的城门触手可及。这里不是清朝宫廷，而是中国最大的餐饮基地——西湖楼。"湘江北去千重浪，爽气南来第一楼"，西湖楼的中式古典建筑群与月湖公园相映成趣，组成一派湘楚胜景。

　　走进西湖楼，雕栏画柱，楼台水榭，小桥流水，园林美景让人犹如画中游。西湖楼依据不同的建筑风格与菜系，主要分为湘菜区、宫廷御膳区、君临南国粤菜区、西湖街小吃区四大区域围绕人工湖形成一个有机整体。无论是湖面轻舟细斟还是游景观赏用膳，都是一番尊贵的享受。当然，在这里还

可以品尝到中国非物质文化遗产——满汉全席，据说要吃3天6顿。

西湖楼将浏阳菜作为主打菜系，并不断将湖南各地特色菜肴加以改良创新，使之成为一种新经典湘菜。黄金鱼头、酱汁脆笋、家常豆腐、浏阳薰干、青椒炒仔鸭、西湖牛肉、竹筒糯米排骨、粉皮黑山羊、西乡狗肉、薰干炒耳尖、烫萝卜菜、酱汁肉、风吹猪肝等一系列佳肴都是长沙食客的心头好。

一味简单的京味萝卜，西湖楼都能摆出超高难度造型。酱汁脆笋则是选取时令的嫩笋，切成粗细均匀片状，伴以秘制的酱汁，两种都是时令食材虽简单却好味。

在长沙，花螺的吃法多种多样，但能将花螺做出特色来的西湖楼算是难得一家，别家大都以热炒，或辣油泼，西湖楼的做法很简单，辣蒜浸泡即可，名为"辣蒜浸花螺"。关键就在于花螺的选择和辣蒜的比例以及浸泡的时间，这三点看似简单，但操作起来没有经验着实不易。

在西湖楼有一道紫苏仙桃，将桃子切成均匀薄片，配以紫苏叶提味在鲜桃丰收时节，吃到鲜嫩多汁而有丰富口感的紫苏仙桃实在是一大快事。西湖楼一道普通的家常豆腐也是每桌必点，只因豆腐正宗，为自家磨制、点卤而成的豆腐、口感更紧实，小火煎成金黄，放入高汤，最后撒入湖南人爱吃的辣子。在养生大行其道的今天，西湖楼也紧跟潮流，药膳驴肉、粉皮炖羊肉、秘制龟肉都是好食材好味道。

链接

西湖楼所处的马栏山是美食荟萃的好地方，常德土菜鱼馆、衡东土菜馆、亿口香龙虾、鱼悦龙门、洞庭天下鱼等等，口味独特，价格适中。入夜之后，马栏山更加热闹，夜宵好吃又实惠。
地址： 长沙市开福区万家丽北路马栏山（近广电中心）**电话：** 0731-84258188

金牛角王 / 味道也时尚

先读为快　长沙金牛角王中西餐厅成立于2001年，以经营中高档中西餐为主，目前在全国拥有近20家分店。先后荣获"湖南省餐饮十强企业"、"中国餐饮百强"荣誉称号。餐厅不仅提供各种美味，还配有书吧、音乐电台、钢琴演奏、乐队组合等节目，时尚的设计，舒适的环境，热情的服务，处处体现中西合璧、海纳百川的高端品质生活。

十多年前，第一家金牛角王中西餐厅在长沙市芙蓉北路开业，创造性地调整了西餐的做法和内容——将最具湖南特色的剁辣椒融入到西餐烹调之中，这种改变在传统西餐厅看来是离经叛道的事。然而恰恰是因为这种独特的口味，让金牛角王迅速在星城占领了一席之地。

走进金牛角王中西餐厅，精致的空间设计和酒红色的视觉效果张扬着个性与情调，翻开菜单，既有咖啡，也有湘菜。既有牛扒，也有煲仔，兼具西餐的舒适和中餐的随意，让人有多种选择。在这里，食客可以尝

到的，不只是经典的咸和甜，还是富有创意的鲜和辣。于美味中融入中西文化，这是一场奇妙的味蕾之旅。

除了美味，金牛角王还拥有配套的书吧，顾客在等餐的时候，可以来这里体会最为知性的恬淡氛围。在窗边的位置坐下，享受着金牛角王独创的音乐电台之声，捧起久违的书籍，时间在这一刻变得缓慢、悠然。店里的细致服务还体现在人性化的儿童专区，由专业幼师照看坐不住的小朋友，让家长可以安心就餐。

纵然湘菜一如湖南人性格中的霸气，但

除了美味，金牛角
王还配有书吧和音
乐，让时间在这里
变得缓慢、悠然。

并未垄断湖南人的胃口，食在长沙，吃遍世界也非难事，金牛角王中西餐厅的包罗万象正好迎合了人们的口味，同时品味中餐的活色生香和西餐的精致细腻，虽然随性，却更加贴近长沙人的生活。十多年后的今天，金牛角王中餐厅已经走出了长沙，从当年的1家店发展为19家，将其时尚的味道、现代简约的氛围带给更多热爱美食的人。

扎根长沙十余年，太多人爱上了金牛角王独创的剁辣椒配西餐的绝味。也许依然有人不喜欢金牛角王的中西合璧，但是在金牛角王看来，他们追求的不是正宗，而是合适。在忙碌的生活过后，顾客来到这里，就可以随时享受一份精致的美食，西餐在这里变得不再高不可攀、礼仪繁冗，中餐也变得花样繁多、精巧别致。这一切的改变与创意，是为了食客在享用美食的那一刻，感受到如家庭般轻松自由、毫无压力的氛围。

链接

【金牛角王地图】如今，"味道也时尚"的金牛角王已经在长沙开设了十余家门店，其尊重差异的舒适服务，从理解延伸至关怀，不断推出经典和创意相交融的产品，满足不同顾客的要求，让挑剔的味蕾享受独一无二的快感。值得一提的是，餐厅每晚都会有歌手演唱、钢琴演奏、乐队组合等节目上演，食客在饱尝美食的同时，还可以赴一场视觉盛宴。

金牛角王中西餐厅 SEVEN 店　地址：长沙市芙蓉区黄兴中路 1 号太平洋大厦 3 楼　电话：0731-82805599
金牛角王中西餐厅侯家塘店　地址：长沙市天心区侯家塘芙蓉中路 2 段 393 号　电话：0731-82920988
金牛角王中西餐厅海东青店　地址：长沙市芙蓉区芙蓉中路 464 号海东青大厦 1 楼　电话：0731-82939955
金牛角王中西餐厅东塘店　地址：长沙市芙蓉区韶山北路 453 号　电话：0731-82920966
金牛角王中西餐厅八一路店　地址：长沙市芙蓉区八一路 10 号天佑大厦 4 楼　电话：0731-88334106
金牛角王中西餐厅 CBD 店　地址：长沙市芙蓉区韶山北路 139 号　电话：0731-82767788

潮流食圈

CHEERFUL CHANGSHA
TRAVEL SERIES

快乐长沙品美食

湖湘佳肴的精髓就是继承这片土地的性格，热闹、尽兴、扎堆，因而催生了一种沸腾的美食生活，也成就了一条条美食街的群起群旺，坡子街老字号美食街，南门口小吃一条街，八一桥美食圈，天马烧烤美食圈，芙蓉南路美食带……这些深具口碑的美食圈，成为了这座城市的美食地标。

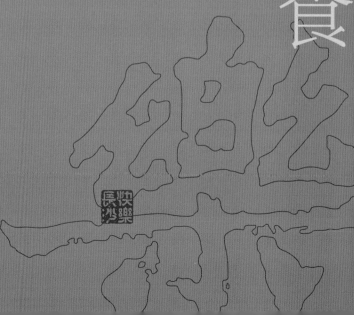

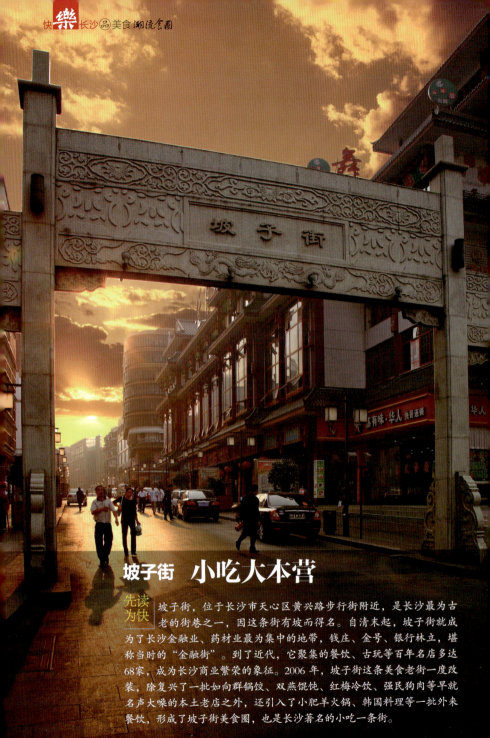

坡子街 小吃大本营

先读为快 坡子街，位于长沙市天心区黄兴路步行街附近，是长沙最为古老的街巷之一，因这条街有坡而得名。自清末起，坡子街就成为了长沙金融业、药材业最为集中的地带，钱庄、金号、银行林立，堪称当时的"金融街"。到了近代，它聚集的餐饮、古玩等百年名店多达68家，成为长沙商业繁荣的象征。2006年，坡子街这条美食老街一度改装，除复兴了一批如向群锅饺、双燕馄饨、红梅冷饮、强民狗肉等早就名声大噪的本土老店之外，还引入了小肥羊火锅、韩国料理等一批外来餐饮，形成了坡子街美食圈，也是长沙著名的小吃一条街。

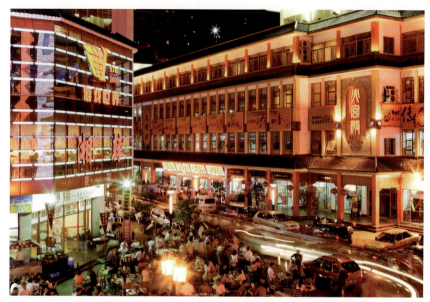

坡子街，长沙最具美食人气的街区之一，热闹是这里的常态。

民国长沙的"华尔街"

一座城市最深的气味往往来自历史的沉淀，来自那些最老旧、残破的街巷，它们才是城市的守望者，被时光不断打磨，被历史不断渗透。走进古老与新生夹杂的坡子街，那些曾经的符号性建筑与痕迹仍在，新巷、福胜巷的古民居守住历史，守住生活，静谧如月，老旧的门楼，斑驳的外墙，记录着老长沙的史脉与传承，展示着这条古街独有的个性与身份。

翻开坡子街的历史，走进老街的深处，一切都已嬗变，一切都已远遁。坡子街，曾经是长沙历史上一笔温润的注释，平整的麻石街面上，呈现着昔日的繁华和嘈杂。作为一条商业老街，百年来，从其形成、发展到盛极一时，都跟湘江水运密不可分。古时陆

路运输不发达，沿江水运码头便成了商业繁华区。当年，坡子街西接江边小西门码头，因了这种"近水楼台"的便利，成为了药材、布匹等诸多货物的重要集散地，从此商贾云集，店铺林立。

自清末起，坡子街就成为了全市金融业、药材业的集中地带，钱庄、银行林立，各色风味饮食在这里荟萃。据记载，1934年

街上登记注册的钱庄有14家，中央银行长沙分行、大陆银行、聚兴城银行、农工银行、实业银行、金城银行等也都聚集于此，创建于1650年的九芝堂也选择建在了坡子街上。坡子街把握着当时长沙的金融命脉，堪称民国时期长沙的"华尔街"。

岁月轮转，现在的坡子街已是旧城改造出来的新模样，一群仿古建筑、青石板路面与一溜百年老店，营造出一种古老的文化氛围。当年的金融街已经不复存在，中央银行用作了商业厅的职工医院，恒和钱庄用作了航务局的幼儿园，余太华金号用作了长沙市百货公司最早的办公和零售的地点，李文玉金号用作了湖南省茶叶公司办公的地方……

那弥漫在街头中的浓酽醉人的清香，那斑驳的麻石老路，那逝去的热闹喧哗，都一并留在了历史的深处，成为了这条老街的底色。阳光分割着老街鲜明的棱角，墙上的一砖一瓦都刻满了时光，破旧的红灯笼依然是挂在低檐，细腻的雕梁门柱孤立在路旁，熙熙攘攘的人群走着笑着，空荡荡地留下一片混响。

三湘第一美食街

如今，在坡子街难觅"金融街"的踪影，但它仍然是长沙最具人气的街道之一。坡子街承载了岁月无尽的敲打，然而日子也在往前，生活仍然要继续，坡子街义无反顾地接纳了长沙这座老城积淀的所有味道。现

坡子街，三湘第一美食街，代表着长沙的美食文化、市井文化。图为长沙特色小吃，臭豆腐、糖油粑粑、刮凉粉。

的本土老店之外，还引入了小肥羊火锅、韩国料理、蒸有味华人快餐等外来餐饮，它们使坡子街的餐饮更加多元，更具色彩。而坡子街也成为了与上海的城隍庙、南京的夫子庙、苏州的观前街齐名的中国四大小吃名街之一。

在的坡子街，见证的是湘江的潮涨潮落，是岳麓山枫叶的青红交替，是食客的大快朵颐，是商业的繁荣与都市的繁华，它代表了长沙的美食文化、市井文化。现在的坡子街，面容里少了一份沧桑与凝重，多了几分世俗与活泼。

岁月的流逝中，坡子街以特有的方式记录着长沙的历史和文化，也记录下了老长沙所有的经典名吃。到了近代，它聚集的餐饮、古玩等百年名店多达68家，成为长沙商业繁荣的象征。2006年，坡子街这条浸润着湖湘文化特色的美食老街，经过改装后重焕光彩，除复兴了一批如向群锅饺、双燕馄饨、红梅冷饮、强民狗肉等早就名声大噪

这里的每一道美食，每一个店面都是源自历史的积淀，尤其是火宫殿的各色小吃，俨然成为了湖湘饮食文化的杰出代表，进而作为长沙的个性味道深入人心。火宫殿过去是祭祀火神的庙宇，又名"乾元宫"，始建于清乾隆十二年(1747年)，距今已有265年。晚清时期，发展成为祭祀、看戏、听书、观艺、小吃的庙市。民国时期，摊担罗列、支棚撑伞，成为小吃闹市。曾有人总结，在火宫殿尝一块姜二爹的臭豆腐，吃一份胡桂英的麻油猪血，咬一口姜氏女的姊妹团子，品一碗周福生的荷兰粉，便能感受到几分穿越时空的人文关怀，体会到一种大胆创新和敢为人先的长沙精神。

在坡子街经常可以看到丰富多彩的民间习俗表演，如舞龙舞狮、捏泥人、抬花轿等，让坡子街热闹非凡。

除了深入人心的火宫殿，还有向群锅饺、双燕馄饨、文记四合一、百味粉店、红梅冷饮店、强民狗肉、李合盛牛肴、徐长兴烤鸭、洞庭春茶点、刘胖子热卤老店、老北京涮羊肉等传统老字号餐饮，它们共同撑起着"三湘第一美食街"的金字招牌。这些舌尖上的美味，不仅养刁了长沙民众的口味，也成为了外来游客了解长沙的窗口。坡子街，俨然成为了长沙小吃文化的地标。

链接

【坡子街的守望者——伍厚德堂】 "伍厚德堂"建于1946年，位于原坡子街的制高点，是民国时期长沙四大钱庄之一"裕顺长钱庄"经理伍芷清的公馆。由当时长沙知名泥木匠祖利父子主持修建。"厚德堂"取名于老子的"上善若水，厚德载物"。整栋建筑的风格以西式为表，中式为本。以天井分隔为前、中、后三部分，各部分以廻廊相连，具有冬暖夏凉、采光充足、通风避雨的特点。另辟有通江秘道、金库密室等。伍厚德堂是目前长沙市保存最完好、最豪华的民国时期公馆式建筑的代表。1951年，"伍厚德堂"由当时的兵工厂总局二八二厂（其前身为中国历史上著名的汉阳兵工厂）即今江南机器集团有限公司购得。2004年，这里被长沙市人民政府列为长沙市的重点文物保护建筑。

南门口 / 夜宵进行时

先读为快 南门口位于长沙市城南路与黄兴路的交叉路口，在晚清民国时期，这里就人流汹涌、车水马龙，是商贾云集的地方。在这里，曾经诞生过"黄春和米粉店"、"周记结麻花"、"雷同茂瓦货店"、"德园包子铺"等诸多老字号。

江湖市井味

南门口显然是长沙夜宵排档首屈一指的地方，且历史悠久，一些大排档经营出名气来，早已成为"大牌档"，夜宵的品种最丰富多样，夜宵人气最旺，在这里，你可以饱尝口味虾、鸭架子、臭干子、热卤"四合一"、烧烤、凉面冷碟等。

南门口每天都在上演着世俗生活的画面，卖槟榔的、卖雪茄的、卖绿豆汁的、卖煎饼的、卖花的、卖水果的等，各自吆喝各自的生意，一个南门口，浓缩着生活冷暖、世间百态。在这里可以偶遇本土电视明星，也可以听到最具市井味的话语。

神气！普通娭毑也上了餐馆招牌。

　　在大排档云集的长沙南门口的美食江湖里，有一条小胡同，在一条长龙里，食客们耐心地等待着伍娭毑的臭豆腐出锅，"娭毑"，是长沙话里奶奶的意思。在南门口这条食街上，最出名的两样东西是"四娭毑"的小龙虾和"伍娭毑"的臭豆腐。四娭毑和伍娭毑是什么关系谁也不知道，两个娭毑成为品牌之后，长沙就出现了无数以"娭毑"冠名的美食摊子和门店，之后"嗲嗲"也以燎原之势，遍布全城，"六嗲"、"五嗲"……谁也不会去纠结品牌与冒牌，口味虾、臭豆腐、糖油粑粑、酸萝卜……各有各的招牌，各有各的口味，生意都是一水的兴隆。

　　白天，这些小店小摊，大多无精打采，有的甚至关门歇业睡大觉，养精蓄锐。但也有例外，卖小吃的，一人一个小摊，五颜六色的吃食堆得满满的，绿的黄瓜、红的辣椒、黄的胡萝卜等，随意品尝，买卖随缘，全靠色香味。

　　夜晚，夜宵摊子更是多如牛毛，几张桌子一口锅，火苗在锅里气势如虹往外窜，油被烧得冒烟，吱吱响。旁边盛着剁椒、干椒、辣椒酱、葱、姜、蒜的佐料碗一字排开，空气里弥漫着呛人的辣味与香味，而这一切都是为了鲜辣浓香，鲜香到极致，火辣出境界。

有人说，吃在南门口充满市井生活气息的夜宵摊上，是属于这个城市的归属感，自在而踏实，于是不由自主经常来逛逛。也许吸引人们来到这里的，已不再是美食，而是一种现实生活中的市井情怀。

袅袅米粉香

黄春和是南门口最早的一家粉店，也是老长沙最熟悉的米粉香。1980年的一天，凌月红排了很长的队，在黄春和吃了一碗粉，觉得味道非常好，于是下决心自己开一家粉店，也就有了后来长沙人引以为豪的金玲炒码米粉店。

金玲米粉店的火爆，绝对不输南门口的任何一家夜宵档。店里的米粉都是纯手工制作，粉皮软韧、不碎不烂。粉汤由鸡、筒子骨、23种中草药精心熬制，鲜美之余，回味悠长。粉码干净、足量、味美，品种有36种之多，其中以腰花粉、猪肝粉、肉饼蛋粉最受欢迎。腰花粉日销量将近100份，创造了长沙特色粉的销售奇迹。

老板娘凌月红每天早上5点起床采购食材，保证炒码的新鲜。再加上店里米粉价格适中，被食客誉为南门口的"米粉工"。该店夜晚还销售特色口味虾等，现做现卖，吃后令人回味无穷。

南门口吴家坪巷8号的米粉店18年来就

做了一件事：用一碗米粉去摇醒这个巷子的早晨。没有悬挂招牌，没有张贴"米粉"，灰白色的铝合金玻璃门锁住的是一个隐居小巷的米粉店。这就是"率率粉馆"，率率是老板娘女儿的名字。

就在这个不到20平方米的店面里，从早上6点半到10点，平均一分钟就能卖出一碗米粉。虽然每天只在早上这三个多小时营业，但慕名开车而来的食客并不在少数。多年前，长沙米粉由炖码走向炒码和蒸码，从此品种繁多成为了米粉店的一大追求。但在率率粉店，码子只有四种：原汤肉饼、豆豉蒸排骨、香菇肉丝和煎鸡蛋。

在黄色消毒盆中撒入酱油、猪油、葱、盐、味精，把沸水中泡上不到1分钟的米粉捞起，再加入骨头汤，就是南门口吴家坪巷早晨的第一碗米粉。

链接

南门口是一个粗略的长沙地名，一般来说，南门口的核心区包括黄兴南路步行商业街外、黄兴南路以南、横街西湖桥、小雨厂坪、沙河街、劳动广场、里仁坡、社坛街等，步行街旁的学院街也在南门口之列。南门口的美食带包含"易家姜记"、"四娭毑"、"杨眼镜"、"五娭毑"等大排档，也包含学院街凉碟排档街、天心阁城南路岳阳阳烧烤街、西湖桥新兴平民夜宵海鲜一条街等。

月湖美食圈 / 美味与美景

先读为快 长沙市月湖公园位于金鹰文化城片区，东临湖南省广电中心，北接长沙大学，是一座高规格、开放式、标志性的新型城市景观公园，其月湖十景分别为秋月湖、月光岛、满月堤、芙蓉新晖、洪山余韵、潇湘渔火、荷塘月色、长堤春柳、月舞潇湘、音乐喷泉。如今，以月湖为中心构成的美食圈正成为时尚人士的首选就餐地。

月湖之美，始于水的灵动。站在湖边，一望而去，烟雨朦胧了湖畔的绿意。公园的西北端临近浏阳河，这里也是月湖十景中的"月舞潇湘"之所在，每当夜幕降临，河水月光和湖面月光交汇，谱写成了一首优雅的月光曲，水墨丹青餐厅就坐落于此。

当以"水"为主题的水墨丹青餐厅遇上以"月"为主题的月湖公园，是清幽与雅致的完美邂逅。走进这里，总会带着几分惬意和惊喜。临窗而坐，

当以"水"为主题的水墨丹青餐厅遇上以"月"为主题的月湖公园，便是一种清幽与雅致的完美邂逅。

夜色里的弘会所，安宁静溢，是赏景、用餐两不误的理想所在。

美景在望，你可以在这里品尝到湘菜、粤菜以及各式地方风味菜，口味以清淡为主。六月进入菌季，餐厅还会从云南空运30多种菌类，成就这一季的新鲜味。水墨丹青餐厅沿月湖设立的清吧休闲区，是休憩、赏景两不误的理想所在，湖水粼粼，清风送来阵阵凉意，在这里享受下午茶时光，又怎舍离去。

往前走，则是为城市精英而设的私密会所——弘会所。二楼中餐厅以湘菜为主，辅以南派粤菜，主打菜品为山珍野味和燕鲍翅，会所烹制的百鸟归巢、剁辣椒炒金钩翅都是食补佳品。法式香草焗蜗牛、烟熏三文鱼、普罗旺斯银鳕鱼等则是西餐厅菜单上夺

人眼球的焦点。咖啡厅提供纯正的咖啡、红茶奶茶、特制鸡尾酒和别致的英式下午茶。除此之外，在弘会所还能享受到SPA养生服务、休闲娱乐活动。

从银杏走廊过石拱桥，来到月湖的中心，可以看见几座东南亚风格的木楼，这家餐厅叫博禧轩，巨大的落地玻璃窗和庭院中的玻璃阳光房，让人倍感轻松。餐厅的包房临湖，推开窗户，整个月湖触手可及。湖上还有露台，可以坐在这里赏湖、品茗。若是遇上公园的音乐喷泉上演，在这里观看更是浪漫。这样的清新景致和私密空间，在城市中实属难得。博禧轩的菜品以粤菜为主，一

弘会所的室内用餐场所，清幽怡然。

道松茸菠菜炸豆浆，将绿色、黑色和白色组合在一起，仿若一幅山水画，清雅却又回味无穷，让人在惬意之余感受到远离喧嚣的尊贵。此外，餐厅的炖品、海鲜也做得有声有色，令人耳目一新。

　　月湖公园的东部是芙蓉新晖景区，芙蓉新晖组雕和世纪之舟突显了时代特征和文化特色，紧扣新世纪文化城的主题。同时，这里还汇集了不少时尚新颖的餐厅，极具情调和品味的时间仓餐吧、美食齐聚的元气烧烤屋、农家风味的锄禾食膳养生馆，总有一个适合你。

链接

水墨丹青	地址：长沙市开福区洪山路188号月湖公园内	电话：0731-89827878
弘会所	地址：长沙市开福区洪山路188号月湖公园内	电话：0731-89820999
博禧轩	地址：长沙市开福区洪山路188号月湖公园内	电话：0731-88799777
时间仓餐吧	地址：长沙市开福区洪山路188号月湖公园内	电话：0731-85358585
元气烧烤屋	地址：长沙市开福区洪山路188号月湖公园东门	电话：15388088498
锄禾食膳养生馆	地址：长沙市开福区洪山路188号月湖公园东门	电话：15111044330

滨江美食街
枕着江涛品美食

先读为快 滨江美食街，从湘江二桥桥东绵延至杜甫江阁，是长沙有名的美食街之一。滨江风光带美食街云集着湘粤风味的"好食上"，地道湘菜特色的"湘锦酒楼"，融湘、粤、秦、川于一店的"秦皇食府"，以食鱼为特色的"七彩江南"，以弘扬湖湘精神为己任的"野火湖湘"等知名餐饮。江景、山景、食景融为一体，美食美景共江天一色。

湘江风光带餐饮之火，得益于它得天独厚的地理位置优势。岳麓为屏，湘江为带，橘子洲浮碧江心，杜甫江阁抬头可望，历史文化古迹错落其间。对于长沙人而言，湘江已经脱离了简单的水的概念，湘江风光带则成为了长沙人放逐与感怀的一片天地，是湘江加给星城的幸福指数。

这样的清幽与风景可令食客们在觥筹交错之时纵览湘江的风情，酒足饭饱之后，还可顺便在这条旖旎的风光带上观光、休闲，若有雅兴，还可参观附近诸多的历史文化古迹，用一种纯粹的心情去感受湖湘文化的浸润。正因为如此，滨江一带引得了"餐饮"诸侯们急切入驻。如今，从湘江二桥桥东至杜甫江阁，有特色各异的数十家餐饮名店在此安营扎寨了，秦皇食府、好食上、七彩江南、毛家饭店、湘锦、徐记海鲜、鹿回头……大规模的美食聚集，使得滨江美食街俨然成为了星城一道特殊的风景。

如今，长沙食客说起沿江风光带上鳞次栉比的饭店，仿若口舌生津，好食上的0731鸡煲、雷公鸭、翡翠蟹肉汤，毛家饭店的江山一片红、毛家红烧肉，以食鱼为特色的七彩江南，以秦文化为主题的"秦皇食府"，徐记海鲜酒楼的湘味海鲜，鹿回头的创意鹿肉、梅花鹿打边炉、红煨野鸡……这些美味的"江景菜"用特色与个性收买着长沙人的胃。

来滨江美食街就餐的开车族，必须早早来寻一个泊车位才行。

链 接

【好食上】主打湘菜，这里是长沙最早把湘菜做出精致的店子，很多老长沙人对这里情有独钟。同时在餐饮行业推出体验式服务模式，并以"没有门槛的消费"观念及客户定位。招牌菜有0731鸡煲、雷公鸭、竹香开屏鲈鱼、秘制猪手、平锅如来神掌等，味道鲜香可口，是长沙比较火爆的餐饮企业之一。

　　　　地址：长沙市湘江中路沿江大道174号　电话：0731-84331111

【毛家饭店】在国内首创了浓烈的毛主席文化氛围，推出了浓郁的具有湖南乡土风味的"毛家菜"，饭店装修从楼面外部式样、门头，到内部厅堂、包厢均按蕴含毛家特色文化的风格进行了统一设计和装饰，充分展示了多彩的毛家文化。招牌菜品有毛氏红烧肉、长征鸡、将军鸭、江山一片红等。

　　　　地址：长沙市开福区沿江大道208号欧陆经典小区裙楼　电话：0731-82165666

【鹿回头酒楼】是一家以粤菜为主，湘菜为辅的餐厅，号称"长沙鹿肉第一家"的靡回头酒楼，今已成功屹立星城15年了，炒鹿肉、剁椒鱼头、芋头牛肉汤是其餐厅的特色菜，尤其是炒鹿肉是很多顾客钟情的，鹿是野生鹿，没有任何杂物，味鲜肉嫩，和店家秘制的调料烧制，味道鲜美，还可以滋补。

　　　　地址：长沙市天心区湘江中路147号(劳动西路口)　电话：0731-85821299

　　　　交通 旅2、旅3、123、128、142、368、406、501、804、907路公交可达

八一桥美食街
火爆口味虾

先读为快 长沙的口味虾是全国闻名的特色小吃，外表色泽红亮，口感麻辣鲜香，是夏夜街边啤酒摊的经典小吃。长沙人爱吃口味虾，只能用"疯狂"这两个字来形容，而追根溯源口味虾的流行，八一桥下的口味虾城功不可没。

　　八一桥下的老梅园原是最早做口味虾的地方。它以经营口味虾起家，从街边的小排档经营发展成为现在的老梅园大虾城，汤汁配方是老梅园大虾城的口味菜经久不衰的原因。老梅园的第一品牌"王记鸡汤龙虾"日销量最高可达1450-2000斤。经过十几年的发展，老梅园的品牌菜已由单一的口味虾，发展成口味蟹、口味青口、口味螺、口味鸡等口味菜系。

　　老梅园隔壁的单记也是长沙做口味虾的元老之一，它的龙虾最著名。从九十年代初开始到现在，单记在八一桥下一呆就是十几年，每年都做口味虾的生意，年年生意火爆，每天平均要销出去上千斤小龙虾。单记口味虾的制作方法是先炒后煮，特色就在于熬制的虾汤上。开店最初，单记的老板不但自己亲自上阵，还特地配了两个专门炒虾子的师傅，专门对食客的口味进行研究，不断调整配方，最后形成了现在单记的独特口味。单记一般选用上好的新鲜河虾，先将虾用盐水泡制一会，让它自行吐出脏污，然后清洗干净，烧的时候放入一些独特的辣椒，烧好后，虾身呈大红色，汤香肉嫩个大，吃起来嘎吱嘎吱的声音，回味无穷。单记口味虾虽辣，但辣得自然、辣得柔和，吃得再多，也不会感觉麻口。还有剁椒鱼头也很美味，单记选用上好的新鲜鳙鱼头，块大肉多，先用葱、姜、蒜、酒这些佐料来去腥提味，再放入一些辣椒，吃起来辣辣的，非常香嫩，没有丝毫的异味。除此之外，单记还有秘制蟹、口味田鸡、手撒鸭等一系列口味菜，也十分受欢迎。

　　单记旁边还有长沙口味虾的另外一道金字招牌——四姨驰特大鱼虾城，它也是吃口味虾等口味菜系的好去处。通常来说，夏季是吃口味虾的最佳季节，在夜幕降临的时候，走在八一桥下，你会发现几乎每桌的食客都在对其桌上的那一盆盆口味虾在"张牙舞爪"，尽管个个被辣得嘴巴通红、眼泪汪汪、满头大汗，却依然都是那么津津有味，酣畅淋漓。

夏季是吃口味虾的最佳季节，在夜幕降临的时候，走在八一桥下，你会发现几乎每桌的食客都在对其桌上的那一盆盆口味虾在"张牙舞爪"，尽管个个被辣得嘴巴通红、眼泪汪汪、满头大汗，却依然都是那么津津有味，酣畅淋漓。

曙光路美食街/精彩纷呈好滋味

先读为快 曙光路南抵桔园路，北达袁家岭，其中的曙光中路曾经是长沙市酒楼最密集的美食带。经过时间的洗礼，曙光路正以全新的美食新版图迎接即将到来的繁华新曙色。

时至今日，长沙食客提起十多年前曙光路鳞次栉比的酒楼，依然口舌生津，那是长沙人第一次感觉到原来舌尖上的味道可以如此丰富。因此，曙光中路也成为长沙市第一条被授予"美食街"的街道，如今，繁华的曙光路美食带仍在继续着属于它的传奇历程。

曙光中路的蓉泰大酒楼是这条路上营业最久的酒楼，也是当年长沙餐饮业中，第一个营造小桥流水、花香鸟鸣就餐环境的酒楼。蓉泰的招牌菜是用吸管吸食的棒子骨，飘香大排、神仙蟹、沙拉虾、养生煲等更是口味极佳的新菜式。湘邑·创莲酒家经营的红烧野生乌龟、红烧野生甲鱼等，当年热播的韩剧《大长今》中的滋阴补肾八卦汤，其实创莲也一直在制作，名为虫草龟鞭汤，且大受顾客的喜爱。大蓉和是全国知名的餐饮企业，菜品融合了川湘等菜系的长处，香棕牛腩、中华贡鸡王、蓉和酱猪手等都是这里的招牌菜。

如果觉得曙光中路的选择还不够多，那么在多种口味齐聚的曙光北路，总有一种惊艳你的味觉。以精品湘菜、湘派海味特色著称的徐记海鲜、将湖

　　湘特色进行到底的人民公社大食堂，当然还少不了汉糖港记蚝吧、香港阿杜打边炉这样的港式风情。充满时尚元素的汉糖港记蚝吧主打各国生蚝，法国吉利多蚝、南非蚝、冰岛蚝等应有尽有。香港阿杜打边炉主营日式刺身、港式打边炉、潮州美食。若还没吃过瘾，曙光北路还有重庆火锅、安化人家，一定让你大饱口福。

　　曙光南路被称为长沙吃鱼一条街，来凤鱼是这里各大鱼店的头牌，以"麻、辣、烫、嫩"为主要特征。来凤鱼好似一盆热烈燃烧着的美味，扑面而来的川香辣味，张扬着江湖菜的生猛、野性与霸气，再木讷迟钝的味觉与神经都会在瞬间被唤醒。长沙吃鱼的地方很多，但曙光南路的老四川来凤鱼店还有不少拥趸，专门开车来店里吃鱼。这条街上还有川府鱼店、天喆鱼馆、章艳来凤鱼馆等餐馆，店面虽不大，但用料十足，价格实惠，酣畅淋漓的品尝一番地道川味，足以在唇齿间留下无穷回味。

链接

大蓉和酒店	地址：长沙市雨花区曙光中路290号	电话：0731-85797749
旺府食府	地址：长沙市雨花区曙光中路218号	电话：0731-85320111
蓉泰大酒店	地址：长沙市雨花区曙光中路67号	电话：0731-84152888
湘邑·创莲	地址：长沙市雨花区曙光中路55号	电话：0731-84153777
徐记海鲜酒楼	地址：长沙市芙蓉区曙光北路88号	电话：0731-84155625
人民公社大食堂	地址：长沙市芙蓉区曙光北路159号	电话：0731-82179855
汉糖港记蚝吧	地址：长沙市芙蓉区曙光北路73号	电话：0731-88796688
香港阿杜打边炉	地址：长沙市芙蓉区曙光北路128号	电话：0731-85168800
重庆巴香口福火锅	地址：长沙市芙蓉区曙光北路72号	电话：0731-83999930
安化人家	地址：长沙市芙蓉区曙光北路116号	电话：0731-89714878
川府鱼店	地址：长沙市雨花区曙光南路168号	电话：0731-82177108
章艳来凤鱼馆	地址：长沙市雨花区曙光南路178号	电话：0731-83575046
天喆鱼馆	地址：长沙市雨花区曙光南路152号	电话：13787791677

南二环美食街
美食大Party

南二环美食街，位于长沙二环线雅塘村口附近，是长沙著名的美食街之一。在很长的一段时间里引领着长沙"食尚生活"的风尚，面积大，重装修，有排场是这条美食街的特色，有百年老字号的玉楼东，地道的衡东土菜味美思，走海鲜派的江南天天渔港，以及羊城餐馆、江枫渔夫码头、大快朵颐等美食店。

长沙，这座负载着湖湘文化的城市，可惬意、可安适，吃是长沙人离不开的精神支柱，怎么吃更是长沙人最愿意下功夫研究的，在许多长沙人看来，那些留在唇齿和肠胃间的美食滋味，是一切记忆中最清晰的。在长沙，味道与地道是这个城市最要求的东西，那些合乎长沙人性格的美食圈、美食带，吃遍后你就会知道"呷"的乐趣。

南二环就是这样一条美食街，在很长的一段时间里引领着长沙"食尚生活"的风尚。吃，在那一片区域，即便是顶级食府，也是一种合理的可承受的消费。同时，"千人齐举箸，万人同咀嚼"的气氛，就像众人一同party，让人觉得饮食就是一场狂欢的盛宴。

　　这里汇集了众多的美食大家，告别了密集的市区，来到这个南二环的街道扎堆，像是一支特殊的"拓荒的饮食部落"，面积大，重装修，有排场是这些位于南二环饭店的统一标签，百年老字号的经典湘菜、地道的衡东土菜、精致的海鲜江鲜、清中求鲜的粤菜……没有了市区的束缚，将美食进行得更彻底。

链接

衡东味美思：是一家地道的衡东土菜馆，强烈地突显了鲜、辣、美的地方特性，始终保持绿色环保、乡间土味的优良品质，以香色俱佳、美味可口著称。衡东土菜的"美"不仅体现在菜品的式样上，还体现在它丰富的含量上，盛菜的器具不花式，多用农家盛菜的大碗，道道菜都很结实，花式不多，却很实惠。
地址：长沙市雨花区南二环1段259号 **电话**：0731-85051377

江南天天渔港：酒楼主要以欧式装修为特色，以超市自选的独特经营模式，产地直销经营各种海鲜以及湘，粤精品菜式。特色菜式有：江南极品笋、葱油白鸡、砂煲通菜梗、福寿羊羔、江南香焖鸭、鲜椒烧大排等。
地址：长沙市雨花区南二环雅塘村口 **电话**：0731-85677999

羊城餐馆：以诚信的服务，优美的环境，美味的佳肴，承载着湘粤两地特色风情，粤菜与湘菜和谐相融，亦有更适合现代人口味的新派菜系，是长沙餐饮一道绚丽的风景，烧乳鸽、烧鹅和卤肉都是不错的选择。店内也有湘菜，菜式基本都是大众化的家常菜。**地址**：长沙市雨花区南二环1段301 **电话**：0731-85670868

江枫渔夫码头：长沙第一家以江鲜为专业特色的主题酒楼。秉承发扬湘菜、粤菜文化，以"江鲜为主题，倡导绿色健康"为理念。与江枫天天渔港为兄弟酒楼，天天渔港主营海鲜，渔夫码头则主营江鲜，特色菜式有秘制食武鸭、水鱼、贵妃贝焖鸡等。 **地址**：长沙市雨花区南二环1段311号 **电话**：0731-85572777

天马美食街 / 大江南北小吃荟萃

先读为快 天马公寓，位于湖南省长沙市阜埠河路，分湖南师范大学天马学生公寓、湖南大学天马学生公寓两部分。以天马公寓为核心，逐渐形成了河西大学城美食圈，主要以各地风味小吃为主。

　　学生爱吃爱玩爱新鲜。河西大学城天马公寓附近是学生最聚集的地方，因此逐渐形成了一个潮流美食圈。这里的小饭馆虽然装潢一般，甚至还有很多只是小摊贩，推着三轮车在路边贩卖小吃，有做葱油饼、糍饭糕、麻球的，也有摊蛋饼的，还有卖茶叶蛋和卤豆干的，不一而足，但是味道一流，且价格实惠。一条街，大江南北的味道都可以品尝到。

　　想想，当你结束晚自习，回宿舍的时候，难免饥肠辘辘，看到满街琳琅满目的小吃怎么会不兴奋。这边有热腾腾的热卤、清爽可口的寿司、甜香的紫薯饼，那边有北方风味的梅干菜扣肉饼、肉夹馍、山东煎饼，前面还有韩剧主人公最爱吃的土豆条、炒年糕、烤红薯，不怕辣的人可以吃周黑鸭，女孩则可以点一份滋养的瓦罐汤慢慢品尝。

天马美食街是学生聚集的地方，美食荟萃，人气很旺，图为学生们正在享用热腾腾的鱼火锅。

　　还有通宵烧烤大排档不得不提，尤其一到春夏的夜晚，放眼望去，满街都是夜宵摊子。你可以在这里吃到全国闻名的臭豆腐、炒唆螺、口味虾，现点现炒的各种时令菜，还有四川的麻辣烫。

　　北方的学生若是初来乍到，不习惯南方的口味，可以去天马美食街的面馆觅食。有一家兰州拉面生意很好，营业时间到很晚。学生如果晚上8、9点自习课后肚子饿了，还能去那里打牙祭。那里做面的师傅，始终穿着白大褂，戴着顶白白的高帽子，根据客人的需要能将面条拉成粗细不等的各种规格，然后丢进滚烫的锅过水，再加上牛肉、肉汤和小葱就能上桌。

　　从拉面馆往前走两步还有一家贵州羊肉粉，这间店的特色就是用羊骨熬制面汤，大锅就安放在店门口，汤的鲜美随风飘散，无形中就给店子做了广告。在冬夜路过这里，羊骨汤热乎乎的气息扑鼻而来，不知不觉就想进去喝一碗羊骨汤暖暖身。

　　有一家面粉店做手擀面和水饺也很出名。店面不大，可是人气很旺。客人如果点了手擀面，就得等很长时间才能吃到，但因为是现做的，所以口感更新鲜，而且面条很筋道，很有弹性，要是再配上一勺炸酱，味道会更好。

　　一路吃，一路走，等走到天马公寓时，旁边超市一楼有一家叫"鸡排英雄"的小吃店不可错过，这里的甘梅味爆炸大鸡排尤其受学生热捧，皮焦肉嫩，新鲜爽滑。超市旁边的克拉拉批萨店里，还有热销的菠萝鸡肉批萨，菠萝的甜加上鸡肉的软，绝对让你印象深刻。

万家丽北路
农家土菜香

**先读
为快** 从万家丽路浏阳河大桥至红树湾五六公里的路段及其周边，80余家各具风味的餐饮店一字铺开，其中大多为主打地方菜的土菜馆，像洞庭天下鱼、野生园、呷铺等。这里的餐馆大多店面宽敞，停车方便。

　　万家丽北路是近几年成长起来的，比起其他美食带，只能算是年轻的后生。但它在长沙食客圈的影响力，却迅速地上升，大有超越老美食带的趋势。万家丽北路（从浏阳河大桥至红树湾五六公里内）及其周边，餐馆数量已经超过80余家，其中餐位达到200座以上的有40家左右。新涌现的逸之港、洞庭天下鱼、野生园、呷铺等店可同时容纳上千位食客用餐，可以说，

年轻的万家丽北路美食带完成了一次漂亮的逆袭。

乘车经过万家丽北路，如果看到路口有店家挥舞着手中的小红旗招揽生意，你就知道饭店又到了，此时络绎不绝的有车族开到饭店门前，准备享受美食。万家丽北路主要以土菜为主，口味和装修，有点像是精装版的农家乐。它们整合了湖南地方菜、家常菜、农家菜及平价海鲜，并加以提升，让这条有点"土"的美食带，也有了自己独特的气质和吸引力。

万家丽北路美食带的主流酒楼，因主厨的高超手艺及众店的扎堆效应，使万家丽北路的实力餐馆客流如织外，也打造了一批经典菜品。比如玉楼东私房菜馆中的红烧猪脚，洞庭天下鱼的美味腊鱼，野生园·粗坊所经营的常德安乡菜、炸辣椒，呷铺的砂锅鸭也口碑甚好。农门阵则以酒肉酣畅的杀猪菜闻名，其中"肉炒肉"点击率最高，初看起来就是大蒜小炒肉，问服务员才知道，原来是宁乡土花猪肉炒普通猪肉。

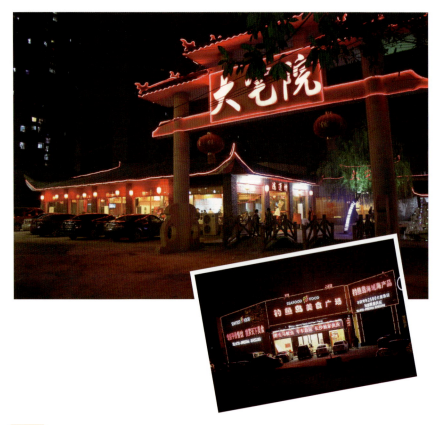

链接

万家丽美食带特色美食店推荐

● 【湘村柴房（鸭子铺店）】吃桂鱼不难，但是能吃到野生桂鱼却不太容易，这里的桂鱼是从常德运过来的。皮滑肉嫩，而且每天限量 30 份，颇为难得。店里的贵州花猪肉是老板去贵州出差时尝到后，才特意引进的，肉质肥而不腻。
地址：长沙市鸭子铺朝阳村（万家丽北路浏阳河大桥鸭子铺路口下桥直走 300 米）电话：0731-84729777

● 【晓院人家】进门处，紫檀红木牌匾上镶嵌着隶书书写的"晓院人家"四个大字，有一种古朴的味道。"柴火烧饭农家菜土鸡土鸭活的宰，瓜果蔬菜乡里种腊鱼腊肉自家熏。"这句话最能体现晓院人家的特色。而煎乡里豆腐、米汤萝卜菜汤等都是这里地道的土菜。
地址：长沙市开元西路与万家丽路交汇处　电话：18774997188

● 【灶王饭庄】走过工程兵学院东边，四处悬挂的灶王彩旗便能让人不经意间注意到这个饭庄。饭庄进门处是供奉灶王的神龛，两边的对联也很有韵味。这里不仅自家养了鱼，还有饲养的鸡鸭在院子里悠闲的走着。大厅外面有很多露天的灶台，天气热的时候，几个人一起吃着招牌菜，洞庭麻鸡，确实别有一番趣味。
地址：长沙市万家丽北路工程兵学院东边　电话：0731-84120971

快乐长沙美食

肆

招牌菜品

CHEERFUL CHANGSHA
TRAVEL SERIES

湘菜有着多元的结构，以湘江流域为主的长沙菜系是湘菜的主流。它讲究菜肴内涵的美味和外形的精致美观，因而达到了色、香、味、形、质的和谐统一。辣椒炒肉、剁辣椒鱼头、红烧肉、腊味合蒸、红烧水鱼、发丝牛百叶……这些经久不衰的招牌湘菜，牢牢占领着长沙菜系的宗主地位，是长沙人生活里不可或缺的味道。

火宫殿的经典菜品——毛氏红烧肉。

毛氏红烧肉

　　"黄州好猪肉，价钱如粪土，富者不肯吃，贫者不解煮。慢著火，少著水，火候足时它自美。每日起来打一碗，饱得自家君莫管。"苏东坡的一首《食猪肉》道尽对红烧肉的喜爱。因为酥香味美、肥而不腻，红烧肉流传至今，仍为人们所钟爱。

　　酱油制作技术的发明，始于明代以后，而在湘中，直到18世纪，酱油才随着江浙酱业的引进，逐渐出现在城镇居民的厨房中。因此过去的湘式红烧肉是不用酱油的，使之上色的方法是用少许红曲，加清水煮至水呈红色时滤出曲米，将切成方块的五花肉倒入，置火上烧沸后改小火久煨，至汤汁收

1958年，毛泽东回湖南探访，特地到火宫殿品尝"红烧肉"

尽，肉中略微泌出油来。另一方法则是用适量的豆豉与五花肉同煨，这样所制的红烧肉色泽虽不容前者明艳，但香深味厚却远为过之，因此家常制作普遍采用后者，直至上世纪初仍是如此。

毛泽东在家乡韶山，以及湘乡东山学校读私塾和小学时，最喜欢的菜品就是砣子肉，即带皮肥肉煮至七成熟，加白辣椒或干萝卜丝翻炒而成。1913年，从韶山走出来的毛泽东来到湖南第一师范求学，学校食堂免费为学生提供膳食，而且每周打一次"牙祭"。据毛泽东的同班同学周士钊和蒋竹如回忆，打"牙祭"时就会有红烧肉这道菜。这道菜的做法是将五花肉加湘潭酱油、冰糖、料酒、大茴香等，慢火煨成，肉是选用带皮的"五花三层"。吃饭时，八人一桌，足有四斤肉，毛泽东从一开始就爱上了这道菜。

进入北京后，毛泽东吃的红烧肉是不加酱油的，中南海厨师程汝明说，红烧菜肴通常离不开酱油，但毛泽东对酱油素不喜欢，所有菜里一律不准放酱油。20世纪50年代曾在中南海为毛泽东等中央领导做菜的王近仁厨师，在做红烧肉时用糖色挂红，受到毛泽东的称赞。毛泽东对烹饪并无研究，但认为红烧肉可以补脑，现代研究者聂凤乔先生据一些资料分析，以猪肥肉、瘦肉、肉皮为原料的红烧肉，经过料酒、冰糖的烹制，脂肪的性质已产生了质的变化，确实是保健食品。

在艰苦的战争年代，毛泽东为了布置战役，经常十几个小时粒米未进，但是只要听到从前线传来胜利的消息，他就会对卫士长李银桥说："想办法给我搞一碗红烧肉来吃。"进入晚年后，在保健医生的劝告下，毛泽东才开始慢慢忌口，回避红烧肉之类的重油菜肴。

链接

上世纪80年代，以韶山风俗和毛泽东个人饮食习惯为风格的毛家菜火遍全国，而红烧肉也因为毛泽东的偏爱，成为全国各地毛家饭店的招牌菜，美其名曰"毛氏红烧肉"。毛氏红烧肉是采用半瘦半肥的猪肉，切成匀称的块状，再用上等酱油加少量的糖烧制而成，色泽呈金黄，味道甜而不腻。外地的朋友来到长沙，可以在开福区沿江大道208号的毛家饭店品尝到这一美味。**毛家饭店电话：**0731-82165666

辣椒炒肉

　　年幼时，每次饥肠辘辘地回家，总会先奔向亮着暖橘色灯光的厨房，看看妈妈又在做什么好吃的。长大后，离家日久，家的味道便成为了记忆里的芬芳，而餐桌上那一碗简单的辣椒炒肉，则因为饱含了家的味道，愈发意味悠长。

　　明朝末年，辣椒由南美洲传入中国，大量引入，大约在清康熙年间，入湘不过短短三百余年，却深受湘人喜爱，并融入湘人的血液，再也无法分开。湖南三面环山，气候湿润，适合辣椒的生长，人们也通过吃辣椒来驱寒除湿。可以说，辣椒成就了长沙人敢作敢当、火辣热情的性格，辣椒也因此成为了长沙人心中一份割舍不去的情结。

　　辣椒炒肉是长沙最家常的菜肴，透过这一碗菜，便可以走入长沙人自由散漫却又质朴丰盈的生活。辣椒的香辣、猪肉的嫩滑，看似随意的搭配，却

辣椒炒肉是长沙地道的家常菜式，也是食客必点的菜品，图为谢光头辣椒炒肉厨房内，厨师们正在烹饪辣椒炒肉。

肉用淀粉、蛋清腌制。再将切成丝的本地辣椒和少许豆豉放入锅中干炒，直至辣椒表面起焦皮后盛出。猪油烧热后，放入腌好的瘦肉、焦皮辣椒、酱油，大火翻炒。这样，一碗香气扑鼻的长沙正宗辣椒炒肉就出锅了。品尝一口，辣椒的香，猪肉的嫩，瞬间在口中绽放，让人欲罢不能。

然而要炒出一碗地道的辣椒炒肉，辣椒的选择尤为关键，本地辣椒也叫"扯树辣椒"，即深秋时分，菜农种植下一季蔬菜时，要将接近枯萎的辣椒树清除，而那些残存在树上的辣椒就是扯树辣椒。它虽然其貌不扬，但是肉质薄，水分少，香味浓郁，是辣椒炒肉最完美的搭档。吃着辣椒炒肉长大的长沙人，无论身处何方，记忆里总会氤氲着这种浓烈醇香的味道。

有着让人入口难忘的口感。这道最为朴实的下饭菜代表着家的温情，即使舀一勺融合了辣椒和肉汁的菜汤淋在热腾腾的米饭上拌匀，口味也会浓郁醇香。如今，谢光头辣椒炒肉已经在长沙家喻户晓，但对于长沙人来说，那只能算"辣椒炒肉第二"，排名第一的则永远都是带着家乡味道的辣椒炒肉。

在长沙，每家每户都有一套辣椒炒肉的方法，最为传统的方法莫过一种。首先，把切成薄片的瘦

链接

制作步骤：　1.瘦肉切成薄片放入碗中，用淀粉、蛋清、酱油拌匀，腌制15分钟。青辣椒切丝待用。
　　　　　　2.锅里放油，烧热后放入辣椒丝翻炒至变色，放入腌好的瘦肉。
　　　　　　3.加入适量的盐、酱油和一勺高汤，大火翻炒出锅。

剁辣椒鱼头

　　每座城市都有属于它的独特韵味，在这座城市土生土长的人们不管今后行至何处，身上都会留下深深的烙印，这是一种源自故土的气质，而这种气质的源头则更多地来自于饮食，比如东南沿海饮食的清淡与恬淡造就了江浙的清秀、粤闽的儒雅。而长沙人敢为人先，直率火辣的性格则更多地来自于辣椒，辣椒是对味觉最直接的刺激，不扭捏、不拐弯抹角，吃到嘴里，是酣畅淋漓的热辣。

　　每至夏末秋初，本地红尖椒成熟之际，便是长沙家家户户开始制作剁辣椒的时候。在大木桶中倒入火红的本地尖椒，用平头铁铲"哆哆哆"地剁碎，刺鼻的辣椒气味，连同那富有节奏感的"哆哆"声，便交织成了长沙人对剁辣椒永恒的记忆。一斤辣椒一两盐，剁好装进坛子里，封坛后浇上酿造的谷酒，密封一个多月，鲜咸味就出来了。盛上一碟，辣而不酸，入菜下饭两相宜，火辣鲜香，剁辣椒便成了长沙人餐桌上的一道永恒的风景了，成为了长沙饮食的象征。

图为湘菜大师许菊云在指导厨师烹制剁椒鱼头。

洞庭湖畔鱼满仓，长沙在战国时期是楚国的粮仓，湖鲜种类丰富。研究大小鱼类烹调之道，是长沙人永恒的美食课题，剁椒鱼头就是在这样的氛围中被端上餐桌的，并在今天吉祥无处不在的语境下，被称为"鸿运当头"、"开门红"。据说，清雍正年间，黄宗宪为了躲避文字狱连夜出逃，途经湖南一个小村子，借住在农户家。这家人很穷，买不起菜，晚饭前，农户的儿子捞了一条河鱼回家，女主人将鱼肉熬汤，鱼头则一分为二，撒上剁碎的红辣椒同蒸。黄宗宪品尝后觉得非常鲜美，从此对鱼头情有独钟，避难结束后，他令家中厨师加以改良，进而演变成了今天的湖南名菜——剁辣椒鱼头。

而关于剁辣椒鱼头的另一个传说，故事的主角则换成了武则天之子李显，然而不管传说如何，缘起何处，剁辣椒鱼头已经实实在在地扎根于长沙人的生活。

在白嫩嫩的鱼头上撒满火辣辣的剁椒，蒸制时让鱼头的鲜香被完整地锁在肉质里，剁椒的味道又恰到好处地渗入到鱼肉当中，鱼头软嫩，肥而不腻，咸鲜微辣，入口爽滑细嫩。盛盘上桌，氤氲着四溢的香气，湘菜鲜辣浓香的诱惑，便在剁辣椒鱼头上得到了完美的体现。

除了正宗的剁辣椒，鱼的品种也是这道菜的关键之所在。草鱼、鲢鱼的鱼头太小且肉少，选用鳙鱼的鱼头最好。鳙鱼又叫花鲢、胖头鱼，鱼头大而肥，肉质雪白细嫩，是剁辣椒鱼头的首选。清蒸之下，鳙鱼的清淡、鲜美被体现得淋漓尽致。时值秋冬，味甘多汁的鳙鱼入口，温补暖胃，再加上剁辣椒的咸辣，在南方湿冷的季节里，这实在是味蕾与身体的双重享受。

制作步骤： 1、将鳙鱼鱼头洗净切成两半，鱼头背相连。
2、鱼头抹油，放入盘中。
3、剁辣椒中加入白糖、紫苏、蒸鱼豉油、姜块、葱结拌匀，淋在鱼头上，入蒸笼用旺火蒸8分钟至熟透，取出姜块和葱结，再撒上葱花。
4、猪油烧沸，浇在鱼头上即可。

腊味合蒸，吃时腊香浓重，咸甜适口，柔韧不腻，是用来送饭的首选。

腊味合蒸

梁实秋在《雅舍谈吃》一书中提到，"湖南的腊肉最出名。"腊肉是经过熏制的腌肉，一般腊尾春头拿来吃，故称之为腊肉。湖南人爱吃腊味，猪、牛、鸡、鱼、鸭皆可作为原材料。

腊味合蒸是湖南传统名菜之一，是取腊肉、腊鸡、腊鱼于一钵，加入鸡汤和调料，下锅清蒸而成。吃时腊香浓重、咸甜适口、柔韧不腻，是用来送饭的首选。

相传腊味合蒸的成名与一名乞丐有关。从前，湖南一个小镇上有家小饭馆，店主刘七为躲避村霸逼债流落他乡，以乞讨为生。一日来到省城，因时近年关，大家就拿了点自家腌制的腊肉、腊鱼、腊鸡给他。刘七见家家户户都在准备团圆饭，就精心准备一番，把讨来的腊味放在钵子里，在一个财主家屋檐下生火蒸了起来。

此时财主正在宴请宾客，酒过三巡，菜已上齐。忽然飘来一阵浓香。财主忙问家仆是不是还有菜没端上来，家仆疑惑地跑进厨房，闻出这股浓香是从窗外飘来，他打开后门一看，只见一个乞丐蹲在地上，刚掀开热

气腾腾的盖子，准备享用。家仆二话不说，上前端起蒸钵就走，刘七急忙追上去。客人们尝过之后连赞好吃，其中一名客人正是长沙城里一家大酒楼的老板，于是问明刘七身份，并带他回酒楼掌勺，挂出"腊味合蒸"的菜牌，果然引得四方食客前来尝鲜，从此，腊味合蒸便作为湘菜留传了下来。

腊味合蒸的做法并不难，难的是如何寻得上好的腊味。过去评价一位厨师手艺好不好，有一句行话叫作"好功夫在一撮盐"。腊味的第一道工序就是用盐腌制，盐量必须用准。过量，口齿难启；过少，难成好腊

味，也难以贮存。腊味独特的腌熏工艺成就了腊味的"冲劲"——香咸。闻起来香，吃起来咸，让人回味无穷。

　　制作腊味合蒸时，腊鸡先去身骨，再去腿骨，一定紧贴骨头进刀，注意保持鸡形完整。腊鱼去鳞、去脊背骨、胸骨，并保持鱼肉形状。腊肉居中，腊鱼在左，腊鸡放右整齐排入碗中。再将盛满腊味的碗放入蒸屉中，大火清蒸20分钟即可。此菜腊香浓重，色泽红亮，柔韧不腻，且味道互补，各尽其妙。如此美味当前，实在是味蕾最湘情湘味的享受。

链接

作为湘菜的代表，腊味合蒸频繁地出现在各大餐厅和寻常人家的餐桌上。位于长沙市坡子街的火宫殿酒家是一家驰名中外的"中华老字号"企业，被誉为湘风小菜的源头，湘菜的代表，腊味合蒸正是其十二名肴中的一道经典湘菜，来这里品尝，必然是最纯正的湖南腊味。

红烧水鱼

　　水鱼，又称甲鱼或者鳖，自古即为美食，是我国一道传统的名贵菜品，最早在《诗经·大雅》中就有"其肴维何，炮鳖鲜鱼"的描述。到了西周时期，朝廷还设有"鳖人"的官职，专门负责捕捞水鱼供奉给王室食用。据史料记载，在周宣王时代，当时的贵族王室十分流行以水鱼为上肴，犒赏部属。在汉代末期的《礼记》中，有"食鳖去丑"的说法。此后三千多年里，中国历代都把水鱼当作筵席上的名菜，在南方，更是把甲鱼列为"水八珍"之一。

　　水鱼之所以如此受欢迎，在于它肉质鲜美，口感丰富。水鱼肉中饱含丰富的蛋白质，蛋白质中含有18种氨基酸，并含有一般食物中很少有的蛋氨酸，故水鱼肉品尝起来，有鸡、牛、羊、鹿、蛙、猪、鱼等七味，其美味可想而知。

　　水鱼不但味道鲜美，更是营养丰富，尤其是其裙边更是水鱼精华之所在。"裙边"是指水鱼甲壳周围的结缔组织，是一种高蛋白、低脂肪、营养丰富的高级滋补食品，也是水鱼最滋补的部分，同时也是一种用途很广的滋补药品和中药材。五代时的高僧谦光就对水鱼裙青睐有加，他曾说过"但愿鹅生四掌，鳖留两裙"。

　　在中国的养生食谱中，有春季食水鱼的说法，因为水鱼经过冬眠期的养精蓄锐，消耗了体内大量肥油，故此时的水鱼肉最为壮实肥美，加之春季也是菜花盛开之际，故这时的水鱼又被称为"菜花水鱼"，是味道最为鲜美，营养价值最好的时候。

　　原汁原味的清蒸水鱼最常见，但湘菜一向嗜辣，重油，因此在湖南通常是吃红烧水鱼。红烧水鱼的特点，

　　是在保留水鱼鲜嫩口感的基础上，更强调"口味"，这是湘菜的招牌菜之一。这道菜先要把锅里的油加热，然后倒入水鱼块，加入调味料和汤水，用大火烧开。另外还要把冬笋、冬菇、葱、蒜、姜等作料，经过煸、煎、炸或蒸、煮等熟处理后，放入锅中。再盖上锅盖，转用中、小火，待水鱼烧透入味，最后用大火收汤即可。

　　红烧水鱼独具风味，卤汁少而黏稠，口感鲜香软嫩，酱香浓郁，回味悠长。同时它也是一等药膳，能够补虚养身、气血双补、滋阴调理、清热去火。

链接

制作步骤：　1.水鱼宰后洗十净去肠脏，用升水泡过，切成块，再用水滚过。
　　　　　　2.冬笋切件，冬菇浸湿切片，蒜头切粒，葱切段；
　　　　　　3.锅置旺火上，烧七成热时倒入水鱼块、猪里脊、冬笋，过油至六成熟，用漏勺沥干油；
　　　　　　4.锅留余油，用姜片煸一下，倒入过油的水鱼、冬笋、香菇、葱结，再加上汤500毫升、酱油、料酒、冰糖，收小火将水鱼煨熟。

发丝牛百叶

　　清光绪十一年，一位益阳桃江的回民李国安先生到长沙开餐馆，餐馆取名"李合盛"，以卖牛肉为主，很有民族风味，因为餐馆的菜品味美，受到了长沙人的喜爱。于是薪火相传，到民国初年，"李合盛"经营到李德生一代，店址选在三兴街，生意开始做大，卖炖肉、牛杂汤锅，尤其是发丝牛百叶、红煨牛蹄筋、烩牛脑髓非常有名，人称"牛中三杰"。

　　著名剧作家、诗人田汉，经常光临"李合盛"餐馆。有一天，田汉和湘乡名士邓修园来此共饮时，邓修园有些醉意，脱口而出一联"穆斯林合资开牛肉餐馆"，思维敏捷的田汉应声对道"李老板盛情款湘上酒徒"。上下联正好镶入"李合盛"三个字。老板大喜，立即拿出笔砚，请田汉书写留念，至今传为美谈。

发丝牛百叶，注重刀工，牛百叶切得越细越好，用旺火热油，快炒，质脆味香。

　　田汉来"李合盛"吃饭，发丝牛百叶是必点菜品，他也将这种喜爱传递给了友人。1938年，郭沫若来长沙造访田汉，田汉在"李合盛"宴请郭沫若，因为爱吃，便点了两份发丝牛百叶。后来，郭沫若在其名著《洪波曲》中，饶有兴趣地介绍了"李合盛"餐馆，还动情地描绘了当时吃发丝牛百叶的场景。

　　如今"李合盛"餐馆已不复当年盛况，但发丝牛百叶一菜却在长沙广为流传。要想吃到这道菜，可去长沙的各大餐馆品尝一番，若有兴趣的话，也可以自己亲自动手烹炒。

链接

● 【原料】生牛百叶750克、湿淀粉15克、冬笋100克、韭黄50克、红尖椒25克、味精、精盐适量、鸡汤150克、芝麻油2.5克、米醋20克。

● 【制作过程】1、将生牛百叶分割成5块放入桶内，倒入沸水搅动3分钟捞出，用力搓去上面的黑膜，以清水漂洗干净，下冷水，煮至七成熟。

2、将牛百叶剔去外壁，切成约5厘米长的细丝，另将冬笋、红椒切成稍短细丝，韭黄切断。

3、牛百叶用米醋和盐抓择去尽膻味，漂洗干净，挤干水分，鸡汤、味精、芝麻油、米醋和湿淀粉兑成汁。

4、炒锅置旺火放油，烧至五成热，下冬笋和牛百叶炒出香味，烹料酒，放入红椒丝加盐、味精，倒入调好的汁翻簸均匀出锅即成。

● 【烹炒提示】1、牛百叶异味较重，应反复揉择、清洗干净。2、本菜看注重刀工，百叶切得愈细愈好。

3、炒牛百叶丝时应旺火热油，急火快炒，烹汁后翻簸几下，立即出锅，才能达到质脆味香的特点。

全家福杂烩

从全家福这个菜名，便可以感受到一种温暖，它不仅表达着全家团圆的幸福，这道菜本身就充满了热度。在寒冷的时候，家人围坐在一起，是吃全家福的绝佳时机，大碗的热菜端上餐桌，把气氛炒热的同时，杂烩里丰富的食材还可以调和众人的胃口。无论喜欢哪种口味，都可以在里面找到你的菜。

正因为全家福应时应景，味道丰富，这道湖南名菜在各地有了不同的诠释。在上海，"全家福"都是蒸的，下面放着火腿、五花肉、土鸡、冬菇、笋子，上面则盖着虾仁、青菜；香港的"全家福"是在一个大菜盆里面放着白切鸡、烧鹅、卤鸭、干贝，高级一些的还有鲍鱼、海参、鱼肚甚至鱼翅等。人们按照自己的想法，或蒸或煮口味轻重不一。

在大家的生活水平大幅度提高的今天，许多人都喜欢在酒店、餐厅订餐。因此酒店，餐厅也常常把平时的菜品如："红烧什锦"、"清蒸大杂烩"、"坛子肉"、"佛跳墙"等主辅料较多样的菜式均更名为"全家福"。也就是说，"全家福"到如今从广义上来说已经没有固定的样式，只要是内容丰富，好吃，即被认可。应了一句老话："食无定义，适口者尊"。

不过作为一道著名湘菜，传统的全家福味道更加正宗。在食材上，湘菜全家福选用时鲜冬笋、海鲜鱿鱼、新鲜猪肚、肉丸、蛋卷、豆笋、冬菇等八大原料制成。这是最经典的食材搭配方式，食材众多又能互补不足，还能兼顾营养。

湖南味的全家福，有着地道的湘菜口感，寓意着人旺家兴、丰收在望，庆贺五谷丰登、家人团圆，是在重大节日的之时，非常应景的一道菜。如果去湘菜馆，不妨点一盘品尝，味美之外还能补虚养身。

链接

● 【原料】：肉丸、蛋卷、水发鱿鱼、煨制好的猪肚丝、冬笋、猪肝、香菇、肉片、高汤。

● 【制作过程】：

1、肉丸做法：肥瘦肉按相同比例剁成肉泥，1斤肉泥加入2个鸡蛋，适量加入生粉和盐，加少量水用手朝一个方向搅匀，再放入压碎的桃酥。油温烧到7成热，就可以将挤成的肉丸子入锅油炸，由于加入了桃酥，中火将肉丸炸至酥透，大概8-10分钟至肉丸呈金黄色即可出锅。

2、蛋卷做法：按照制作肉丸的工序调制肉泥，不用加水，再加入少许的糯米粉。然后是制作蛋皮，鸡蛋打散后加入5克生粉，半个鸡蛋左右的水，搅匀。锅内刷一层油烧热，放入蛋液转动锅子，待蛋皮熟了起泡后，撕扯下来。再将调好的肉泥薄薄地铺在蛋皮上，卷成长条，入锅蒸12分钟至熟，出锅后切斜片即可。

3、锅内放油，放入姜片炒香，再将猪肝和肉片放入熘熟。加入高汤，除了蛋卷外，把所有的原材料放在汤锅里，煮10分钟入味。加入胡椒粉和盐调味出锅，再铺上蛋卷，便大功告成。

东安仔鸡

　　湘菜是欧美饮食界所热衷推介的一种中国风味，"东安仔鸡"作为湘菜的代表在北美颇受赏识，据说这道菜的流行和美国前总统尼克松的大力推介不无关系。1972年2月，当时的美国总统尼克松访华期间，毛泽东设宴款待尼克松，席间一份东安仔鸡，令尼克松大为称赞，回国后还多次与人谈及。

　　受到尼克松青睐的东安仔鸡是一道历史悠久的美味佳肴，号称湘菜之首。它色香味俱全，营养丰富，具有香、辣、麻、酸、甜、脆、嫩等特点，是湖南的一道传统名菜，被列为了国宴菜谱之一。

　　东安仔鸡，俗称"醋鸡"，特色在于烹饪鸡肉过程中加醋来调味，所以

味道酸辣适口，而且鸡肉滑嫩鲜美，咸鲜酸甜辣融合在一起，丝毫不矛盾。其实加醋最初只是无奈之举，湖南素不产盐，以往民间所用的食盐，大多来自四川所产的井盐及江淮地区所产海盐，价格昂贵，故贫苦人家视盐为珍稀，烹饪菜肴调味主要以豆豉及腌渍菜蔬所得酸汁。东安县一带尤其如此，醋鸡的做法即由此而来。一般人家做这道菜，都是选择刚刚长成的雏鸡宰杀，将整鸡入汤锅中煮熟，捞出斩成块状，拌以酸汁。清末湘军名将席保田颇爱这道菜，在长沙小瀛洲造

图为火宫殿的经典湘菜——东安仔鸡，鸡肉滑嫩鲜美，味道酸辣鲜香。

宅闲居时，常常以东安仔鸡作为重头菜招待客人。

关于东安仔鸡这道菜肴名字的由来众说纷纭。相传唐玄宗开元年间，湖南东安县城里有一家不起眼的小饭馆。某晚来了几位经商客官，当时店里菜已卖完，店主提来两只活鸡，马上宰杀洗净，将鸡切成小块，加上葱、姜、辣椒等佐料，经旺火，热油略炒，加入盐、酒、醋焖烧后，浇上麻油出锅，鸡的香味扑鼻，入口鲜嫩，客官吃后非常满意，事后到处宣扬，因此小店声名远播，各路食客都慕名到这家小店吃鸡，当时的东安县县太爷，风闻此事，也亲临该店品尝，为之取名为"东安鸡"，流传至今。

另外一个说法是，这道菜的菜名和湘军健将，曾任湖南省代省长的的唐生智有关。据说北伐胜利后，唐生智曾在南京曲园酒家设宴款客，席间特别吩咐上一道东安醋鸡。大家尝后赞不绝口，问及来历，唐生智觉得"醋鸡"一名不雅，乃答曰东安仔鸡，这道菜由此定名。从此以后，东安仔鸡声明大盛。连郭沫若在他的抗日战争回忆录《洪波曲》里都有记载，说抗战期间，唐生智在长沙橘洲的公馆里设宴招待他，其中东安仔鸡味道最佳。

链接

1.选用鲜嫩的小母鸡，开膛去内脏洗净，放入汤锅白煮至七成熟，捞出，稍凉，去净骨，剁成约5厘米长、2厘米宽的块状。
2.小鲜红辣椒去蒂去籽和姜切细丝；葱切成约3厘米长的段。
3.将猪油烧到六成热时，下入姜丝、花椒粉，继而下入红辣椒丝，煸炒出香辣味，再下入鸡块炒一下，烹料酒，随即放入盐、醋和鸡汤，使香辣盐醋味渗透鸡肉内，加入味精、葱段收汁，用湿淀粉调稀勾芡，放香油，装入盘内即成。

快乐长沙

品美食

伍

地方风味

CHEERFUL CHANGSHA
TRAVEL SERIES

作为一座快乐之都，长沙的美食不只是在豪华时尚的餐厅，传统的老字号里，也不只是在那些大街小巷里，更多的则存在于普通百姓的餐桌上。靖港八大碗、宁乡花猪肉、浏阳蒸菜……每道菜都很扎实，都用大碗装着，每一碗都很厚实，粗狂大气，菜式也无奇特之处，不作修饰，原材料更是"土得掉渣"，绿色环保，原汁原味，但却强烈的突出了鲜、香、辣的地方特性。

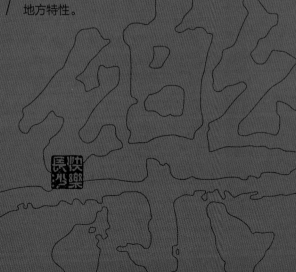

浏阳美食　蒸有味

先读为快　在浏阳人的生活方式里，从来不缺美食，浏阳蒸菜、浏阳豆豉、浏阳茴饼、浏阳炒米、文市油饼、酱烧琵琶鸭、白沙豆腐、小炒黑山羊、浏阳素食菜（包括紫苏苦瓜、紫苏黄瓜、甘草刀豆、马齿苋、甘草豆角、甘草辣椒、甘草茄皮、冰花醋姜、三味芒果、芝麻山楂糕、酸枣王）……每一样美食都带着久远的记忆，带着历史的烟火气，成为了浏阳人们的生活。然而说起浏阳美食，给人印象深刻的是浏阳蒸菜与浏阳豆豉，它们当之无愧成了浏阳美食的符号，成为了与浏阳烟花一样的中国地理集体商标。

腊味合蒸，晶莹剔透，极具食欲。

无菜不蒸，无蒸不香

　　浏阳蒸菜，是湘菜中的一大传统菜系，起源于明朝，五百年的蒸汽腾腾，那蒸笼里蒸的是历史，也是文化，是浏阳世代的传承。相比于其他湘菜的大火、重油、爆炒的刚猛路线，浏阳蒸菜练的是内功，讲究小火慢蒸，每一道菜都讲究火候的轻重缓急，也讲究不同材料之间相互借鉴，搭配互补，一切都是恰到好处，最终给食客们呈现出色、香、味俱全的美味。

　　浏阳蒸菜的诞生，带着一股江湖习气，据说与明朝嘉靖年间浏阳的移民潮有关。当时，一批福建人为了躲避倭寇而逃到江西宜春。随后，一些广东人也接踵而来，由于平时他们喜欢搭棚而居，所以被称为"棚民"。明亡后，当时的"棚民"不断反清，所以频遭清廷捕杀而被迫逃亡，其中一部分人就逃入了浏阳的深山中。因为要躲避官府的追捕，白天不敢做饭，便利用夜晚做饭看不到炊烟，利于隐蔽，在蒸饭的同时放入几道干菜于蒸锅中，缩短做饭菜的时间。

　　这群难民与官府的斗智斗勇，成就了浏阳蒸菜的雏形，经过若干年的历史变迁，浏阳蒸菜的口味和菜品也不断地丰富，融合着文化与历史的烟火味，最终得到了各界的认同。2011 年，浏阳被中国烹饪协会评定为继湖北天门

浏阳蒸菜现已成为快餐主流，品种丰富，价廉物美，即点即吃。深受广大市民的喜爱。

后的第二个"中国蒸菜之乡"，目前，全国各地开的浏阳蒸菜馆、连锁店已达 2 万多家。

在常人看来，做蒸菜相当简单，无非是菜、油、盐往碗里一放，将蒸笼一盖便是万事OK。其实以"蒸"见长的浏阳蒸菜讲究颇多。首先绝不用高压锅、电炉快蒸，这样蒸出来的菜品由于时间不够，原料本身的鲜味并没有完全地发挥出来，成菜的味道大打折扣。其次，蒸菜一定要用竹制的蒸笼，盛菜则用磨砂的粗瓷碗，这样蒸出来的菜有一股独特的风味。另外，蒸菜还必须慢工细活，有的菜要一蒸二蒸三蒸，少一道工序都有可能前功尽弃，如蒸木瓜，必须做到七蒸七晒，最后入味冰糖。成菜后，木瓜的甜味和冰糖的甜味相互交融，口味浑然天成。

浏阳人算是把清蒸这个烹饪手法琢磨

透彻了，辣椒可以蒸，鸡蛋可以蒸，鸡蛋和辣椒还可以合在一起蒸，各种原料都可以用来尝试一蒸，呈现出来的则是菜式繁多的可口美味，腊味合蒸、干扁豆蒸腊肉丁、剁椒蒸鱼头、清蒸土家腊肉、清蒸鸡蛋、清蒸茄子、清蒸芋头、清蒸白豆腐、干豆腐、清蒸青辣椒……尽管菜品花色各异，但有一点是相同的，无论是什么蒸菜，上面都会放置几片剁辣椒、鲜红辣椒、浸酸辣椒、浸朝天椒、浸野山椒等，亦或是放几颗浏阳豆豉。这样一来，原本清淡的口味也变得饱满丰厚了许多。

"限量版"的风味豆豉

在浏阳蒸菜中，有一种不可或缺的味道，那就是浏阳豆豉，这也许是很多人记忆里最温馨的部分，色泽浆红或黑褐、皮皱肉

干、质地柔软、汁浓味鲜、营养丰富，不起眼，却很香，作为调味品，它是湖南人味觉系统里不可或缺的一部分。而在有关长沙的特色菜名单中，总也少不了豆豉辣椒蒸排骨、豆豉剁辣椒、三蒸浏阳豆豉肉、豆豉刨盐鱼、豆豉炒油渣、豆豉炒大蒜辣椒等与浏阳豆豉有关的菜品。

早在明末清初，浏阳民间就流传着"鞭炮响，豆豉香，一对儿女走四方"的俚语。1935年出版的《中国实业志》载："浏阳豆豉亦起源于前清……湖南豆豉以浏阳产为最著名"。1937年，浏阳年产豆豉一万八千担，达到了历史上的鼎盛阶段。这时，浏阳曾有"无豉不成店，处处豆豉香"的誉称。上个世纪40年代，著名作家郭沫若在品尝了浏阳豆豉后，在其《红波曲》中写道："浏阳豆豉，实在好吃。"

关于浏阳豆豉的起源，有数种说法，《浏阳文史》曾载文认为，浏阳农家制作豆豉的历史可以追溯到唐朝中叶。那时，浏阳道吾山、石霜寺等大刹香火旺盛，八方僧人来朝时在斋菜中尝到了豆豉的鲜美芳香，便带之云游，于是浏阳豆豉名扬天下。但马王堆汉墓出土文物中的豆豉姜与浏阳豆豉相似却是事实，距今已有2000多年的历史。

好豆豉用好豆子是第一关。从一粒豆

浏阳人算是把清蒸这个烹饪手法琢磨透彻了，辣椒可以蒸，鸡蛋可以蒸，鸡蛋和辣椒还可以合在一起蒸，各种原料都可以用来尝试一蒸，呈现出来的则是菜式繁多的可口美味。

豉，只有通过太阳紫外线的辐射，浏阳豆豉的味道才不会走样。也正因为如此，浏阳豆豉的两大著名品牌"一品香"和太平桥豆豉厂生产的"天马山"豆豉都成了"限量版"。

荟萃多种风味美食

在吃的法则里，风味重于一切。浏阳人没有把自己束缚在一张乏味的食品清单上。人们怀着对食物的理解，在不断地尝试中寻求着转化的灵感。浏阳的革命老苏区——白沙古镇，依着浏阳河源头的澄澈水质，就着自家地里种植的那些籽粒饱满、色泽纯白的豆子，构建起了一条豆腐的流水线。所产的白沙豆腐，"肤如凝脂"，成为浏阳一绝，而这种豆腐制成的霉豆腐，更是白沙豆腐中的极品，色香、味美、口感细腻，并有健脾开胃之功效，一度被戏称为"送饭冤家"。

同样具有健脾开胃之功效的还有浏阳的素食菜。蔬菜瓜果收获之后，食物颇丰，除

子变成豆豉，程序纷繁复杂。传统的浏阳豆豉，是以泥豆为主，经浸泡、蒸豆、摊潮、八霉、发酵、进水围子、转作、出晒、囤堆等20多道工序制成，每道工序都很关键，从一粒黑豆变成浏阳豆豉至少需要33天的酵变，且天时地利人和，缺一不可。

浏阳豆豉生产靠的全是传统工艺，讲不得装修和排场。竹筛子、大木桶、木架、水槽等极为古老的用具与老旧的土砖房，以及一个通透的大晒场就是其设施了。做浏阳豆豉不但全部是手工操作，而且还得靠天吃饭，一年中，只能在端午节过后到阴历十一月初这段时间做豆豉。必须靠太阳光晒豆

（上图）"浏阳蒸菜馆"已然成为一种餐饮方式。
（下图）浏阳素食菜，遍布城市的大街小巷。

了日常的食用之外，剩下的则要储备下来，为了保存食物，浏阳人尝试了各种方法，腌腊、风干、烟熏……这些古老的方法，在保鲜之余，也意外地让浏阳人获得了与鲜食截然不同，甚至更加别致的味道，这就是素食菜，时至今日，这些被时间二次制造出来的食物，让街市上的饮食男女们欢享的同时，也蕴藏着他们对于滋味的特殊感触。

　　紫苏苦瓜、紫苏黄瓜、甘草刀豆、马齿苋、甘草豆角、甘草辣椒、甘草茄皮、冰花醋姜、三味芒果、芝麻山楂糕、酸枣王、鱼腥草……浏阳素食菜选用无公害素菜，经地下矿泉清洗，加入碘精盐腌制，用紫外线杀菌，吸取传统加工精华，采用科学配方精制而成。甜酸凉辣，口味纯正，风格独特，无防腐剂，无色素，是开胃健脾、延年益寿的绿色食品。中央首长王首道同志品尝后，曾欣然命笔赞美："南北风味，回味无穷。"

原生态的小竹笼蒸菜

除了蒸菜、豆豉、白沙豆腐、素食菜等美味，浏阳美食让人记住的还有很多，浏阳茴饼、浏阳炒米、文市油饼、酱烧琵琶鸭、小炒黑山羊……每一种美食，都有一种特殊的味道，代表着一种生活记忆。漫长的时光里，有了这些美食的陪伴，再寡淡的日子，仿佛也会变得温暖且有滋有味。对浏阳人来说，这些风味各异的美味，不仅仅是一种食物，而且是被保存在岁月之中的生活和记忆，永远也难以忘怀。

宁乡美食
浓情乡土风

先读为快 宁乡气候宜人、自然资源丰富，是全国闻名的"鱼米之乡"、"生猪之乡"、"茶叶之乡"等，先后被列为全国优质米、瘦肉型猪、水产品等生产基地，优质的食物品种丰富了宁乡的美食文化，花猪肉、摊子菜、扎鸡、笼仔鸭、刀豆花、口味蛇、砂仁糕、沩山毛尖，舌尖上的宁乡有着另一番风情。

味蕾上的乡情

清晨，在这片江河相映的土地醒来，带着柴火香的炊烟渺渺升起，睡意便在这一刻清醒了。这是属于宁乡的气息，也是每个人梦里的故乡，有山、有水、有缕缕炊烟，成群小鸡绕在主人的脚边，鸭子在池塘里觅食，猪圈里的花猪嗷嗷地叫。

宁乡土花猪已在这里生活了三百余年，青山绿水的自然环境滋养着它。"乌云盖白雪，脖戴银项圈，丝颈葫芦肚，耳薄体毛稀"是对宁乡花猪体貌的传神写照。宁乡猪体型中等，额部有形状和深浅不一的横行皱纹，耳较小，颈粗短，背腰宽，四肢粗短，被毛为黑白花。依毛色不同有乌云盖雪、大黑花、烂布花三类型，依头型差异，有狮子头、福字头、阉鸡头三种。而在漫长的选育中，宁乡猪更是形成了耐粗饲、抗病力强、性情温顺、产仔率高、肉质细嫩等特性，被称为国家重要的家畜基因库，上个世纪70年代曾被联合国粮农组织列为推荐品种。

宁乡灰汤鸭外形与一般水鸭不同，趾蹼肥大，嘴喙深黄，体胖毛滑，毛色深褐。宁乡灰汤温泉常年温度在90℃左右，附近农民称之为"灰汤锅子"，杀猪可以直接用温泉水褪毛。温泉上方有一口大池塘，因温泉水从塘

宁乡口味蛇, 蛇肉紧实, 鲜嫩香辣。

底经过, 池水终年保持温暖, 且富含动物和人体所需各种微量元素与矿物质, 著名的灰汤鸭即出产于此。其体内所含微量元素大大超过普通鸭子, 而且肉质丰腴细嫩, 骨粗髓多。

在邻里乡间走动, 会发现除了花猪和灰汤鸭之外的宁乡符号——白辣椒。宁乡在湘中和湘北的交接处, 土壤和自然条件十分适宜辣椒的生长, 家家户户都种植辣椒, 辣椒也就成为了宁乡人必不可少的下饭菜。白辣椒是经过烫、暴晒, 最后用盐腌制而成, 甜辣相随。到了辣椒成熟时, 每家每户门口成片晒制的白辣椒就成了一道风景, 这是只有在乡间才能看到的风景, 这象征着劳动人民的勤劳和自给自足。

白辣椒是坛子菜的一种。坛子菜, 一种起源于古老时代的特产, 选用陶罐封存鲜菜, 以备应急用。因为数千年的口传心授, 一直流传至今。宁乡坛子菜脆、咸、辣、酸、甜, 开胃消暑, 萝卜、白菜、豆角、洋姜等蔬菜都可浸坛, 是在城市中难以寻觅的清脆爽口。

经典菜式，大快朵颐

民以食为天，在宁乡这片物产丰富的土地上，自然少不了美味的菜肴。宁乡口味蛇、宁乡花猪肉、酸辣土鸡锅、扎鸡、沩山腊肉蒸红薯干、荷香笼仔鸭、花生猪尾汤等都是不可错过的佳肴。

宁乡花猪肉肉质细嫩，但肥肉较多，一些餐馆做湘菜时都拿它做原料。尤其是湘菜中的经典菜辣椒炒肉、红烧肉等，特别适合用土花猪肉，换了别的猪肉，就做不出那种特有的鲜香味。今天，因为土花猪肉的肥而不腻，鲜香可口，它已经成为了餐桌上的一道独特美食，甚至出现了花猪全席：花猪一品香、脆皮乳花猪、水煮银针花猪肉、松香肉、什锦肉丸、花猪如意卷、金银健肾肝……多达几十道，色香味俱全。

宁乡口味蛇以大成桥的口味蛇最为出名。鲜嫩、香辣、酱汁味浓的蛇肉，满盘红艳艳的糊满辣椒，肥肥的蛇段已被浸得通红发亮，蛇肉紧实，泛着透明的油光。顺势一咬，蛇肉脱骨而出，甘香鲜嫩，那种食后始觉到的辣，辣得人倒抽凉气却又欲罢不能。

沩山腊肉主要以烘烤腊肉为主，做腊肉用的猪，就是当地的土花猪。沩山地区气候温凉，无污染。农家常年用木柴烧饭，为老腊肉的制作提供了极好的条件。红薯干是宁乡山区一带常用的食材，即将小红薯蒸熟，晒干，串成串挂上，灶头熏烤，想吃时取用。在烹制沩山腊肉蒸

宁乡花猪肉，味道鲜美，肉质细嫩。

红薯干时，先将腊肉扔火炉中燃烧，然后浸泡淘米水中，用稻草用力搓，洗净后切厚片。再将洗净的红薯干放入蒸钵内，上面盖上腊肉，蒸熟即可。吃上一嘴，马上会感到一种浓浓郁郁、陈陈醇醇、甜甜润润的鲜美荡气回肠。

沩山豆腐久负盛名，家喻户晓，是因为沩山独特的土壤，富含稀有元素硒、锌，用本地所产的黄豆，辅以此地的山泉水制作的豆腐细嫩、味道甘甜。沩山豆腐外表白嫩，勾人食欲，用手触摸，柔软不散。凡是上沩山旅游区

宁乡风味小吃——扎鸡

进餐馆酒家、住密印山庄和农家乐的游客，都要求品尝沩山豆腐，以饱口福。

宁乡扎鸡是将鸡宰杀后去毛、清洗干净，用盐、姜、葱腌制二天，然后取出洗净晾干水分，再用微火熏干。取出熏好的鸡，斩成块，用白酒、红曲粉、味精、辣椒粉拌匀，然后放入坛子中密封好。腌酿半个月后烹制食用，蒸、炒均可，此菜色泽红艳亮丽，口味鲜美香醇。同样的方法还可用来做扎鱼、扎肉，是宁乡特有的风味。

宁乡风味小吃——辣干子　　　　　　　　　　宁乡风味小吃——油炸花片

沩水河畔，小吃飘香

　　小吃是一种精致的存在，而宁乡刀豆花则把这种精致发挥到了极点。宁乡刀豆花产于沩水河畔，刀豆花以其栩栩如生的姿态，鲜艳透亮的色彩，酥脆甜蜜的味道，被人们誉为"蜜饯之王"，闻名三湘四水。

　　刀豆，豆科，一年生草本植物，因所结豆荚形态像刀，故名，俗称"大刀豆"，也叫"挟剑豆"。唐代段成式《酉阳杂俎·广动植类·草篇》称："乐浪有挟剑豆，荚生横斜，如人挟剑。"明代医学家李时珍对刀豆也多有称赞。宁乡刀豆花，是当地民间传统的工艺美食。

　　在当地农村，历来都有家家种刀豆的习惯。妇女们采用鲜嫩的刀豆，巧制刀豆蜜饯，俗称刀豆花，是迎宾待客、馈赠亲友的珍品。民国《宁乡县志》载："家用食品有刀豆花，切薄片加穿兰花、竹枝、花篮诸样，浸糖染红，甘美。"宁乡刀豆花的花样繁多。有的编织成菊花、梅花、芙蓉、牡丹；有的盘成蝴蝶、鱼虾、虫鸟；有的雕刻成龙凤、狮虎、人物；还有花篮、宝塔以及各种神话幻想形象，千姿百态、逼真传神，既是美食又是工艺美术品。

　　早在清代，宁乡的小吃就享誉省城，其中最有名的除了刀豆花之外，当属砂仁糕。宁乡的砂仁糕，以其酥砂香甜、柔软松口而得名，为湖南四大名糕（包括灯芯糕、麻香糕、烘糕）之一，在省内外享有盛名。据传已有200多年的生产历史。民国时期，宁乡城关有义沅、隆和、杨同春、德兴斋等20多家南货食品作坊生产经营砂仁糕，产品色、香、味俱佳，远销全国10多个省市，倍受人们喜爱。

宁乡风味小吃——刀豆花

宁乡风味小吃——砂仁糕

砂仁糕主要选用优质籼稻米，将其洗净、滤干、炒熟成金黄色，然后碾成细粉，装布袋贮存6个月以上待用。使用时，将白砂糖碾成粉，与炒米粉混合，加进适量茶油、清水搅匀，进炉烘烤，包装即成。成品的砂仁糕呈长方形，四角周正，厚薄一致。底面呈谷黄色，有独特的黄米粉芳香，滋味酥松香甜，回味悠长。

在某个悠闲的午后，于清幽的沩水河畔将美景尽收眼底，品尝刀豆花的甜蜜、砂仁糕的酥松，泡一壶沩山毛尖，将所有的愁绪抛开，一品橙黄鲜亮的茶汤，让清醇的芳香在口中绽放，宁乡此行，便得到了最大的满足。

链接

[美食地图]
宁乡口味蛇永盛蛇城 地址：长沙市宁乡县大成桥工业小区旁 电话：（0731）87634328
湘都美食 地址：长沙市宁乡县玉潭镇接龙路18号 电话：（0731）87844999

望城美食
豪情八大碗

先读为快 望城区，隶属于湖南省长沙市，位于长沙市岳麓山北部，全区辖14个镇、1个乡。其传统农业为水稻种植，家畜以饲养生猪为主，湘绣是当地传统的手工艺品。历史悠久的望城，特色美食也非常丰富，比如黑麋峰云雾茶、靖港八大碗等，都在国内外享有盛名。

靖港米粉点亮晨之美

出长沙城区西北部不远，就到了雷锋的故乡望城，被誉为"希望之城"，如今这里的经济正在飞速发展。现代经济丰富了望城的内涵，久远的历史更是它厚重的注脚，铜官窑的瓷器，靖港和乔口古镇的街巷都是关于古韵的传承。在望城可浏览名胜古迹，欣赏保护完整的风俗文化，当然更不能错过那些在粉勺间传承的悠然美味。

当早晨的光亮泛起，一日之出是重要的开始，吃顿美味的早餐，可为自己提供营养和能量，也给整天的活动做了铺垫。长沙乃至整个湖南，人们的早餐普遍喜欢吃粉，最惬意的就是早上悠闲走进粉店，吃一碗热腾腾的米粉，根据自己的口味下好调料，一唆一咬，粉条入口爽滑，再来一口鲜浓的汤汁，这天的情绪基调就上扬了。在望城人的生活里，米粉也扮演着重要的角色，而其中最有名的要数靖港米粉。

靖港美食在望城是首屈一指
的，靖港八大碗集湘菜之大
成，鲜香辣诸味皆备，诱惑
纷沓而至的游客们。

豆子芝麻茶，望城人的最爱。

　　靖港给人最大的印象是古镇的古色古香，然而这里的美食在望城也是首屈一指的，往日的繁华给靖港留下了亭台楼阁，也为它留下了美味佳肴。作为曾经重要的水运口岸，南来北往的各色人物登岸入镇，把外地的各类吃食的加工制作方法推介给了靖港，再加上靖港又是稻米围积和集散的米埠，会吃的靖港人就逐渐做出了独具特色的米粉。

　　靖港米粉已有数百年历史。如今在古镇的街上，最早揭开木板的门店，就是卖米粉的。靖港米粉最讲究汤料，白白的米粉本是淡而无味之物，若无鲜汤几乎难以下咽。鲜汤乃猪骨熬而成的"原汤"。各米粉馆的大灶旁，都置着专门用来熬骨头汤的砂锅，乳白色的汤汁在锅内微微地沸滚着，散发诱人的鲜香。

　　吃米粉的顾客来了，舀一勺原汤在预先放好酱油、盐、葱花、芫荽的碗里，然后把烫热的米粉夹到碗中，原汤之鲜和葱花之香渗入米粉中，淡而无味的粉条顿成鲜而爽口的美食。何

五元整鸡，滋补美味。

况还有盖码：酱汁、牛肉、三鲜、猪蹄、猪肚丝、红烧肉等任顾客选取。刚炒的码子盖到米粉上，鲜上加鲜，吃上这样一碗靖港原汤盖码粉，是早晨对自己最好的招待。

经典菜式传承食之味

除了靖港米粉，柔软爽滑的湘粉也不可不提，湘粉的主产区位于望城的湘江西岸，因此又名"西粉"。湘粉与山东的龙口粉丝、北京的清河粉丝同享盛名，拥有较高的营养价值。它以蚕豆、绿豆、豌豆、四季豆等豆类为原料。若用纯蚕豆作成湘粉，其色白如银，细如丝，轻柔起伏，就像龙须一般，所以叫做"龙须粉丝"，是湘粉中的上品。

因湘粉具有易熟耐煮、吸鲜力强的特点，所以它的用途非常广泛。冬天吃火锅，以湘粉作底料，拌以肉丝、冬笋丝，可作成三丝火锅；夏季佐以姜丝、辣椒丝可拌成凉菜，开味爽口，食用方便。若以湘粉为主料，加上肉末和葱花翻炒，就又成了著名的家常菜"蚂蚁上树"，所以湘粉是人们家中常备的食材，颇受望城人的眷顾。

湘粉制成的菜肴，当做应时应景的私房菜是不错的，但要说登得上台面，则非得靖港八大碗才行。八大碗是靖港美食之翘楚，也是古镇人引以为荣的传统名牌，它常用于喜庆节日款待亲朋，这八大菜式分别为：什锦杂烩、鱿鱼笋子、五元肚片、五元整鸡、八宝果饭、清炖牛肉、黄焖鲜鱼、虎皮扣肉。

从前靖港街上数十家有名餐馆，都把八大碗当做招牌菜，厨师们也潜心研习，把烹制出高水平的八大碗当作看家本领。而曾被称之为"小汉口"的靖港，每日有来自三湘四水的船帆停

黄焖鲜鱼

八宝糯米饭   鱿鱼笋子

靠于岸边，载货而来的船夫和生意人，首先就得进餐馆品尝八大碗，饱其馋嘴，享其口福，乃至于为了贪吃八大碗甚至"船到靖港口，顺风也不走。"八大碗在人们的舌尖流淌，靖港厨师则博纳诸湘菜之长，来迎合湖南各地顾客的味蕾，使八大碗逐步衍化成鲜、香、辣诸味皆备的经典菜式，而集湘菜之大成。

八大碗的每一道菜选材都非常严格，配料讲究，并且因其历史悠久，传承着年岁的滋味，已经深深融入靖港人的生活。每逢重大节日或是红白喜事，八大碗便如约而至，出现在餐桌上，变成了靖港人的情节和习俗，如同北方人过节吃的饺子，无此不以为席。

不过八大碗虽好，但大酒大肉下肚，尽兴之余，胃恐怕也搭起了帐篷。此时来一碗望城酸辣汤再好不过，由肉丝、豆腐、冬笋等料清汤煮制而成的热汤，酸辣鲜香，在饭后饮用，有醒酒去腻、助消化的功效。喝完之后，唇齿间留香，还为肠胃减轻了负担。

各色小吃弥漫湘之北

要论美食，私厨大菜必不可少，然而小吃的美味，常常会有喧宾夺主的意思。因为小吃来得精致、从容，不必像主食那样废功夫，闲暇嘴馋之时，便可一品为快，所以小吃往往比主食更容易流传开来。望城的各色小吃，就以它独有的轻快，弥漫在美食云集的湘北地区。

从前在湘江边最有名气的小吃，要属怡盛馆的空心汤圆和甜酒冲蛋。怡盛馆楼下是铜官

望城的各色小吃，以它独有的风味，弥漫在美食云集的湘北地区。

至靖港的轮渡码头，凡上下渡船的旅客，因慕其名，都喜欢去那里吃一碗空心汤圆或甜酒冲蛋，才上街办事。怡盛馆的空心汤圆是用浏阳糯米制成，浏阳糯米粘性强，能磨成极细的米粉，若以次充好，汤圆便难成"空心"。糯米甜酒也是望城人颇为喜欢的小食品，制作时将甜酒引子碾碎放入糯米饭中，把饭筑紧，保持适度的温度，24小时后便香味四溢，甜酒生成。它可直接食用，也可加入红枣、荔枝、桂圆等做甜酒冲蛋、甜酒煮蛋、甜酒汤圆等。

甜酒和汤圆香醇甜美，但望城的小吃也少不了典型湖南小吃的咸辣，靖港香干和火焙鱼就是如此。靖港香干细嫩而紧凑、色鲜而香浓，它的口感得力于唯靖港所有的"芦花水"，所以在别处吃不到这种味道。火焙鱼的原料是小鱼虾，其中以"青皮嫩"为最佳，鱼虾捕捞上来后，趁新鲜将其冲洗干净，均匀地摊在热锅上，细火焙烘加工，焙得半干半湿、外黄内鲜，这样就兼备了活鱼的鲜和干鱼的爽。靖港香干和火焙鱼烹调成熟食味道最佳，下酒尤妙。将新鲜出锅的靖港香干或火焙鱼，辅以当地的醇香谷酒，绝对是让人欲罢不能的搭配。

酒能醉人，茶能醒人，若不想饮过三巡的微醺，品一杯清茶静心凝神也是不错的。产自于望城黑麋峰的云雾茶味道独特、清凉可口，因其生长在环境清幽的山上，叶质非常细腻。但受地势条件所限，云雾茶的产量不高，若是能品上正宗的黑麋峰云雾茶，实属幸事。比起云雾茶，姜盐豆子茶要来得更为广泛，在望城基本上家家户户都能做。选用当年的谷雨茶，最好为茶树顶端的"毛尖"，豆子得是新鲜"青皮豆"，姜则需不嫩不老，如此才能保留新茶的清香和青豆的鲜嫩。姜盐豆子茶集茶之清苦、豆之鲜香和姜之微辣于一体，以微咸使三者融合，饮之如品佳茗，如饮鲜汤，别有一番滋味。

异乡味道在长沙

　　不少外地人来长沙，很羡慕长沙人的口福，因为长沙餐饮店大、装修气派、服务周全，最重要是价格不贵，味道还很不错。"平价生存法则"成就了长沙餐饮非一般的红火，也让长沙餐饮享誉全国，湘菜门店开遍华夏大地，成为了八大菜系里面，门店最多的一个菜系。然而湘菜在不断输出，燎原全国的同时，湘菜的各个派系，以及其他菜系也随之涌入长沙，"得长沙者，得湖南"，长沙也因此成为了外来菜系的必争之地。

　　长沙是一个相当有潜力的市场，随着长株潭一体化步伐加快，城市人口成倍膨胀，意味着更为广阔的市场；另外，随着大型企业落户，外来人口比重也将大幅度提升，这代表着对餐饮口味的需求越来越多元化，所以长沙势必是外来餐饮繁衍的沃土。

　　然而在嗜辣的湖南人面前，外地餐饮企业在与本土餐饮竞争的过程中，并不是一帆风顺，如何在文化、消费习惯上实现本土化融合，是他们必须经历的一步。于是经过一段时间的摸索之后，外来餐饮企业都做出一些调整，并因此变得不太"纯正"。无论是以海鲜为主的粤菜馆，还是以麻辣为主的川菜馆，在他们的菜单上，我们都会发现，湘菜占据着相当比例，传统湘菜如剁椒鱼头、青椒炒肉、东安鸡等都会出现在菜单上。

-- **粤 菜** --
龙庭汇中菜馆	芙蓉区五一大道西701号景江东方大厦3楼	0731-84429333
喜聚港式餐厅	天心区解放西路378号湘茶大厦2楼	0731-84115151
梁记港式餐厅	芙蓉区黄兴中路63-65号友阿春天6楼	0731-84133098
粤色湘私家菜	芙蓉区八一路59号省科技厅机关二院院内随源酒店1楼	0731-89904988
港荟餐厅	开福区金泰路199号世纪金源时代购物中心4楼	0731-85465688
湾仔海鲜酒楼	开福区芙蓉中路一段459号	0731-84397777

-- **川 菜** --
俏江南	天心区坡子街216号悦方ID购物中心5楼	0731-82237555
川江巴食	天心区蔡锷南路小古道巷	0731-85816679
川椒百味	岳麓区观沙岭茶子山中路138号	0731-82578349
壹号锅烤鱼干锅	芙蓉区五一西路153号新世界百货6楼	0731-82953591
拿渡麻辣香锅	岳麓区金星中路428号步步高广场7楼	0731-88959608
有道是烤鱼	开福区金泰路199号世纪金源时代购物中心4楼	0731-89728971
鑫浩香辣蟹	天心区芙蓉中路二段200号华侨国际大厦B2楼	0731-85111987

-- **台 湾 菜** --
台湾鹿港小镇餐厅	天心区解放西路209号福达银座5楼	0731-89715799
饕宴台式料理	岳麓区金星中路438号湘腾商业广场北区2栋203室	0731-89725488

-- **贵 州 菜** --
三祥庄园	雨花区万家丽南路(天际岭隧道口)	18874165668

-- **北 京 菜** --
黄记煌	芙蓉南路368号BOBO天下城天虹百货商场1楼	0731-89747088

-- **东南亚菜** --
泰子椰（乐和城店）	芙蓉区黄兴中路188号百联东方商厦乐和城5楼	0731-85565655
芭堤亚泰餐厅	芙蓉区五一大道868号皇冠假日酒店8楼	0731-82888888-6977

-- **日韩料理** --
松临铁板烧(神农店)分店	雨花区芙蓉中路三段269号神农大酒店1楼	0731-85236128
京都日本料理	天心区芙蓉中路二段279号金源大酒店3楼	0731-85558888-551

后 记

文以载道，书以传世。

为了大力宣传营销长沙市委、市政府确定的"快乐长沙，宜游胜地"的城市形象，不断提升"快乐长沙"品牌的国内外影响力，两年前我们便开始酝酿编辑《快乐长沙》大型旅游丛书，力求从旅游的角度把"快乐长沙"全面、系统、立体地呈现给广大读者和游客。

两年来，我们走访了长沙的山山水水与大街小巷，征询了长沙市宗教局、各区、县（市）旅游局、长沙市各有关旅游行业协会、长沙市餐饮协会等单位领导与专家的意见和建议，最终确定从"游山水"、"道古今"、"品美食"、"享休闲"等方面分四册来编辑旅游丛书，诠释长沙的快乐。

由于篇幅所限，我们在介绍这四大板块时，都不可能穷尽到每一个景区、每一个名人、每一道名菜和每一个休闲娱乐项目。其中《快乐长沙·游山水》以国家 5A 级和 4A 级旅游景区为主，兼顾其他特色景区；《快乐长沙·道古今》以历史人文景区为主，介绍相关长沙名人，而不是所有名人；《快乐长沙·品美食》以兼具传统特色、且具有一定品牌知名度和口碑的菜品、门店、美食圈为主，兼顾其它特色美食；《快乐长沙·享休闲》以时尚、前沿、潮流的动态生活方式为主，兼顾轻松、舒适、独特的静态生活方式。

丛书编著出版，历时两年，数易其稿，得到了省市领导的高度重视和各级各部门及社会各界的大力支持，特别是省委常委、市委书记易炼红，市委副书记、市人民政府市长胡衡华和市委常委、市人民政府副市长张迎春亲自为丛书作序，我们深受鼓舞；同时还得到了很多专家、学者、作家、摄影家及旅游相关企业的大力支持，在此一并表示感谢。

发现美丽星城，传播快乐长沙，是我们的不懈追求，但《快乐长沙》旅游丛书采编工作量大，涉及面广，在编著过程中难免有些疏漏与差错，敬请广大读者、游客予以谅解和批评指正。

山水洲城耀中华，快乐长沙传天下。愿《快乐长沙》旅游丛书能够让大家神往快乐长沙、走进快乐长沙、乐游快乐长沙。

《快乐长沙》旅游丛书编委会
二〇一四年八月

图书在版编目（ＣＩＰ）数据

快乐长沙·品美食 / 长沙市旅游局主编. —— 长沙 :湖南地图出版社，2014.7
（快乐长沙）
ISBN 978-7-5530-0191-3

Ⅰ. ①快… Ⅱ. ①长… Ⅲ. ①饮食—文化—长沙市 Ⅳ. ①TS971

中国版本图书馆CIP数据核字(2014)第161498号

- -

承制：长沙银马广告策划有限公司 / TEL:（0731）84897826

印制：湖南鑫成印刷有限公司

特别说明: 本书部分图片因无法确知作者，希望作者见书后及时与承制方联系

- -

全套定价：168元

快乐长沙旅游丛书之肆

快乐长沙　宜游胜地

快乐长沙 享 休闲

快乐长沙旅游丛书之肆

长沙市旅游局出品

谭勇 主编

　　张爱玲曾说，"每座城市都有每座城市的味道。"的确，城市因为风格各异而显得千姿百态、气象万千。有的古朴，有的现代；有的大气，有的婉约；有的严谨，有的浪漫；有的风光旖旎，有的文化厚重；有的如一本越读越精彩的书，有的如一幅徐徐展开的画……

　　长沙的味道在哪里？或许每个人的视觉和感受不同，会得出不同的结论，正如一千个人眼里有一千个哈姆雷特一样。我以为，快乐是长沙的特质和味道。

　　快乐来自历史文化的厚重之感。早在 3000 多年前，"长沙"之名便有据可查。作为全国首批历史文化名城，长沙素有"楚汉重镇"、"屈贾之乡"、"伟人故里"的美誉，"经世致用、兼收并蓄"的湖湘文化源远流长，"心忧天下、敢为人先"的城市精神影响深远。尤其是屈原、贾谊、杜甫、朱熹、黄兴、蔡锷、毛泽东、刘少奇等灿若群星的名人、圣人、伟人，铸就了长沙"惟楚有材，于斯为盛"的历史荣光。还有那马王堆的千年汉墓、走马楼的千年简牍、岳麓书院的千年弦歌、铜官古镇的千年窑火，都会让你领略到历史人文思接千载的回味之乐。

　　快乐来自山水洲城的天赐之美。有山有水、依山傍水的城市不少，但像长沙这样灵山、秀水、名洲与都市相得益彰的城市则不多。岳麓山、湘江水、橘子洲、长沙城构成的"四位一体"画卷，会给"仁者乐山"、"智者乐水"带来另一番意境。加上风景秀丽的九曲浏阳河、清新黑麋峰、天然氧吧大围山，更添长沙自然山水的怡然之乐。

　　快乐还来自多姿多彩的生活之韵。"快乐中国"的湖南卫视，为长

让天下游客畅享长沙的快乐

沙注入了丰富的娱乐基因。穿行在太平街、坡子街、化龙池、解放路等传统与时尚交汇的古街小巷，既有市井文化的悠然自得，更有歌厅酒吧的特有的时尚和动感。遍布城乡的湘菜名品和风味小吃，尽显"舌尖上的长沙"那份火辣与香甜。一年一度的橘子洲音乐焰火、梅溪湖元宵灯展、开福喜乐会、火宫殿庙会、灰汤温泉节等群众性文化活动，为长沙这座娱乐之都植入了新的元素。

让旅游变成心灵之旅、愉悦之旅、快乐之旅，是大多数人的向往和愿景。值得欣慰的是，我们近年来通过树立大理念、建设大景区、打造大品牌、实施大营销、发展大产业，使得"快乐长沙、宜游胜地"的认同度和吸引力与日俱增。吃、住、行、游、购、娱的有机融合，山水风光到人文历史的交相辉映，饕餮美食与娱乐休闲的深度体验，正吸引着无数海内外游客慕名而来。2013 年，长沙共接待游客 9600 多万人次，旅游总收入突破千亿元大关。

这套《快乐长沙》大型系列旅游丛书，就是一部长沙旅游的全景图。丛书分为《游山水》《道古今》《品美食》《享休闲》四册，将长沙的山水风光、历史人文、特色美食、休闲娱乐等旅游精髓一网打尽，图文并茂、生动祥实，堪称是长沙市民乐享生活的休闲指导、各地游客畅游长沙的旅行指南。

借《快乐长沙》出版之际，我们向国内外游客发出热情邀约。热忱欢迎海内外朋友来长沙旅游观光、休闲度假，期待与您相约快乐长沙，悦览快乐长沙，畅享快乐长沙。

是为序。

中共湖南省委常委
中共长沙市委书记

快乐长沙欢迎您

长沙，一座洋溢着幸福、欢乐，独具魅力的品质城市。先后获得"中国最具软实力城市"、"中国十大品牌城市"、"中国十大活力省会城市"的称号。2008年起，连续被评为全国十大最具幸福感城市，并永久保留此荣誉。2010年被评为"中国网民最受关注的十大旅游城市"，2012年又被评为"中国网民最受关注的十大文化旅游城市"。

长沙是历史悠久、底蕴深厚的楚汉古城。马王堆汉墓、走马楼三国吴简、铜官窑唐代釉下多彩见证了长沙几千年的灿烂历史；千年学府岳麓书院傲然屹立，昭示着心忧天下、敢为人先的湖湘文化精神，孕育了黄兴、刘少奇、胡耀邦、朱镕基等先贤伟人。

长沙是山清水秀、风光旖旎的山水洲城。自古以"山水名郡"饮誉天下，融山、水、洲、城为一体，岳麓山巍然屹立，湘江水奔流不息，橘子洲静卧江中，形成岳麓为屏，湘江为带，水陆洲浮碧江心的美丽景观，被评为国家园林城市、国家生态示范试点市和"中国十佳休闲宜居生态城市"。

长沙是朝气蓬勃、快速发展的宜居新城。工程机械、汽车制造、电子信息、家用电器、中成药及生物医药、新材料六大产业集群快速发展；现代服务业发展保持旺盛活力，现代物流、电子商务、金融保险、商务服务、信息咨询等生产型服务业水平提升，被确定为"中国服务外包示范城市"。都市购物、影视传媒、歌厅酒吧、体育健身、旅游度假等服务业闻名全国。

　　旅游是最具拉动力的复合型朝阳产业。近年来，长沙坚持以大项目推进旅游大发展，以灰汤温泉国家旅游度假区、大围山国家生态旅游示范区、岳麓山－橘子洲国家5A景区、花明楼国家5A景区等"国字号"旅游精品创建为抓手，精心打造铜官窑遗址公园、大王山旅游度假区等旅游精品工程；加强城市营销，举办环湘江自行车赛、橘子洲焰火燃放、漂流节……做到月月有活动、季季有高潮；全面推行让游客动心、放心、开心、安心、称心的"五心"级服务，不断提升长沙旅游品位，增强影响力和知名度。全市歌厅和酒吧达到400余家，传统湘菜不断发扬光大，快乐大本营、快男快女、虹猫蓝兔等成为长沙文化的闪亮品牌，长沙成为令人向往的休闲之都、美食之都，长沙旅游正朝着旅游强市和世界旅游目的地阔步前行。

　　快乐是人们的真切感受，追求快乐的脚步不能停止。立足"十二五"，长沙将按照"六个走在前列"的要求，率先建成"三市"、强力实施"三倍"，加快现代化进程，奋力谱写中国梦的长沙篇章！我们不仅要引导高档餐饮酒店开发面向大众的消费，挖掘消费潜能，还要加强旅游与文化、生态融合发展，推进大围山、铜官窑、灰汤温泉等旅游区建设，打响"快乐长沙，宜游胜地"品牌。

　　《快乐长沙》丛书通过对长沙的山水风光、历史人文、休闲购物、美食美味的介绍，纵贯相错，经纬相交，图文并茂，深情款款，既是一套全景式描写长沙旅游文化的优美散文集，也是一套具有使用价值和收藏价值的长沙旅游百科全书。

　　充满幸福感的快乐长沙欢迎您！

中共长沙市委副书记
长沙市人民政府市长

找到快乐的自己

长沙，天上的一颗星，地上的一座城，北接洞庭之尾，南纳潇湘云水，扼守山川灵气的交点，气吞云梦，吐纳自如。1.18 万平方公里土地，三千年灿烂文明，直到今天，城址也一直未变，街巷的历史与今天的现实依旧缠绵重叠，生生不息。她的历史叫潭州，是我国首批历史文化名城，有名字的历史 3000 年，建城史 2400 年，形成村落的历史 7000 年。她的今天叫快乐，是首批中国优秀旅游城市，是中国最具幸福感的城市，城内的人对她有认同感、归属感、安定感、满足感，城外的人对她有向往度、赞誉度。

叫潭州的时候，她古朴沧桑，文化厚重，是楚之重镇，秦之名郡。马王堆汉墓、千年学府岳麓书院、千年古刹密印寺，都在承载着她深厚而悠久的文化底蕴；靖港古镇、铜官古街、乔口渔都，都在展示着她灿烂而质朴的生活底蕴；屈原、贾谊、杜甫、谭嗣同、刘少奇、胡耀邦，都在述说着她"心忧天下，敢为人先"的精神底蕴。

叫快乐的时候，她光彩照人，激情四射，是美丽星城，娱乐之都。酒吧狂欢、歌厅火爆、群 Mall 林立、酒店高耸，都在呈现着她的时尚与浪漫；高山流水、温泉沸玉、农家田园，都在体现着她的锦绣与舒适；美食美味、焰火璀璨、综艺节会，都在彰显着她的妩媚与快乐，风风火火，热热辣辣，既有重口味，也有小清新。

这些年来，我们努力地挖掘、整理、思考长沙旅游文化，传承历史，着眼当下，山水洲城，快乐长沙，什么是这座城市最鲜明的个性，最本真的追求，"快乐"跃然心间。为此，长沙旅游也开始了以"快乐"为旗帜，以"建设世界旅游目的地"为目标的逐梦之旅，并取得了一定的成效。旅游总收入在 2013 年达到了 1006 亿元，位居全国省会城市第七；既打造了多条旅游精品线路，也推出了特色景区群，其中，岳麓山－橘子洲景区、花明楼刘少奇故里景区更是成功创建了国家 5A 景区。接下来，长沙旅游应更加突出抓好项目建设、产业融合、城市营销和精细管理，力促旅游品牌升格、旅游消费升温、旅游宣传升级、旅游服务升值，加快旅游强市建设，把这个朝阳般的千亿元产业做得更大、更强、更精。

今天，我们长沙旅游人在努力地贯彻《中共长沙市委、长沙市人民政府关于加快现代旅游业发展建设旅游强市的决定》的战略决策，更好地宣传、推介长沙旅游，长沙市旅游局编著了《快乐长沙》旅游文化丛书，努力地把长沙好玩、好吃、好听的介绍给广大游客。

丛书共分为四册，文字方面，既注重了对文化的尊重，也注重了对文化的深入挖掘与再思考；图片方面，既注重了客观性，也注重了欣赏性；资讯方面，则为读者提供了最为贴近生活的实用指南，既有宏观布局，也有微观指导。

《快乐长沙·游山水》，对湘江、浏阳河、沩水、岳麓山、大围山、橘子洲、湖南省植物园、世界之窗、海底世界等名山秀水及城市景观逐一介绍，展示了长沙秀丽的山水风光，既有亲山乐水的雅趣，也有游园惊梦的闲逸。

《快乐长沙·道古今》，对名人故居、古村古镇、书院寺庙、历史遗址逐一介绍，展示了长沙厚重的历史人文，既有激情燃烧的岁月，也有温馨宁静的光阴。

《快乐长沙·品美食》，对长沙传统老店、时尚新馆、潮流食圈、招牌菜品逐一介绍，展示了长沙独特的美食江湖，既有湘菜传统的内核，也有创新创意的外延。

《快乐长沙·享休闲》，对长沙酒吧歌厅、节会演艺、影视综艺、住宿购物、洗浴足浴、农家乐、新农村逐一介绍，展示了长沙轻松的娱乐休闲，既有温馨惬意的诗意之旅，也有浪漫刺激的不夜狂欢。

丛书从构思到编辑出版，历时两年时间，历经了多次讨论、修改。这期间，丛书的编辑出版得到了市委、市政府领导和各级、各部门的大力支持，得到了各市区县的积极参与。特别是省委常委、市委书记易炼红，市委副书记、市人民政府市长胡衡华亲自为丛书作序，充分体现了市委、市政府对长沙旅游产业发展的高度重视和关心。很多相关领导和专家也对丛书的编辑出版提供了很多宝贵的意见，很多知名的作家、摄影家也为丛书提供了优美的文字和高水平的图片，在此深表感谢。

"看万山红遍，层林尽染"，希望《快乐长沙》旅游丛书的出版，能够成为大家了解长沙的重要窗口；"天上长沙星，地上长沙城"，期盼大家在仰望星空的时候，能够想起长沙，到长沙来体验山、水、洲、城的完美融合、独特风味，来体验快乐长沙的温热阳光，静好岁月，找到快乐的自己。

中共长沙市委常委
长沙市人民政府副市长

快乐长沙 休闲

目录

長沙市政府

湘麓山庄
岳麓大道
动漫创意园
湘西部落
西江月
长沙坤龙酒店
美奥斯乐酒店

金星路
西湖公园
荣湾镇
枫林运动俱乐部

岳麓山风景区

云麓山庄

天马大酒店

天马主题酒店

猴子石大桥

步步高商城
金星路
王陵公园
香水湾

枫林宾馆
通程购物广场
汉庭快捷酒店
长沙岳麓山店
7天(长沙岳麓山二店)
集贤宾馆
大学招待所
涞驿酒店
后湖创意园

奥克斯商城
兰卡威国际
茉莉花国际大酒店
天之道足浴

营盘路湘江隧道

橘子洲
橘子洲大桥
湘江中路

橘子洲景区

橘洲焰火燃放点

南湖路隧道

金城南外滩

保利国际广场
蓝湾国际广场

南郊公园

南二环

渔人码头
银盆岭大桥

湘江
北路

湘

北辰高尔夫俱乐部
凯禾国际城
华悦大酒店北
三角洲
金色屋顶
开福寺
天健芙蓉盛世
湘雅路
华盛新外滩
长沙风帆广场码头
留芳宾馆
营盘路
营盘路 钱柜KTV
欧尔胖KTV
喜来登酒店
颐尔康
潇湘华天

万达文华大酒店
乐沽城
五一广场
芙蓉广场
迎宾
小天鹅
红歌汇KTV
湘绣购
春天百货
王府井商城
平和堂
新世界百货
酒吧一条街
五一
西路
解放
西路
解
中
人民路
黄兴路步行购物街
化龙池酒吧一条街
城南路
人民
西路
海月洗浴城
富桥足浴城
和一酒店
天心古玩城
君逸康年大酒店
天玺大酒店
佳程大酒店
芙蓉
中路
豪庭大酒店
七天连
城
琴岛歌厅
田汉大剧院
侯家塘
金源大酒
新一佳超市
南湖路
赤黄路
五华大
学友购物
神龙大酒店
金色大道
颐尔康足浴
铁道

江

市政府驻地
旅游区域
车站
休闲购物点
地铁1号线
地铁2号线

快乐长沙 享休闲

壹 娱乐

CHEERFUL CHANGSHA
TRAVEL SERIES

"文化湘军"作为长沙娱乐之都的重要创造者，凭借一系列文化品牌的连锁效应、集约效应，创造了独特的"湖南文化现象"，依靠强势平台的品牌效应，和错位竞争形成的优势竞争力，发力全国，在海内外都刮起了一股快乐旋风。经过数十年的发展，"广电湘军"、"出版湘军"、"动漫湘军"扬名海外，它们不仅是娱乐形式，更是重要的精神大餐。

长沙作为娱乐之都，解放西路闪耀的霓虹是一种娱乐，歌厅和夜宵摊演绎的是另一种娱乐，但要说最深入人心的，还属电视上的娱乐节目。位于长沙市开福区的湖南广电大楼里，日夜的灯火下，制作了许多大家耳熟能详的综艺节目，在电视行业蓬勃发展的这十几年里，为各地的人们带来了许多欢乐。

综艺节目总是以一种轻松的氛围面见世人，事实上，制作综艺节目绝对是件苦差事，在内容上，一个节目要欢快而不失内涵和关怀，才能算是合格，即便能够播映让人们检阅，起初也一定是惶恐的。湖南之所以将综艺娱乐做到现在的成绩，与湖南人敢为天下先的闯劲是分不开的，综艺节目首先要抢得先机，如果炒剩饭难得有收益，其次就是身先士卒，敢于做第一个吃螃蟹的人，不断地去尝试新口味，才能不被观众淘汰。

综
艺
喜
乐
汇

湖南广电，日夜的灯火下，制作了许多观众耳熟能详的综艺节目，为各地的人们带来了许多欢乐。

《快乐大本营》是湖南综艺节目的风向标。

　　从前，曾国藩领着湘军征战四方，把湘军二字刻进了历史。其实做节目与打仗也有共同之处，都是属于团队作战，一个人敢想敢拼远远不够，于是就产生了电视湘军。在电视台里，湘军们常常耽误了吃饭，甚至过着黑白颠倒的日子，但结果是可喜的，这里诞生了《快乐大本营》这样的金字招牌，也有着《天天向上》《我们约会吧》《百变大咖秀》等后起之秀。即便做好看的节目并非易事，但能给人们带来欢乐，电视湘军们也可以因天下之乐而乐了。

　　曾国藩当年如果不是身在湖南，有热血的湘军尾随，无以立那样的功勋。如果《快乐大本营》这样的综艺节目不是处在长沙，由肯干的电视湘军制作，也不会有今天的成果。

《快乐大本营》，青春的记忆

若要说综艺节目，不论是在湖南地区还是全国范围内，都不能不提《快乐大本营》。这个于 1997 年开办的节目，是湖南卫视上星以来一直保持的品牌之一，也是国内最为长寿的综艺节目。节目最开始采用全民娱乐的类型，邀请一些有特殊才能的人物来表演，后转为选秀节目，选举其主持人。现在多以嘉宾访谈、游戏的形式出现，邀请中国大陆、香港、台湾及世界各地的知名艺人前来参与访谈和游戏互动。

这档本土制造的综艺节目，以其青春、快乐、贴近生活的风格在中国电视娱乐版图上迅速上位，其带动的明星效应和倡导的快乐理念，十几年来已融为中国青少年文化的

一部分，为湖南卫视打造中国第一电视娱乐品牌立下了汗马功劳。

在现代流行文化发展迅速的今天，《快乐大本营》始终走在综艺节目的前列，至今生命力不减，成为伴随 80 后、90 后、甚至 00 后成长的一档栏目。自开办以来，《快乐大本营》就以其新鲜的题材，多样的形式，清新的风格，引领观众走向一个崭新的视听空间，其中"快乐传真"和"火线冲击"是观众记忆深刻的经典游戏环节。

其实在收视率上，《快乐大本营》也有过起伏，但经过 15 年的沉淀，到现在依旧呈现着欣欣向荣之势，如今的主持团体"快乐家族"更是享受着国内其他主持所难有的待遇，发唱片、出书、拍电影、代言，这些全能艺人才能涉猎的事情他们都能做。主持人与节目互相成就，十几年的时间里每周六晚与人们相遇，在老少皆宜的轻松快乐中，蕴含着无数人的青春记忆。

【啊啊啊啊】在《快乐大本营》迎来 15 周年时，为回报观众，特别推出了一个全新栏目"啊啊啊啊（ā á ǎ à）"科学试验站，以科学和综艺结合的方式为大家带来更多新意。"啊啊啊啊"科学实验站是《快乐大本营》改版后的子栏目，属于明星科学实验版块，采用"科学实验＋娱乐脱口秀"的形式，每期邀请明星嘉宾参与不同的科学实验，让科学和娱乐在节目中碰撞出不一样的火花。

以汪涵为首的主持团体，是清一色的俊男，栏目制片人张一蓓直言不讳地说，"我们打造的就是男色系"。

《天天向上》，男人的主场

《天天向上》采用全国第一支偶像男子主持团体的概念，用各种形式来传播中国千年礼仪文化，是湖南卫视打造的大型礼仪公德脱口秀，为近几年来所产生的最成功的节目之一。该节目于 2008 年 8 月 4 日首播，氛围欢快轻松幽默，获得高收视率的同时，也受到了广大观众的好评。

虽然是以娱乐脱口秀为主导形态，但《天天向上》融合了其他众多节目的表现元素，在形态设计上不拘一格。节目的开场如同大型晚会的开场歌舞，主持人与嘉宾载歌载舞，整体上营造出一种热闹、欢乐的氛围。节目进行过程中除了访谈之外，也会穿插着进行歌唱、舞蹈、情境表演、与场内观众互动等，着力彰显秀的特点。而在选题上，《天天向上》更是有众多角度，可以是近期的时尚话题，可以是古老的文化传承，可以是大明星，也可以是草根，寓教于乐，不知不觉中传递了人文关怀。

以汪涵为首的主持团体，是清一色的俊男，栏目制片人张一蓓直言不讳地说，"我们打造的就是男色系"。而韩国明星金圣恩的加入，使整个班级"国际范十足"，加上台湾艺人欧弟的加盟，更让《天天向上》增添了许多魅力。

《我们约会吧》，潮人集体相亲

在综艺节目这片领地，最重要的就是新意，2010年湖南卫视打造了第一档潮人交友真人秀节目《我们约会吧》，因为何炅的转型加盟，引起了多方关注。在剩男剩女大行其道的今天，用电视交友结束单身的方式也受到普遍认可，新的婚姻爱情观在节目里碰撞，真实的展现了如今适婚男女的众生相。

2012年，新闻主播邱启明接棒何炅主持，被外界视为一次跨度极大的转型，改版后的《我们约会吧》亮相湖南卫视，反响非常不错。邱启明的理性沉稳形象，带来了许

改版后的《我们约会吧》亮相湖南卫视，
带来了许多观众缘。

多观众缘，随着"约会吧"三周年，节目的收视率也节节攀升。根据央视索福瑞全国网的收视数据，节目常常是全国同时段收视冠军。《我们约会吧》通过创新和调整，在流程上追求真实，吸引着前卫、理性的中年观众和白领。

"还原相亲交友的本原，倡导健康的生活态度，这不仅是节目制作的基础，也是电视媒体应具有的社会责任。"《我们约会吧》的制片人刘蕾如是说。

《百变大咖秀》里何炅和谢娜的
精彩模仿秀。

《百变大咖秀》，"怪咖"模仿比拼

在综艺节目竞争日趋激烈的今天，在收视受到巨大冲击的背景下，湖南卫视购买了《Your Face Sounds Familiar》的内地版权，并由何炅、谢娜这一对当家主持来撑起场面，《百变大咖秀》收视一路飘红。作为国内首档明星模仿秀大赛，此模仿秀并不局限于外形或舞蹈上的模仿，也并非只有声音上的模仿，《百变大咖秀》更注重一个全方位的升级模仿，化妆上追求变胖变瘦或变性，服饰上更有小龙人这样的奇特造型，所以这对化妆师及造型师的要求很高。《百变大咖秀》的化妆团队由湖南卫视及来自台湾的团队共同组成，为了变一张脸需要花费上万元。

《百变大咖秀》赢得好的收视是因为吸引了大批娱乐圈内的"怪咖"，令观众们看到了风光背后明星的另一面，在娱乐明星都要扮美扮帅的时候，来大咖秀的明星却不惜改变和颠覆平常的形象，来呈现戏剧效果，这种模式在国内首屈一指。不仅仅是明星们的不遗余力让观众买账，主持人何炅与谢娜塑造的一组组啼笑皆非的人物也令人印象深刻。《百变大咖秀》还使 TVB 艺人王祖蓝在内地迅速走红，人气飙升，由他扮演的"金刚葫芦娃"直戳观众笑点，被网友直呼是"逆天"模仿。

其他综艺节目

湖南从来不缺少好的综艺节目，有《快乐大本营》这样的常青树，也有《天天向上》这样的中流砥柱，仅 2012 湖南卫视就改版

和制作了《我们约会吧》《完美释放》《向上吧少年》《女人如歌》《百变大咖秀》等综艺节目。而《我是歌手》作为湖南卫视"领SHOW2013"的开篇之作，集结乐坛资深唱将、中流砥柱和新生代佼佼者打造独一无二的顶级豪华音乐盛宴，2014年湖南卫视将启动前所未有的主题日编播，将推出30多个新节目。继真人秀节目《爸爸去哪儿》《花儿与少年》后，正能量成长秀《变形计》重磅回归，旅行任务真人秀国宝级老顽童奇遇记《花样爷爷》、新生命诞生亲情真人秀《为爱而生》名人军营体验真人秀《真正男子汉》等将跟观众见面。

综艺节目立足于长沙这片带有快乐气息的土地上，滋生出一个又一个富有能量的形式，用综艺带给人们轻松和快乐。除了湖南卫视之外，湖南娱乐频道、湖南经视等电视台也都有着许多优秀综艺节目，它们在长沙起航，为快乐综艺做着自己的诠释。

选秀节目，引发全民狂欢

2004年的《超级女声》，是湖南卫视举行的女性大众歌手选秀赛，比赛接受任何喜欢唱歌的女性个人或组合的报名，以其一些颠覆传统的规则，受到了许多观众的喜爱《超级女声》的巨大成功，当时在中国刮起了一阵选秀之风，电视台纷纷效仿举办选秀节目，引发全民狂欢。

作为中国电视选秀节目的里程碑，《超级女声》在2005年创下奇迹收视的同时，也造就了一批"草根偶像"。《快乐男声》在举办之时，也是取得了巨大反响，虽然只有两届，却也打造了十数位知名艺人。而2013年湖南卫视斥巨资打造的选秀节目《中国最强音》，也是综艺迷们不得不看的节目。

链接

【本土选秀】除了超女快男，湖南卫视还举办了《芒果训练营》《我要拍电影》这样培养演员、导演的比赛。至于湖南娱乐频道的星姐选举，湖南经视的《幸福来欢唱》和湖南电视剧频道的《我要来演剧》等地方台的选秀，则有着浓厚本土特色。

欢乐动漫

先读为快 自上世纪90年代以来，我国承接了大量的动漫外包业务，锻炼了一批动漫制作人员，动漫产业开始迅速发展。在底蕴深厚的湖湘文化和先进计算机技术的支撑下，湖南"蓝猫"一举成为我国知名品牌，并逐步打入国际市场，使湖南原创动漫在国内建立起明显优势。因为产业基础雄厚，品牌优势突出，长沙动漫正以浓厚的发展氛围，展现着中国动漫之都的风采。

长沙精神，敢为天下先

从前，动漫在人们眼中只是逗乐儿童的小玩意，当意识到动漫可以缔造财富神话之时，这个产业却已经被欧美、日本、韩国等掘取了大桶大桶的黄金。面对我国1000亿元的市场容量、3.67亿未成年人的潜在消费群体，上世纪90年代，长沙终于"敢为人先"，以一只"蓝猫"从动漫中掘取了第一桶金，财富以不可预见的速度增长，给国产动漫带来了希望。"蓝猫"的产生，凭的就是敢为人先的闯劲。而在"蓝猫"之后，"虹猫"敢为人先创造了第一台动漫春节晚会，"山猫"敢为人先把动漫衍生品远销到南美各国，这些动漫形象的成功，让长沙处在国内原创动漫的领航位置。

长沙原创动画的力量到底如何，大概以下一组数字可以说明：据广电总局统计数据显示，2007年全国制作完成的国产动画共186部，总量10.19万分钟，其中湖南为2.8万分钟，稳居全国第一，比位居第二的广东省多出近1万分钟，而湖南的宏梦卡通和三辰卡通两家企业年生产量就达2.5万分钟，占全国总产量的三成。尽管近年来，沿海城市的动漫产业发展强劲，长沙依旧以"三猫一鹰"的格局，在国内有着举足轻重的地位。

"三猫一鹰"，指的是中国第一部赢利的动画"蓝猫"和"蓝猫之父"创办的虹猫及山猫，"一鹰"指的是金鹰卡通频道。这"三猫一鹰"使长沙动漫业享有很高的知名度。卡通形象"蓝猫"是全国动漫产业的驰名商标，

动漫文化已经渗入到长沙人的日常生活。

长沙已经形成了制作、出版、发行，到衍生品生产、媒体播出等较为完整的原创动漫生产体系。

而金鹰卡通是全国首批上星的三家频道之一，年播出量为40万分钟。因为原创动漫的领航，长沙已经形成了制作、出版、发行，到衍生品生产、媒体播出等较为完整的生产体系。给人们送去快乐之时，也带来了巨大的经济效益。

长沙力量，踏实拓产业

动漫这枝艺术园地的炫丽花蕾，以其天马行空的想象，幽默、轻松的调味，走入了人们的生活，也成为现代经济的新支柱，如今已然是当今的朝阳产业，是现代城市里不可缺少的元素。

长沙在上世纪90年代初，就勇闯无人境地，扛起动漫原创大旗，一路独领风骚。20年过去，长沙动漫得到了长足的发展。在麓谷动漫产业园里，蓝猫、山猫、三辰、拓维、拓肯、盈博、三原、浩丰等实力强大的动漫公司聚集一堂，开拓着动漫之都的制作潜力。

曾经创造过"蓝猫、虹猫、山猫"而让长沙获得"猫城"之称的蓝猫卡通、宏梦卡通和山猫卡通更是"好雨知时节，当春乃发生"。三家企业好戏连台，惊喜不断。"蓝猫卡通"在全球首创动漫制作无纸化，带来一场动漫技术革命，如今又开始在中国大陆首创"三维动漫"，而华丽转身的《蓝猫龙骑团》已完成与美、德、西班牙等12个国家签约。宏梦卡通则致力于幼儿成长教育，两年编辑出版单品图书42种、145册，销售洋码达1.5亿元，创出了我国少儿图书出版发行的最高记录。"山猫"在央视热播后，到美国也取得

虹猫蓝兔已成为国产动漫的经典之作。

了良好成绩，山猫卡通正全力冲刺百亿销售大关。

另外，拓肯投资 8000 万元，打造中国式的"猫与老鼠"——《黄鼠狼和鸡》；盈博引进投资合作者斥资近亿元，创制大型动画系列剧《时空小斗士》；三原原创 360 集的《正义小兔警》，在中央电视台少儿频道《动画乐翻天》栏目播出。面临动漫产业的机遇和挑战，长沙动漫已经准备好了。

长沙责任，打造高品质

湖南要打造中国甚至全球的"动漫之都"，光靠敢干敢做是不够的，还需要细致入微地进行全方位包装，才能做出品质更优的动漫作品。目前，湖南省的动漫节目生产总量已达到全国的三分之一左右，如果省内的优质动漫资源再整合起来，则可以提升竞争力，创作出更好的作品。

如今，宏梦卡通的"虹猫幼教"成长计划资源包已经成功打造。"虹猫"植入高科技产品，从行为习惯到人格塑造，伴随着孩子快乐成长，成长计划资源包将成为幼儿的一种生活启蒙，汩汩地流向千家万户，要呵护好那些稚嫩的心田，是一份沉甸甸的责任。

宏梦卡通和三辰卡通是长沙两家大型的动漫集团，而金鹰卡通则是有着湖南广电支持的动漫公司。其中宏梦去年创作的武侠卡通片《虹猫蓝兔七侠传》不仅在央视少儿频道取得高收视，并且与之配套的图书上市三个月便突破 1000 万册的销售量。而三辰创作的"蓝猫"等卡通形象已经形成了产业链

式的开发。长沙动漫如果要在动画片制作、主题公园和衍生品开发方面全面推进的话，根据迪斯尼的模式，如今单打独斗的力量还并不充足。如果能把各方面资源都调动起来，将频道、品牌、人才资源实现全面整合，便可以打造出更多高品质的动漫产品，让中国的动漫产业提升到新的高度。

【知识产权保护】

动漫产业属版权产业，如果其品牌的知识产权保护做得不够，会造成巨大损失。而三辰公司要花千万元买回自己品牌，更是让人觉得知识产权保护的重要性。例如，三辰公司与汇源果汁集团联合进行"蓝猫"咕噜噜饮料的生产，产品销路非常好，但是没多久三辰公司便被河北一家公司告上法庭，原因是"蓝猫"牌饮料已被这家公司注册，即使"蓝猫"是三辰打造的品牌，但还是构成侵权，经过两年多的谈判，三辰公司要花一两千万元才能买回"蓝猫"饮料的生产权。据了解，三辰公司因为版权保护的问题目前已花费1000多万元的代价收回包括鞋等在内的版权销售，而因为版权保护问题的损失达50亿元。由此可见，在动漫产业版权保护意识的重要性。

动漫的流行也推动了cosplay的大行其道。

影视湘军的崛起，创造了独特的"湖南文化"现象，引起了社会关注。

文化湘军 快乐集结号

"文化湘军"凭借一系列文化品牌的连锁效应、集约效应，创造了独特的"湖南文化现象"，依靠强势平台的品牌效应和错位竞争形成的优势竞争力，发力全国，在海内外都刮起了一股快乐旋风。

经过数十年的发展，"广电湘军"、"出版湘军"、"动漫湘军"扬名海外，客观的数据可以证明，2006年，湖南省文化产业增加值为338亿元，占当年全省生产总值的4.5%。时隔两年，2008年全省文化产业总产值突破1000亿元、实现增加值530亿元，占当年生产总值的比重达到了5.1%，居全国各省区市前列。

经过多年的发展，湖南卫视收视率长期位居全国省级卫视第一；湖南出版成为了中国地方出版实力的三强之一；湖南原创动漫总产量连续排名全国第一，宏梦卡通公司和三辰卡通公司位居全国十大动漫企业第一和第二位。文化湘军已经合股汇流，形成奔涌之势。

"今天的文化，就是明天的经济"，文化湘军开始有了自己的主张，树立起一面旗帜，作为营销湖南的一张张名片，在路径选择背后是自己严谨的逻辑链条。它不再是一个简单的产业问题，而将之上升到更高的视野——文化产品输出，本质上是拼文化影响力，文化湘军将湖南精神融汇到一系列的产品里，传播到五湖四海，证明着自己的抱负和愿景。

电视湘军，快乐向前冲

电视湘军最先引得众人瞩目，1997年，湖南卫视先后推出了《快乐大本营》《玫瑰之约》等一系列名牌栏目，被誉为"快乐旋风"、"玫瑰花香"的"湖南电视现象"，一时间风靡大江南北。

而影视湘军的崛起是从早期的琼瑶系列电视剧开始，2007年的《又见一帘幽梦》，湖南可以说是走在了电视台自拍剧的前端，后来的《丑女无敌》《宫锁心玉》《回家的诱惑》《新版还珠格格》《步步惊心》《倾世皇妃》等自制剧，分别在播出时取得了非常好的收视，多次登上全国收视第一，引起社会热议。

电视湘军的综艺节目也是收视长虹，湖

南卫视超级品牌节目《快乐大本营》，作为综艺节目王牌中的王牌，连续 17 年屹立不倒于周六黄金时间，09 年上半年播出的 26 期节目中有 15 期节目保持全国收视第一。而周五的收视新秀《天天向上》，则以其幽默风趣的主持群体，倡导中华礼仪的积极主题。《爸爸去哪儿》播出以后又在全国刮起了一股亲子狂潮。

同时，电视湘军还积极扩大海外影响，不仅与 BBC、ITV 等有深度合作，与泰国正大集团签订了创新节目《挑战麦克风》的节目模式销售协议，这也是湖南卫视节目在版权模式输出的成功创新之举。在全球，湖南卫视进入日本和澳大利亚普通家庭，更是唯一进入美国主流电视网的中国省级卫视。

依托在国内的强大影响力，电视湘军联合海外包括港澳台地区的主流电视机构，主办、制作、转播一系列重大文化活动，如全球联合直播阿迪力走钢丝，公祭舜帝大典，与台湾中视联合报道台湾八·八水灾赈灾晚会，承办国际食品博览会开幕式晚会，"城市群发展模式"国际学术研讨会等多项大型活动。

2012 年，湖南卫视国际频道与美国最大的亚裔媒体集团美国多元文化传播集团正式签署协议，形成战略伙伴关系，预示着越来越多国内观众耳熟能详的品牌节目将走出国外，将快乐带给千家万户。

出版湘军，吹响集结号

2012 年 9 月 10 日，在托马斯·弗里德曼新书《曾经的辉煌》发布会上，湖南出版投资控股集团党委书记、董事长、中南传媒董事长龚曙光，引用托马斯·弗里德曼成名作《世界是平的》里面的名言：全球化来了，无论是直面或逃避，你我都改不了。这也是出版湘军面对数字化汹涌的大潮时，湖南出版业所表现出来的态度。

随着市场的巨大变革，国际金融危机也一度带来纸质读物的销售清淡，但一向敢为人先的出版湘军建立了互联网和移动互联网的教学新产品，使它成为中国重要的一个教

出版湘军的大视野、大情怀，证明了自己的实力。

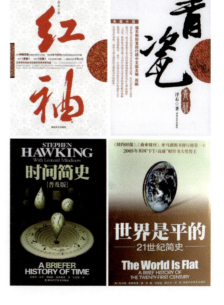

热门剧改编小说热卖，也是出版湘军聪明之处。

育资源基地，同时在生活的秩序、健康、经济、新技术、新社会和人文图书等板块，继续衍生传统优势，并不断推出新产品。而直接与文字相关的出版业，更多的是一份人文关怀：《时间简史》《世界是平的》《G时代创业的五大定律》等，从这些出版的目录中就可以看出，出版湘军拥有大视野、大情怀，注重能够对人的一生起到影响或者改变的，对整个社会的形态、经济形态或者与其运行格局产生影响的图书，这也许就是出版湘军成功的秘密之一。

出版湘军用业绩证明了自己的优秀：科普、古典名著保持全国第一，新开心作文列全国第二，音乐品牌稳居全国前三强，全年有5种图书进入开卷畅销书排行榜。其中《红袖》累计7个月上榜，《青瓷》销售持续走强，《命运》来势良好，《世界是平的(3.0版)》《乔治开启宇宙的秘密钥匙》成为常销品种。时政图书出版也彰显出湖南特色，《抗冰图》《抗震救灾读本》等图书，受到了中央和省委领导的高度评价。

曙光798城市体验馆
开启优生活之旅

先读为快 曙光798城市体验馆位于长沙市芙蓉区曙光路，长沙主城中央商圈LOFT式"商学文"一体化商业体验中心。项目由原曙光电子管厂旧厂房改造翻新而成，总占地约60亩，建筑面积55000平米。曙光798城市体验馆规划33000平米高端机械工业产品城市展厅，其中包括豪华游艇展馆、顶级豪车城市展馆、高端汽车综合展厅、顶级机车展厅，以及22000平米超高挑高LOFT式创意办公、配套金融中心、时尚高端餐饮、酒吧、影像工厂、现代艺术创展中心等综合业态。

在曙光798举行的汽车音乐节。

长沙人民中路与曙光路相交的路口，屹立50余年的原曙光电子管厂，已成为许多老长沙人脑中的回忆，如今它改头换面，变成了中国首个LOFT商业体验中心。原曙光电子管厂留下的开敞空间，给曙光798的打造带来了许多可能性，也为长沙的文化内涵注入了新的力量。进入曙光798的大门，首先吸引眼球的是大楼的外墙上，一辆即将撞墙而出的彩色汽车，这个在大片里才能见到的画面，很好的诠释了曙光798的功能和理念。

曙光798主打汽车文化和创意文化，用艺术的姿态引申出创意理念，以LOFT这种时尚的生活方式，打造不拘一格的城市体验馆。除文化外，曙光798还兼有城市综合体和CBD的功能，将商业休闲和创意办公纳入其中，以实现全面的高品质生活方式。

三万平米全国最大规模的中心城区汽车综合展厅，两万平米超开阔空间LOFT式创意办公，曙光798城市体验馆的面积足以让人惊叹。目前这里已有许多知名企业进驻办公，如艾特婚纱集团在这里建成湖南最大的婚纱摄影机构；库爱艺术餐厅以1000平米

小朋友在展厅参加设计活动，感受创意的乐趣。

的空间，为各类艺术展览、沙龙派对提供活动场所。另外，湖南卫视主持人李锐经营的红馆，是这里的飞机游艇体验中心、活动交流中心。

因为诸多商业品牌的入驻，在长沙曙光798，能够一站式体验到多元的消费选择，包括LOFT式创意办公、时尚高端餐饮、酒吧、影像工厂、现代艺术创展中心等，给人们带来丰富的体验。

作为长沙的创意文化聚集地，曙光798用多元化内容，完成人们的各种愿景，高大而宽敞的厂房，便是完成这些愿景的基础条件。在曙光798的三万平米的城市汽车展厅里，集聚21个汽车商家、40多个汽车品牌，在广阔的空间内，筑起了汽车嘉年华，爱车人士到来，一定会有自己的收获。

汽车是曙光798的一张名片，但绝不是这里的唯一看点，除了为爱车人士提供了绝佳去处外，这里还是婚纱摄影的理想场所。艾特婚纱EXPO结婚世博馆内，不论西洋风、中国风，还是时尚范、文艺范这里都有，馆内仿佛一个迷你版的世界之窗，能够随心定格全球各地的风光。

曙光798还拥有许多大型的活动场所，常有艺术展和发布会这里举行。在曙光798的大型活动中心内，举办过汽车音乐节和cosplay大赛，2013年快乐男声全国赛区的总决赛也在这里角逐，而各种新品发布会和颁奖晚会更是层出不穷。于斯艺术空间的艺术展，BP名片派对的商务聚会，仿佛任何活动都可以在这里生根，长出理想的模样。

地址：长沙市曙光北路119号 电话：4008-770-798

快乐长沙字休闲

贰

狂欢

CHEERFUL CHANGSHA
TRAVEL SERIES

上世纪80年代，爱热闹的长沙人喜欢去茶座听说书，后来一度流行舞厅和夜总会。1988年，长沙出现了第一家歌厅，发展至今，演艺文化已经成了长沙的一张新名片。1998年，就在歌厅风靡长沙之时，"topone跳舞吧"在解放西路开业，它并不起眼，却燃起了酒吧在长沙的燎原之势，崇尚娱乐的长沙人又找到另一种生活方式，并创造性地将长沙歌厅文化融入酒吧，改变了清吧不带表演的传统形式，附以疯狂的演艺，成为了长沙人的狂欢。解放西路因常被人称为酒吧街，几乎忘却了这条路的本名，随后兴起的化龙池酒吧一条街，以及太平街酒吧一条街，更是将这种狂欢推向了极致。

剧场爆满的观众群可以看见
演艺在长沙的火爆。

花样演艺
一起嗨

长沙这个城市天生就有极强的表现欲，长沙人爱热闹，喜欢吃喝玩乐，长沙也因此被号称为"娱乐之城"，不仅因为全国闻名的湖南电视台一系列的王牌娱乐节目，更因其丰富多彩而迷人的娱乐生活，尤其是演艺文化的火热，让那些"好玩"达人沉醉不已。夜幕降临，长沙城拂去"楚汉名城"的古朴和厚重，睁开了魅惑的双眼，各大歌厅门口早已人流如织，这样的场景，对于长沙人来说，实在是习以为常。

长沙歌厅的前身是音乐茶座，上世纪 80 年代，爱热闹的长沙人喜欢去茶座听说书，后来一度流行舞厅和夜总会。1988 年，长沙出现了第一家歌厅，发展至今，演艺文化已经成了长沙的一张新名片。

主持人一声热络的招呼，表演正式开始。诙谐的是演唱、惊险的是杂技、神奇的是魔术、笑得你喘不过气来的是相声、小品……白天不论你是淑女、阔少或者勤勤恳恳的小职员，不论你表情怎样木然、郁闷或者趾高气扬，进了长沙的演艺厅，你的目的只有一个——"笑"。

长沙的演艺文化绝不只是油嘴滑舌的调侃，草台班子的小打小闹，而是一种雅俗共赏的平民文化。几句朴实的语言、几首激情的歌曲，就能将现场的氛围推向高潮，更多的是工作之余的解脱，是生活压力的宣泄，是来自于民俗文化的精髓。与"没吃辣椒，就等于没到湖南"一样，"没进歌厅，也就等于没来长沙"。

长沙的演艺厅里，永远不会缺少南来北往的看客，他们深知，要想在最短的时间里解读长沙城市的气质，歌厅是最好的去处，这里有最本色的民生百态，最开放的娱乐胸怀以及最生动的市井表达。

更妙的是，歌厅的魅力可以延展——它可以由歌厅表演者带到更广阔的舞台上，比如大兵带着具有浓烈南派风格的相声，蹦上央视春节晚会的舞台；它可以在南来北往看客的口中，传播到很远很远的地方；它更可以由一个普通的长沙市民，在茶余饭后活灵活现地"复制"出来。

奇志、大兵创作双簧节目《洗脚城》《打麻将》等就曾引发长沙人的模仿热潮，几乎每个单位搞文艺晚会，都会有深谙长沙方言魅力的员工将这些段子经典重现。台下的观众也给足面子，听一遍笑一遍，再听一遍，再笑一遍，怎么演都演不尽、怎么听都听不厌——这才是真正"全心全意为人民娱乐服务"的娱乐方式。这便是长沙演艺文化的魅力所在，它的一呼一吸能如此牵动长沙人的心，理由只有一个——它从未远离过长沙人的心。

夜幕下的田汉
大剧院，好戏
连连上演。

田汉大剧院
星城的大剧院时代

　　一个剧院，一台节目成为了一张城市的名片，长沙这个城市天生就具有强大的创造力，把高雅的剧院文化和本土的歌厅文化结合在一起，创造出了一个田汉大剧院，这种百老汇风格和法国红磨坊的互补结合，火热地引领了一代演艺潮流。

　　田汉大剧院是　座以专业演出为主的现代化剧院，田汉大剧院分大剧场、音乐厅、田汉纪念厅及艺术走廊、前坪田汉群众文化广场等四个部分。大剧场有 1206 个座位。拥有国内一流的 16 米旋转舞台和四块升降台，全数字化控制的音响灯光设备，世界顶级的伯恩斯坦钢

中西文化合璧，观众喜欢的歌舞、相声、脱口秀，雅俗共赏，深刻展示了最具湖南特色的演艺文化。

琴，为了保障艺术精品的完美展示，田汉大剧院特请清华大学建筑声学教授按高标准专业演出剧院的要求进行建声设计，混响达 1.6 秒，并大胆采用石材等装饰方法，科学采用吸音材料，使剧院的声反射达到最佳效果。

音乐厅有 835 个座位，厅堂装修风格清新、典雅，是举行交响乐及室内音乐演出和独唱、独奏、重奏的专业性音乐厅。音乐厅采用全自然声设计，不采用任何电声，利用声学反射原理达到完美的音效，再现自然意境，更拥有价值百万世界级品牌德国产九尺斯坦威钢琴一台。

田汉大剧院拥有两张王牌——《梦幻之夜》和《又唱浏阳河》。因为这两张王牌田汉大剧院还形成了"365 天剧场"的独特景观，

365 天，天天上演，为长沙的演艺文化开创了"大剧院时代"。《又唱浏阳河》和《梦幻之夜》节目，一台主推湖湘文化，一台中西文化合璧，成功将"红太阳"的发展推到了一个新的高度，为湖南文化娱乐产业的发展树立了一个新的"风向标"。

《梦幻之夜》集国外华美歌舞、欧美宫廷剧等异域风情与湖湘本土幽默、搞笑于一体，打造了一台融杂技、魔术、芭蕾、滑稽、音乐、舞蹈、逗乐于一炉的"后剧场表演形态"综艺晚会。《又唱浏阳河》则以演绎湖湘文化为主线条，穿播市民喜爱的小品、笑星，严肃活泼、雅俗共赏。在现代 LED 屏、梦幻灯光、绚丽舞美的烘托下，湘瓷、湘绣等原创节目，深刻展现了最具湖湘特色的元素。

地址：长沙市天心区劳动西路347号田汉大剧院　电话：0731-85134813

琴岛演艺中心，熠熠生辉的羽翼形建筑，流光溢彩的舞台灯光，动感十足的音响，精彩纷呈的节目已成为长沙的一个文化符号。

长沙琴岛演艺中心
锐意创新、臻于至善

在长沙，"琴岛"是一种文化符号，是歌厅演艺界的开先河者。著名的"中国琴岛夜"，"与爱同行"，开创了长沙歌厅新模式，被国家文化部赞誉为"琴岛现象"。

2010年3月，琴岛演艺中心搬迁至贺龙体育馆。熠熠生辉的羽翼形建筑，宏大旷远的广场，流光溢彩的舞台灯光，动感十足的音响，精彩纷呈的节目……沉寂三年之后，长沙歌厅的领航人——琴岛以娱乐航母的姿态重新与观众见面。

经过二十载的发展，琴岛人总结出一句话，"锐意创新、臻于至善"，这也是琴岛在竞争激烈的市场中能立于强林的不朽理念。

琴岛的节目更替有其周期性，但在多年的发展变革中，一直紧跟潮流，引领时尚。这么多年的摸索，琴岛人捣鼓明白了，任何一个行业其产品必然是要结合市场的，同时也是要符合消费者需求的，根植于湖南文化与符合大众的多元化口味并没有直接的冲突。

因而琴岛人用自己的智慧，大胆突破了全国演艺市场的陈旧格局。表演形式上，既保留舞台传统歌舞剧的精华，又融合现代大型演唱会高科技表现手段的优势；节目内容上，以湖南深厚的历史文化底蕴为主线，古代、近代、现代，民歌民舞、风情风光，聚合成国内独有、世界一流的精彩节目，引领我国

琴岛的节目表演将传统和现代巧妙结合，令人耳目一新。

演艺市场的走向，推动我国文化娱乐产业的升级换代。

每年投入千万巨资，升级软、硬件。较之"老歌厅"时代，新琴岛在保证每2个月进行节目更新的同时，演出不断融入新的时尚元素，并开辟专题栏目——《明星走廊》，不定期邀请《中国达人秀》、《超级女声》、《星光大道》、《快乐大本营》、《吉尼斯世界纪录》的新、奇、特人才登台演出。毋庸置之，琴岛的节目较之从前一直在更新，不断在提升。

新琴岛演艺中心由星光大道主持人大赛冠军欧阳雨晖担纲。稳健的台风、一流的口才、俊朗的容貌、丰富的舞台表现力，让人义无反顾地跟着他的节拍走，强大的舞台的号召力，也使得每一晚的琴岛之夜热乎异常。同时大兵、杨志淳、周卫星、李清德、何晶晶，这些湖南人熟悉和喜爱的面孔在这里也会时常出现，让远来的游客体验原汁原味的湘味文化和湘式幽默。

"如今的琴岛体现出一种大气"。的确，到过琴岛的人都会这样感慨。节目内容呈现古今中外，并着力体现湖湘风情。在这里"女娲补天"、"秦始皇一统天下"都不再是书本上的传说，你可以坐看时空交错带来的不老神话。百老汇爵士、激情桑巴、热辣印巴、俄罗斯康康等原本电视里才能看到的异国情调，在这里你也可以亲身感受，尽情欢享，而空中飞人、高空特技等则冲击你的眼球，震撼你的视听。

地址：长沙市天心区劳动西路339号贺龙体育馆(近白沙路) **电话：**0731-84429868

歌厅文化是让观众在演员的生活化、艺术化表演中获得快乐。

长沙欧阳胖胖大歌厅
传承经典，不老神话

　　湖南真正有点文化味的本土娱乐，是歌厅的激情演出，"欧阳胖胖大歌厅"无疑是本土娱乐的代表。华灯初上，"欧阳胖胖大歌厅"外璀璨明亮，巨型的广告牌上，是欧阳胖胖和著名本土相声大兵的巨幅照片。一胖一瘦，对比鲜明的两位笑星冲你发出尤可意会的微笑。

　　长沙欧阳胖胖大歌厅节目主持人欧阳胖胖是长沙歌厅文化的创始人之一，可谓是歌厅文化的开山鼻祖，多年来，他已形成了自己独特的主持风格，号称中南五省王牌主持。欧阳胖胖个头不高，憨态可掬，两百多斤的他往台上一站，尚未开口，那朴实的滑稽、和善的滑稽、幽默的滑稽，早让观众捧腹，他会先用怪怪的神态冲着观众一笑，紧接着用长沙"塑料普通话"信口说上一个很生活化的段子，逗得台下一片笑声和掌声，让台下的观众觉得快乐就是要把生活过成段子。

　　英国戏剧家萧伯纳说："没有幽默的语言是一篇公文，没有幽默感的人是一尊雕像，没有幽默感的家庭是一间旅店"。在台上欧阳胖胖报幕，介绍演员和节目，配话外音、串场，恰到好处地搞笑，时不时还帮着歌手吼一嗓子。他用机灵加智慧，幽默加诙谐，不断地调节和调动着台上台下的气氛，使整场晚会始终都处在欢乐与高潮之中。他的幽默主持和表演内紧外松、有条不紊、维妙维肖，而含蓄隽永的"抖包袱"过程，更使得观众在稍加思考后便前仰后合、大笑不止。

大兵作为"欧阳胖胖大歌厅"的首席艺术总监，为夜色中的"欧阳胖胖大歌厅"增加了一抹亮色。眯缝小眼带着一脸坏笑，无论走到哪儿都摇头晃脑，冷不丁蹦出个小笑话这早已成为大兵的标志。作为小品双簧主持人，伴大家一路走来，大兵式幽默已经深入人心。

2010年4月29日歌厅在重新装修之后，盛装开业。重新亮相的欧阳胖胖大歌厅各方面都进行了升级，包括新演员的引进、新节目的编排、旧节目的保留、台词的设计、演员登台的方式等。新装修的歌厅，将剧院文化与时尚元素相融合，其艺术感召力和文化辐射力也大放异彩。

新歌厅无论是舞台设计还是灯光音响，都给人全新的感觉。而歌厅立足于本土特色，除保留传统歌厅特色外，将着重突出欧阳胖胖和大兵两位艺人的风格优势，推陈出新，以树立湖南歌厅文化的新品牌。如今，升级版的节目博得了观众的阵阵喝彩，歌厅人气直线飙升。

进入"欧阳胖胖大歌厅"的观众，享受的是"色香味形"俱佳的文化大餐，唤醒的是潜藏的能量和蛰伏的活力，在这里快乐是唯一的选择。歌厅一直秉承自己的平民化、通俗化路线，但也不是一俗到底，而是让观众在演员的生活化、艺术化表演中获得快乐，享受属于平民生活的惬意和轻松。

地址：长沙开福区营盘东路13号东风影视城2楼 电话：0731-82246788

湖南花鼓戏剧院
魔幻版花鼓戏

"胡大姐，我的妻，你把我比作什么人咯？"

"我把你比作牛郎，不差毫分啊……"

湖南花鼓戏名篇《刘海砍樵》在湖南是家喻户晓，每个湖南人都能唱上那么一段，这是一种来自乡土的真实，生活气息浓厚，自然活泼。花鼓戏以它与生俱来的亲民风格，博得了一代又一代湖湘人的喜爱，而湖湘人对乡音的这种青睐也成就了湖南花鼓戏剧院的辉煌。

剧院始建于 1953 年，至今已走过了近 70 年的光辉岁月。作为湖南省直重点院团，历代花鼓戏艺术家，在继承传统的基础上，博采众长，闯出了独具风格的"省花路子"，形成了"省花"流派,创作了一大批脸炙人口的优秀剧目,使花鼓戏不仅成为享誉全国的地方戏曲剧种,更让剧院成为湖湘文化的标识性品牌。

剧院以编演现代戏为主,同时排演传统戏和新编古装戏,共创作演出剧目两百多个,创作的剧目曾荣获"五个一工程奖"、"文华奖"、"文华大奖"等多项国家级奖项,两次入围国家舞台艺术精品工程提名剧目,并获2007-2008年度国家舞台艺术精品工程"十大精品剧目"。剧院曾多次携优秀剧目赴北京演出,受到国家领导人的亲切接见、热情赞许和殷切鼓励,形成了以《刘海戏金蟾》《三里湾》《打铜锣》《补锅》《沙家浜》《野鸭洲》《八品官》《喜脉案》《桃花汛》《乡里警察》《老表轶事》《郑培民》《走进阳光》《作田汉子也风流》等为代表的一大批在全国有影响的优秀剧目,在戏剧艺术的百花园中展示出它特有的光彩和魅力。

花鼓戏《刘海砍樵》已是湖南的一张文化名片，但是艺术始终不离创新。2012 年 4 月，湖南省花鼓戏剧院上演了重新排演的《新刘海砍樵》。《新刘海砍樵》一改旧版表现形式，摇身变为魔幻音乐剧，在演唱方面，融合了通俗、民族、摇滚、RAP 等形式。在肢体表现方面，则融入了街舞、踢踏舞等时尚舞种。到时大家可以看到唱着流行歌的刘海、胡秀英，跳着街舞的蛤蟆精，扭着爵士舞的狐狸精，踩着踢踏舞步的神仙精灵，神奇的魔术，热烈的 RAP，原汁原味的比古调……绝对是耳目一新。

地址：长沙市人民中路321号 电话：0731-84126687

花鼓戏以它与生俱来的亲民风格，博得了一代又一代湘湘人的喜爱，而湖湘人对乡音的这种青睐也成就了湖南花鼓戏剧院的辉煌。

酒吧狂欢夜

天气不分冷热，只要暮色开始掩盖长沙这座城市，霓虹就映照起来，酒吧门前的大火箱翻滚，在人们的脸上映出红绿色调。有人抗拒，不愿接近脑海中显现的凌乱酒味，有人欢喜，想进去用热闹来躲避夜色的寂寥。酒吧二字，在影视里变换过不同的样子，时而消靡，时而热血，它的内容有着丰富的戏剧性，这种戏剧性甚至蔓延到生活中，夜色的笼罩使酒吧变得神秘，似乎有太多的故事要在这里发生。

然而酒吧只是酒吧，跟影院公园一样立在那里等人来，是人赋予了它各种定义，里面的故事就是人们情绪的碰撞。所以酒吧并不是堕落的载体，也绝非高雅，它只是一个躯壳，让人们走入其中，完成自己的念想；或用酒的味道平复心情，或在疯狂的节奏里寻找兴奋，有时候是一群朋友前来聚会，甚至只因好奇想要来体验一番。总之，到了某座城市，应该去当地的酒吧逛逛，因为酒吧体现着一个城市的文化氛围，也会让你更深地了解这座城市的味道。对于长沙而言更是如此，因为酒吧在星城是重要的娱乐方式。

90年代，酒吧刚进入中国，带着一种反叛的姿态，融入年轻人的荷尔蒙里。然而几十年的发展，时间慢慢赋予了酒吧更多含义，它出现在都市的一个个角落，成为青年人的聚集地，亚文化的发生地。1998年，就在歌厅业风靡长沙之时，"topone 跳舞吧"在解放西路开业，它并不起眼，却燃起了酒吧在长沙的燎原之势。在北京、上海等地，酒吧一般依使馆区、外国人聚居地产生，如北京的三里屯和上海的衡山路等即是如此。长沙虽然没有多少外国人，但酒吧由外地引进之后，迅速走红，崇尚娱乐的长沙人又找到另一种生活方式。这座不夜城还创造性将长沙歌厅文化融入酒吧，改变了清吧不带表演的传统形式，极为疯狂的演艺，使生意异常火爆。

最老的酒吧一条街属解放西路，因为常常被人们称为酒吧街，所以几乎要忘却这条路的本名。随着城市的发展以及人们的需求，后来逐渐又兴起了化龙池酒吧一条街以及太平街酒吧一条街。但后两者大多以清吧为主，少了些解放西路上的疯狂与喧嚣。在解放西路的酒吧可以看到众多衣着清凉的热舞美女，而在其他两街则更多是侃侃而谈的中外游客。

酒吧融入年轻人的荷尔蒙里，演绎成一种生活方式。

网络上流传着这样的说法"了解长沙、了解湖南的夜生活，最直接的方式就是到魅力四射泡吧。"

恣意的酒吧，就像坚硬的世外桃源，它用饱含迷醉的颗粒感让人走向无忧的都市夜生活。

魅力四射酒吧

夜色下沉，没有灯光的地方被黑暗吞没了，而有些地方则用通宵的明亮来对抗黑暗，比如酒吧。网络上流传着这样的说法"了解长沙、了解湖南的夜生活，最直接的方式就是到魅力四射泡吧。"这个传说中的酒吧，坐落于长沙市解放西路 346 号，是一家以演艺为主脉的新潮酒吧。

推开魅力四射的大门，扑面而至郁香的酒气开始诉说三五朵迷醉的故事，而爆米花的香甜味道，摇曳的灯光撞入怀里，你就不禁激动起来。随着音乐变化的 T 台秀场，在那激情的音乐和眩晕的灯光里动荡，你会误以为已经置身异地，到了一个用炙热对待生活的地方，很快忘却了白天还纷扰于身的羁绊。恣意的酒吧，就像坚硬的世外桃源，它用饱含迷醉的颗粒感让人走向无忧的都市夜生活。

魅力四射这个名字来自一部国外关于酒吧的电影《魅力四射》。它主要由演艺吧和慢摇吧组成，因为独特的表演方式、操作水准和布台布景，魅力四射占据了全省酒吧行业引领位置。它的诞生改变了长沙人娱乐休闲的方式，也将演艺酒吧的概念在全国推广开来。使人们突然发现原来酒吧除了有发泄的音乐，还有刺激好看的节目。

金色年华酒吧

如果你是一个追捧热闹的人，那就一定得去"金色年华"这样的演艺吧。在你进门的一刹那，眼前与身后的世界，顷刻间便决然地分开了。火热的氛围让你完全忘记白天的繁忙与琐碎，耳边只有喧闹、嚣叫，只有忘我与激情，随着音乐，把双手举过头顶，让烦恼离远一些。

有人说狂欢是一群人的孤单，细细品来似乎是有些道理，然而在狂欢之时，没有这

样的哲理和思考，一切都会归于简单。事实上，狂欢是最简单的一种情绪，那就是抛下所有羁绊，回归本我，彻底地遵循于乐原则，把世俗的束缚解开。金色年华酒吧便是狂欢之地，它的所有繁杂只为情绪上的简单，只有心中被热烈填满，让每一根神经放松，紧张的状态得以消除，那么快乐也就升腾了起来。

在绚烂的灯光下，到处是变幻莫测、难以捕捉的光影，使你慢慢地与外界隔得很远。如此，便可以找回久违的内心，没有了多余的顾忌，将更接近真实的自我。每个人对生活都有自己的理解，酒吧里的人成了孩子

没有生活的矜持与木然。大家用最放松的态度去演示生活的一种状态，原来我们可以这样的无所顾忌。

苏荷酒吧

SOHO 这一词源自英国著名的苏荷区。十七世纪后期，苏荷区是伦敦一个为来自世界各地的人们提供高雅、有品位的消遣场所，同时也充满着各色小酒馆、夜总会、酒吧等夜生活的街区。这里是许多艺术家魂索梦牵的地方，因为里面的灵气让人有脱离现实的感觉。后来欧洲人移民到美国，纽约有一个流浪者与艺术家群聚的地方，他们用废弃的

化龙池酒吧一条街越夜越美丽。

工厂、仓库，将之改建为一个充满个性，富有艺术感染力的"超现实主义风格"著名区域，逐渐的，SOHO 成了自由、个性、艺术、前卫的代名词。

长沙的苏荷酒吧正是秉承了 SOHO 区颓废与华丽、张扬与个性等特点。酒吧内后工业时代与新古典主义结合的装修风格，时尚跳动的欧美音乐，独具特色的鸡尾酒都是吸引顾客的卖点。苏荷酒吧是现代人充满个性，崇尚艺术，追求自由自在生活方式的一方乐土。

音乐前卫、刺激，苏荷酒吧却不设舞池，全部客人都站在小桌前各自玩乐，定时有歌星唱歌，而场子的不同角落分别有小型舞台，是很浓的重金属装修风格。歌星不唱歌的时候，就有些喝酒喝得兴奋的人跳上小舞台跟着舞曲跳舞，边上的人自然起哄不已。苏荷酒吧用随意的情调，让来泡吧的年轻人自主制造气氛，这种模式逐渐成为当下长沙酒吧的主流风格。

玛格丽特酒吧

早期玛格丽特酒吧的格局和如今没有很大的变化，长长的吧台旁边错落着柔软的散座，是最普通也是最经典的酒吧格局。与其

外国游客也迷恋上了长沙的酒吧文化。

后出现的酒吧相比，玛格丽特的吧台较为宽敞，椅子坐着也很舒适，所以至今，玛格丽特堪称长沙最经典的酒吧之一。

这个长沙的老牌酒吧的生意一直比较稳定，去那里消费的人群，大多是中年的老板或自由职业者，而带有北欧风情的装修，让它有种特别的味道，迷离中带着些许沉静。这里并不追求生意火爆，但拥有相对固定的老客人，在其他酒吧都在想尽办法博人眼球之时，玛格丽特却依旧护着自己的心思，成为了一个适合怀旧的地方。十几年过去，它一如既往地传递对音乐的执着，也许正应了那句话，经典的才能恒久。

玛格丽特沉淀着深厚的酒文化，是长沙酒吧里最早推广洋酒的地方，而关于玛格丽特酒的起源，有一个凄美的爱情故事。这款鸡尾酒曾经是全美鸡尾酒大赛的冠军，创造者用已故恋人的名字为它命名，而调制这种酒需要加盐，据说也是因为玛格丽特生前特别喜欢吃咸的东西。

X5 酒吧

蔡锷南路上的 X5 酒吧是在名车 3 系列优势的基础上，融入时尚、高端、活力、激情的理念，得以造就出的经典之作。X5 酒吧特邀知名 DJ 打造最前卫的音乐，进口的音响设备，让人们在激昂的音乐中玩味激情。精美的装修设计，全新低调奢华后现代英式复古装修风格：精致、高雅、充满运动感，传统又不失一定的创意，让中西方娱乐概念在这里得以交融，展现时尚之美。X5 酒吧开业以后颇受长沙市民的青睐。

热舞西街酒吧

长沙热舞西街酒吧是长沙老字号慢摇酒吧之一，原名热舞会所，营业已经 8 年。店面经 06 年底新装修后，环境时尚高雅，现场的气氛非常热烈。店内由国内著名 DJ 团

酒吧现在已经成为年轻人的聚会首选。

体音乐昆虫驻场打歌。08年三楼私家会所装修开业，内设气氛酒吧小厅、名酒厅、红酒吧、以及VIP豪华包厢，劲爆节目眼花缭乱，为长沙唯一高级私人会所。

乐巢酒吧

乐巢酒吧并非大众意义上的慢摇吧，而是添加了许多时尚元素，在不经意间能让每一位顾客的身体不由自主地摇摆起来，这个概念是不用定义的，需要玩家们来亲自体验。乐巢酒吧的到来让解放西路酒吧一条街将更时尚化，更娱乐化，也更品牌化。到这里听听音乐，喝喝酒，乐巢Milky独特的酒吧格调恰到好处，而注重音乐的纯粹和感人，是非常值得品鉴的一个特点。

酒库酒吧

酒库酒吧位于解放西路的中心位置，开业几年来生意稳步上升。此酒吧最大的特色就是大厅内的一个调酒吧，与大多数长沙酒吧内的调酒吧不同，酒库内的调酒吧绝对不是摆设，里面的调酒师及吧女全是长沙酒吧业的精英，她们带动着长沙的酒吧新文化。露肩红裳的吧女在舞台下不停穿梭，年轻的面容，娇好的身段，时而婉然一笑，让吧台前端的男士们心神摇曳，美人美酒交汇，如何不熔得一炉微醺。

链接

【魅力四射酒吧】	地址：解放西路346号城市经典2楼	电话：0731-84448898
【金色年华酒吧】	地址：解放西路18号	电话：0731-82273888
【苏荷酒吧】	地址：解放西路18号城市经典大厦	电话：0731-84890666
【玛格丽特酒吧】	地址：解放西路336号	电话：0731-84452645
【X5酒吧】	地址：蔡锷南路37号(天心阁旁)	电话：0731-85118556
【热舞西街酒吧】	地址：解放西路378号湘茶大厦	电话：0731-82273511
【乐巢酒吧】	地址：解放西路万达商业广场	电话：0731-83996888
【酒库酒吧】	地址：解放西路万达购物广场对面	电话：0731-82250888

清吧

舒缓的蓝调江湖

先读
为快 ┃ 它成规模的出现，很大程度上弥补了外界对长沙酒吧的某些传统认识——除了喧嚣与热闹，这个城市的夜多了一份雅致和宁静。在舒缓的蓝调旋律里，在吉它贝斯声中，听着喜欢的音乐，就着长岛冰茶，喝下去的是酒，涌上心头的是通透，是每个关节松动每个细胞张开的舒爽，如同沙漠里饥渴的人喝下冰镇的啤酒。这里是北纬28度，东经112度，这里是夜色长沙，这里是清吧。

一枝独秀到万花齐放

在长沙娱乐史上，可可清吧注定有着不可取代的江湖地位，它是长沙清吧的鼻祖，甚至早于引领长沙酒吧进入繁盛时代的金色年华和"滚石 topone 跳舞会"。1999 年，前者入驻文艺路口，以创始人黄可的名字命名的可可清吧从一开始就显得另类，这里没有劲爆的音乐，也没有热辣的舞蹈，只有演绎着美国乡村音乐的歌手和欧美风格的文化范，这所有的一切不是让你来放纵，来 high，而是让你能够舒适地喝喝酒、聊聊天，或者谈谈爱。

13 年时光匆匆而去，在日益浮躁喧嚣的今天，我们应该向可可致敬，因为他们一直固守着"非主流"的清吧坚持，这也为夜长沙保留下来一份纯粹、安静、异样的暖色情调，而同时代的金色年华和滚石，在疯狂的鼎盛后早已被后起之秀苏荷、魅力四射取代。

2008 年之前，长沙清吧版图上，可可一枝独秀。这个时代，长沙的夜晚属于以魅力四射为代表的"演艺吧"和以苏荷为代表的"慢摇吧"，属于打击乐、电子音、摇滚、topone，这种以"歌厅性质披上酒吧外衣"的风格酒吧，从一出生就开始受到极具娱乐精神的长沙人热烈追捧，人满为患，一些酒吧为了控制人数，甚至不得不收起了门票，投资商赚得盆满钵满，也让更多的资金进入到一个良性循环，共同缔造了长沙夜生活的繁华时代，也造就了长沙在中国城市圈里"娱乐之都"的江湖大佬地位。

现在，很难解释清楚长沙清吧业为何会在2008 年发展成百花齐放之势，这似乎是市场为了满足长沙另一种生活需求——喧嚣热闹后，一种更宁静、更低调、更文艺的生活诉求。亦或者受国际金融危机的影响，这年年底，解放西路酒吧一条街酒水销售量开始下降，离此不远的两条街道化龙池与太平街，一些各具特色、消费更低的小酒吧却开始聚集，开始只有小规模的几家，2010 世界杯前夕，便以迅雷不及掩耳之势演变成两大清吧圈。

化龙池是一条长不过 200 米、宽不过 5 米的麻石街，聚集在此的多为二三层楼的木质结构小酒吧，各色招牌林立街边，风味别致，颇有情调，鼎盛时期，短短的街道曾聚集了 40 多家小酒吧。2007 年 11 月 16 日，长沙城唯一保存完整的历史街区太平街在修葺一新后，重现了清末民初年间的那份闲逸与风情，率先入驻的，是利生盐号、老通义、美孚洋行、农民银行等数百年前经营火热的老字号，紧随其后的，就是清吧，密密麻麻，形态各异，占据了太平街的大半壁江山。

至此，这种又称英式小餐吧，最初流行于英国的酒吧模式，被精明的商人与长沙的气候、人文和精髓完美结合，成燎原之势，一发不可收拾，夜长沙多出了一种选择，长沙清吧进入繁盛时代。

坚守个性的隐者们

酒吧圈里有一个共识：长沙酒吧与全国其它地方的酒吧有很大差异，在这里甚至可以感受到那种独特的辣椒味道。酒吧文化在

清吧，喧嚣热闹后，一种更宁静、更低调、更文艺的生活诉求。

这片火辣辣的土地上已经落地生根，演绎出了自己的精彩，并吸引着全国各地的泡吧族。从经营努力到消费渴望，长沙人既娱己更娱人。

清吧显然对此更有感触，相对于充满了激情和绚丽的演艺吧或慢摇吧，清吧更像一个喧嚣中的隐者，每个隐者更需要拥有自己的个性来抢夺永远有限的消费者，你可以玩文艺，可以玩复古，可以玩穿越，甚至可以玩2B，但必须得玩。失去张扬个性与创新精神的清吧，绝不可能铸就消费者的"场所依恋"，严重点说，会是死路一条。因为在清吧泡着，绝不是喝喝酒玩玩色子那么简单的事，泡清吧是一种心情，是为了感受一种情调，体验一次独特。

于是，几乎长沙每一家清吧都会在软环境上下真功夫，在服务品类和格调上下大力

气，酒吧的文化味于是越来越浓，愈发侧重文化形态。标新立异是这个行业经营的不二法宝，每家酒吧都认为自己有自己的文化与特色。当然，大部分的清吧都已经做到了这一点，做不到的，都已经早早地选择退出——清吧是温馨的，市场却不会如此。

在长沙六十余家清吧走上一圈，是一件很有趣的事，因为你很难发现有雷同的装修风格和音乐流派：在可可，你还能找到经常在好莱坞大片中出现的飞镖盘和台球案，不少有怀旧情结的酒客仍在以投掷飞镖定胜负的法则赏、罚酒；在异域空间，有化龙池最高露台，向着星光，可以伴着铁艺的台阶蜿蜒而上；在爵E，美国风格为主题的装修，却带着淡淡的文艺味和浓郁的怀旧情绪；而化龙池酒吧元老乾门，整体装修则是长沙清吧里独一无二的佛教风格。

文艺，烈酒，发麻的老板

靠近五一路的太平街口有家咖啡因，老板姓陈，憨憨的汉子，独自在大理待了五年，这间清吧也就自然具有典型的云南风格，不大，但极具情调，音乐走蓝调路线，当然，电脑就在吧台，你可以点自己喜欢听的歌。咖啡因让人印象最深刻的是黑板报上密密麻麻的酒客照片，能上榜是种荣耀，这也是我的理想。最上方的照片是位猛男，他在咖啡因喝了8 杯 151 后仍然清醒地独自离开，我对这斯很是崇拜，因为这种由 75 度烈酒兑出来的鸡尾酒我只能喝一杯，喝完后还是被人抬回家的，相对于 151 的烈，我们最喜欢喝的还是长岛冰茶、淡淡的酒味、淡淡的柠檬味、淡淡的香味，让人回味无穷。

freedom house 酒吧在豆瓣网和微博上颇有知名度，总在不断发布和更新酒吧的演出信息，包括独立音乐、实验话剧和独立电影，具有独特的文艺气息，演出时经常爆棚，我很喜欢这里的装修风格，它总给人一种温馨感，心情不好的时候，喝杯 Brandy 或 Rum，碰上乐队表演，随着伤感的旋律合上一段，很容易微醺，心情自然就好很多，这里亦被誉为"本城 35 岁以下文艺青年的聚集地"。

不得不提下飘吧，这间位于太平街解放西路街口的小清吧是长沙球迷的乐土，每逢大赛，宽屏的投影在街外一路排开，绝对的狂欢盛宴。有幸曾碰到可爱的老板酒后"发麻"，放言国足赢了菲律宾他就全场免单，那场比赛国球还算争气，狂灌菲律宾 9 球，那晚全场皆醉——自此以后我明白了个道理：免费的酒最是醉人。

霓虹灯深处，虚幻的手指在勾引

化龙池马语者酒吧，这是以马文化交流为主题的清吧，美国西部牛仔风格随处可见，除了美酒、音乐、温情外，酒吧还定期组织马术交流、骑术活动。这里有一款颇有阳刚气质的鸡尾酒，叫"马背英雄"，听起来就容易让人肾上腺分泌过度，喝下去麻辣爽口，经常有人喝完后桌子一拍，大呼一声，整条街都听得见，像极了李逵。

这条不过数百米的古巷，其实有很多清吧值得一去，如觉迦酒吧，坐在三楼后面窗口处，可以将整条化龙池一条街一览无遗；玉兰花酒吧，院种有一颗上百年的玉兰树，老板是俩个帅哥，猜测女性顾客大都是冲老板而去的；Here 酒吧，老式的三层木头房子，美女调酒师，鸡尾酒，特调的咖啡也相当有口感；7080 后，晚上 10 点开始有驻场歌手，其中不乏有些曾在快乐男声里登场亮相过的优秀歌手。

事实上，长沙清吧远不止这些，新酒吧也在不断出现。曾经的"四大金刚"三位已经结婚，但不知为什么，每当夜幕降临，总觉得远处霓虹灯里，有一个虚幻的手指在勾引着我们，说不清，道不明。

这或许就是清吧的魅力。

清吧的魅力在夜深还不肯睡去的
霓虹灯深处，不断闪现。

浏阳滑雪

纵情雪上飞

先读为快 浏阳隶属于长沙市，位于湖南东部偏北处。古代浏阳地属荆州，因县城位于浏水之阳而得名。浏阳拥有得天独厚的生态环境和旅游资源，大围山滑雪场坐落于海拔1500米的红莲寺景区附近，全年平均温度较山底低3至5度，冬季平均气温在零下8度，场地开阔，地市起伏多变，林厚雪密。浏阳瑞祥滑雪场则是湖南省首家室内滑雪场，设备先进，四季皆可滑雪。

亲近自然，大围山滑雪场

进入冬天，当北风冷冷地吹过，卷起一个季节时，雪已在黄昏时飘落在大围山野外滑雪场了。这个位于大围山海拔 1500 米处，红莲寺景区的滑雪场，全年平均温度较山底低 3-5℃，冬季平均气温在零下 8℃。整个场区呈东西向，场地开阔，地势起伏多变，南北两面处于群山环抱之中，林密雪厚，雪景怡人自醉。

冬天，走入大围山的雪场，我们都会在触及雪白的那一刻返老还童，用孩童般的眼光去打量这个雪白的世界，大围山九景之一的玉泉晴雪，也可在滑雪场专业道的山岭处，一览无遗。北依青山，南瞰红莲寺，天地之间一片银装素裹，望远山，白峰万仞，苍穹碧空；看近树，玉树琼枝，雪林雾凇，美不胜收，使人恍若进入到童话般的世界。

在这样的世界里寻找生动而有趣的童年，连呼吸都会变得充满野趣，寒冷也因此而变得脉脉含情。漫天的飞雪，敲打着土壤，将虫蚁逼到了绝望的边缘，望雪遁逃，给来年一个金黄色的丰收。然而雪的重量不容小觑，树木在雪的挤压下弯向地面，思想的骨骼上，一首首雪白的诗歌便孕育了。

"孤舟蓑笠翁，独钓寒江雪"，柳宗元的雪万籁俱寂，贫穷很深，孤独很沉，道路被雪覆盖，他独钓寒江，用孤独坐暖了一个冬天，成就了一种春天的源起。"忽如一夜春风

林密雪厚的浏阳滑雪场让
人尽享滑雪的乐趣。

来，千树万树梨花开"，岑参的雪静远而空阔，茫茫雪原，漫漫长路，把万物折叠成一句严冬，挂满着岁月的冰凌。"柴门闻犬吠，风雪夜归人"，刘长卿的雪充满着陌生与惊喜，柴门虚掩着许多似曾相识的岁月，传出声声犬吠，窗外，风雪很紧；窗内，贫穷很温馨。他的雪让人幡然醒悟到一种幸福与境界，深夜回家，是一种幸福，有雪则是一种境界。

　　千年之后，雪依然是当年的皓白，只是现代人习惯了朝九晚五的生活，久违了与自然对话的浪漫，久违了白雪纷飞的莽原，当终于面对大围山白茫茫一片的雪场，这里带给人们的，是卸下伪装和赤诚相待。无论是急速滑下的冲击波，还是与雪地的亲密接触，快乐在每个人脸上绽放。也许只有在此时，人们才能真正回归到魂牵梦萦的孩提时代，忘却生活的琐碎，

忘掉现实的重担，重温最原始的纯真情感。

　　其实，在大围山野外滑雪场，与家人、朋友随着山形，就着地势，穿越在茫茫雪原上，又何尝不是一种幸福，一种境界呢？踩着一块滑雪板飞行，高兴了，放开速度，左冲右突，飞坡过坎，所过之处，雪沫飞溅。疲倦了，席地而躺，展开四肢，仰望天空，看流云掠过，

空气散发着自由的清香，雪白世界，无限自我。

肆意飞翔，瑞翔冰雪世界

　　与寒冬无关，超越季节的束缚，湖南省首家室内滑雪场——浏阳瑞翔滑雪场，坐落在浏阳市沙市镇的赤马湖畔，距长沙市中心仅60公里，就像镶嵌在季节轮回里的一颗

乘着滑雪板飞行，是一种冲向梦想的姿态。

平均坡度 13%，使用"魔毯"登上滑雪场的至高点。滑雪馆还专门为孩子们设计了儿童戏雪乐园，让他们在冰雪的童话世界中充分发挥活泼天真的本性。

无论你什么时候想与雪飞翔，都可以来瑞翔滑雪。踏上滑雪板，从雪道上风驰电掣般呼啸而过，体验两耳生风的雪上飞，激起雪渣飞溅，急速俯冲的快意，可以让人专心致志，心无旁骛，将一切工作中的烦恼和生活中的琐碎都抛到九霄云外。

一直以来，人类都向往飞翔。从中国考古学家发现的古代图腾太阳鸟，到美国莱特兄弟发明的飞机，都展示着人类探索飞翔的脚步。滑雪，则是另一种意义上的飞翔，它能够让人感受到一种犹如雄鹰展翅的豪迈。尽管造物者没有赐予人类翅膀，但赋予人类想象，于是人们用手中的滑雪杖极速飞翔，滑雪场，便成了自由的蓝天。

滑雪运动起源于欧亚大陆极度寒冷的地区，为了在这种恶劣的自然环境下求得生存，人们用皮带把大片兽骨绑在皮靴上，作为滑雪的工具，使得人们可以在浩瀚的林海雪原中追寻猎物、生产生活。唐代李延寿在《北史》中记载："气候严寒，雪深没马，地高积

明珠，光照四季。其室内滑雪馆建筑面积近 1.5 万平米，日接待能力 3500 人次，包括单板、双板、戏雪等多项娱乐运动。初级道长 120 米，宽 50 米，平均坡度 8%，引进了国际先进拖引设备"魔毯"，使初级滑雪爱好者在保证安全、便捷的情况下，充分体验滑雪的魅力。中高级道长 180 米，宽 20 米，

人们在滑雪的过程中领略乐趣，增强体质。

雪，恐陷坑阱，骑木而行"，可见滑雪在中国的历史悠久。随着时代的变迁，滑雪的实用价值已经逐渐降低，由于它更贴近自然和生活，逐渐被人们广泛接受，演变成现代的竞技运动和旅游项目。人们在滑雪的过程中领略乐趣，增强体质。

人生的宽度在于挑战，这也是滑雪精神之所在，虽然最开始的时候总会有跌跌撞撞，但在经历无数次的跌倒之后，便能够随心所欲地纵横驰骋。从至高点快速飞下，带来的是前所未有的快感和刺激，久而久之，这种单纯的玩乐就变成了对自我的挑战，如何越过眼前的障碍，如何突破自己的极限，在探索中锲而不舍，在伤痛中锻炼耐性，这便是滑雪带给人们的启示。

冬季不常在，瑞祥室内滑雪场采用先进的制冷技术留住了皑皑白雪，即使在烈日炎炎的盛夏，场内积雪厚度超过半米，环境温度始终维持在零下三度左右，任何时候走进这里，这里都是不变的冰雪世界，肆意飞翔的自由天堂。

链接

2011年冬，浏阳先后建成两家滑雪场，让湖南人能够就近体验到滑雪的乐趣。大围山滑雪场依山势而建，可同时容纳2000多人进行雪上娱乐活动，主要项目有单板滑雪、双板滑雪、雪地摩托、雪圈等，场内未设餐饮点，游客需自带食物。**咨询电话：**400—0791—225

瑞祥滑雪场的日接待能力在1500人左右，主要项目包括单板滑雪、双板滑雪、儿童戏雪乐园，内设餐厅，周边配套设施齐全。**咨询电话：**0731-85458260

浏阳河婚庆文化园
爱的体验地

浏阳河婚庆文化园位于荷花路与浏阳河大道的交汇处，占地约122亩，园内通过音乐喷泉、婚典大道、模纹花坛、唯美开阔的草坪、蜿蜒流动的水系、西式教堂和中南地区面积最大的宴会厅等元素，同时融合江景景观、爱情小品设计，以开放、亲和、自然为特征，完全满足新人对创意婚礼的一切构想：西式教堂婚礼、中式传统宴席以及时尚新颖的草坪婚礼、水上婚礼、马车婚礼等形式，将"爱的体验地"这一开发理念发挥到极致。

婚礼的礼数自古有之，到今天形式已经非常多样，但最奢侈的婚礼不一定最浪漫，最圆满的婚礼也不一定最难忘，不管是豪华还是简约，庄严还是温馨，我们想要亲历或是见证的，一定是一场完美。来到浏阳河婚庆文化园，完美的可能性随处可见——在音乐喷泉前许愿，在婚典大道上信步，在模纹花坛边留影，清新开阔的草坪、潺潺蜿蜒的水道、神圣唯美的教堂，搭上浏阳河的壮阔江景，开放、亲和、自然，完全能够满足新人们对创意婚礼的一切构想。

草上牵手，水上摇船

草坪婚礼就像电影里常看到的那样：在平整柔软的青草坪上，拾整出了一片温馨的小场地，白色的椅子、粉色的花簇、银色的器皿，面容祥和的神父摊开圣经，说着什么，下面身着正装的亲友们端坐倾听，新娘没有化浓妆，新郎很自然地牵着她，两人微笑不语，听到某一点时默契地抬头温柔对视，此时耳畔传来舒缓轻柔的音乐，会有三五个服务生侧立在旁。这场地规格不大，却足以满足一对追求隐秘和恬静的新人，爱意浮动在玫瑰飘香中，流转缱绻。

每个女生都有一个公主梦，幻想婚礼那天能像公主出嫁一样盛大风光，而这一切在浏阳河婚庆园可以实现：会有马夫稳稳驾着精美的欧式观光马车，在列队的鸣号、注目中缓缓驶过，行至小天鹅国际公馆，新娘将右手轻放在新郎摊开的手上，左手拈起像云朵一样蓬蓬的裙摆，两人一同步上大红地毯，在迈入大门的那一刻，整个礼堂的人都起身齐贺，而地毯尽头的神父，像天使一样微笑着，等待公主和王子去领取幸福。

一拜天地，二拜上帝

在大多数的婚礼场合里，包场的酒店布置的主题往往典雅浪漫，鲜花气球充斥着每一个角落，大圆桌上铺着熨烫平整的席巾，但酒宴的菜色却是十足的中式，连菜名都带着吉祥的寓意；主婚人换成口才一流的司仪，台上的新人就算有些许紧张，都会在他的打趣中笑意盎然，说到动情处也会催人眼泪，轮到媳妇敬酒时，之前的西式婚纱换成剪裁合身的旗袍，新娘身戴的金银首饰衬着她姣好的面容，显得贤良温婉、大气富贵。

像这样中西合璧的融合在今天是很常见的，但场地换到浏阳河婚庆园里，也许又会不一样。这里除了亲近自然的草坪、树林、花坛，还有引自浏阳河的活水河道；除了一个唯美教堂、一个许愿喷泉，还有豪华的国际星级影城、可容纳130桌的婚礼殿堂和来自台北的顶级婚纱品牌。一站式婚庆服务、整合完好的资源、专业一流的团队，只要你想得到，你向往"经典"的创意、你有关"唯一"的灵感，这里都能帮你实现。

地址：长沙市浏阳河大道二段305号
电话：0731-87961866

快乐长沙享休闲

聚會

CHEERFUL CHANGSHA
TRAVEL SERIES

生命在于运动，城市在于活动。大长沙呼唤大营销，大营销需要大活动，大活动打造大形象。近年来，长沙市创造性地把举办节会活动与营销城市形象有机结合起来，按照"月月有活动，季季有高潮，天天都精彩"的思路，先后推出了长沙环湘江自行车邀请赛、长沙橘子洲周末音乐焰火晚会、长沙自然生态博览会等重大特色节会活动，塑造了"快乐长沙"城市新形象，促使"快乐长沙"名扬天下。

中国金鹰电视艺术节
明星荟萃靓星城

先读为快 中国金鹰电视艺术节，是唯一以观众投票为主选的全国性电视艺术大奖，2000年，改称为"中国金鹰电视艺术节"，由中国文学艺术界联合会、湖南省人民政府等联合主办，湖南广电传媒股份有限公司承办，每年第四季度固定在长沙举行，2004年以后，改为每两年一届。现设有电视剧、电视文艺片等五大门类优秀作品奖和若干单项奖，共99个。

　　中国电视事业发展不过短短五十余载，却为观众呈现出万紫千红的荧屏内容，这一场又一场视觉盛宴的台前幕后，承载着电视人太多的辛酸与汗水，而这一切的努力不过是为了千万家庭围坐电视机时，感受到一份轻松和快乐。

　　1983年，金鹰在七彩云南首飞，1997年，正式改名为"中国电视金鹰节"之后，成为了中国电视界唯一由观众投票为主选的全国性电视艺术大奖。毫无疑问，如今的它已成为观众与电视人互诉情肠的载体，更多的电视人，在这里收获肯定与荣耀，乘着金鹰的翅膀展翅高飞。

星光璀璨、灯火通明，长沙变成了一座火树银花的不夜城。来自全国各地的著名演员、歌手、主持人齐聚一堂，共同拉开这场盛事的帷幕。

中国金鹰电视艺术节组织评选出观众最喜爱的男女演员，颁发幸运观众大奖，吸引了众多知名品牌企业交流合作，并组织全国各地电视台和海外的优秀电视节目进行评比，让观众欣赏到中国最精彩的电视节目，同时也产生了良好的活动效果和巨大的社会效应，在"合作、创新、沟通、共享"的宗旨下，致力于实现荧屏内外电视与观众的共舞狂欢，实现繁荣艺术、倡导时尚、沟通大众、服务生活、展示成就、探索未来的活动目标，从而推动二十一世纪电视与人的和谐发展。

时代在变迁，观众不会忘记陪伴自己一路成长的电视剧，《钢铁是怎样炼成的》《永不瞑目》《壮志凌云》《康熙王朝》等优秀的电视剧，正是因为获得观众的喜爱，捧回了金鹰女神的奖杯，这份荣誉与肯定，承载着亿万观众的情感，显得厚重而深远。

从 2000 年金鹰落户长沙之后，每两年一届的中国金鹰电视艺术节就会在湖南广电中心、长沙国际会展中心举行。届时，星光璀璨、灯火通明，长沙变成了一座火树银花的不夜城。来自全国各地的著名演员、歌手、主持人齐聚一堂，共同拉开这场盛事的帷幕。

2003 年，金鹰节首次增设电视节目主持人奖，中央电视台的主持人朱军捧回了奖杯。在 2012 年 9 月结束的第九届中国金鹰电视艺术节上，首届主持人盛典为观众留下了深刻印象。来自全国各地的主持人集聚一堂，第一次大规模集体亮相荧屏，星光闪耀。最终，中央电视台的崔永元和江苏卫视的孟非夺得最佳电视节目主持人奖。

链接

2006年，第六届金鹰电视艺术节新增了一个项目，即每届甄选一名女星为本届金鹰女神。从首位金鹰女神刘亦菲，再到李小璐、王珞丹、刘诗诗，无一不是热播影视剧中的当红女星，此后，年轻美丽的她们也成为了金鹰节的象征。

长沙环湘江自行车赛

快乐长沙，骑乐无穷

寻找运动的真意

很多时候，我们忘却了体育运动的本来面目。快速的生活节奏和偶尔为之的高强度无氧运动损害着人们的健康，也让运动本身失去了快乐的意义。体育运动的本意是什么？1917年，毛泽东在《体育之研究》一文中，大声疾呼："欲文明其精神，先自野蛮其体魄！"增强体质、营造健康生活成为体育运动的原动力，而这个过程和结果，必然都是充满快乐的。

长沙，一座日益展现其光华的城市，有悠久的文化，更有开放的胸襟，

长沙市连续三年举办的环湘江自行车赛，始终突出"快乐长沙，骑乐无穷"的主题，全程贯穿"体育搭台，旅游唱戏"的形式，创新了体育旅游营销城市新模式。。

明之处，他们就是想通过"体育搭台，旅游唱戏"，来充分展示长沙的秀美风光和深厚文化，传播长沙的开放活力和文明形象，吸引广大的游客和客商来长旅游观光、投资兴业。后来的事实也证明了长沙决策者们的独到之处。

2010年5月1日，长沙市委、市政府联合国家体育总局成功举办了首届中国长沙环湘江自行车邀请赛，全国各地来长参赛的专业运动员和业余选手近1000人，长沙市委副书记、市长张剑飞亲自参赛助兴，留下了一段佳话。

2011年5月4-7日，长沙市再次成功举办了全国公路自行车冠军赛（长沙站）暨中国长沙环湘江自行车邀请赛，吸引了来自全国18个省市的1500多名专业运动员和业余选手来长参赛。

2012年9月26日-29日，长沙市又一次隆重举办全国公路自行车锦标赛暨中国长沙环湘江国际自行车邀请赛，来自中国、法国、美国、澳大利亚、俄罗斯、新西兰及港澳台等多个国家和地区共1000多名自行车专业运动员和业余选手参赛……

长沙市连续三年举办的环湘江自行车赛，始终突出"快乐长沙，骑乐无穷"的主题，全程贯穿"体育搭台，旅游唱戏"的形式，创新了体育旅游营销城市新模式。赛事级别一次次升格，规模一次次扩大，反响一次次

传统与现代，发展与和谐有机交融于一体。城市营销，如何让"快乐长沙"拥有热情、开放、活力这些快乐的属性，城市的决策者们深知节会活动的巨大作用，节会经济的巨大效应，于2010年提出举办以"快乐长沙，骑乐无穷"为主题的环湘江国际自行车邀请赛，并批示由长沙市旅游局牵头、长沙市体育局协作来筹办此项赛事。

旅游部门牵头办体育赛事，的确大大出乎人们的意料。但这恰恰是长沙决策者的高

通过赛事活动有力传播
了文明，骑出了城市形
象，骑出了快乐激情，
骑出了文明新风。

强烈，长沙秀美的风光、博大的文化和文明的形象得到最大限度的展示与传播。

一路阅尽长沙美

在历届长沙环湘江自行车赛中，长沙市文明办赛事，赛事展文明，活动精彩而丰富，赛道优美而整洁，现场气氛热烈而有序、激情而理性、欢乐而祥和，通过赛事活动有力传播了文明，骑出了城市形象，骑出了快乐激情，骑出了文明新风。

"一场比赛就让我爱上了长沙这座城市。"这是前来参加长沙环湘江自行车赛的很多裁判、教练和选手的心声。运动员的视野中，湘江两岸赤壁如霞，白砂如雪，垂柳如丝，樯帆如云；橘子洲头古树成林，绿草如茵，风景如画。美丽的湘江风光带、橘子洲和岳麓山，让每一个自行车运动员心旷神怡、骑乐无穷；长沙市民热情的欢呼声、喝彩声，让每一个参赛选手热血沸腾、激情无限。

赛后许多运动员久久不愿离开，肆意地享受着长沙食与宿的世界、歌与舞的海洋、游与玩的天堂，体验"快乐之都"的无限魅力。大赛期间，数十万市民或步行、或骑自行车等方式低碳出行，到现场鼓掌、加油，为选手送去热情支持；赛道沿线不见一处垃圾堆积，没有一个超越隔离区的市民，全场比赛秩序井然。

通过举办自行车赛，长沙市自行车运动、自行车旅游、自行车健身休闲得到了蓬勃发展。长沙市委、市政府已将发展自行车旅游列为加速长沙旅游发展的一项重要举措。目前，长沙市成立了全国首家自行车旅游协会，创办了中国自行车旅游网，推出了 36 条自行车旅游精品线路，长沙自行车旅游爱好者已突破 4 万人。"生态长沙，低碳生活，绿色出行"，自行车一日游、两日游已成为长沙旅游的一道靓丽风景。同时，长沙自行车运动的发展，拓展了长沙自行车旅游产业链。

长沙是一座充满活力的城市，热爱运动的长沙人，有着快乐的基因，在美丽的长沙举办这样一场赛事，敞开的是一座城市开放的胸襟，而环湘江自行车赛的成功举办，也向世人展示传播了一个有着深厚文化底蕴的长沙、一个带着开拓创新精神的长沙、一个充满朝气的长沙。

摇滚，是为青春摇旗呐喊的另一种表达。

橘洲音乐节 **狂欢嘉年华**

先读为快 长沙橘洲音乐节是由长沙市人民政府主办，长沙市旅游局、长沙广播电视台、长沙市城市建设投资开发集团等共同承办。历经四年的发展，它已经成为中南地区最大的音乐节，也是长沙走向国际化都市的又一张闪亮的名片。

橘洲音乐节用现代摇滚乐的波澜壮阔、自由奔放，解译并重生了橘洲、湘江、长沙的另一番风情。

摇滚用震撼人心的旋律传达出对自由的向往，用激情四溢的节奏表达出一种特立独行的生活态度。摇滚的声音来自于灵魂深处中的迸发，它总是为乌托邦似的理想主义摇旗呐喊，拥有强大的爆发力和感染力，直抵人心。2009 年，在长沙橘洲上演了一场摇滚盛宴，火热的音乐如同决堤的洪水一般，橘洲音乐节正是在这种潮水中踏浪而生。

橘洲音乐节选择在橘子洲举行，首先在

于橘子洲是世界上最大的内陆洲，西望岳麓山，东临长沙城，绵延数里，岛上芳草萋萋，清爽怡人。其次它是一个拥有厚重的历史人文底蕴和清新自然风光的小岛，看似和先锋的摇滚乐风马牛不相及，然而音乐节的出现却和橘洲的古色古香产生了奇妙的化学作用。

橘洲音乐节用现代摇滚乐的波澜壮阔、自由奔放，解构并重生了橘洲、湘江、长沙的另一番风情。这种风情绽放在金秋时节，

此时的橘洲拥有枫叶渐红，桔桂飘香的美丽风景。当夜幕降临时，特意为音乐节重磅打造的水上舞台缓缓拉开帷幕，彩灯的迷离与朦胧便笼罩了整个橘洲，柔和的月光洒落下来，橘洲便幻化得如同仙境一般，当音乐的热潮占据整个岛屿时，橘洲便成了一座音乐的伊甸园。

自然美景和现代摇滚在橘洲交相辉映，素昧平生的人们聚在这里，将音乐定义为彼此的交流语言。除了音乐，啤酒也是热情催化剂，在古希腊的传说里，美酒总是音乐的最佳伴侣，而现代摇滚的诞生就流动着酒精的基因。当音乐沉浸在酒精里，渗入人心最本质的欲望，电吉他嘶吼出最刚劲的声音，积压的颓废与消沉便油然而散了，内心也会在极限的劲爆中趋于平静。

午夜，是每届橘洲音乐节的热情最为爆棚的时候，古老的橘洲在摇滚的吉他声里涅槃，此刻的橘洲无疑已经成为中南地区乃至全国最令人瞩目的音乐圣地。

橘洲音乐节不仅为观众提供了国内一流的原创音乐，也提供了除音乐之外更多的创意生活方式。整个园区分为主舞台、电子舞台，还有创意市集、涂鸦区、帐篷区、生活休闲区、极限运动区、邮寄区等十大非音乐主题区域，主办方还精心设计了锐舞派对、街拍、快闪、交友区留言等各种互动，为音乐节赋予了更加丰富的内涵。每一个热爱生活的人可以逛遍音乐节的每个角落、每个区域，寻找创意生活的灵感。

链接

【橘洲音乐节攻略】

1、车位有限，不如低碳出行 因为洲上的两个停车场总共只有500余个车位，为响应音乐节一直以来主导的环保低碳的理念，最好选择坐公交来橘洲。

2、带足Money，也记得带走垃圾 享受着音乐的饕餮大餐，还有美食区和啤酒广场的各种美食，近十个食品饮料的售卖点，提供盖码饭、鸭脖子、各类小吃、饮料、啤酒等。不过别忘了，离开时把垃圾也一并带走还有，橘子洲上没有ATM机，建议带些零钱。

3、防雨防降温 秋季的长沙天气阴晴不定，昼夜有温差，未免天有不测风云，最好能带上雨具，小花伞、小雨衣什么的，以及一件保暖衣服，以备不时之需。

橘洲焰火　焰请天下

先读为快 当音乐焰火与诗词意境在澄澈夜空交相辉映，湘江两岸逾十万市民和游客禁不住屏住呼吸，全神贯注投入到这场与烟花的"每周一约"中。2010年8月28日晚，首场橘子洲周末音乐焰火晚会拉开帷幕。从此，"快乐长沙，璀璨星城"的主题，定格在了中外游客和长沙市民的永恒记忆中。橘子洲周末焰火在每年的5月1日至10月31日期间的每周六晚燃放20分钟，以及新年的元旦、春节的除夕和元宵三个重大节假日纳入燃放。

橘洲浪漫，璀璨星城

世界上最美的烟花邂逅世界最长的内河洲岛，其场景会有多浪漫？长沙橘子洲周末音乐焰火，以麓山、湘江、橘子洲为舞台，音乐跟烟花上演了一场水与火的缠绵，璀璨了整个星城夜空，成为了星城长沙又一张精彩的城市名片。

2010年8月28日晚，首场橘子洲周末音乐焰火晚会拉开帷幕。从此，"快乐长沙，璀璨星城"的主题，定格在了中外游客和长沙市民的永恒记忆中。

长沙橘子洲周末音乐焰火燃放活动以"橘洲浪漫、璀璨星城"为主题，以"浏阳烟花"为品牌，以橘子洲为载体，由驰名中外的"烟花之乡"湖南浏阳全程负责烟花的生产和燃放，把山水洲城这一独特的城市景观全面展示给国内外游客，宣传"快乐长沙"的城市形象。

在每周20分钟的表演时间里，橘子洲烟花燃放活动将策划推出历史名人系列、旅游风光系列、经济发展系列、和谐社会系列等各种不同类型的主题活动，如遇春节、元宵节、国庆等节庆活动，还将推出节日专场烟花焰火晚会。特色主题的音乐焰火在橘子洲头燃放，原创音乐、配乐散文诗、创意画面"音诗画"完

音乐焰火点亮了澄澈夜空，
也点亮了城市的眼睛。

美融合，赢得赏客喝彩声声，全面展示了古城长沙深厚的文化底蕴和现代长沙的律动脉搏。

夜空百花园

每逢周六，橘了洲头人头攒动，似有默契的游客们守候在各个最佳观赏点，翘首以盼，静待一场火树银花共此时的浪漫约会。首先一簇红色礼花打开了序幕，顿时橘子洲头上方的天空绚烂多彩，一束又一束的烟花缤纷耀眼，照得周围光彩闪烁如同极光。霎时声、光、色集聚橘子洲上空，烟花将长沙城描绘成一幅彩色的立体画卷。

漫天的焰火，缤纷了夜的色泽，刹那间点亮漆黑夜空，将热忱化作火的种子，用尽平生积蓄力气，迎着江风，窜上最优雅的高度，灵秀、跃动，展开玲珑斑斓的花瓣。它闪耀过点点星光，明亮过缕缕月华，自由地舒展灵羽。

观众在江边，仰望星空，沉迷在焰火的炫彩中。

声响四面八方奔袭而来，烟花争先恐后地往各自注定的方向义无返顾地穿梭，肆意地燃亮自己，橘子洲上空顿时成为了一个烟花组成的夜空百花园。所有人仰视，沉迷在这炫彩中，欣赏着这由远而近，由低到高，一轮又一轮的曼妙烟花舞姿。烟花欢快地彰显自己的美丽，它演绎着声与光，编织着光与影，点燃人们内心摇曳欲息的激情。

中博会"焰"请天下

东去春来，风雨无阻，橘子洲周末音乐焰火辉映着星城的夜空，点亮了市民的生活，燃烧着游人的快乐。2012 年 5 月 17 日晚，长沙被一种炽热的光芒笼罩着，第七届中国中部投资贸易博览会大型全景激光音乐焰火晚会激情上演，这是世界级的一夜，湖南人以岳麓山为幕布，以橘子洲、湘江和长沙城为舞台，以漫天绽放的礼花迎接中部的崛起。

晚会以"湘江之韵"为主题，以激光、焰火、音乐为载体，全面立体地展现了湖湘文化的灵魂、湖南的发展和中博会的主题。整场晚会分为再聚湘江、湘江魂、湘江美、湘江情、湘江梦、共生崛起 6 个乐章。856 米的"湘江魂"巨幅网幕烟花铺满了橘子洲头，展现了湘江人文景致，屈原、周敦颐、王夫之、魏源、毛泽东等历史文化名人和爱晚亭等呈现其中，带人们穿越时空隧道，感受湖湘文化的包容与厚重。

如今，橘子洲周末焰火已经成为湖南长沙的待客晚宴，"周末到长沙看焰火"成为了外地游客到长沙的重要理由和必看节目。橘

橘子洲周末焰火已经成为湖南长沙的待客晚宴，"周末到长沙看焰火"成为了外地游客到长沙的重要理由和必看节目。

子洲音乐焰火至今已经然放了 120 多场，观赏的游客和市民超过了 5000 万人，每场焰火都进行了网络直播，国内外各类新闻媒体发布新闻 500 多万条，仅中央电视台新闻联播便报道了近 10 次。橘子洲周末音乐焰火晚会成为了长沙的城市名片，成为了全国独一无二的节会品牌，打造了全国关注的"长沙焰火"效应。

链接

【焰火观看攻略】橘子洲周末烟花燃放盛事自2010年8月28日开演以来，已经成为夜长沙的一张重要名片，受到广大市民及游客的追捧。5月1日至10月31日的每周六及重大节日的晚上，湘江两岸，前来观看的市民络绎不绝。当然对于首次前往观看的市民或游客，特别是爱好摄影的朋友，一定要注意提前找好最佳观测点，常规的观测点为潇湘大道、湘江大道、四羊方尊广场等湘江沿线，如果想选择高处观看或拍摄，则可购票登阁（杜甫江阁）观赏，票面价90元。杜甫江阁作为长沙湘江风光带的一处重要人文景观，不仅可以登阁赏景，还可以雅座品茗。

长沙首届自然生态博览会
生态都市，美丽长沙

亲水临山，欢乐一座城

"结庐在人境，而无车马喧"，在喧嚣浮华的背后，每个人都有一颗善感的心，心里都有一片远离世俗的田园，在这里可以将心安放，坦然自得的看花红，听水流，见云过，听风动，在这里或许也有陶渊明诗词中的山水，也有一片开得如火如荼的桃花林，或许还有几亩田地。如今，面对城市的聒噪和纷扰，田园牧歌成为了我们的一个梦想。

长沙向世界敞开了大自然的怀抱，提供着一种生态田园的生活方式。

2012 年 9 月 18 日晚，长沙望城乔口柳林江畔一改往日宁静，来自全国各地的 1000 多位嘉宾，与当地民众一起见证了中国·长沙首届自然生态博览会、中国（望城）第四届休闲农业与乡村旅游节的开幕。省委书记、省人大常委会主任周强宣布"中国·长沙首届自然生态博览会暨中国（望城）休闲农业与乡村旅游节"开幕。第十届全国人大常委会副委员长成思危为节会发来贺电，农业部总经济师陈萌山讲话，农业部乡镇企业局局长张天佐主持。中国载人航天工程总设计师周建平，省领导和老同志熊清泉、刘夫生、陈润儿、易炼红、张文雄、黄跃进、蔡力峰、何报翔、谭仲池、张大方、万建华等出席。

国家有关部办委局领导，部分外国驻华使节、省直有关部门和部分兄弟城市领导，市领导张剑飞、张值恒、张迎龙、余合泉、谢树林、袁观清、范小新、张湘涛、陈泽珲、姚永春、虢正贵、程水泉、赵文彬、李军、李田贵、张迎春等出席。

晚会分《水韵·诗》《田园·赋》《快乐·颂》三个篇章，在唯美诗歌朗诵中，描绘出望城芦苇丛中渔民捕鱼，农田里农夫耕作，江岸上游人如织、快乐游玩的一幅幅生态旅游图，展示出长沙以及望城深厚的历史文化底蕴，当前城乡统筹发展、休闲旅游业发展的全新面貌。同时，由著名音乐人方文山、

雷颂德共同谱写的歌曲《铜官窑》也首次与观众见面，著名歌手张也、玖月奇迹、刘大成等也来到现场，以精彩的节目为晚会助兴。

纯自然、开放式、永续性的生态美

本次节会由国家农业部、国家环保部、国家旅游局、国务院台湾事务办公室、国家林业局、省政府主办，由省农办、省农业厅、省旅游局、省台湾事务办公室、省林业厅、省外侨办、省环保厅、省两型办、市政府承办。节会主题为"生态都市，快乐长沙"，从9月13日至15日，陆续推出开幕式及文艺晚会、大美长沙生态乡村惬意游、第四届两岸乡村座谈会、长沙灰汤温泉音乐会、长沙

博览会全面展示长沙自然生态环境之美、休闲农业与乡村旅游发展之好、城乡一体化进程之快。

生态经济投资洽谈会、驻华使节畅游生态长沙等七大主题活动，全面展示长沙自然生态环境之美、休闲农业与乡村旅游发展之好、城乡一体化进程之快。9月15日，应邀参加此次节会的澳大利亚客人弗兰克，被长沙的生态魅力所折服，当场作画，并盛赞长沙是自己见过的"最有魅力的城市。"

省委常委、市委书记陈润儿代表市委、市政府对各位嘉宾的光临表示诚挚的欢迎。陈润儿说，近年来，长沙按照省委、省政府"四化两型"的战略部署，推进城乡一体发展，切实保护自然环境，致力建设宜居城市，呈现出"天更蓝、山更绿、水更清"的美景。

今日长沙正在成为风光旖旎的生态都市和休闲胜地。

陈润儿指出，举办首届自然生态博览会暨第四届休闲农业与乡村旅游节，是市委、市政府从休闲农业与乡村旅游的节会内涵和要求统筹考虑提出的新概念。他说，目前很多城市有园艺博览会、城市博览会、文化博览会等不同形式的博览会，但长沙自然生态博览会是自然的、开放的、永续的，既不同于其他博览会借助人工手段来表现园艺景观、城市魅力或文化影响，也没有局限在某个区域、某个空间举办，而是把整个长沙城乡作为一个自然展示体，呈现在世人面前。不仅节会期间可以领略、品尝、饱览这些自然生态美景，以后也随时可以尽情享受、持续利用，是一台永不落幕的博览会。

开幕式上，还为全国休闲农业与乡村旅游星级示范企业、十大休闲农庄、十大精品线路、台湾地区十大经典休闲农场、14个湖南最佳乡村自然生态休闲旅游目的地授牌。望城区铜官窑、靖港古镇、光明村，长沙县开慧镇、金井镇、高桥镇，浏阳市大围山、万丰湖、柏加镇、镇头镇，宁乡县灰汤镇、沩山乡、关山村，以及岳麓区莲花镇等，被宣布为湖南最佳乡村自然生态休闲旅游目的地。

中国长沙国际车展
香车美女汇

先读为快 中国（长沙）国际汽车博览会（简称"长沙国际车展"）是由长沙市人民政府、中国汽车工业协会主办，潇湘晨报社等共同承办的中部第一A级车展，每年12月在长沙国际会展中心举办，是我国中部规模最大、档次最高、品牌最全的汽车博览会。每年吸引全球20多个国家和地区的200多家企业参展，多次蝉联中国车市"销售王"。

　　一场车展，为长沙送上了热气喧腾的盛会，而人们，也心甘情愿地追随着它，在其中寻找自己的乐趣。驻足长沙国际车展，摄友们徘徊于优雅美丽的车模和曲线硬朗的汽车之间，寻找着漂亮的画面；购车者则兴致勃勃的往返在各个展台，寻找自己心仪的车型。即便只是过来观展凑凑热闹，也是开心的，在钢铁和人群之间，到处都是美和艺术。

中国（长沙）国际汽车博览会，已成为目前我国中部规模最大、档次最高、品牌最全的汽车博览会。

作为每年一度的重要汽车盛事，长沙国际车展经过八年的不断发展，从多个车展中脱颖而出，成为了最具人气和吸引力的中国车展"第三极"。继第七届展会取得喜人业绩之后，车展规模再次升级，数据也得到全面刷新。来自车展组委会的统计显示，2012年第八届长沙国际车展观展人数达到50.37万人次，销售车辆19860台，销售金额33.08亿，"中国车展销售王"的称号当之无愧。

如今，中国已是全球最大的汽车市场之一，长沙则成长为拉动中国中部车市消费的强劲引擎。作为中国中部地区最具规模和影响力的汽车界的盛宴，长沙国际车展凝聚着各大汽车品牌最新理念与科技，让观众在收获震撼体验的同时，享受汽车产业带来的饕餮大餐。车展的现场云集来自全球20多个国家、200多家企业的650余台展车，参展汽车品牌100余个，有概念车、机器人、豪华车等多款首发明星车型领衔的强大展出阵容，数量上再次刷新历届纪录。

从2011年开始，车市"向二三线市场挺进"的呼声不绝于耳。业界人士认为，由于产业和经济向二三线城市转移，以及越来越多的一线城市相继实施"限牌"等政策，二三线城市将成为全国汽车发展的重要市场。

香车美女闪亮登场，现代科技和时尚文化的巧妙融合，给人们展示了一种崭新的生活憧憬。

　　在未来很长一段时间内，二三级市场借助自身的客观条件和有待开发的市场潜力，接过一级市场传递下来的接力棒，成为中国汽车产业稳定发展的持续动力，这是大势所趋。长沙这个充满活力的城市，无疑会为全国汽车产业的发展提供一个广阔的平台。

　　受汽车工业的发展带动，长沙车展贸易的活跃程度，已远远超过广州、成都等地的车展。在这里不仅有引领汽车时代迈向未来的新技术，有消费者眼中的众多明星车型，更有众多厂商对于中国车市的信心。面对不确定的市场，信心是汽车产业前行不可或缺的动力。

链接

　长沙国际车展蝉联中国车展销售冠军，成为中国最卖车的车展，然而国内车展众多，且各有特色，在此列举最有影响力的几个。

● **北京车展**：规模大。北京国际汽车展览会，在国内车展中创办时间早、最具权威性、规模盛大，素有"中国汽车工业发展风向标"之称。

● **上海车展**：技术先进。上海车展的特点是，国际巨头的参展阵容之强大、亚洲或全球首发的车型以及概念车的数量均是国内车展少见的。

● **广州车展**：参与人数多。由于在国内汽车行业中影响巨大的车商纷纷扎根于此，广州的改装、音响甚至越野等汽车后市场比起其他车展发展得更快一些，这些都是广州得天独厚的优越之处。

浏阳烟花节

一座城市的灿烂邀约

先读为快 浏阳国际烟花节，是指中国浏阳国际花炮节，起始于1991年。浏阳是"中国烟花之乡"，也是全球最大的花炮生产和出口基地。花炮节在全市经济、政治、文化生活中具有举足轻重的地位和作用。20世纪90年代以来，浏阳市致力于扩大浏阳经济发展的外向度，通过"文化搭台、经贸唱戏"，成功地组织了多次中国浏阳国际花炮节。

浏阳是"中国烟花之乡",也是全球最大的花炮生产和出口基地。

庆,燃放时,绚丽多彩的焰火有声有色,给人以清新舒畅,欢快旷达之感。在各地的节日庆典里,浏阳烟花于天空挥洒,妆点着喜悦的气氛,然而在浏阳,烟花也有它自己的节日。

1991年,浏阳举办了首届国际烟花节,节会期间的活动精彩纷呈,花炮艺术游行、大型焰火晚会、花炮文艺晚会把浏阳烟花之美展现于世人眼前,璀璨夺目;而歌舞和传统花鼓戏演出、参观浏览文庙和文家市纪念馆等活动,则是向传统艺术和文化致敬;花炮彩灯和灯谜晚会、浏阳名优特产展销、鞭炮烟花看样订货会在趣味之中推广着浏阳的品牌特产。从一开始浏阳烟花节就并非只是燃放焰火而已,它集艺术、文化、经贸于一体,拉动浏阳经济发展的同时,也给人们带了悦目养心的节目。

如今浏阳国际烟花节走过了20多个年头,已经成功举办了10届,随着制造和燃放技术的进步,浏阳烟花的形态也丰富起来。结构新颖的烟花,装潢美观,绽放于广阔的夜空上,或旋转窜跃于地面,或飞腾闪耀于天空,星桥火树照亮了人们的眼帘,"浏阳花炮震天下"的美誉也因此传遍大江南北。浏阳烟花的迅速发展,使烟花节的影响力也越来越大,仅焰火燃放比赛就吸引了美国、法国、澳大利亚等国际一流烟花燃放公司前

浏阳制作烟花鞭炮,已是久负盛名,素有"鞭炮之乡"的誉称。自唐朝时浏阳人李畋研制出爆竹以后,烟火鞭炮就与浏阳结下了不解之缘。如今作为全球最大的花炮生产和出口基地,浏阳花炮出现在世界的各个角落,为人们送去绽放之美。每逢传统节日或是各种庆典晚会,人们争放鞭炮烟花以示喜

自唐朝时浏阳人李畋研制出爆竹以后，烟花鞭炮就与浏阳结下了不解之缘。

来角逐，而各种论坛和交流研讨会，更是让各界名流蜂拥而至，为浏阳国际烟花节添光加彩。

浏阳国际烟花节每两年举办一次，在2011年第十届国际烟花节上，由达浒烟花集团打造的巨幅画卷"美丽浏阳河"创造了新的基尼斯世界纪录，至此，浏阳烟花已经创造了4项基尼斯纪录。浏阳国际烟花节带着各种荣誉，已成为花炮行业内规模最宏大、组织最完美、影响最深远的世界性烟花盛会。目前，浏阳有烟花爆竹生产企业900多家，近40万从业人员，占全国产能的70%以上，浏阳烟花已经远销五大洲100多个国家和地区。

链接

相传在1400年前，南川河两岸时闻有人被山魈所害，连唐太宗李世民都被惊扰得龙体不安，遂下诏全国求医。出生于湖南浏阳南乡大瑶的李畋费尽苦心研制出爆竹，它不仅用来驱赶山魈，保护一方平安，也为太宗驱镇邪魅。李畋救驾有功，因此被唐太宗敕封为"爆竹祖师"。为传承千年花炮文化，浏阳烟花节将面向全世界花炮业推出李畋勋章奖评选活动，将评选出为花炮产业发展作出突出贡献的人物，并以中国浏阳国际花炮节为平台，逐步将其打造为花炮界的"诺贝尔"奖，来树立花炮业界的精神品牌。

快乐长沙  享休闲

肆

逸居

CHEERFUL CHANGSHA
TRAVEL SERIES

长沙，既有优美的山水风光，也有深厚的人文底蕴，浸润着舒逸的生活格调，不仅有本土的诸如"华天、通程"这样的顶级酒店，也有如"运达喜来登、温德姆至尊豪庭、万达文华、北辰洲际"等国际顶级品牌酒店的相继入驻。还有诸如富丽华大酒店、金源大酒店、鑫都大酒店、天玺大酒店等四星级酒店，更有诸如"如家快捷酒店、7天连锁酒店、觅你酒店"等商务主题酒店，为旅行者们提供或顶级奢华、或温馨别致、或经济实惠的温柔之乡。

五星酒店
旅途梦工厂

　　当身背行囊漫游在江河湖川，或是把四处行走当做一种生活命题成为一种常态，越来越多的人享受这种"on the way"的生活态度，用空闲的时间边走边生活，把各种各样顶级的自然和人文景观作为生活背景。无论是想为自己换个心情，亦或是去哪个未知的世界探险，旅行都是最好的寻找与自养，而旅途中的酒店自然也成为衡量一场旅行好坏的关键，舒逸的生活品质会为旅行加分不少。

　　酒店（HOTEL）一词来源于法语，当时的意思是贵族在乡间招待贵宾的别墅。到 20 世纪初至二战期间，第一家商业酒店在美国出现，此时的酒店已能提供舒适、便利、清洁的服务，价格合理。直至今天，酒店越来越规范化、标准化、现代化，使用高新科技（互联网、新型的装饰材料）为宾客提供更为个性化的服务，而顶级的五星级酒店，提供着更加极致的服务体验，成为一个城市品位的象征。

　　长沙这座历史名城，有优美的山水风光，也有深厚的人文底蕴，浸润着舒逸的生活格调，不仅有本土的诸如"华天、通程"这样的顶级酒店，也有如"运达喜来登、温德姆至尊豪庭"等国际顶级品牌酒店的相继入驻。每一个顶级名字的背后，都有一个顶级的国际品牌，它们共同为长沙创造着一种最极致的生活方式。

华天大酒店

华天大酒店

　　华天大酒店奢华典雅，造型奇特，楼体成胜利的"∨"字型向天空伸展，像一张迎风的帆，象征着华天人乘风破浪的气势；从空中俯视如一大写的"水"，意喻扎根三湘四水之中，尽显时尚尊荣与湘楚风情。

　　酒店拥有700余套温馨舒适的客房，追求完美的专职管家为您提供24小时尊贵服务。酒店各类会议宴会服务设施功能完备、设备先进。经典荟萃的华天餐饮传承湖湘美食精华，以传统美食、顶级服务成为我国酒店餐饮的奇葩。崇尚健康与品位的华天娱乐，以一流的设备和场馆，放牧着都市人悠闲自在的心情。秉承"勤奋敬业，业精技高，追求完美，严字当头，永争第一"的华天精神，华天人以服务为事业，持之以恒地为顾客创造满意加惊喜的精致服务。

地址：长沙市解放东路300号 **电话**：0731-84442888

通程国际大酒店

运达喜来登酒店

通程国际大酒店

酒店以绿玻璃大范围铺设幕墙，进口银白色铝板镶嵌周围。建筑的垂直向呈梯椅型，水平向呈元宝型，高耸挺拔且含迎纳如归之势。酒店以其便利快捷的区位、傲然矗立的姿态和典雅高贵的气质被冠誉为"星城地标"、"湘楚第一楼"、"湖南会客厅"。

酒店集客房、餐饮、购物、办公和娱乐休闲于一体，兼备商务旅行、休闲度假和大型国际会议接待功能。450 间类型丰富的客房，并独有"居高揽胜，心旷神怡"的视觉感受。风格各异的餐厅和茶吧，可随时为客人提供各种风味的美味佳肴。保龄中心、台球、乒乓球、棋艺中心、健身中心、美容美发中心和室内游泳池等康体娱乐项目，规模宏大，功能齐备，能满足度假和商务客人的不同需求。"金色家族"世界名品中心，汇聚纯正欧美名牌；13000 平方米钻石级全智能化写字楼，实行专业化物业管理和五星级周到服务。

通程国际大酒店 地址：长沙市韶山北路 159 号
电话：0731-84168888
同升湖通程山庄酒店 地址：长沙市洞井镇同升湖
电话：0731-85168888

运达喜来登酒店

看过韩剧《情定大饭店》的人，难免对剧中大饭店的奢豪细节与人性化的服务留下深刻印象。实际上，该剧取景地就是韩国汉城的华克山庄喜来登酒店。据说，拍摄该剧后，华克山庄喜来登酒店蜚声全球，每日宾客盈门，甚至出现了一房难求的盛况。长沙的运达喜来登酒店，同样秉承了"喜来登"家族追求完美的理念，整个酒店有 750 多项

　　服务规范，于细微处见匠心。全景双层钢化中空玻璃幕墙，100 多株名贵桂花树环绕的外部
水景、园林绿化工程，国内最大气、最豪华的大堂雨篷。

　　此外，还有独特新颖、宽大闲适的屋顶空中花园，目前国内酒店中最大的宴会前厅。现
代的健身设备，通透的室内游泳池，创造出完美的健身空间。融合现代的水疗法和中国久远
的养生之道，能领略到独一无二的身心体验。酒店拥有一个大型的宴会厅及多个多功能会议厅，
约近 2000 平方米的场地。酒店的会议和宴会楼层还拥有大面积的多功能活动区域和独特的
商务中心，客人还可以享受高速无线上网的服务。酒店经验丰富的会议服务团队为您的每个
活动提供专业的服务，满足您的不同需求。

地址： 长沙市芙蓉中路一段 478 号运达国际广场
电话： 0731-84888888

华雅国际大酒店

华雅国际大酒店

华雅国际大酒店是全国少有的东方文化与西方艺术融于一体的综合性生态酒店。豪华别墅，生态园林，园内种植的百年古树，尽情释放负氧离子。山水瀑布，宫廷长廊，令居者置身于大自然中。客房整体设计和谐，合理的空间布局尽显尊贵大气。独特的照明体系，stanta 风格的灯饰，暗金色的床头兽纹，无不透露着高贵儒雅的氛围，是艺术与人文相结合的经典之作。

酒店精心打造世界风味美食街、中西式餐厅、南北风味美食街、宴会厅等各类餐饮服务设施、KTV、演艺中心、SPA 水疗、健身房、高尔夫球场、高尔夫练习场等休闲娱乐设施，以及商务中心、票务中心、外币兑换、商务会所、各类会议室及多功能国际会议厅等综合服务设施。其中，多功能国际会议厅面积达 1700 平方米，可容纳会议客人 1000 余人，并配有 4＋1 同声传译系统、活动舞台、多制式录像机、电子笔记等先进的会议设施，为全国少有的多功能国际会议中心，能为中外宾客提供最完善的服务。

地址：长沙市万家丽中路二段 81 号 **电话**：0731-85322222

神农大酒店

神农大酒店用以欧陆式设计风格，庄重典雅、高贵宁静，彰显豪华尊贵。酒店拥有 375 间格调高雅的豪华客（套）房，所有客房均设有私人保险柜、卫星闭路电视、国际国内直播电话、电子钥匙系统等。先进齐全的设施、舒适幽雅的环境，称心如意的服务，让您倍感家的温馨和愉悦。

神农大酒店

酒店拥有风格迥异的各式餐厅，荟萃粤、潮、湘菜系列美食及纯正地道的西餐，提供24小时快速周全的送餐服务。各具特色的酒吧及咖啡厅，让您尽享都市闲情逸致。酒店会议设施齐备，功能先进，有能容纳四百多人的国际会议中心，提供同声传译系统、宽带网以及各种影音设备。酒店配备室内健身房、棋牌室、乒乓球室等设施，以及桑拿、按摩、美容美发中心及风靡全球的女子专业水疗护肤中心。KTV包厢一流的音响设备、快捷先进的点歌系统，让您尽情舒怀，一展风采。

地址： 长沙市芙蓉中路三段269号 **电话：** 0731-85218888 0731-85236503

湖南圣爵菲斯大酒店

湖南圣爵菲斯大酒店是湖南省首家五星级花园式休闲度假酒店，坐落于长沙金鹰影视文化城，毗邻湖南广电中心、世界之窗。酒店共有263间（套）别墅式客房，房间豪华典雅，宽敞舒适；22栋卧仙楼别墅拥有不同类型的山景房、湖景房。酒店餐饮丰富多彩，王朝食府、璇宫食府，由名厨主理，以港式粤菜及正宗湘菜为主的美味佳肴，提供鲍参翅燕等名贵精品。塞纳河酒吧、日本料理、美食街、地中海岸西餐厅、珮殿茶坊更是美食云集。酒店欢城气势恢宏，各类康乐设施一应俱全，拥有大型室内恒温阳光泳池、意大利顶级健身房、半山网球场、乒乓球室、台球室、桑拿中心、美容美发中心等，让您在闲暇之余尽享健康快乐。

圣爵菲斯大酒店

酒店拥有湖南最具规模的会议与宴会设施，是举行大型宴会、记者招待会、国际性会议、文艺演出、音乐会的最佳场所。所有会议与宴会设施都配备了最先进最完善的视听设备，专业的宴会服务队伍将为您的会务作最妥善的安排，给予您最殷勤周全的服务。优美的环境，完善的设施，超强的接待能力，引来八方宾客。成功接待泛珠三角论坛、第五届两岸经贸文化论坛、首届中部博览会等重大会议。是中国金鹰艺术节指定酒店，历届世界乒乓球精英赛、劳伦斯颁奖典礼招待宴会等都在这里举行。

地址：长沙市浏阳河大桥东金鹰影视文化城 **电话：**0731-84252333

长沙芙蓉国温德姆至尊豪庭大酒店

一间优秀的酒店，从整体到局部，从任何角度来看，都有值得称道之处，这整体可以是某件作品，也可以是整个酒店，这局部可是画面中的某个细节，也可以是酒店中的某个场景。长沙芙蓉国温德姆至尊豪庭大酒店就是这样一家酒店。时尚精美的布局，豪华典雅的装修，顶尖科技的各项配套设施，缜密熨帖的心思，为您带来精致优雅称心愉悦的住宿体验。

酒店位于湖南省长沙市CBD中心区，酒店主体建筑共29层，各种配套设施完善，集客房、餐饮、娱乐、休闲、商务会议于一体。酒店总计拥有316间豪华客房。穿过大理石铺地的门厅，头顶上的水晶吊灯晶莹剔透，西式奢华酒店的场景却暗藏了中式古典的元素，精致的木刻窗棂，棕红铮亮，墙上印象派的壁画，这种混搭的格调随处可见，却并不张扬。

地址：长沙市芙蓉中路二段106号
电话：0731-88688888

芙蓉国温德姆至尊豪庭大酒店

普瑞温泉酒店

普瑞温泉酒店

　　普瑞温泉酒店是湖南首家五星级生态酒店。酒店地处青山绿水之中，风光迤逦，景色怡人，集商务会议、疗养健身、餐饮娱乐、休闲度假于一体。酒店由主楼、餐饮会议楼、温泉 SPA 馆、别墅区、原生态休闲区和主景台组成。拥有 294 间 / 套客房，14 栋别墅；大小会议室 11 个；餐饮、娱乐等项目一应俱全。取自地下百米深处的偏硅酸型温泉，结合国外引进的先进水疗设备，打造出真正的温泉 SPA。普瑞温泉酒店首家推出商务休闲经营理念，创造性地把商务型酒店和休闲度假型酒店的功能有机结合起来，并针对市场定位，设计了一系列人性化、个性化的服务。如酒店独创的会议金钥匙服务，把为会议客户服务的理念提升到了文化的高度，体现了一种更高的服务境界。来普瑞温泉酒店，既是一次田园风光的享受，更是一次健康休闲的享受、文化之旅的享受。

　　地址：长沙市普瑞大道 8 号 **电话：**0731-88388888

浏阳银天大酒店

　　银天大酒店是浏阳市唯一荣膺国家五星级的旅游饭店，西临风光秀美的浏阳河，东倚苍翠欲滴的天马山，南接浏阳河广场，风景十分优美。酒店距黄花国际机场 40 分钟车程，离长

浏阳银天大酒店

沙市火车站 50 分钟车程，交通便利，区位优越。银天大酒店外观英挺巍峨，卓尔不群，内饰则丰瞻华美，典雅气派，糅合东西方装饰艺术之菁华，弥漫着富丽堂皇之华贵气息。酒店建筑面积 4.2 万多平方米，共 21 层，拥有行政套房、商务套房、豪华套房、商务单人间、英式客房、豪华单人间、豪华双人间等 221 余套，是一所集住宿、餐饮、康体、娱乐为一体的综合型商务酒店。银天大酒店设施齐全、高档，服务殷切周到，管理严格缜密。特别是酒店传承了浏阳本土菜系的美味佳肴和客房超大的观景阳台，使客人入住后留连忘返。

地址：湖南省浏阳市将军路 1 号 **电话**：0731-83688888

湖南潇湘华天大酒店

潇湘华天大酒店素有"三湘第一楼"美誉之称，外观气势恢宏，内部富丽堂皇，是湖南省唯一在楼顶设有直升飞机停机坪的超豪华五星级商务酒店。酒店建筑面积 85000 多平方米，拥有 540 间各式高级客房。潇湘华天大酒店的客房分布在酒店主楼 24 楼以上，凭借酒店"三湘第一楼"的绝对高度，每间客房均有其独特的风景，西瞰岳麓观湘水，东见清水念伟人，南北房间风景各异，每间客房采光别具特色，视野极为开阔，客人能将星城繁茂尽收眼底。

别具风格的中西餐厅及酒吧，特色美食，康体娱乐，商场，会所，大小宴会厅等各类综合服务设施一应俱全。潇湘华天大酒店的美食独具特色，厨师们专心研究顾客口味，开发和创新多种菜品，"青椒紫苏煮河豚"、"捞菜血鳝"等让顾客情有独钟。潇湘华天凭借精心的设计、精细的管理、精致的服务，已成为中外宾客下榻的温馨家园，也成为高端接待的闪亮平台。

地址：长沙市芙蓉中路一段 593 号
电话：0731-84660888

长沙明城国际大酒店

长沙明城国际大酒店是以欧洲文化、历史、建筑、艺术和著名人物为主要表现形式的主题文化酒店，浓缩了以欧洲著名城市为代表的国际经典名城的特征，也是长沙经济技术开发区首家档次最高、规模最大的五星级商务会议型酒店。酒店占地面积28000平米，建筑总面积70000平米，楼高99.9米，30层。

酒店拥有各类客房410间（套）。客房设有中央空调、国际国内直拨电话、私人保险箱等设施设备，酒店套间设施装修全部按国际五星级酒店客房配备，室内色调柔和、装饰高档精美，家具考究。国际会议中心拥有各类高标准会议室10个，华丽、气派的酒店会议室设备齐备、功能先进、服务周到，是举行高档次会议、宴请、迎合等礼仪接待活动的理想场所。

餐厅设有宴会厅、中餐厅、咖啡厅以及特色餐食街和各类豪华包厢36个，共有餐位3652个。异国风情的菜肴伴随着优雅的音乐和典雅的餐具，在四壁迷人的图画中，烘托出一种独特的风情，这种集美食、情调、美感于一体的感受，令人难以释怀。康体娱乐项目功能齐全、设备先进、装修豪华，拥有游泳池、韩式汗蒸、保健按摩、KTV、桑拿洗浴、美容美发、台球等功能项目，能全面满足度假和商务客人的需求。

地址：长沙市星沙经济技术开发区漓湘西路19号 **电话**：0731-84651999

四星酒店 / 逸雅生活

先读为快 对酒店一词的解释可追溯到千年以前，1800年的《国际词典》就写到："饭店是为大众准备住宿、饮食与服务的一种建筑或场所"。一般地说来就是给宾客提供歇宿和饮食的场所。长沙市目前有各类星级酒店近90家，其中四星级酒店有24家。

酒店的存在，透露着时代感，它与人们的出行和生活同在，与历史同在。2012年长沙地标性建筑长岛饭店的拆除，便引人唏嘘伤感。即使轰然拆除，长沙市民们也不会忘记，那个住一晚只要几元钱，花上十几元便可入住最豪华房间的酒店。你看，这就是属于酒店的文化魅力。

上个世纪90年代，一家家星级酒店在长沙拔地而起，人们开始有了更多的选择。于悠闲的旅程或忙碌的出差中，光临温馨别致的星级酒店，感受犹如归家的惬意。在主题各异、情调不一的酒店里，拉开窗帘，美丽星城的一隅就展露在眼前。店内清爽干净的环境，让人卸下了疲惫和紧张，迫不及待地想要拥抱柔软的大床，开始这一天的好梦。

酒店的星级就像餐饮界的米其林，是一种划分等级的标准。所谓四星酒店，设备豪华，综合服务设施完善，服务项目多，服务质量优良，讲究室内环境艺术，提供优质服务。客人不仅能够得到高级的物质享受，也能得到很好的精神享受。这种饭店国际上通常称为一流水平的饭店，收费一般较高。主要是满足经济地位较高的旅游者的需要。

湖南富丽华大酒店

设计典雅、华丽大方，是长沙市首家获得国家旅游局评定的四星级酒店，总建筑面积三万多平方米，拥有舒适豪华的客房238间，康体娱乐设施完善，餐饮中西精品汇集，既有三湘本地风味，也有正宗粤菜和西餐自助，并具备可举行大型活动的会议厅、宴会厅等配套服务设施。

富丽华大酒店

　　多年来，酒店通过不断提升硬件品质，使酒店保持了强劲的发展势头。2011年，酒店更是投巨资对酒店各营业场所进行了全面的装修改造。重新装修改造后的客房温馨、精致，传真、上网等商务设施一应俱全，现代化多功能会议厅为商务活动提供了极大便利，面积达100多平方米的餐饮包厢时尚宽敞，KTV包厢富丽堂皇。

> 地址：长沙市八一东路88号　电话：0731-82298888

湖南金源大酒店

　　风格端庄典雅、中西合璧，既蕴含华丽的古典韵律，又洋溢着二十一世纪的现代气息。大楼由天麟楼、旭日楼、天麒楼三幢大楼组成，总面积7万多平方米，拥有客房495间，装饰高雅温馨，设施齐备，每个房间均有中央冷暖空调、国际直拨长途电话、迷你酒柜、卫星电视等设施。

　　酒店还拥有2万余平方米的写字楼，以及5个风格各异的餐厅。另设有商务服务中心、保龄球、乒乓球、台球、健身房、游泳池、美容美发、桑拿、KTV、棋牌等各种服务项目，令宾客在运动和娱乐中倍感超值享受。多功能会议厅最多可容纳500人，接待各种不同类型的大小会议。优越的地理位置、高标准的酒店设计、严格科学的管理、细致周到的个性服务是您商务、会议、旅游及休闲的理想选择。

> 地址：长沙芙蓉区芙蓉中路二段279号　电话：0731-85558888

金源大酒店

湖南君逸康年大酒店

由湖南首家国有上市公司——湖南投资集团股份有限公司投资兴建，湖南君逸酒店管理有限公司管理的四星级酒店。楼高 28 层，总建筑面积 36153 平方米，集客房、餐饮、购物、办公和休闲娱乐于一体，设有 262 间豪华宽敞、别具匠心的客房，备有女士楼层、日式休闲房、地中海风情房、无烟楼层令宾客拥享更多的选择和私密空间。拥有中餐厅、西餐厅、咖啡厅、茶吧、商务酒廊、多功能厅及大小会议室、美容美发厅、桑拿洗浴、按摩足浴、健身房、乒乓球室、商场、商务中心、委托代办、外币兑换、票务中心等综合服务设施。

酒店与长沙新建的体育运动会馆及政府机关咫尺之遥，白沙井、岳麓书院、橘子洲等景点相距甚近，配套设施齐备，交通往来便捷，是商务、会议或者休闲度假理想的下榻之处。

地址：长沙市芙蓉中路 508 号 **电话**：0731-82333333

湖南华天紫东阁大酒店

湖南省首家五星级酒店——华天集团在长沙开设的第一家按四星级标准建造的连锁饭店。

酒店与人们出行生活密不可分。

酒店主楼 32 层，面积约 4 万平方米，距黄花国际机场约 20 分钟车程，距火车站仅 5 分钟路程，距会展中心 10 分钟车程。

拥有标准房、豪华单间、商务客房、商务套房、行政套房、复式套房、大使套房等客房 421 套，房间宽敞舒适，酒店还专为商务客户设立安静，优雅的咖啡吧。豪华设备一应俱全。由名厨主理驰名的荔轩粤菜厅、湘菜食府、紫东阁华天美食街，各色风味品种尽在其中。大型多功能厅及其它各类豪华会议厅共 10 余个，配备先进的多媒体视听设备。娱乐设施有豪华歌厅、KTV 包房、桑拿按摩、健身房、美容美发、台球、棋牌室、酒吧，是会议、商务、旅游和休闲的首选场所。

地址：长沙市远大一路 88 号　**电话**：0731-82288888

湖南枫林宾馆

四星级专业会议展览和旅游涉外定点园林式酒店，背倚岳麓山风景名胜区，面对繁华的岳麓文化广场，东临湘江橘子洲头，西近长沙高新技术开发区，南毗湖南省大学城。它交通便利，

君逸康年大酒店

长沙大华宾馆

风光绮丽，文化氛围浓郁，设计风格极富我国传统园林建筑风格，布局精致，风景秀美。占地 51438 平方米，建筑面积 40016 平方米，拥有各档次客房 327 间，总床位 682 个，拥有各类型会议厅 23 个，设计更具现代化、人性化，装饰风格典雅凝重。在这里您不仅可以体味大自然的清新与恬静，更可以享受到来自潇湘大地的文化气息和园林式生态景观。

地址：长沙市岳麓区枫林一路 43 号　　电话：0731-88883188

长沙大华宾馆

楼高 29 层，总建筑面积 51000 平方米，拥有美国 JBL 音响系统、全电脑房态控制系统、全方位全天候安保监控系统、覆盖整个宾馆的有线与无线网络系统及 300 多个车位的大型停车场。宾馆大堂吧、康体休闲中心（洗浴、按摩、棋牌等）、旅游票务中心、美容美发中心、小商店、干洗店等配套设施一应俱全，是商务办公人士的理想下榻之所。

地址：长沙市劳动西路 528 号　电话：0731-85509888

链接

【四星地图】

湖南芙蓉华天大酒店	地址：长沙市五一大道176号	电话：0731-84401888
湖南五华大酒店	地址：长沙市芙蓉中路三段255号	电话：0731-85528888
长沙海程大酒店	地址：长沙市八一路58号	电话：0731-82290881
湖南君逸山水大酒店	地址：长沙市晚报大道150号	电话：0731-82196666
长沙时代帝景大酒店	地址：长沙市桐梓坡路399号	电话：0731-88989999
长沙和一国际大酒店	地址：长沙市劳动西路256号	电话：0731-82828111
湖南华悦大酒店	地址：长沙市芙蓉中路一段二号	电话：0731-84498188
湖南宾馆	地址：长沙市营盘东路193号	电话：0731-84404666
湖南金辉大酒店	地址：长沙市黄土岭路181号	电话：0731-85608888
湖南茉莉花大酒店	地址：长沙市金星中路528号	电话：0731-88227600
湖南鑫都大酒店	地址：长沙市中环路火焰开发区	电话：0731-84788888
长沙天玺大酒店	地址：长沙市芙蓉中路518号	电话：0731-85169999
长沙湘城大酒店	地址：长沙市韶山南路133号	电话：0731-82811111
顺天黄金海岸大酒店	地址：长沙市芙蓉北路福城路9号	电话：0731-82003333
湖南星沙华天大酒店	地址：长沙市星沙漓湘路	电话：0731-88428888
长沙泉昇大酒店	地址：长沙市蔡锷中路222号	电话：0731-82255888
湘府国际大酒店	地址：长沙市竹塘西路179号	电话：0731-85868888
长沙天成大酒店	地址：长沙市星沙振兴建材大市场	电话：0731-84021288

经济型酒店
实惠生活

先读为快 经济型酒店又称为有限服务酒店，最大的特点是房价便宜，服务模式为住宿加早餐。最早出现在上个世纪50年代的美国，如今在欧美国家已是相当成熟的酒店形式。目前长沙有上百家经济型酒店。

　　20世纪30年代，随着美国大众消费的兴起和公路网络的发展，开始出现汽车旅馆，为平民的出游提供廉价的住宿服务，这也成为了经济型酒店最早的雏形。

　　在中国，经济型酒店最初的发展始于1996年，上海锦江集团旗下的"锦江之星"作为中国第一个经济型酒店品牌问世。进入21世纪，各种经济型酒店品牌如雨后春笋般迅速发展起来。除规模最大、历史最久的锦江之星外，首旅酒店集团和携程网于2002年共同投资设立的如家快捷也得到了迅速的成长。近几年，长沙开始兴起一批经济型主题酒店，觅你酒店、橙子酒店等均在其列。

　　旅行中，住宿是尤为重要的一个环节。终于抵达目的地，亦或是结束了一天的游玩，脚步和心灵同样需要一个栖身之所，它不必奢华大气，也不必有太多配套设施。只要当每一个旅途中的人打开房间，它是温暖舒适的，足以释放在路上的疲惫、安枕一夜的好梦，便已足够。

　　这一刻，或许是旅途中最温柔的时候，你在外面看尽美景与不曾见过的风土人情，在这里，终于获得了短暂的栖息，于是有了时间慢慢梳理、细细品味。然后躺在柔软的大床上，开始期待明天的旅程故事。

舒适的酒店可以释放旅途的疲惫，安枕一夜的好梦。

锦江之星酒店

　　简约又不失时尚，淡雅中透着品味，这是锦江之星给人最直观的感受。1996 年，锦江之星正式创立，也开启了一个属于经济型酒店的时代。出门在外的人，终于拥有了一个兼顾品质和经济适用的选择。

　　锦江之星在服务中始终关注客人的住宿体验，将产品的服务内涵与客人的基本需求完美的结合，其特点为健康、安全、舒适的酒店产品，专业、真诚的酒店服务和清新、淡雅的酒店形象，始终为客人提供一个"品味自然健康、享受简约舒适"的经济型酒店产品。锦江之星的餐饮同样精致，大厨们精心烹制，将各式菜品呈现在客人面前。自助餐厅优雅的装修风格，既有中式的优美，也有西式的浪漫，再加上琳琅满目的美食，原来早餐也可以如此丰盛。

五一广场店 **地址**：长沙市天心区五一大道 775 号 **电话**：0731-88221888
南湖路店 **地址**：长沙市天心区南湖路 59 号 **电话**：0731-88286888

觅你酒店

　　2008 年，觅你时空酒店在株洲创办。首家觅你酒店的 170 多间房间中划分出各种不同的房型，均由来自广州的顶尖设计师精心打造。这些风格迥异而与众不同的房间满足了不同

人群的需要。这种奇妙的酒店之旅，偶尔时尚、时而精致、忽然有趣，各种各样的设计语言围绕着你，你会不禁感叹，原来酒店还能这样。因为她是如此的特别，令人着迷。

2010 年，觅你酒店加入全国酒店品牌联盟，并同时在长沙五一大道东及株洲同时开设两家新店。2011 年又在长沙芙蓉中路开设了一家分店，不管是物超所值的 mini 房，还是温馨精美的时尚房，又或是宽敞大床如梦之摇篮的时空单人房等等。如此多样的选择，何不跟随自己的心情而定，带着新奇和期待，去决定今晚入住哪一间主题房间。

芙蓉中路店 地址：长沙市天心区芙蓉中路三段 266 号 电话：0731-88276777
五一大道店 地址：长沙市五一大道 79 号 电话：0731-82733999

橙子酒店

长沙橙子酒店是首家三星级艺术主题酒店，集餐饮、客房、娱乐为一体。服务对象主要为大学生、时尚白领、艺术家、年轻的商场才俊。这个阶层正是彰显个性、引领时尚的人群，即橙子族，他们奉《发条橙子》为他们卓尔不群的立世宣言。作为后现代主义的追随者，酒店正是为"橙子族"们量身订制的，它是"橙子族"心灵的栖息地，以"橙子"的形象来彰显其气质与品味。在充满艺术设计感的氛围中，享受着橙子酒店带来的别致惊喜，不失为旅途中的一抹亮色。

地址：长沙市韶山南路 498 号 电话：0731-85285888

非特主题酒店

非特主题酒店特聘屡获国际大奖的创意大师主笔设计，酒店提供了浪漫情感、异国风情、艺术音乐、海洋生态、游戏体育、卡通童话、商业娱乐、田园时尚等各具特色、几十种风格迥异的原创主题特色情景客房。当然还有独一无二的"创意致尚"悬念咖啡厅。

眼球的震撼只是第一步，精彩绝伦的体验还在入住之后，在这个创意至上的空间里，配备了液晶电视、中央空调、光纤上网、免费早餐、24小时安全监护等系列设施服务，以及高级的床上用品、便捷的入住程序、特色的个性化服务，来确保顾客的安全舒适与方便实用，更为顾客提供了演绎故事和传奇的社交平台，除了彰显个性和品位。这是一家互动性的体验酒店，顾客不再只是匆匆的过客，更是创意未来的主人。

偶尔时尚、时而精致、悠然有趣的酒店之旅也是旅行乐趣之一。

长沙雅凯四季音乐主题酒店

　　长沙雅凯四季音乐主题酒店是一家自主创新，风格独特的音乐主题酒店，酒店客房巧妙运用了个性图绘及不同曲风的音乐格调，让人在感官上有一种视觉冲击力，感受与众不同。音乐，几乎每个人都能从中找到自己所好，选择你喜欢的音乐，接受节奏和图绘的抚摸，白天的疲惫，在这里自会慢慢溶解。

　　在极具个性的高级现代酒店里，具有优良的硬件以及人性化的软件服务系统也是必不可少的，酒店的大堂简洁时尚，内设宽带免费上网。酒店以朋友化的服务理念，让宾客会有情

绪上的归属感，是一个休闲购物和商务出差的理想下榻之处。

韶山路店 地址：雨花区韶山中路 113 号　电话：0731-82540588

长沙窝窝家家连锁异国风情主题酒店

这里有"人间天堂马尔代夫"的缩影；"普罗旺斯"的自然风光；"郁金香故乡荷兰"的民族风情；古老神秘的"埃及传说"；"希腊爱琴海"的浪漫；"罗马假日"的罗曼蒂克与奔放的非洲部落等三十多套异国特色风情客房，可以带你走入一个奇妙的世界，感受到独特的文化魅力……

长沙窝窝家家连锁异国风情主题酒店独辟蹊径，它以异域风情及人文特色的星级标准来定位自己，入住这样的主题酒店，仿佛是一次简单的旅行。进入房间内，就隔开了屋外的世界，在选择的风情里，感受别样滋味，然后安然入梦。

地址：长沙市开福区芙蓉中路一段 358 号
电话：0731-82079999 0731-82458101

链接

【经济型酒店】

	汉庭快捷酒店	
火车站店	地址：长沙市芙蓉区八一路169号	电话：0731-85891155
人民中路店	地址：长沙市雨花区梓园路451号	电话：0731-84321155
五一大道店	地址：长沙市芙蓉区五一大道323号	电话：0731-85421155
步行街店	地址：长沙市解放西路147号	电话：0731-85671155
	莫泰168酒店	
芙蓉店	地址：长沙市芙蓉中路一段496号	电话：0731-88873333
左家塘店	地址：长沙市雨花区城南东路269号	电话：0731-85836666
火车站店	地址：长沙市五一东路77号	电话：0731-88157777
新大新店	地址：长沙市芙蓉区南阳街105号	电话：0731-88943333
高桥店	地址：长沙市雨花区东二环一段508号	电话：0731-85983333
	速8快捷酒店	
车站中路店	地址：长沙市芙蓉区车站中路193号国储电脑城	电话：0731-82732168
亚泰店	地址：长沙市雨花区中意一路66号	电话：0731-89868888
他城店	地址：长沙市天心区竹塘西路180号	电话：0731-88230666
	格林豪泰酒店	
地址：长沙市芙蓉区韶山北路98号		电话：0731-82800752

快乐长沙

享休闲

伍 暖心

CHEERFUL CHANGSHA
TRAVEL SERIES

"冠者五六人，童子六七人，浴乎沂，风乎舞雩，咏而归"两千多年前，在孔子口中，沐浴已然连接着人生的某种境界。在长沙，当过去的岁月飘然远去，人们对沐浴的喜爱不但没有改变，还创新出了更多的方式。如今，享泡温泉已经成为了一种生活方式，在此，人们把温泉休闲的概念铺开到了极致，而温泉之外的足浴与洗浴则更是遍布长沙的各个角落，人们既享受健康生活，也引领着时尚。

快乐长沙

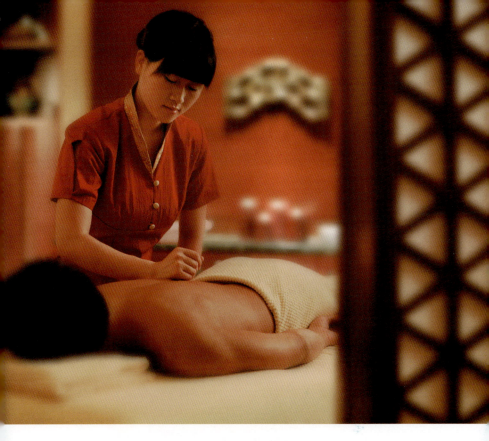

洗浴文化 休闲360°

先读为快 洗浴中心是人们洗浴休闲、洽谈业务、广泛社交的重要场所，带之而来的是规范化、专业化、多功能的综合性娱乐场所。随着市场经济的高速发展，洗浴中心如雨后春笋般地涌现了出来，很会休闲娱乐的长沙人，为洗浴行业带来了蓬勃生机。人们在一种高雅的氛围中洗浴，并逐渐融入现代社会的思想观念，洗浴文化得到进一步发展。当水雾在池中升腾，徜徉其中，是生活中一种惬意。

　　"冠者五六人，童子六七人，浴乎沂，风乎舞雩，咏而归"两千多年前，在孔子口中，沐浴已然连接着人生的某种境界。浴乎沂，得以咏而归，沐浴的确是莫大的乐事。曾经人们以沐浴为礼仪，以沐浴为生活，当过去的岁月飘然远去，人们对沐浴的喜爱没有改变。那些关于洗浴的历史，到现在已演绎成为一个悠长的故事。

　　洗浴，在从前并不是一件容易的事情，能够定期地到大澡堂子里泡一

碧涛阁国际水会酒店是集洗浴、餐饮、客房、商务、娱乐为一体的超豪华休闲场所。

泡，是难得的待遇，而现在这种状况早已改变。近些年，长沙的洗浴场开始在城市弥漫，大街小巷的洗浴休闲中心如雨后春笋，已成气候，让长沙的老百姓可以随心所"浴"。

随着人们生活水平的不断提高，洗浴行业也变换着新招，摆脱了传统"澡堂子"的模式，由过去仅仅是为了缓解疲劳、清洁身体的洗浴，如今发展成了可以放松精神、愉悦身心的综合休闲场所。

长沙已注册的洗浴场所达 1000 多家，而大小零散不计的还有许多，规模较大的也有：如"碧涛阁"、"大浪淘沙"、"碧海云天"等。这些洗浴场所投入大的达到 3000 多万元，小手笔也要上百万元，可谓鳞次栉比，参差不齐。如今在长沙洗浴场所的分布十分密集，无论繁华或是偏僻的地方，随意走上几步就能看见一家洗浴城，成了星城颇具特色的风景。

碧涛阁洗浴广场

碧涛阁洗浴广场隶属于碧涛阁洗浴连锁管理有限公司，是集洗浴、餐饮、客房、商务、娱乐为一体的超豪华休闲场所。位于芙蓉中路一段 306 号，营业面积 6000 多平方米，投资 2000 万元，开创中南地区洗浴业之先河，汇集全国洗浴业之精华。五楼设有高档豪华洗浴贵宾会所，包括大堂、豪华贵宾男浴区、贵宾休息厅、贵宾休闲客房、贵宾按摩区。

从前，关于洗浴行业有着一片灰色地带，人们总觉得里边透着暧昧。如今洗浴文化逐渐开朗，真正成为一个健康、时尚的话题，方兴未艾的洗浴场所也将提供一种全新的健

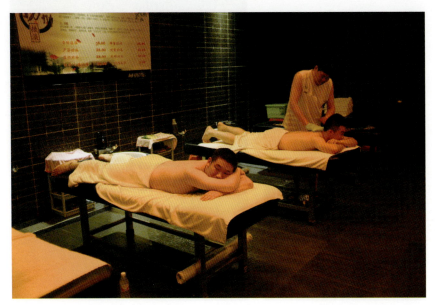
洗浴城为城市的夜晚增添了度假般的健康休闲。

康理念来引导消费群，用高档的洗浴服务来提高老百姓的生活质量。

碧涛阁洗浴广场没有躲在哪个角落里，光明磊落的风格为这个城市的夜晚增添了不少度假般的悠闲。来到这里，我们才蓦然惊觉，洗浴不仅是一种生活，更是一种休闲文化。当我徜徉在浴池的云雾里，内心的杂质也得以消解，压力和不快便在无形之中散去了。

碧水蓝天温泉酒店

碧水蓝天温泉酒店在原知名品牌碧水蓝天温泉浴场的基础上，经大师设计、巨资打造，集温泉沐浴、恒温泳池、餐饮客房、茶艺健身为一体的休闲娱乐酒店。

碧水蓝天温泉酒店坐落于千年白沙古井对面，酒店精巧、优雅、别具风情，是都市中心的温馨港湾，也是商务洽谈、朋友聚会、家庭休闲养生的必选之地。

进入场内，迎面而来的接待大厅自然清新，使人的心情迅速得以放松。步入洗浴区，这里设有男女宾大浴场，其中包括桑拿、冲浪浴、恒温泳池、人参浴、汉方浴、干、湿蒸房等在内的项目任意选择，都会是一场养身怡心的体验。

洗浴之后，可以到娱乐区悠游散步，此处各种先进的设备，更是琳琅满目，其中宽敞的休闲影视厅、棋牌室、桌球室、乒乓球等多种娱乐益脑的项目；还有书吧、网吧、酒吧、一展歌喉的 KTV 等满足顾客的各种需求。

如果玩累了，还可以到美食广场品尝美食，这里提供各类菜系以及各种名小吃，可体验中华饮食文化的灿烂文明。

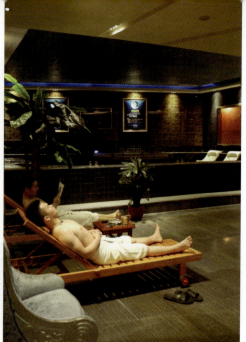

碧海云天洗浴广场

碧海云天大型洗浴广场坐落于杨家山德政园,拥有房间88间,总统套房、干蒸、湿蒸、中西餐厅、演艺吧、足浴及各式按摩、咖啡厅、健身、棋牌室、儿童乐园、美发、网吧、乒乓球、桌球、游戏机等为一体的大型洗浴场所,装修精美华丽、舒适优雅,是洗浴休闲的好去处。碧海云天洗场,将中式旧澡堂的养生之道和西方古老洗浴文化中的休闲享受,齐齐融入这一池碧水之中,让人们在洗浴之中,发现生活的别样风情。

中医学认为,洗浴能使人消除疲劳,提神醒脑,畅通血脉,保护皮肤。中医的热熬、泡足、薰疗、按摩等方法均是洗浴文化在医学上的发展。碧海云天洗浴广场配有经验丰富的按摩师,最大的洗浴场所可同时容纳数百人,洗浴的项目分为脉冲、药浴、淋浴、桑拿、芬兰浴、足底脉冲等不一而足,价格也是高低不同。到这里,可以根据自己的需求选一种适合的洗浴方式,配合良好的服务,身心舒畅的同时,也使自己的身体更加健康。

链接

碧涛阁洗浴广场　地址:长沙市开福区芙蓉中路一段306号　　　　　　电话:0731-84480999
碧水蓝天温泉酒店　地址:长沙市白沙路136号　　　　　　　　　　　　电话:0731-85115999
碧海云天洗浴广场　地址:长沙市芙蓉区马王堆中路238号德政园醉心苑12栋1楼 电话:0731-84684888

足浴 满"足"温暖

"洗脚去！"热情的一声招呼后，一行人浩浩荡荡地奔赴足浴城。足浴，这一前卫的消费观念早已植入长沙人脑中。不管是朋友造访，抑或是家人团聚，请客洗脚已俨然成为一种时尚。夜幕降临，星城的大街小巷到处闪烁着足浴城的霓红灯，穿梭着如流的人群。身强体壮的青年也好，年过花甲的老者也罢，都洗得不亦乐乎。"脚都"就这样引领着长沙消费的新时尚。

有这样一个笑话：拿一张北京地图，用笔点三下，很有可能点中一个厅局级单位；拿一张上海地图，也用笔点三下，很有可能点中一个世界前500强在沪的分公司；而拿一张长沙地图，还用笔点三下，居然戳中了三个洗脚城。话语虽夸张，却生动描述了足浴业在长沙火爆的程度。早些年，长沙本土笑星奇志、大兵的经典双簧《金盆洗脚城》更是笑翻了不少的男女老少。外省甚至国外的朋友来长沙旅游时，都会慕名光临洗脚城，享受盲人技师的汤药足浴按摩，并津津乐道一番。

在中医文化中，足浴疗法源远流长，它源于我国远古时代，至今已有3000多年的历史。古书《琐碎录》中曰："足是人之底，一夜一次洗。"苏东坡曰："热浴足法，其效初不甚觉，但积累百余日，功用不可量，比之服药，

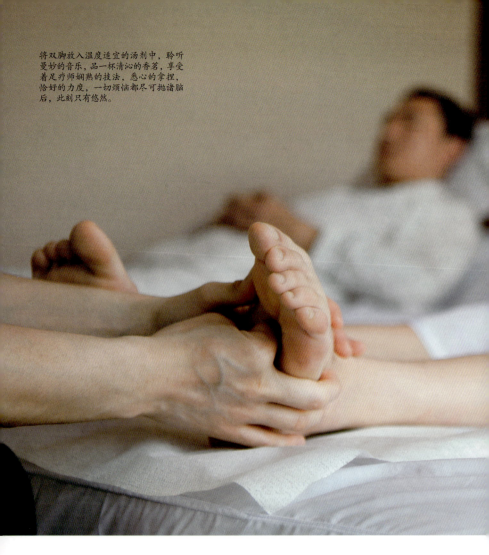

将双脚放入温度适宜的汤剂中，聆听
曼妙的音乐，品一杯清沁的香茗，享受
着足疗师娴熟的技法，悉心的拿捏，
恰好的力度，一切烦恼都尽可抛诸脑
后，此刻只有悠然。

其效百倍"又在诗中写道"它人劝我洗足眠，
倒床不复闻钟鼓"。南宋大诗人陆游留有："洗
脚上床真一快，稚孙渐长解烧汤。"贵为"天子"
的乾隆皇帝信奉"晨起三百步，晚间一盆汤。"
民间有《洗脚歌》云："春天洗脚，开阳固脱；
夏天洗脚，暑热可却；秋天洗脚，肺润肠濡；
冬天洗脚，丹田湿灼。"可见足浴在中华养生
保健历史中举足轻重的地位。

毋庸置疑，长沙人也是很懂得健康生活

的。千里之行，始于足下，足部堪称人体的"第
二心脏"，是人体的阴晴表，能够很准确地反
映人体的健康状况，在人体踝关节以下，有
60多个穴位，常洗脚按摩，能疏通经络，促
进睡眠，延年益寿。街头巷尾招摇的足浴城，
也正是长沙人所追求的养生之道。

随着时间的演变，如今，这种深得人心
的保健养生方法越发变得流行了。劳累了一
天后，随意走进一家环境优雅的大型足疗店，

舒适地躺在绵软的沙发上，足疗师会为您精选中意的足疗方式，然后端上泡脚的各种汤剂。汤剂有多种：有浸泡过养生中药的，有撒满清香花瓣的，有混合着乳白牛奶的……将双脚放入温度适宜的汤剂中，聆听曼妙的音乐，品一杯清沁的香茗，享受着足疗师娴熟的技法，悉心的拿捏，恰好的力度，一切烦恼都尽可抛诸脑后，此刻只有悠然。

哪些人不适合做足浴？

足底按摩并不适合所有的人。如果按摩不当，不但不能享受、治病，反而会使病情恶化。

1、妊娠及月经期中的妇女，中药浴足会影响到妇女及胎儿的健康。

2、患有各种严重出血病的人，如胃出血等，足底按摩可能会导致局部组织内出血。

3、一些急性的传染病、急性的中毒、外科急症的患者，可能会贻误治疗最佳时机。

4、正处于大怒、大悲、大喜之中或精神紧张、身体过度疲劳的人。

5、饭前后 1 小时内进行足浴的人。

6、足部有外伤、水疱、疥疮、发炎、化脓、溃疡、水肿及较重的静脉曲张的患者。

7、肾衰竭、心力衰竭等各种危重病人，对足部反射区的刺激可能会引起强烈反应，使病情复杂化。

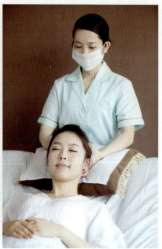

颐而康足浴

颐而康创立于 1997 年,以"为人类健康事业服务"为使命,集医疗保健的研究、开发、咨询、培训、鉴定、服务于一体的多元化连锁经营企业,公司现有按摩医院、医疗门诊部、保健按摩中心、保健研究所、国家职业技能鉴定所、职业技术学校、保健器品研发中心、休闲农庄、机场按摩吧等十几类实体。公司先后在国内八省、十几个地区建立 40 多家品牌店,并在英国和荷兰设立了子公司,是"湖南省著名商标"、"中国驰名商标"、"世界按摩名牌"。

何谓颐而康? 简单地说,就是颐养天年,保养健康。像享受绿色一样地享受健康,像享受自由一样地享受健康,像享受艺术一样地享受健康。颐而康已经发展成为以医疗保健按摩服务为主,集推拿手法、保健品、保健器械、健康饮食等的研究、开发、培训、鉴定、咨询和服务于一体的多元化发展企业。颐而康的按摩师,手法轻柔,通过搓擦全身经络及重点穴位,打通周身经络,搓擦颈枕区、肾俞区、八髎区以及腹部区时,温热感较强烈,舒经减压。

湖南颐而康保健有限责任公司
地址:长沙市芙蓉中路二段 89 号 (华天新城长城大厦 7F) 电话:0731-4899333
长沙颐而康保健中心 地址:长沙市解放东路 13 号 电话:0731-4145888
长沙颐而康按摩医院 地址:长沙市芙蓉中路一段 577 号 (八一路往北 200 米) 电话:0731-84426788

汉子足浴

汉子保健创建于 2004 年 2 月,是一家集保健、休闲娱乐于一体的大型连锁服务企业,目前拥有连锁店四十余家,主要服务项目有足部反射疗法、中医推拿、泰式按摩等 20 余种项目,

足浴扎根于远古民间，弘扬在大雅都市。

每年为 200 多万人次提供保健服务。如今，汉子保健已成为"湖南省著名商标"、"湖南省足浴十大品牌"、"中华足疗保健企业联盟"常务理事单位。公司一直秉持"敬业、责任、服从、诚实"的店训，以"员工第一"作为企业宗旨，以"顾客至上"作为服务宗旨。坚决做到"一客一换"，确保用品卫生标准。把"一分钟 60 秒精神"作为技师的座右铭。以"专业、优质、贴心"的服务回报顾客，让顾客获得满意的服务。

　　长沙汉子足浴扎根于远古民间，弘扬在大雅都市。汉子足浴凭借精良技艺，为现代人打开了一扇保健养生之窗。汉子足浴的王牌项目——泰式足浴开历史之先河，将泰式按摩与中式足疗融为一体。一套 90 分钟的完美流程，真正起到疏通经络、活血驻颜、降亢解郁、固本强肾、解毒消脂、祛乏导眠的作用，令身心完全释放，让心灵轻松飘然。

汉子保健总店 地址：长沙市岳麓区新民路 112 号 电话：0731-88610509
汉子保健怡海店 地址：长沙市八一路 175 号 电话：0731-84469555
汉子保健长岛店 地址：长沙长岛路 2 号天扶华庭 2 楼 电话：0731-84469992

足疗能使人身心得到充分的放松。

家富富侨足浴

　　家富富侨成立于 1998 年，以"传承千年文化精髓，缔造中华健康之道"为宗旨，汲取传统中医理论精髓，经过多年的实践、创新和完善，独创了家富富侨保健按摩手法，包括中药足浴按摩、泰式松骨按摩和中华养生等项目，形成了独具特色的保健品牌，为人们带来专业满意的养生体验。发展至今已经遍布北京、上海、武汉、天津、马来西亚等国内外大中城市，有 400 多家连锁店。多年来，家富健康独步天下的技术手法和真诚的服务精神，使得"家富富侨"实至名归地成为了中国保健行业的龙头品牌。

　　专业按摩师手法独特，力道适宜，并配合中药包、按摩膏和帝王逍遥包等产品，参照中医穴位理论，对足底各个反射区进行按摩，能改善血液循环、促进新陈代谢，有助于补"根气"，理"精气"，益"宗气"。尤其对神经衰弱、顽固性膝踝关节麻木痉挛、肾虚腰酸腿软、失眠、气管炎、慢性支气管炎、周期性偏头痛、痛经及肾功能紊乱等都有一定的疗效或辅助治疗作用。泰式按摩是家富富侨的特色产品，是一种自身不运动的运动过程，促进身体肌肉松弛，韧带拉长，骨关节放松，进行一次全身运动和锻炼，融入了武术中盘、踢、蹬步等基本功和健美操中扩胸、压腿等动作，可谓"中华按摩术"。

　　家富富侨星典时代店　地址：长沙市芙蓉区东二环二段 161 号星典时代　电话：0731-84326888
　　家富富侨桐梓坡路店　地址：长沙市桐梓坡路沁园春 114 号　电话：0731-85120666
　　家富富侨天心店　地址：长沙市天心区书院路 174 号　电话：0731-85690008

舒适优雅的按摩环境。

天之道足浴

　　长沙天之道保健连锁有限公司，成立于 2003 年 10 月，总部设长沙市芙蓉区，是一家专业从事足浴、保健按摩的全国连锁机构，现有门店近百家，员工 6000 余人，年销售额达 2.3 亿元，年上缴利税 1800 多万元，并建立了专业人才培训学校。"天之道"即天道，源自老子《道德经》，其意为万事万物的发展规律，也即顺应自然，遵循规律。经过多年的发展，不断创新，"天之道"品牌已得到了广大消费者的认同与肯定。

　　天之道足浴采用台湾高山族按摩手法，此手法是在中医经络学、西医神经学及生物全息学的基础上，配以推、捏、掐、搓、拨、抓、点、琢等多种中国传统医学理疗动作，将脚部穴道指压法与中式按摩法相结合，不仅可以使被按摩者气血畅通、代谢旺盛、消除疲劳，同时又可颐养五脏六腑，调整阴阳平衡，从而达到强身健体的目的。捶背是"道一·天之道"的一大特色，它采用的手法是捶法和拍法，是一种让人从身体等和心灵上得到双重感受的保健按摩。它能缓解疲劳，放松肌肉，使血液皮肤毛孔达到放松状态。又能让人有音乐般的感受，让人在紧张、疲劳的工作之余，使身心得到充分放松的缓解。

　　天之道德政园店　地址：长沙市芙蓉区杨家山德政园路口　**电话**：0731-84742777
　　天之道曙光店　地址：长沙市曙光北路 93 号　**电话**：0731-84166777
　　天之道西湖楼店　地址：长沙市开福区马栏山湖南省广电中心对面　**电话**：0731-84587333

享泡温泉 / 暖煦如梦

先读为快 温泉是灰汤的神话，也是灰汤的节日，然而它能被赋予节日的光环，不仅仅是因为它的历史与荣耀，更在于新时代，它催生了一个新的灰汤，给这个假日小镇注入了新的精神内核。然而今天的人们来到灰汤，并不仅仅是为了温泉，而是为了一种生活方式。一种渗透着大地的温情，诠释着流水的柔情，演绎着人们闲情的生活方式。

破译三月尘封的心语

春天来了，她是岁月新生的典籍，大地葱笼的歌谣，绿韵婉约的诗行。车子行驶在平整的宁灰公路上，两边绿野田畴，油菜花开，所有的花蕊，都是清一色的细碎、朴实，如同一首乡村民谣。她们如小家碧玉一般，自古不进花圃，不入厅堂，只生长在野外的天地间，集日月之精华，荟阴阳之性灵，亭亭玉立，风华绝代，这是她们的气质。纵目远眺，群山如黛，田野广袤，油菜花开处，静美一片。

在一个三角形的园艺坛左转，车子就转向了将军路，春天已在路的两边苍翠欲滴了，以鲜花和绿叶的灵魂还原韶光的图腾，破译胭脂三月尘封的心语，以温暖与馨香映照生命的梦想。汽车随后转上一座石桥，我们已站在了一片宽阔的水域之上，几叶扁舟诗意地静卧着，一群水鸭在缓慢地悠游着。石桥、山林、村庄的倒影清新地印在水底，似一艘捞不起久远岁月的沉船。

桥叫紫龙桥，湖叫紫龙湖，紫龙是灰汤温泉的传说，玉女掷簪化紫龙，龙显圣，冲破地壳，灰汤温泉破壳而出，我们从不去辨别传说的真伪，因为传说是岁月的马车，从古到今，绵延不绝。有了江湖流水，有了石桥扁舟，唐诗宋词元曲的意境就开始从岁月之外，漫了过来，清澈透亮的紫龙湖似

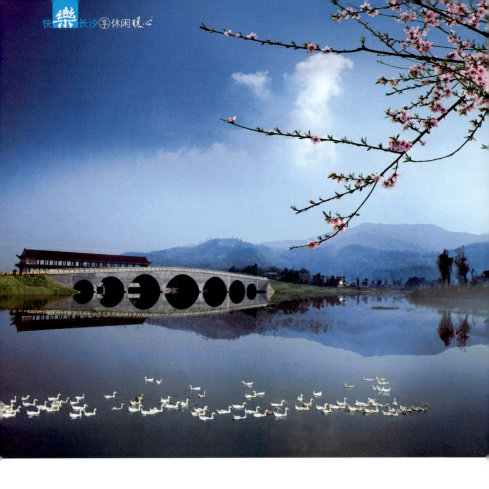

一帧极美的水墨画，我觉得灰汤不再是单纯的"温泉之乡"，而是"温泉水乡"，这样才在某种程度上契合了"灰汤假日小镇"所潜藏的诗情画意。

当理解了温泉与水乡，假日与生活之后，再用"温泉之旅"来形容灰汤就过于简单了，她应该是一种生活方式，一种渗透着大地的温情，诠释着流水的柔情，演绎着人们闲情的生活方式。

神灵就是 29 种微量元素

在中华民族上下五千年的历史中，节日的确立与延续是一个漫长的过程，因为"节日"所代表的是亘古永恒，是刻骨铭心，是天地人和。温泉在灰汤能被赋予节日的光环，不仅仅是因为它的历史与荣耀，更在于新时代，它催生了一个新的灰汤，给这个假日小镇注入了新的精神内核。然而今天的人们来到灰汤，并不仅仅是为了温泉，而是为了一种有别于自己以往的生活方式。

作为中国三大高温复合温泉，灰汤温泉始于何时，无从考证，因为这是大地的密码，人类似乎无法破译。于是神话故事，就从"很久、很久以前"开始了，神灵成为了温泉的源头，作为文明的原始之光，神灵总是从人

灰汤温泉假日
小镇,潜藏了
岁月深处的诗
情画意。

类的智慧与能力之外照射进来。在灰汤土著
的眼里,灰汤温泉是从一位神仙玉女开始的,
是从玉女遗落人间的一支玉簪开始的,玉簪
化紫龙,紫龙破地壳而出,灰汤温泉便从大
地深处喷涌而出,如果要给这个深度加上一
个刻度,那就是 5190 米。

　　很久以后,当人们把温泉引入水管,流
进浴缸时,人们才知道,神灵是科学,是温
泉水质的高温碱性,是富含钾、钙、镁、铜、铁、
硼、硅等 29 种微量元素和重碳酸盐等多种
化合物,它们具有镇痛、消炎、脱敏、增加
体质等功效,灰汤温泉也因此而显得独一无

二,有了"天然药泉"、"神水圣泉",甚至"国
汤"的美誉。

她把帝王们迷了几千年

　　温泉,就象一位柔情似水的女人,一袭
薄纱,袅袅娜娜,从土著眼里的神灵,到帝
王权贵眼里的宠儿,她把帝王们迷了几千年,
她有火的热情,也有水的柔情;她有山野的
灵气,也有桃李的清幽,镶嵌在山岚田野中,
忽隐忽现,朦胧似梦。今天,人们利用灰汤
温泉打造新的生活,从一切都是温泉的细节,
到温泉成为休闲的细节,人们把温泉休闲的
概念铺开到了极致,一种全新的灰汤生活方
式诞生了。

　　华天温泉城,紫龙湾度假区,金太阳度
假山庄、职工疗养院等,人们总能在这里找
到契合自己的主题。这里有设施齐全的商务
配套,华天城的"湖南国际会议厅",宏伟壮
观,富丽典雅,可容纳几千人同时开会,此外,

华天温泉城的"华天国际会议厅"、"潇湘厅"、"山水洲城厅",紫龙湾的"岳麓厅"、"湘江厅"、"韶山厅"等大小会议室更是为会务提供了多样化的选择。

对于那些钟情温泉的人而言,他们也可以在这里找到各种温泉产品服务,室外露天温泉,室内温泉 SPA,应有尽有,格调不同,风情各异;对于那些钟情户外休闲的人而言,

这里还有采摘园、高尔夫球场、网球场等,只要你想,这里就有。

其实,在我看来,温泉已不再是灰汤的唯一,仅仅是灰汤的一个部分,一个细节而已。作为假日小镇,灰汤所呈现的是一种生活的状态,甚至是一种生命的境界,适合于生命的散步,虚静的梳理。这样的季节,走进灰汤,清脆的鸟鸣,是像风一样轻的往事;鲜红的花朵,是像雨一样纯的记忆。独步幽径,细品那小树满枝的紫红、淡白、浅黄花朵,总有一种期盼的感觉,我知道,无论以后季节的炙热或冷萧,我一定会紧守那满枝令人醉心的美丽。

灰汤华天城温泉度假酒店，蝉鸣林愈静的空灵、清泉石上流的怡然，抑或大浪淘沙的粗犷……任君品味。

灰汤华天城温泉度假酒店：酒店有温泉楼，整栋建筑是按古典、高雅的纯日式传统温泉文化风格设计，体现了东方文化的特色。整栋温泉楼分为温泉中心和保健中心，温泉中心主体楼高 2 层，设施齐备，可同时容纳 1200 名宾客沐浴，室内外泡池 100 余个，1 个地热带房；二楼是休息厅，设有茶歇区。大厅设有 136 个休息位，15 个足浴位，9 间按摩房，4间足浴房，一个影视厅以及公用网络，同时还设有 7 间功能房：熔岩房、玛瑙房、木纹石岩盘房、汗蒸房、冷冻房、溶盐房、湿蒸房等项目。灰汤温泉属高温碱性，含有对人体有益的硫化氢、氡、钼、铜、锌等 29 种微量元素，素有"天然药泉"之称，对治疗多种皮肤病及关节炎等慢性疾病有奇效。酒店的温泉循环过滤系统 24 小时全天制开启，保证了泉水的质量与卫生，让您享受之余更加地放心。

地址：长沙市宁乡县灰汤镇华天路华天城　电话：0731-87456888　网址：http://www.hththotel.com

紫龙湾国际温泉旅游度假区：紫龙湾温泉以潇湘文化、生态文化为基线，坚持养生与娱乐并重，建成了露泉苑、养心殿、五行园等近 50 个功能各异的泉池，可同时容纳 2800 宾客沐浴。蝉鸣林愈静的空灵、清泉石上流的怡然，抑或大浪淘沙的粗犷……任君品味。温泉

紫龙湾温泉以潇湘文化、生态文化为基线，坚持养生与娱乐并重。

接待中心主体楼高5层，气势宏伟，设施齐备，首层为中华沐浴文化展示厅，二、三、四楼分别为潇湘养生馆、蒸湘休闲馆、漓湘水疗馆，顶层为"潇湘一号"温泉会所。

露天温泉有五大区：水疗健身区，包括美容泡泡泉、喷射按摩泉、无极冷热冰泉、地热石板神仙浴……精粹温泉SPA、创意温泉疗养、中药理疗区，辨病施浴、辨证施浴，老中医加新科技、中草药和热温泉，五行与时辰，演绎温泉N次方的神奇；动感亲子区，有森林温泉冲浪、溶洞温泉、滑板温泉、水上竞技场等；森林汤屋区，有丛林小木屋、森林别墅群，一亭一池尽是情；湘情文化区，浓缩湘湘文化、三湘四水十四市之精粹。

地址：长沙市宁乡县灰汤镇 电话：400 0791 225 网址：http://www.nxzlw.com/index.html

湘电灰汤温泉山庄：汤泉托明珠，碧野孕奇葩。凭栏立于风格迥异的疗养楼，极目所至，阡陌成碧。这是一座闻名全国的古老温泉山庄，温泉是上世纪八十年代建立的一所现代化山庄，这里既是康复疗养胜地、会议商务宾馆，又是目前省内最佳温泉健康休闲场所。湘电灰汤温

湘电灰汤温泉山庄

泉山庄医疗体检中心技术力量雄厚，体检设备先进，可提供专业的体检服务。近几年来，体检中心陆续选送医疗技术人员到湘雅一、二医院进修，不断提高医疗技术水平。医疗体检中心现有医护人员53人，医疗专科设备齐全，并配有移动式体检设施，对单位团体提供上门体检服务。本中心不断开发温泉"神水"的独特疗效，在治疗过程中，广泛应用浴疗、浴中喷射、浴中按摩冲洗等方法，配合药物及器械治疗，取得显著疗效。

地址：长沙市宁乡县灰汤镇 **电话：**400 0791 225 **网址：**http://www.hui-tang.com/

金太阳生态休闲农庄：温泉会馆按星级标准设计，采用生态装饰，集观光、沐浴、养生、休闲、健身、娱乐等多功能于一体。温泉会馆是由室内多功能池区和室外大型露天温泉区组成，拥有美容、养生、SPA水疗、鱼疗、盐浴、泥浴等系列特色泡浴。另有情侣泡池、石板地热等，更具特色的是金太阳温泉会馆，将相对静态的温泉泡浴与多种动感水上游乐项目结合起来，把夏季最受市场欢迎的水上游乐项目，引进温泉会馆。这里拥有亚洲第一长的人工逆漂，并且有专为小朋友量身打造的儿童乐园，让小朋友们在尽情玩耍的同时强身健体。馆内各类健身器械、康乐设施及网吧配置，能满足不同宾客的休闲需求。

地址：长沙市宁乡县灰汤镇 **电话**：400-0731-316 **网址**：http://www.goldsun-hotel.com

静态的温泉泡浴与动感水上项目结合，别具特色。

湖南省总工会灰汤温泉职工疗养院：这里是中华全国总工会劳动模范疗休养基地，疗养院下设职工医院、疗休养科、水疗中心、温泉山庄等多个部门。温泉山庄以著名的灰汤温泉为依托，遵循 SPA 传统理念，结合中医传统开发了一系列具有保健养生功能的温泉疗法。自 20 世纪 60 年代初由湖南省委兴建以来，许多名人志士慕名而来。这里共接待了来院疗休养、度假、旅游、开会等各界人士达 10 多万人次，其中有中央和省市领导、海外人士、著名学者、劳动模范和职工疗养员。华国锋、乌兰夫、毛致用、秦基伟以及储波、周伯华、郑培民、胡彪、秦光荣等党和国家及省级领导多次来院视察。前省委书记王茂林同志曾六次来院视察工作，现场办公，并挥笔题下"神水"两个大字。

地址：长沙市宁乡县灰汤镇 电话：0731-87296010 网址：http://www.ghzlwq.com/

浏阳飞天温泉国际大酒店：2000 余亩的西湖山将飞天温泉酒店轻柔地环抱，山水环绕的怡然却也酿就了酒店的风景无双。然而入住，却要通过西湖山下，一个长长的隧道，这个隧道的入口是繁华的浏阳市区，出口则只有飞天温泉，酒店让个性追求在游客进入隧道的那一刻，就体现了出来，它关注低调人群的私隐需求，关注客人身心灵的放松，追求人与自然的和谐，飞天温泉在选址、外观、氛围和顾客体验都显示出与众不同，建造的是环境友好型和给人们带来审美愉悦的度假型酒店。

其建筑与环境相呼应，比如露天温泉池的衔接处，总是曲径通幽的木廊，随处可见的小

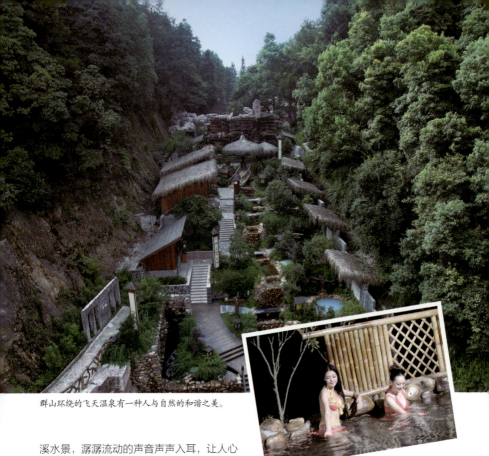

群山环绕的飞天温泉有一种人与自然的和谐之美。

溪水景，潺潺流动的声音声声入耳，让人心静安宁；休闲娱乐设施，让人足不出户地享受足够大的休闲空间；服饰、礼仪、音乐、美食显示出与地域文化很好的融合。细节的设计更是表达出客人的尊重，如房间里总能喝到难得一遇的好茶，十分合口味的美食、十分默契的服务，还有就是异彩纷呈的各类文化呈现。飞天温泉不是以辉煌的建筑和富丽堂皇来打动人心，它是以一种低调的奢华和如家的亲近，接纳远方来的客人。亦如飞天温泉的温泉一样，带给人们的是一种柔软的时光，让人们的生命在山林之间从容流过，让人们的心在这里感到自由幸福。

温泉区内拥有中华养生区、美容养颜区、温泉 SPA 区、国色天香区、浏金岁月区、世外桃源区、树上温泉区及特色休闲区八大温泉沐浴区，63 个大小不同、功能各异的特色温泉池，各具特色，相得益彰。严寒笼罩的时节，携带家人与朋友，把身心交付那一湾柔水，让温泉特有的氡氤气息，洗去身体上的污垢，蒸腾出内心的疲惫、坚硬，那些明媚或忧伤的念想，也便在温泉升腾的水雾中慢慢沁暖。

地址：长沙市浏阳市人民西路 18 号 **电话**：400 0640 168 **网址**：http://fei.youtu100.com/
交通：上长永高速进入 319 国道至浏阳到金沙北路—人民西路—浏阳飞天温泉

陆

绿野

**CHEERFUL CHANGSHA
TRAVEL SERIES**

快乐长沙享休闲

时间像一根链条，把过去和现在串了起来，城市在发展，农村也在发展，两型社会，新农村建设，农村因此插上了腾飞的翅膀。当乡村泥泞的路，变成沙石路，再变成柏油路，人与人之间，城市到乡村的距离近了。远离城市，走入乡村，沐浴在新农村的春风里，成为了很多人向往的旅游方式。其实走向山野田园，在长沙，还有很多方式，如充满田园气息的农家乐，鲜绿遍野的高尔夫，都是人们回归自然，寄托心灵的美好方式。

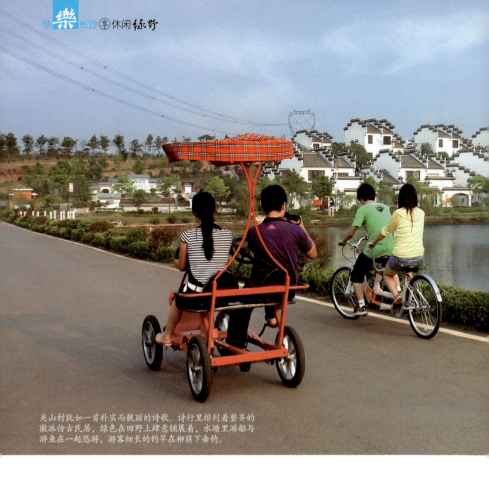

关山村犹如一首朴实而靓丽的诗歌。诗行里排列着整齐的徽派仿古民居，绿色在田野上肆意铺展着，水塘里游船与游鱼在一起悠游，游客细长的钓竿在柳荫下垂钓。

新风新貌新农村

先读为快 七十年代八十年代九十年代新的世纪，时间像一根链条，把过去和现在串了起来。城市在发展，农村也在发展，城乡之间展开了发展的竞赛。两型社会，新农村建设，农村因此插上了腾飞的翅膀。当乡村泥泞的路，变成沙石路，再变成柏油路，城市到乡村的距离近了。人们的交通工具，从自行车换成摩托车再换成了汽车，砖木房换成了宽敞明亮的钢混结构房，被修饰成一个个诗意的农家小院。粉红的桃花，点缀在农家的院落里、绽放在远远近近的山梁上，给宁静的村庄里，增添了一份诗情画意。远离城市，走入乡村，沐浴在新农村的春风里，心里充满着无限惬意，这是我们所有人的家园，也是生养我们的地方，今天，她跟着时代的步伐在不断前进，变美。

它们都以另一种快乐的形式，诗意地静卧在长沙的身边，成为每个人的第二故乡。

新绿疯长，布谷啼鸣时，我们在一个余晖洒满原野的黄昏，走进了距离长沙24公里的宁乡县关山村，沿着一条弯曲的柏油路，我们在绿色的诗意中前行。关山青年水库伴路而行，湖水或浅蓝，或深蓝，或乳白，随天气变幻，四面草木葱茏，关山村在水库遥远的曲线上若隐若现，如一首清新朴素的古词。

进入村庄，我们就走进了乡村的典故，故乡的深处，关山村犹如一首朴实而靓丽的诗歌。诗行里排列着整齐的徽派仿古民居，绿色在田野上肆意铺展着，通村路旁，是整齐漂亮的景观树，水塘里游船与游鱼在一起悠游，游客细长的钓竿在柳荫下垂钓。

每个院落的房门都是开着的，院子里栽种着四季，也栽种着石桌、石凳，孕育出来的则是欢声笑语，一种新时代的精气神。我们在这样的院落里坐着，躺着，想象着那些遥远的故事，有"绿树村边合，青山郭外斜"的宁静，也有"山重水复疑无路，柳暗花明又一村"的锦绣，还有"稻花香里说丰年，听取蛙声一片"的诗意。夕阳西下，霞光映照着一阵阵喜悦在田野飘荡，行走在祥和静谧的乡村里，任凭晚风吹来久违的天籁清韵，漫步在生机勃发的田垄上，或静坐在一棵百年老树的枝桠下，不禁让人重温起少年岁月

关山村，乡村的典故 这些年，久居城市，看书写文，埋头工作，低头生活，我总想找到一种涵养智慧和文字的理想的东西，我甚至枯坐书房，编写一些季节之外的情节来搪塞生命。有一天，我翻开影集，猛然间发现自己曾经的生活是那么清瘦，在那些清瘦的细节里，村庄田园，山野绿树，小桥流水都带着清纯的气质，而我的灵魂也在这些乡村的细节里，若隐若现，召我还乡。

然而身居长沙，故乡虽然太远，不可能成为每个节假日的归宿，但乡村却近在咫尺，关山村、光明村以及数不胜数的星级农家乐，

乡村保留着大自然的本真，五谷八景，渲染着季节的艳丽，丰收的喜悦。

的梦想。

晚上，我坐在农家大院的门口，闻着泥土乡风，望着若隐若现的萤火，听着成片的蛙声，月色如水中，一切都显得那么宁静安详而又充满张力，而这一切都使我明白了一个道理：宁静而虚空的生命才是本真，具有强韧的承受能力。

光明村，梦里悠然而惊艳的故乡　干净的公路，清澈的山塘，碧绿的菜地，成群的鸡鸭……在长沙以西 15 公里的望城区白箬铺

镇，还有一处把新时代的乡村意境渲染到极致的地方——光明村，一个让人梦里悠然而惊艳的故乡。

走入光明村，阳光馨柔地散射，散发着温暖的光泽，空气中弥漫着一股沁心恬淡的清香，湛蓝的天空，洁白的云絮，满山的苍翠，鸟儿的欢鸣……彰显着生命的旺盛，大自然的气息扑面而来。平坦的柏油路在极具湖湘特色的民居中蜿蜒，一盏盏太阳能路灯，在阳光下熠熠生辉。一座座民居依山而建，错落有致，皆为湖湘古民居风格，黑瓦白墙，

快乐乡村骑行

在光明蝶谷，我们不仅可以零距离地观赏到生命蝶变的过程，还能在美丽的山水放松身心，品茶休闲，观赏蝴蝶之舞。

木棱格窗，庭院水榭，古朴典雅。

梅花坪、桃花谷、光明蝶谷、梨花谷、葡萄湾、枇杷湾，荷塘古韵、湘酒佳味、枫桥野渡、八曲烟雨、田园牧歌、潇湘画苑……五谷八景，既渲染季节的艳丽，丰收的喜悦，也彰显文化的魅力，精神的传承。两个农家书屋，一支农民艺术团：腰鼓队、花鼓戏队、龙狮队、皮影戏队、篮球队、象棋协会等，两个常规活动：送戏下乡，送电影下乡，n次文化专题培训，212n，既渲染生活的丰富，

文化的传承，也彰显生命的精彩。

当人经历了喧嚣与繁琐，世道沧桑之后，就会真正明白光明村所展示的生活是一种简单的生活，欲望的简单，精神的富足，其实每个人都可以做陶渊明，"采菊东篱下，悠然见南山"，简单得随着季节的变化而生活。其实衣服可以褪掉颜色，头发可以剪去岁月，月亮可以出没，一切原来就这么简单，飞扬只是人生的一瞬，沉静才是生活的本真，沉静可以务实，务实的生命才能厚重，才能永恒。

周末假日，人们远离喧嚣的城市，亲
山乐水近田园，每个人都在尽情地享
受田园生活的惬意。

在农家乐
亲山乐水近田园

古往今来，每个人的心中都有一个关于田园的梦想。古时士大夫，如陶渊明者，为了保存内心的清明，退隐山居，在山水林泉之间，寻求心灵的寄托。如今，生活在城市里的我们，高压力，快节奏，田园牧歌成为了一种期盼。对于厌倦了城市喧嚣的都市人来说，山风明月、乡土生活才是精神的栖身之处。

从1996年开始，一种主张农家风味，倡导田园生活的休闲方式——农家乐，在湖南各地悄然兴起，以垂钓、采摘、家庭宾馆等方式为娱乐形态的农家乐，作为现代旅游消费形式备受青睐，并迅速风行。据统计，目前长沙市有农家乐1600多家，其中有国家级农业旅游示范点5家，省级农业旅游示范点17家，省级五星级乡村旅游区（点）48家。五一、十一黄金周等节庆日和各个周末，农家乐和家庭旅馆接待了大批游客，农家乐渐渐成为旅游休闲的主流时尚。

厌倦了城市的纷扰，吃腻了精米白面，不妨遁隐一把，去享受山野时光的闲适之美。小桥，流水，人家……阳光假日，到农家乐体验回家，在清新的乡野间，呼吸呼吸新鲜的空气，拾掇拾掇纷乱的心情。

千龙湖由湘江下游与洞庭湖交汇而成，环境优美，鸟飞鱼跃，是长沙市民"最喜爱的十大旅游景点"之一。

碧水三千，鹭翔水云间 ——【五星级·千龙湖生态旅游度假区】行走在熙熙攘攘的凡尘中，渴望有一湾碧水，洗涤忙碌聒噪的心，千龙湖就是那濯濯清泠，能直抵心灵深处。千龙湖由湘江下游与洞庭湖交汇而成，以2800亩水面为核心进行综合开发，400亩湖心半岛和400亩山林山水融汇，环境优美，鸟飞鱼跃，是长沙市民"最喜爱的十大旅游景点"之一。

"青山不墨千秋画，碧水无弦万古琴"，千龙湖似一架古琴，浩渺碧水，叮咚轻缓地弹奏出了她百折千回的美韵。走近千龙湖，眼瞳即被水染绿，心也被水陶醉，爽凉滑软。堤岸边柔韧的柳条儿随风起舞，婀娜多姿，这般含烟媚态，最似古时宫女，轻挪碎步，柔姿翩然。岸上小筑遮映错落，亭廊别致典雅，别有一番风味。

水心如镜面，千里无纤毫。时见苍鹭翠鸟翩跹，贴着水面点翅，驮着金黄的阳光，盘旋鸣叫。清澈见底的湖水不时能看到游鱼嬉戏，不禁让人有畅游一番的冲动。游乐的人们驾驶着水上飞机、游艇、游湖画舫尽情地徜徉于千龙湖上，明镜般的湖水被船弦剪开又合拢，光与水交织，轻柔地诉说着心旷神怡的缠绵温柔。

作为全国第七大乡村旅游企业，千龙湖集商务会议、休闲度假与观光旅游三大功能于一体。功能齐备，它集水上娱乐、钓鱼休闲、分时度假、生态农业、生态林业和生态养殖等多功能于一园之中，还有独具特色的餐饮，选材生态健康，千龙食府拥有大型多功能宴会厅和各类特色包厢、高档包厢，可容纳1200人同时就餐。

    依水而建的楼群，错落有致。其中商务别墅三面临水，装饰豪华，设施齐全：健身房、大会客厅、家居厨房、自动麻将室等一应俱全，是高级商务、小型会议和团队接待的不二之选。别墅区环境幽雅，别墅内 6 个典雅舒适的独立房间，可容 10 多位朋友聚会下榻。还可以提供专业厨师为您和家人朋友烹制家宴，携家人或朋友，品茶畅谈，临水而居，享受难得的惬意。

地址：长沙市望城格塘镇千龙湖生态旅游度假村 **电话：**400 9952 077 **网址：**http://www.qianlonghu.com

放逐山野，体验采摘乐趣 ——【五星级·方圆山庄】

从日出到日落，从城南到城北，每日穿梭在这个熟悉而陌生的城市，日子在繁忙之中从指缝间悄然滑落。又到了周末，到乡村旅游去，在山庄田园间，舒展疲惫的身体和心灵，享受放逐山野的合家欢。作为长沙周边极富中国园林特色的方圆山庄，无疑是都市人放逐山野的最好选择之一。

    方圆山庄位于长沙市宁乡县全民乡关山村，距长沙 24 公里。山庄依山而建，檐角高挑，廊沿如带，红花绿叶相互映衬，亭台假山点缀其中，典雅大方的庭院式绿化美景，让人流连忘返。山庄拥有套房、高中低档标准间、高档别墅、宴会大厅、VIP 包厢等，装饰典雅，风格独特，还有多功能会议室、棋牌室、茶楼等，是一个集观光、旅游、休闲、度假、商务活动、娱乐健身于一体的休闲度假胜地。

    走进山庄，映入眼帘的是近百亩的山地花园垂钓中心，绿树成荫、小桥流水、翠竹幽兰

流连在诗情画意的碧水云天间，一种归隐田园的惬意在飞扬。

交相辉映，被誉为"花园中的山庄，山庄中的花园"。自给自足的绿色餐饮是山庄得天独厚的一大特色，庄内水质天然纯净，建有四季果园100余亩，20多个品种的瓜果蔬菜温室大棚，确保所有食品为无公害绿色食品。盛夏之际，葡萄成熟，葡萄园外汽车排起了长龙，孩子们的欢笑声在葡萄园里起伏回荡，大人们提着篮子，拿着剪刀，一串串沉甸甸的新鲜葡萄装进篮子里，仿佛装下的是满满的幸福。

　　流连在如此诗情画意的村落里，在绿色的田野里，亲手采摘嫩绿的蔬菜，亲自体验耕作收获的成果；在质朴的农家风情菜馆里，享受一顿香味四溢的家常便饭；漫步荷塘边，看荷花出水的红盖碧裳，风姿绰约……一种归隐田园的惬意在飞扬。

地址：长沙市宁乡县全民乡关山村 **电话**：0731-87984999

青山绿水间的庄园风情 ——【五星级·德逸山庄】汽车驶出喧嚣的都市，向西穿行。当毫无遮挡的翠绿和粼粼碧水大片大片地呈现于眼前的时候，一种激动的情绪从心底蔓延起来。"阵阵晚风吹动着松涛，吹响这风铃声如天籁，站在这城市的寂静处，让一切喧嚣走远。只有青山留在白云间，蝴蝶自由穿行在清涧，看那晚霞盛开在天边，有一群向西归鸟。"在许巍《旅行》的歌声中，不觉已经到了德逸山庄，有了山就有了峻秀，有了水就有了灵气，身处其中，顿时就有一种温润的幸福感荡漾开来。

　　德逸山庄北依九峰山，东视黑麋峰，两山之间碧绿的丘陵间挟着5口硕大的山塘，山地

绿树成荫、小桥流水、翠竹幽兰交相辉映，人们在美景中尽情享受着垂钓的乐趣。

车道沿缓坡延伸，半山坡上的羽毛球馆、网球馆掩映在绿树丛中，陶艺馆里的"铜官泥"摆放在地上，来玩的游客正在气定神闲地摆弄着泥巴，这宛如旧瓷器作坊般的场景让同行的朋友兴趣勃发，一溜烟地跑过去抓了一把泥巴，左捏右捏，虽看不出是捏成了什么东西，却是兴致盎然。

山庄的这种休闲方式很好，以快乐为主题让游客自己动手制陶，甚至还可以自己放到窑里去烧，在玩乐的过程中也把铜官窑的文化进行了一番宣传，可谓两全其美的事情。到了吃中饭的点，菜品都是山庄自产的，纯天然绿色有机，美味自是当然的。庄园有一块现实版的开心农场，饭后一直惦记这事，去瞅了瞅。

看着有几个家庭在菜地里精心地侍弄，我们也乐陶陶地参与其中，久居城市自然是没有什么种植的经验，不过好在大家也都有着农二代农三代或者是农 N 代的背景，拿起锄头来也是像模像样的。种菜是一件慢节奏的事情，急吼吼的揠苗助长是不行的，所以只能放慢步子，一锄一锄地干下去，顺带着还给孩子们上一堂自然课，让他们多接触乡野生活。

地址：长沙市望城区茶亭镇戴公桥村　**电话**：0731-8265959

湖光山色，百果飘香 ——【五星级·百果园】车子驶进百果园，满眼的苍翠，空气中氤氲着桔子花淡淡的甘甜和清香，随风弥散，温润而清新。循着香味，一路追寻，一路吮吸，眼前的纯白，缀满绿色的枝头，花朵儿簇拥着或含苞待放，或盛开到极致。深呼吸一下，顿时所有尘世之间的喧嚣与纷扰，都抛却脑后，有的只是满心的清爽与澄澈。

　　果实采摘是百果园的主打项目，此起彼伏的山丘上葱绿满眼、果茶满坡。从以色列引进的电脑自控滴喷灌系统喷射着甘露，数百亩果茶园的灌溉全由电脑操控，这里是省城第一座以赏花、尝果、品茶、垂钓为主题的农业观光休闲园。

　　百果园内，春有草莓、樱桃、明前茶；夏有枇杷、苹果、葡萄、桃、李、杨梅与瓜类；秋有板栗、梨子、猕猴桃；冬有埃及糖橙、蜜桔、脐橙等。一年四季，百果飘香，是个名副其实的"百果园"。在青山果园之间，有一个面积近80亩的人工湖，湖水波光粼粼，跳跃闪烁，似一颗晶莹剔透的明珠大放异彩，曲折蜿蜒的湖岸边，楼阁水榭，垂柳婀娜。

　　百果园时下最给力的是新修了一个游乐场，占地20多亩，什么都应有尽有，如丛林骑士、摩登时代、飞碟车、蹦蹦床、跷跷板、秋千等。这对小朋友们来说，是莫大的福音。另外百

一年四季，百果园飘香不断，游客们亲手采摘蔬果，自娱自乐。

亲近自然，在花红叶绿中，就像人在画中游。

果园还有高尔夫球、骑马、垂钓、拓展训练、农家乐、棋牌、球类、健身、KTV 等十余种室内外娱乐项目。

入园游览，或羡鱼垂钓，或观赏休憩，既可以大饱口福，也可以感受亲手采撷的乐趣。意犹未尽的话，还可以挑选几样碧翠鲜嫩的无公害蔬菜带回家，与亲朋好友共享。诗情画意的田园风光、太公垂钓的怡然自得"城市农夫"的全新滋味……在这里，心亦变得随意而真实起来。

地址：长沙望城区雷锋大道 7 公里处（百果园）**电话：**0731—88385888

锦绣生态农庄 从雷锋大道进入锦绣农庄，入目的是宽阔的池塘，清碧如镜。对岸错落起伏的森林，就像漂浮在水面一样，森林的倒影如同镜像般复制在水里，远远望去，仿佛一把巨大的绿色小提琴横陈在水天一色的画境中。置身与此，烦恼顿忘，心灵也随之纯净清澈。

再往里走，林子脚下是成片的荷塘。待夏天荷花盛开，又是一幅"接天莲叶无穷碧，映日荷花别样红"的锦绣之象。偶尔，你会看到游客划着小舟，穿行在荷塘中，采着莲蓬，欢笑声透过层层荷叶在山庄内回荡，呼吸间，莲香袭鼻。

这里的自然植被生长得特别好，沿着游步道往里走，两边大树参天，树木的枝叶连成一片，遮天蔽日，形成巨大的树叶穹顶，一眼望不到尽头。穿行其中，只见树影斑驳，特别阴凉，就这样在木林幽深的小道上散步，轻松随意，如同换了一种生活。

地址：长沙市西郊雷锋大道 9.9 公里处 **电话：**4008 336 699 -3661

春来花发何处寻，人面桃花相映红。

长辉生态农庄 长辉生态农庄位于靖港古镇与千龙湖生态旅游度假区之间，地势平坦，风光秀美。透过堤岸上的青青杨柳，是一派青瓦白墙的建筑，错落有致。无论是屋檐下的木质灯笼还是朱门两边的楹联，都散发出古色古香的气质，彰显着农庄朴质而内敛的的文化品味。

接待楼是独具特色的江南四合院格局，院落中央有假山、石凳、绿荫，他们配合着建筑本身的廊亭楼阁，让人仿佛置身古代世家大院。在长廊里，在转角处，在包厢中，随处都装点着意境悠远的字画，一路看下来，如同在看书画展。

庄园内还种植了祁东黄花菜、紫背天葵等食用野菜和食用药材，蔬菜水果和优质水稻种植面积达 270 亩。因为食材和果蔬种类丰富，菜式可口，讲究生态原味，而闻名于长沙周边。

地址：长沙市望城区靖港镇新峰村　电话：0731-88340999

新江生态农业产业园 新江生态农业产业园前水后山的格局颇具美感，浮雕、喷泉与欧式建筑形成了独特的风格。初入新江，有种误认某个欧洲贵族私家园林的感觉，尤其是看到藏葡萄酒的地窖和木桶后，这种感觉更甚，据说地窖里有老板私藏的自酿葡萄酒，若运气好还能喝上一杯。

来到新江就要去跑马场转转。新江拥有长沙最专业的马术俱乐部，这里的马匹不仅高大

新江拥有长沙最专业的马术俱乐部，这里的马匹不仅高大而且体型健美，在休闲时光，可以翻身上马，来一场策马奔腾。

而且体型健美，让人有安全感。经过园内专业的马术培训后，就可以上马了，戴好装备，黑色的骑士帽、手套、皮质绑腿，翻身上马，扬鞭驰骋，绝对的骑士范儿。

通过一番新鲜刺激的挑战，再去果蔬园摘些水果解馋，然后在欧式庭院悠然地喝着咖啡，透过窗明几净的落地窗，看着不远处的葡萄园，不知不觉沉醉其中，不思归去。

地址：长沙市长沙县黄花镇新江村 22 号 **电话**：0731-86368886

华盛山庄 华盛山庄坐落在 106 国道旁，紧邻永社公路，距石柱峰景区、凤凰峡漂流 12 公里，交通便利。山庄四周低山环绕，雾霭氤氲，绿意葱茏。庄园内土地平旷，屋舍俨然，亭台楼榭，错落有致。身处原始生态的山水田园风光，就像回到老家一样亲切自然。

45 亩的活水湖，山林环绕，景色优美，是山庄的一大亮点，也是周边规模最大，环境最好的钓鱼基地，深受钓鱼爱好者的欢迎。由于源头活水，水质清澈无污染，因此鱼味道鲜美，湖内出品的"华盛鱼"远近闻名。来华盛钓鱼、吃鱼是一大美事。得空了，在此选一块地儿，沐浴于暖阳中，静坐湖畔，看风起与群山脚下，观雾积于湖水之滨，持竿而钓，好不惬意。

地址：长沙浏阳市淳口镇丫头村 **电话**：0731-83372298

小桥流水人家，
沉醉不知归去。

链接　长沙市省级五星级乡村旅游区点

名　称	地　址	电　话
斌辉生态农庄	长沙市河西高新区雷锋镇真人桥319国道旁	0731 88066399
都遨创意生态园	长沙市望城镇靖港镇前塘村高乔大道西侧	0731-82053082
滴翠山庄	长沙市河西高新区雷锋镇真人桥319国道旁	0731-88106666
开源生态农庄	长沙县黄兴镇蓝田新村	0731-86865788
樱花温泉山庄	长沙黄花国际机场大道西侧	0731-86398189
五福山庄	长沙县北山镇五福村	0731-86748686
浩博农庄	湖南国家生物西药园西区	0731-82727968
大围之珠休闲山庄	长沙浏阳市大围山镇金钟桥村	0731-83484246
海天山庄	长沙市开福区捞刀河镇海棠村	0731-86783288
大明生态休闲山庄	长沙市开福区捞刀河镇大明村	0731-84204889
山鹰潭度假村	长沙市开福区福元中路（长沙大学后门对面）	0731-84251368
和道源生态度假山庄	长沙市开福区捞刀河镇板塘村三中组	0731-86889999
润泉山庄	长沙市岳麓区长潭西线高速锰矿坪塘出口处	0731-88462222
龙头井农庄	长沙县江背镇万古村	0731-86284399
古村生态游	望城区白箬铺镇古村	0731-88372088
鹿饮泉山庄	望城区白箬铺镇龙唐1号	0731-82559130
湘御明月园	望城区高塘岭镇高冲村	0731-88192129
开天新农业科技有限公司	望城区乔口镇	0731-88360425
金豆豆农业观光园	望城区乔口镇	13237314712
同心湖生态农庄	望城区桥驿镇	13707496872
福悦农庄	浏阳市达浒镇丰田村	0731-88396266
地海山庄	宁乡县朱良桥罗港开发区	0731-87731888
林美山庄	宁乡县 大屯营乡界田村	0731-87151666
红泥巴农庄	宁乡县经济开发区桃林桥	0731-87262777
大明生态山庄	开福区捞刀河镇海塘村	0731-84204989
九龙农家乐	开福区廖家渡	0731-84250988
和道源山庄	开福区捞刀河镇镇政府西面	0731-88688999
东湖金山休闲度假村	芙蓉区东岸乡东湖渔场	0731-84610579
大托兴隆生态休闲园	天心区大托镇兴隆村	0731-86933888
江东农业发展有限公司	天心区大托镇桂井	0731-85476988
谷丰生态休闲会所	岳麓区天顶街道尖山村	0731-88335777

高尔夫
阳光草地的依恋

先读
为快 ┃ 上个世纪90年代，长沙开始兴起高尔夫运动，长沙地处中部地区，主要是平原地形，适合高尔夫运动的发展。近年来，随着人们的生活水平不断提高，对生活品质的要求也随之提升。高尔夫这项贵族运动，也越来越受到长沙人民的喜爱。现长沙主要拥有青竹湖、龙湖高尔夫俱乐部。

惬意生活，绅士运动

　　高尔夫，意为在绿地和新鲜氧气中的美好生活。它的诞生，传说是一群牧羊人从用棍子将圆石击入野兔洞中得到启发，从而发明了高尔夫。

　　高尔夫一直被视为强调风度和修养的运动，正如苏格兰圣安德鲁斯庄严的皇家古代高尔夫球俱乐部在修改规则的附加条文中写道："在该运动中要照顾到其他参与者，并遵守规则，这依靠参与者个人的品德。所有参与者应自我约束，任何时刻都要表现出风度、礼让和运动员风范。"高尔夫这

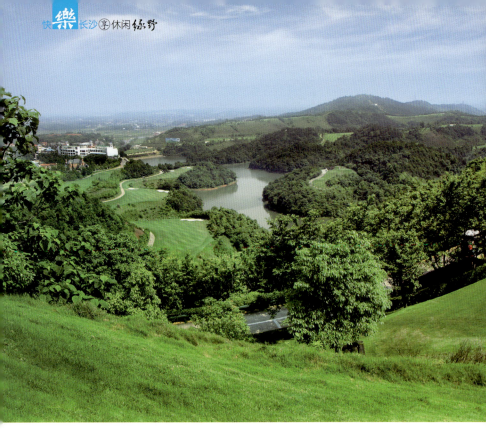

高尔夫运动，阳光、绿草、空气，以优雅的姿态释放在大自然中。

项运动，正是绅士精神的最佳体现。由于高尔夫场地的特点，在大多数情况下，打球者是在无裁判看顾的情况下打球，因此，要保证按公正的原则打球，就要求球员有自律的精神，这也使得高尔夫成为重视礼仪与风度的绅士之争。

在高尔夫的球场上还有很多不成文的规定，比如"球员在球场上要始终为其他球员着想，不应以走动、讲话或制造不必要的噪声干扰他人打球"、"球员应当确保自己带到球场的任何电子用品不会对其他球员造成影响"等等，无不体现着这项运动的绅士气质。

在天气晴好的午后，于绿野中放松心情，

坐拥湖光山色，接受大自然的洗礼，过滤了琐碎生活中的烦恼事，潇洒的挥杆，舒缓所有压力。这一刻的快乐，是拥有财富和地位所不能比拟的。高尔夫所带来的快乐是纯净的、恒久的。这种饱含贵族气质的运动，不仅展示了优雅的姿态，更透露着不断探索人生，淡然处世的精神哲学。

挥杆之后，球打到哪里就要从哪里再去开始，就像人生是不可逆转的，是既定的事实，只能想办法扭转局面。而在这个过程中，旁人帮不了你。要么诚实面对自己打出来的成绩，认真打好下面的球，要么认输，放弃眼前的这一杆。诚实和侥幸，耐心和浮躁，在

球场上一目了然，正如生活，以及人们对待生活的态度。

有一位资深评论员曾经说过，爱上高尔夫的人，就像和这小巧的白球谈起了一场恋爱，如果你不认真，就会觉得没意思。如果你认真，就很容易心碎。高尔夫运动，以优雅的姿态适度奔放、含蓄收容，有百年经典积淀的释放，也在现代想象中幻化新生。

秀丽古城，引领高尔夫之旅

长沙，璀璨了三千年的古城文明，用温润的气候滋养着三湘儿女。这片土地上，时尚与传统交汇，自然也不会缺少高尔夫这项绅士运动。

龙湖国际高尔夫俱乐部坐落于风景秀丽的古城长沙西北角，球场连通雷锋大道、绕城高速、长常高速，从市中心驱车只需十几分钟便可抵达，交通快捷。龙湖球场由著名澳大利亚高尔夫球场设计师 Bob Shearer 利用原始龙形水库地貌，巧夺天工地融自然与灵感为一体，精心设计成一个宽阔、和谐、优雅的国际标准 27 洞高尔夫球场。

一连串的湖潭湿地串着起伏跌荡的球道，时而蜿蜒，时而仲展，像演奏一首欢乐的乐章，悠远绵长。球场的果岭好似俏皮诡异，难以揣摩的青春少女，与智勇的高球手演绎出一个又一个的动人故事。球道中、果岭

快樂长沙享休闲绿野

置身球场，可见花枝摇曳、流水潺潺，就算不是挥杆击球，仅走走看看，也能令人赏心悦目，心旷神怡。

旁，那一个个造型各异、错落有致的沙坑好似晴朗天空飘动的朵朵白云，给击球球手带来一次又一次不容小视、充满激情的挑战。

置身球场，可见花枝摇曳、流水潺潺、石桥、凉亭、竹林应和那层峦叠嶂的山峰，就算不是挥杆击球，仅走走看看，也能令人赏心悦目，心旷神怡，如同漫步于世外桃源。

龙湖国际高尔夫俱乐部是湖南省目前唯一一家18洞灯光都市球场。每至夜幕降临，挥杆球场，那绵延起伏的岳麓山脉在柔和灯光的映衬下，好似造物主在天地间即兴勾勒的水墨画卷，置身于这样的美景中，怡心怡情。

此外，在风景如画的长沙开福区青竹湖畔，青竹湖球场是我国首座以原生景观为标志的山地挑战型环湖球场，青竹湖区造型各异的山脊错落分布，环湖球道依据地势高低起伏而设，使得球手在打球的同时既要考虑山地走势，又要考虑如何避开一侧的湖区，这是对球手技术和智慧的双重考验。整个球场依山傍水，精巧别致，气象万千，浑然天成，欣赏美景的同时增加了打球的挑战性和趣味性。山脊球场与环湖球道共同构筑成远近高低各不相同的景观，悠静怡然，浑然天成。球场配套有国际标准练习场、会所宾馆、娱乐中心等功能齐全的配套设施。

链接

龙湖高尔夫俱乐部　地址：长沙市望城区黄金乡观音岩水库　电话：0731-88496222
青竹湖高尔夫俱乐部　地址：长沙市开福区青竹湖镇　电话：0731-86783999

露营 / 星空下的梦

随着生活水平的提高和道路交通条件的改善，自驾游、房车游成为新时尚，也催生了一种更加自由的旅行状态——露营，旅游者不用担心赶路，在什么地方吃饭、天黑前在哪安营扎寨，全凭自己的兴趣所至。长沙，山水风光秀丽，越来越多的人选择自驾出行，而这里拥有的众多有着优秀品质的露营基地也为市民自驾游提供了便利。在山谷、湖畔、农庄，甚至是洲岛上，撑开一顶帐篷，无极限地贴近自然，自由地呼吸没有PM2.5的空气，吃着烧烤唱着歌，或者是在夜空下观星赏月……无论是三口之家的温馨出行，还是情侣间的浪漫约会，亦或是朋友间的随性聚会，露营都可以给我们的生活带来转折和惊喜。

NO.1 橘子洲尾露营基地，朗月星空的浪漫

推荐理由：中国最大城市野外露营基地，可同时接纳1000名露营爱好者露营，可以一览伟人的风采，也可以在每周六的时候邂逅一场缤纷灿烂的烟花。

橘子洲尾露营基地，由一块长达400余米的耐踩踏绿地和一块沿江而建的长达500余米的细沙滩组成。两大区域构成国内最大城市露营基地，总露营面积达万余平方米。露营基地有500多顶帐篷，可同时供1000名游客露营，有帐篷的游客也可自带帐篷前往体验。在这里露营者可自发参加户外狂欢party，设定一些演唱、乐器表演，设定一些小游戏，篝火区周围搭建一些啤酒烧烤摊。还可以到露营区旁边的巴西烧烤城享受美味

佳肴。橘洲露营区域内有多个露天泉水，游客可以选择先泡泉，再参加篝火晚会，然后露营。露营基地还计划将来配两台天文望远镜，供露营游客躺在橘子洲夜观天象。此外，露营基地外有安保人员 24 小时执勤，确保游客人身安全。

　　　　　　　地址：长沙市岳麓区橘子洲尾　**电话**：0731-82220475

NO.2 板仓国际露营基地，安营扎寨数萤火虫

推荐理由：这是长沙首个乡村露营基地，可以体验纯正的乡村慢生活，可以参观杨开慧故居及纪念馆，领略杨开慧与毛泽东的坚贞爱情，可以一览水光山色，盛夏夜里还可以看到萤火虫飞舞。

　　板仓露营基地位于开慧镇双华水库湖畔，分四大区域：湿地景观区、露营区、木屋区、休闲运动区，包含台地露营、滑草、单车骑行、烧烤、游船等项目。露营基地占地面积达 200 亩，可供游客使用自备露营设施如帐篷，营地租借的小木屋，移动别墅、房车等可供外出旅行短时间或长时间居住生活，并配有运动游乐设备，且娱乐活动、演出节目的公共服务设施齐全。在这里，生活所需的住宿、饮食、卫生、休闲、娱乐以及日常所需的种种设施场地都具备，人们可以选择自己喜爱的或静或闹的生活方式来体验生活，远离都市，放松心情。

　　　　　　　地址：长沙县开慧镇骄扬东路 57 号　**电话**：0731-86430003　18900709008

板仓国际露营基地面临着双华水库，
露营基地开阔平坦，可以临湖垂钓，
也可以绕湖漫步，还可以环湖骑行，
体验露营带来的各种随性惊喜。

板仓露营基地因为毗邻乡村，周边都是质朴的山野原色，农耕田畴，田园蔬菜，一切都是那么淳朴原始，亲切动人，图为当地村民正在进行春耕。

NO.3 大围山露营，山地音乐大 Party

推荐理由：大围山森林覆盖率达 99%，由于山高林密的特点，构成"夏无酷暑，冬无严寒"的森林小气候，非常适应露营，同时在大围山露营还可以体验滑旱雪、漂流、拓展等项目，而在七八月份大围山还会有音乐节。

　　大多数人来大围山露营都选在大围山滑雪场内，这里冬季做滑雪项目，春夏秋三季是做滑沙和露营。滑雪场内露营设施齐全，帐篷、睡袋、烧烤架等设备可直接租用，省去自带的繁琐。露营基地总面积 10 万平方米，绿地草坪面积近 6 万平方米，露营基地配备有豪华帐篷、名牌睡袋、洗漱间、烧烤设施和多种美味的烧烤食品，休闲区还有扑克、麻将、象棋、三国杀等娱乐物品，最重要的一点是在露营过夜安全是非常有保障的，露营场内有工作人员日夜看守。

　　地址：长沙浏阳大围山国家森林公园玉泉寺景区内 **电话**：0731-83656686

大围山的露台狂欢季邀请了中国最强音、中国新声代、快乐男声、快乐女声等众多知名歌手同台献艺，图为内地版 lady gaga 献唱。

NO.5 千龙湖露营，湖居的惬意

推荐理由： 千龙湖度假区是一个功能齐备的五星级农庄，可以驾驶着水上飞机、游艇、游湖画舫尽情地徜徉于千龙湖上，也可以体验各种户外拓展 CS 真人镭战、高空抓杠、射击等。

千龙湖景色秀丽，风景旖旎，2800 亩的湖泊，一望无际，湖面波光粼粼，小舟悠悠，360 亩伸入水中的半岛犹如一个巨大的水上观景台，将湖光山色尽收眼底。2013 年的首届帐篷节由千龙湖生态度假村承办，活动以"绿色户外，健康生活"为理念，致力于打造长沙户外新生活，活动中设置的游乐项目达四十多项，有野外露营、啤酒音乐节、CS 真人镭战、拓展游戏、篝火晚会、户外电影、美味烧烤、骑马、射箭、蔬果采摘、定向寻宝、亲子活动、水上游船、空中游戏、体育活动、KTV、免费国民体质测试等活动项目。

　　地址： 长沙市望城区格塘乡千龙湖度假区
　　电话： 0731-88341888

房 车
带着家来一场说走就走的旅行

　　我认为旅游是一种生活方式,休闲是全体公民的权利。随着时代的进步和生活观念的转变,我们开始追求生活的品质,开着房车去旅游被誉为是"有生活态度的旅行"正将渐渐被国人青睐。房车旅行的精髓就在于,你的爱车与你漂泊在外旅行时,她给了你一种"家"的安定感。既然不能把风景搬进闹市,那为什么不把家搬进风景里呢?

　　千万不要把"房车旅行"当成"有钱"和"奢侈"的象征,这种旅行方式离我们并不遥远。一辆房车,价格从 10 万元到 1000 余万元不等,可以去郊区也可以环游世界,可以一个人也可以带着家人,可以在森林里看电影也可以在公路上看夜空。你需要考虑的只是,需要带上些什么,剩下的一切,尽管随心为之。(长沙乐共享房车俱乐部首席发起人:赖时章)

　　现在房车旅行更象征着一种生活方式。1999 年,电影《不见不散》将"房车"这个词介绍给了中国观众,很多人看着"葛优"的生活方式很新鲜;而短短十几年之后,中国逐渐有了房车展、房车旅行营地、房车旅行俱乐部、房车车队、国内房车锦标赛,房车旅行逐渐成了一种爱好者之间的文化。(房车俱乐部会员:彭五一)

　　1998 年我买第一台房车时,上牌都很困难,申请到第一块牌居然是块黄牌,几经周折终于申请到蓝牌,后来长沙的房车车友渐渐增多起来,这个群体不那么孤单了。作为一名老工程师,我喜欢捣腾,不断改进自己的爱车。这些年,很多房车厂家慕名而来看过我的房车,本人也很乐意为房车俱乐部的车友们介绍我琢磨出的一些新技术,比如我研发的房车排污箱除臭液就一直免费为房车俱乐部的所有车友们提供! (房车俱乐部会员:陈湘勤)

带着家人，开着房车，来一场说走就走的旅行。天黑前在哪安营扎寨，全凭自己的兴趣所至，尽享自由，其乐无穷！

　　有限的空间里为你打造一个起居室、厨房和洗手间等一应俱全的微型公寓。你可以随意停靠在远离城市的任何地方，沙滩、湖岸、草地、山坡、森林，同时又拥有城市的生活方式，我的房车就是我"移动的家"！（房车俱乐部会员：周岳凌）

　　将家安在轮子上，在什么地方吃饭、天黑前在哪安营扎寨，全凭自己的兴趣所至！（房车俱乐部会员：孔繁宁）

　　房车承载的不仅是居家的设施，更是随遇而安和洒脱自由的情怀。它可以满足我们追求深度游的需求，而且它带来的多种享受是其他旅行方式所无法企及的。开着房车去旅行，别样风景，用心感受。（房车俱乐部会员：朱拥）

　　以前没有房车的时候，我们野外旅行都是住帐篷，现在有了房车，再也不用为住宿的事情发愁。我的空间里有许多旅游的照片，开着一辆舒适的小房车，穿公路、过草地、翻山脉，尽显天地任我游的潇洒气概。（房车俱乐部会员：魏建军）

　　房车旅行就是把家装在轮子上，然后把自己和所爱的人装进去一起旅行，我的旅行因房车而别样精彩。（房车俱乐部会员：糖果）

链接

长沙乐共享VIP俱乐部是目前湖南最大的线下社交俱乐部，旗下有28个不同主题的子俱乐部。每天都会开展各种主题活动，每周都有大型的会员活动。房车俱乐部是乐共享最新创立的第28个子俱乐部，由湖南最早一批房车玩家共同发起，现有房车会员30多名。俱乐部以"在路上，在一起，快乐共享"为口号，以"开放、平等、共建、共享"的理念欢迎更多房车一族的加入！

更多信息请关注乐共享微信公众帐号：@乐共享VIP俱乐部。　咨询电话：400 8866 756

柒

樂購

**CHEERFUL CHANGSHA
TRAVEL SERIES**

长沙属亚热带气候，鱼米之乡，物华天宝，最重要的特产是"长沙三绝"，即湘绣、中国红瓷和菊花石雕。浏阳有"花炮之乡"的美称，其生产的花炮在中国和世界各地都有销售。同时，长沙也构建了从商品定点生产单位到商品购物圈、购物街区、购物门店等生产经营体系。

快乐长沙 休闲 乐赏

沙坪湘绣
针尖下的栩栩如生

先读为快

湘绣是湖南长沙一带刺绣产品的总称，国家非物质文化遗产，中国四大名绣之一，有「湖湘四宝」之称。它起源于民间刺绣，距今已有2000多年历史。沙坪是湘绣的原产地，被称为「中国湘绣之乡」。

1958年，随着长沙楚墓的发掘，深藏于昔日楚地的古绣品终于重见天日。今天，当人们透过玻璃橱窗，凝望这一针一线所织就的光彩夺目，仿佛读到了一段已然远去的历史。

纤手飞银针，七十二种针法和上百种丝线的交织，在古往今来的绣女手中变幻出绚丽多彩的画面。湘绣，已窈窈然走过了两千五百多年，时至今日，仍在人们的生活中摇曳生姿。湘绣以画稿为蓝本，形象表现生动，质感极为强烈，绣女们以针代笔、以线晕色，在追求画稿原貌的基础上进行艺术再创造。在湘绣中，无论平绣、织绣、双面绣、乱针绣等，都注重刻画物象的外形和内质，即使一瓣一叶之微也一丝不苟，实在担得起"绣花花生香，绣鸟能听声，绣虎能奔跑，绣人能传神"的赞美。

沙坪湘绣源远流长，在长沙烈士公园战国楚墓和马王堆汉墓中出土的绣品，见证了湘绣在沙坪两千余年的历史。在漫长的时光长卷上，书写着沙坪绣女的传说故事。西汉时期，辛追是沙坪的一位美丽绣女，她的绣品让她获得了长沙王丞相利仓的垂青。到了清代，沙坪绣女陈九姑为乾隆皇帝九十大典绣龙袍，让沙坪刺绣从此名扬天下。如今龙袍绣复制件收藏在沙坪湘绣博物馆，成为镇馆之宝，供游客欣赏。

湘绣的曼妙源自手工的魅力，在如今的机械时代，这一支绣针演绎的千年文化，更显弥足珍贵。驱车前往沙坪，高低起伏的绿色原野渐入眼帘，潺潺的溪水流过这座小镇，不经意间，沙坪变得灵动起来。就在这样一

纤手飞银针，变幻出绚丽多彩的画面。

幅自然纯美的山水画卷之下，绣女们低眉绣作，间或蹙眉思考着如何走针和配色，她们用手中的针线将湘绣艺术传承至今。走入沙坪百姓家，可以看到十几岁的小姑娘拿起花针刺绣的景象，这里家家有绣女，村村有能手。

在沙坪的湘绣文化广场，将湘绣博物馆、湘绣名人馆、湘绣工艺体验馆、湘绣艺术馆的风情尽收眼底，我们体会到了融于生活的湘绣魅力。从过去楚墓中出土的"龙凤绣"到今天的"浔阳遗韵"，沙坪湘绣延续几千年而不衰，深受世人喜爱，也体现出沙坪人的勤劳智慧。今天的沙坪，湘绣生产企业已达到数十家，从业绣女上万人，湘绣，已成为沙坪地方经济的支柱产业。

电话：0731—86158888

[湖南省湘绣研究所] 中国湘绣生产、研发、销售的龙头单位和权威机构，2011年被商务部认定为中华老字号。所内集中有包括七位国家级工艺美术大师、七位省级工艺美术大师在内的一大批专业技术人才，产品定位走高精艺术路线，拥有多项核心技艺，独创"鬅毛针"绝技使狮虎成为湘绣经典代表作，研制的双面全异绣新工艺被世人誉为"令人不可思议的魔术般的艺术"。产品以湖湘文化为底蕴，博采众长，形成了大气、雄浑的独特风格，"金彩霞"品牌为中国驰名商标，多次荣获国内外奖项，并被国家机构和社会各界广为收藏，是国礼制作和涉外参观定点单位。所内设有购物中心，汇集了高中低档各类湘绣产品，可供人们观赏购买。

地址：长沙市车站北路39号 **电话：**0731-82291821

浏阳花炮　为节日代言

浏阳花炮，浏阳市特产，中国地理标志产品。浏阳制作烟花爆竹，久负盛名，花炮造型美观、色彩鲜艳，质量可靠，素有"鞭炮之乡"、"浏阳花炮震天下"的美誉。浏阳花炮的品种名目繁多，品质优良，为中国驰名商标、世界知名品牌。2011年，"浏阳花炮"品牌以价值1028.17亿元位居全国第7，是湖南唯一进入全国前10位的文化品牌，在全球79个国家和地区受到保护。

美好而温馨的记忆

烟花，一直是我们对浏阳的印象，这是个美丽的词汇，它的内涵是火药与金属，它的外延是光辉与灿烂。浏阳烟花从遥远的大唐开始，始于一个名字——李畋，中国的花炮祖师，关于他的传说众说纷纭，但爆竹确实始于他的双手。之后，浏阳烟花就一直用绚丽装点着历史，见证着中华民族每一个辉煌的时刻，成为了这个民族成功与幸福的代名词，并成为我们

的情结，沉淀在我们的记忆深处，美好而温馨。

　　每次与烟花的不期而遇，都是一首美丽的诗歌，那种火药的味道，是记忆里最温馨的部分，在繁华的现代化语境里，绽放成最绚丽的花朵。黄的是钠，紫的是铷，浅紫的是钾，紫红的是锂和铯，砖红的是钙，洋红的是锶，绿的是铜，黄绿的是钡，一堆堆喷射上天的金属粉末和着火药，在暗夜中极速燃烧，幻化出彩色与炽热的光芒。

　　走进浏阳花炮博物馆，流连忘返于"千年巡礼"、"传统工艺"、"现代科技"、"辉煌业绩"这些展示，观赏着那些与花炮有关的图片与实物。不禁感叹，烟花是浏阳人的另

外一种粮食，是精神，也是物质，是融入浏阳人血液的。"十户九爆"，烟花也是很多浏阳人生活的一部分，即使今天，从事烟花行业的浏阳人也达到了 30 万之多，解决了浏阳 70% 的人口就业，其实中国的烟花爆竹史就是浏阳的烟花爆竹史。

吉祥与幸福的象征

　　1935 年出版的《中国实业志》记叙："湘省有爆竹之制造，始于唐代，发达于宋末及清乾隆年间，湘东之浏阳为爆竹发源及中心地。"雍正年间，浏阳烟花鞭炮成为贡品，清廷放的"架子焰火"，即产自浏阳，清嘉庆初年，浏阳年产烟花已逾 14 万箱。1872 年，

琳琅满目的浏阳烟花蕴含了人们对幸福生活的向往和寄盼。

形成了大行业，年产达 25 万箱，并大量出口，1911 年，浏阳烟花爆竹外运达 4.8 万担，价值 92.2 万两关银，浏阳烟花"制造精益，声誉远播"，成为湖南名特产品，是湖南乃至中国烟花鞭炮的代表和骄傲。

1929 年，浏阳烟花曾获中华国货展览会一等奖，被评为"中华国货精品"，1933 年浏阳烟花获美国芝加哥博览会优等奖。新中国成立后，浏阳烟花更是被授予"中国烟花之乡"的荣誉称号。2000 年，浏阳全年生产花炮首次破千万箱大关，达 1227 万箱，产值达 15.9 亿元。2008 年，浏阳烟花爆竹总产值更是突破了 100 亿元大关。成为了世界各国人民喜悦心情的释放，是人们对未来

和平、幸福生活的向往和寄盼，是吉祥、喜庆和幸福的象征。

在 2010 年广州亚运会、亚残运会开闭幕式上，浏阳烟花是"羊"，是手语"生命"、"阳光"、"关爱"，寓意"生命阳光，与爱同在"；在 2010 年上海世博会开幕式上，它们是"EXPO"，是"中国红"；在 2009 年天安门"60 周年国庆"晚会上，它们是一句"人民万岁"、60 只"和平鸽"，是 3 幅 25 米高、90 米长的网幕"锦绣河山"、"美好家园"、"雪域天路"；在 2008 年北京奥运会开幕式上，它们是"奥运五环"，是 29 个"大脚印"，是 56 张"笑脸"。

菊花石 开不败的花朵

先读为快 产于浏阳，外形质地坚硬，呈青灰色，内有自然形成的白色菊花形结晶体，非常自然美观。菊花石是浏阳市的独特手工艺品，用生成于2.7—2.75亿年前的菊花石雕琢而成，在国宾馆、中南海紫光阁、中国工艺美术馆、湖南省工艺美术馆等都有收藏和展陈，也是伟人毛泽东、革命烈士谭嗣同等人的喜爱之物，他们用过的菊花石砚台现陈列在韶山滴水洞和谭嗣同纪念馆。

　　浏阳人以花炮闻名于世，浏阳人以浏阳民歌红遍全球，浏阳人以浏阳河孕育地灵人杰堪称天地，浏阳人更以菊花石雕享誉中外。

　　60多年前的乾隆年间，人们在湘东浏阳市永和镇上，在清波荡漾的大溪河底发现了丰富的菊花石，这是大自然凝结的天然石品。这些菊花石花纹洁白晶莹，奇趣天成，是水卜岩石的灵物，在亿万年的地质变化中，她们成为一丛丛岩石的华丽的衣裳，她们的妩媚终于被人们发现。因为她们的天性里有了孤高清寂的因子，她们立在流动的河水里，同岸上的菊花一样晶莹动人，一样绽放着高洁和纯美。

或许是因为湘东明珠大围山的庇护，九曲十八弯的浏阳河的渊源熏陶，成就了浏阳人独特的菊花石文化现象和雕刻艺术。

浏阳人在这些菊花石的生命灵性中构建了自己人生的意义，在一种安然祥和独特的人生境遇里安顿了自己的灵魂。当初以宫廷贡品出现在皇宫里的菊花石，后来流于民间，那些小到砚台、笔筒、笔架、镜屏、山水花草，大到"桃花源里"、"含香聚瑞"、"群芳争艳"、"梅兰竹菊"，还有"黄巢咏菊"、"天女散花"、"龙凤呈祥"、"孔雀开屏"、"松鹤延年"、"花开富贵"、"岁岁平安"等等，都彰显着石头开花的真理。这些石头盛开的梅花、兰花、竹枝、菊花都是飘逸潇洒，倩影迷人，勾魂摄魄。各种古今人物、飞禽走兽的菊花石雕以其大气、独特、稀世而饮誉人间。

从《浏阳县志》里可以知道菊花石所呈现的历史光彩，它早已走出尘封的历史，挣脱了骄阳和尘土，在石雕艺术的一道道工序中有着隽永的灵感，有着优雅的情趣，每一尊石雕都有了艺人的领悟和升华。

于是那些菊花石雕不仅独一无二，而且开出了立体的花朵。不仅有花鸟鱼虫，还有人物神话传说，不仅是展品饰品礼品，也都赋予了书卷气成为十分浓厚的民间艺术。永和菊花石雕堪称中华石雕艺术的奇葩，不朽的旷世绝品，受到中外人士的青睐。2003年，浏阳市永和镇被国家文化部授予"中国民间艺术之乡"（菊花石雕刻）的称号。现在，浏阳菊花石雕成了"国家级非物质文化遗产"，

浏阳人给这些菊花石赋予了生命的灵性。

得到了很好的保护和利用。

　　1997 年和 1999 年，浏阳人创意了两件具有纪念意义的菊花石雕分别赠送给香港、澳门特区政府。2000 年在广州举办的"首届旅游购物节"上，浏阳送展的"艳菊迎秋"、"菊花石山"、"梅菊香炉"、"砚池"等 9 件展品获"天马银奖"，并被国外客商抢购一空。

　　浏阳艺人的精湛技艺，让菊花石雕有了石香、花香、墨香，交融了大师们卓尔不群的生命的清香。浏阳人的菊花石雕，天然古朴，经能工巧匠的鬼斧神工的精心琢磨，极具收藏价值。

　　这些玲珑剔透的工艺品中不仅让我们领略了永和的自然风光，也让我们了解到了当地的民情风俗。浏阳的菊石花默默地向我们道出了生命的箴言。那就是：自然如同人生一样，需要温暖，需要专注，需要诗意的情怀，需要一种纯粹的情爱和迷人的精神的光辉。

　　浏阳菊花石雕，那种古朴高雅的造型绝然有着特立独行的文化人格。菊花石蕴育了春之甘露、夏之晚风、秋之晴空、冬之骄阳，蕴育了中国传统工艺艺术，虚实相生，宁馨隽永，蕴育了人类文明的诗意表达，这就是浏阳菊花石的文化表情。菊花石雕以丰富的想象奇特的造型远离了奢华和浮躁，这是浏阳人的灵魂，也是浏阳人的精髓。正因为这样，

菊花石工艺品千姿百态。

浏阳菊花石雕成为了浏阳的名片。有了一批能工巧匠的艺术潜在，就有了菊花石雕的真正的终极价值。

链接

老艺人戴清升（1889-1987），21岁以"仿古假山"菊花石雕与当时的湘绣在清政府的南京南洋劝业展览会上同获殊荣，荣获"稀世珍品"。他在1915年巴拿马万国博览会，以"菊花屏"、"梅兰竹菊"成为展会金奖"全球唯一品"。他一生中共创作了1600多件菊花石雕成为独特奇妙的精品。老人直到90多岁的高龄，依然用锉刀雕出了"秋菊傲霜"的石雕精品。他雕刻的《石菊假山》今天依然陈设在人民大会堂湖南厅中。

中国红瓷

红动中国

先读为快

中国红瓷是由中国特有技术生产的极为珍稀的大红色（标准国旗红色）瓷器种类。长沙是「红瓷之都」，是中国红瓷器的原产地，所产红瓷，瓷质细腻通透，器形美观典雅，彩面润泽光亮，花面多姿多彩，兼有使用和艺术的双重价值，是收藏与赠友的珍品。

陶瓷的发明与发展，与人类文明的发展密不可分，特别是与中华民族的历史紧密相连。著名文学家、历史学家、中国科学院首任院长郭沫若说过，中国陶瓷史就是中华民族史。自唐以来，中国陶瓷一直外销，盛名远扬，以至于世界各国莫不知来自东方华夏的瓷器，甚至于视瓷器为中国的代名称。以一种物品代表国名，可见其"声名洋溢固已久矣"。

在中华民族的审美基因中，存在着对红色的情有独钟，尚红习俗的演变，红色逐渐嬗变为中国文化的底色。然而千百年来，众多色彩斑斓的瓷器中，惟独没有最为中国人喜爱的大红色瓷。

因为红色釉料不耐高温，烧制异常困难，红瓷成为世界陶瓷史上一道千古难题。兴盛于1100多年前的晚唐长沙窑，曾烧制出世界上最早的铜红釉执壶，成为世界彩釉尤其是红釉的开创者。此后，又有宋代的钧红瓷，明清时期的祭红、郎红、胭脂红、豇豆红、珊瑚红等红色釉瓷。但是这些红釉多是低温釉，色泽与枣红、橘红或棕红色接近，并非真正意义上的大红色，而且这些釉料多以铜为发色剂，在烧制过程中，对色釉中铜的成分、窑内的温度都要掌握得恰到好处，稍有变化，色调会改变，因此红瓷往往得来不易，即便是宫廷亲自经营的官窑，不惜工本的烧制，也不知要出多少废品，才能得到一两件精品，所以自古就有"千窑难得一宝"、"十窑九不成"的说法。

"薄如纸、透如镜、声如磬、白如玉"是长沙所产中国红瓷的特质。

因为红瓷烧制艰难，这种宝贵的技艺一度迷失在历史的烟云中。不过庆幸的是，历经陶瓷家们不懈地探索，现代科技终于在20世纪90年代以一种崭新的方式复原了红瓷的生命。陶艺师尹彦征，历经20年艰辛，打破传统的瓷器工艺思路，经过上万次试验，终于研究出独特的基础釉配方，以及科学的工艺与生产设备，并成批研制成功能耐1200℃—1300℃高温，发色均匀，色相与中国国旗、国徽一致的"中国红"耐高温瓷器，结束了国际陶瓷领域高温红色瓷器无标准红色的历史。长沙也因此成为了名副其实的"红瓷之都"，不产瓷泥却成为了中国红瓷器的原产地。

"薄如纸、透如镜、声如磬、白如玉"是长沙所产中国红瓷的特质，瓷质细腻通透，器形美观典雅，彩面润泽光亮，花面多姿多彩，每一件产品都是工艺精品。无论是外观还是内涵，均能见到设计师的巧思妙想，产品拥有很高的艺术价值和观赏价值。如今，中国红俨然成为了大师级艺术家室内的雅玩，成了各国收藏家刻意追求的宝贝。

链接

长沙的中国红瓷品牌

● 长沙大红陶瓷发展有限责任公司
销售中心：长沙市芙蓉中路松桂园湖南财富中心F1508 电话：0731-82238883
● 中国红·长沙锦东瓷业有限公司
销售中心：长沙市芙蓉中路二段89号华天新城长城大厦12层F.H座 电话：0731-84898918 84898278

相约长沙 / 把礼品带回家

先读为快 长沙的工艺、土特产品久负盛名，湘茶是闻名中外的名贵茶，味醇可口。湘绣是中国四大名绣之一，绣艺精湛。湖南瓷器，历史悠久，被人赞为"白如玉，明如镜，薄如纸，声如磬"，畅销国内外，此外，鸭绒制品、竹刻等都是有名的特产。

精致典雅的旅游商品购物店。

在路上，也许是很多人向往的一种状态。旅行的意义，不止是沿途的风景，还有生动的当地文化。来长沙旅游之余，带着长沙特色的礼品回家，让家人和朋友感受到这座城市的温度，也算是为旅程画上一个完满的句号。

长沙是娱乐之都，也是潮流与传统汇聚的购物之地。来到市中心的坡子街，有长沙市的著名景点火宫殿，在这个集民俗文化、火庙文化、饮食文化于一体的具有代表性的大众场所，特别是风味小吃享誉三湘。由长沙火宫殿有限公司食品分公司生产的火宫殿食品系列，按照传统配方结合现代真空包装工艺，囊括了臭豆腐、玫瑰鱼、毛豆腐、酱板鸭等火宫殿特色小吃，满足了外地游客前来游玩时带走长沙味道的愿望。

临武鸭自古在九嶷山的舜峰山涧、武水河流域野外放养，是"养在深闺"的地方传统麻鸭。舜华鸭业以此为基础，先后推出了山茶油鸭、鸭肉粽、鸭肉罐头、豆香鸭等80多种舜华美食。东江是湘江的源头之一，生长在这种天然矿泉水之中的东江鱼味道鲜美、营养丰富，东江鱼制品有限公司建立现代化加工线，研发了30余个产品。在今天的长沙，东江鱼和临武鸭是广受好评的旅游商品，若来不及一一领略湖南风情，品味这番湖南的味道，也不失为一种好选择。

可长沙的特产岂止这些，有"长沙三绝"之称的湘绣、中国红瓷器和菊花石雕。以及产于长沙县捞刀河镇的捞刀河刀剪，在长沙流传甚广的剪纸和棕编两种民间工艺，每一件物品，都是一种气质，这种湘味和湘情，发于内心。也许旅行的目的，正是被这其中的某件物品的气质所吸引，于是心向往之。或许时代在变，风景也在改变，但世代传承的手艺不会变。它们静好如此，以自己的方式记录一段历史。旅游购物，与日常生活中的购物不同，它可以使人们了解旅游目的地的历史文化和民俗传统。因为有这样一个载体的存在，旅行的意义变得更加丰满动人。

各类旅游工艺品玲琅满目。

金玉堂珠宝

金玉堂珠宝饰品是一家集宝玉石生产、设计、开发及品牌连锁经营为一体的大型珠宝企业。产品选用30多个国家180多种优质宝玉石为原材料，经20多道工艺精琢而成。依托传统文化优势，以佛教饰品为主要经营产品，推出的"金玉堂"佛教饰品系列，以其新颖的艺术创意、精雕细琢的加工工艺和返朴归真的时尚魅力，倍受国内外消费者的青睐，产品远销欧美、日、韩等十多个国家，是国际珠宝界的著名品牌。

地址：长沙市杨家山东方之珠南栋15楼 电话：0731-84743259

湘茶是湖南有名的旅游商品。

沩山湘茗茶叶

湖南沩山湘茗茶业有限公司位于风景秀丽的沩山旅游风景名胜区，沩山因舜帝之子"沩"到此而得名，系佛教禅宗沩仰宗发祥地，平均海拔 780 米，昼夜温差大，深山沟壑，云蒸霞蔚，叠翠流金，素有"千山万山朝沩山，人在沩山不见山"之说。湖南沩山湘茗茶业有限公司，茶园基地 12000 亩，员工 400 人，集茶园基地发展、有机产品开发、茶文化传播于一体，主营密印寺牌"沩山毛尖"、"密印禅茶"系列产品。

地址：长沙市芙蓉中路三段 166 号（侯家塘店）**电话**：0731-84472315

金霞湘绣

金霞湘绣园 2009 年 5 月被中国文联和中国民协授牌为首家"全国非物质文化遗产保护研究基地"。也是湖南金霞湘绣有限公司总部所在地。该基地收藏 100 种国家级非物质文化遗产（工艺类）代表作，并免费向市民开放展览。同时，研究基地还收集整理湖南省内十大类非物质文化

遗产民间工艺的历史传承、制作方法，并整理成教材，以更好地实现民间艺术的传承与发展。

地址：长沙市芙蓉北路与三叉矶大桥交汇处

神农礼品

湖南省神农礼品开发有限公司隶属湖南省炎帝陵基金会，拥有1000平米的大型展厅，展厅陈列上千余种匠心独运、款式新颖的工艺美术产品及收藏品。炎帝神农氏是中华民族的始祖，华夏文明的起源。公司秉承炎帝神农氏的"创新"精神和"经世致用"的湖湘精神，坚持以弘扬炎帝精神文化为核心理念，产品包括神农和茶、神农和瓷、神农和礼、神农湘绣等，经营陶瓷、茶、湘绣、绢画、菊花石、绒沙金、水晶、琉璃等高档精品，同时为客户提供全方位优质的定制服务。

地址：长沙市三一大道156号省工艺美术馆3楼
电话：0731-88714333

链接

2012年省级旅游购物示范点包括湖南省湘绣研究所、长沙市"红馆窑"生活馆、株洲市芦松服饰城、衡阳市雁城四件宝特产食品公司、岳阳汴河街购物街、益阳茶业市场有限公司、湖南鑫达银业股份有限公司、永州市冷水滩区老农村土特产、吉首市湘西坊创业园、张家界土家妹食品有限公司、张家界军声画院。

尊享奢华 / 国际范

奢侈品在国际上的概念是"一种超出人们生存与发展需要范围，具有独特、稀缺、珍奇等特点的消费品"，又称为非生活必需品。随着生活品质的提升，中国人已不再用贪欲、浪费的眼光看待奢侈品。长沙作为中国十大最具竞争力城市之一，目前奢侈品消费稳居中国中部城市第一。

美美运达

MaisonMode 在法语中是"时尚府邸"的意思，代表着品味生活。2009 年，MaisonMode 美美运达的正式营业，也代表着长沙打开了一扇奢华与时尚的大门。此后，长沙中央商务区因为它的存在而闪耀着璀璨的光芒。

美美运达是香港俊思集团旗下的连锁式高级奢侈品购物中心，图为美美运达长沙店开业时邀请的明星剪彩。

美美运达是香港俊思集团旗下的连锁式高级奢侈品购物中心，以店中店的经营模式引进众多国际时尚高端品牌，让顾客可以体验源自外国品牌概念店的真正面貌，又不失一站式的购物便捷。

商场营业面积近 7000 平方米，共三层，一层和二层主要经营国际一线品牌服装、皮具及钟表配饰，地下一层主要经营经典的国际时尚女装品牌及配饰。商场汇聚了来自法国、意大利、瑞士、丹麦、美国、加拿大等国家的 40 多个国际顶级品牌，基本囊括了当今世界奢侈品市场的几大名门望族。作为我省第一个"完全一线品牌商场"，人们在这里不仅可以同步领略到全球时尚潮流，更可

以全方位感受到时尚消费的愉悦体验。

2011 年 5 月，美美运达低调开启了私密购物 VIP 室，VIP 客单价平均在 3 万元以上。推开美美运达的水晶玻璃门，踩着潺潺乐声的节奏，在专属的 VIP 室就坐，细细品味着现磨咖啡的香醇，无需费力走动和挑

选，手指轻点联网电脑屏幕中上万款与巴黎、米兰等地同步的顶级时尚单品，Louis Vuitton、Ermenegildo、Zegna、Celine、Tod's、Bally……皆可随意试穿。选好之后，VIP 客户经理会从品牌店内把选中的商品拿到 VIP 室，会员在 VIP 室中完成试穿、买单，最后 VIP 客户经理会亲自送客人至停车场离开。美美为客人提供的，是一个完全私密、尊贵，不受任何干扰的购物空间。

美美运达的三大经营特色分别是"价统"，同款商品全球统一销售价；"速快"，以周为时间单位保持与全球时尚源头的同步升级；"款多"，上万款商品滚动更替，可以满足不同年龄顾客的多种选择。

地址：长沙市芙蓉中路一段 478 号运达喜来登酒店裙楼　电话：0731-84888688

通程金色家族

金色家族韶山路店成立于 1999 年，作为通程集团在名品专业市场的试金石，先后引进了 Ermenegildo Zegna、Dunhill、Hugo Boss、Bally、Maxmara、Escada Sport、Canali 等世界顶级品牌。通过其专业化、人性化、个性化为核心的客户服务管理体系，已拥有了一些忠实、稳定的高端群体。金色家族东塘店经营面积 15000 平方米，一楼为国际名品、黄金珠宝、名表，二、三楼为男装和女装，四楼为母婴用品、羊毛羊绒、女士内衣等，映入眼帘的是一个摩登精品风尚主题商场。

韶山路店 地址：长沙市韶山北路 159 号　电话：0731-85551608

通程金色家族精品购物中心

新友谊商店

　　2008 年，耗资 3 亿装潢的新友谊商店 AB 座重新亮相，10 万平方米的巨量奢华购物空间，900 多个车位的立体车库大楼，1700 平方米私人会所……再加上藏光技术、云石灯具、透光门柱、罗马洞石地面等象征尊荣、华贵的装饰元素完美诠释了"购物天堂"的含义。店内所有品牌一律采取"品牌店中店"的设计模式，每店都形成高端私密购物空间。云集了 Pal Zileri、Y-3、see by chole、Roberta di Camerino、Gucci、Hermes、Cartier 等国际一线大牌。

地址：长沙市五一大道 368 号　电话：0731-84464988

万达全球奢侈品中心

　　2012 年 6 月 23 日，香港影星周慧敏与波兰驻华大使以及全球顶级奢侈品品牌代表，共同开启了万达全球奢侈品中心序幕。这个被定位于中南最大的奢侈品中心的国际购物中心，是万达集团斥资逾 100 亿元倾力打造的顶级滨江城市综合体开福万达广场最为重要的商业部分。其总建筑面积约为 25 万平方米，从体量上看是一般传统百货的 3-5 倍。目前，万达正在全面引进全球顶级奢侈品牌入驻，引进的数量和质量将创下中南之最。这里汇聚了全球顶级奢侈品牌，一日便可逛遍全球。

地址：长沙市开福区万达广场　电话：0731-88008888

时尚购物 / 购时尚

先读为快 90年代的长沙，阿波罗、友谊、中山、晓园等长沙商业五虎是市场主流，1994年平和堂进驻，它是长沙第一家外资百货。随着王府井百货、新世界百货、奥特莱斯、奥克斯等商厦的进驻，长沙的时尚版图已经呈现百花齐放的态势。

长沙是一座消费性城市，以五一商圈为代表的百货商业，是长沙的一张商业名片，标注了长沙的繁荣和时尚。

琳琅满目的百货店，锁定以家庭成员为单位，既要满足其时尚和奢侈品的采购，同时又要满足其文化、审美和精神生活的需求，因此，文化营销成为了百货店的重要课题，一个百货店的文化特质就是其品牌特质，决定着其生存和发展的命运。

　　长沙是一座消费性城市，以五一商圈为代表的百货商业，是长沙的一张商业名片，标注了长沙的繁荣和时尚。现在的长沙，百货商场鳞次栉比，流行时尚和全球货品采购紧随国际潮流，中资、外资、合资品牌百货商店各具特色，经营定位却有着强烈的本地化特色，服务手段也更加精细化，让人尽情徜徉时尚，享受购物的乐趣。

平和堂，时尚造梦厂

　　平和堂作为长沙人接触最早的外资百货商店，也是孕育长沙时尚的温床。当时正值长沙经济发展的转折点，逐渐富裕起来的人们，追求幸福的渴望越加迫切，对衣食住行都提出了更高的要求，平和堂便是在这种要求下应运而生的，它承前启后，柜架上不再摆放千篇一律的"国营产品"，引进的是陌生而又新颖的海外舶来品，这些来自香港、台湾、日本、欧美等地的新颖商品，重新定义了人们的时尚生活品味。

　　现在的平和堂矗立在繁华的五一商圈中心位置，笑看风云十余载，那标志性的和平鸽已成为长沙百货商业的一个标志，无论涌现出多少后起之秀，这里依然是长沙人气最旺的百货商场，客似云来的场面每天都在上演，足见平和堂品牌的亲和力早已深入人心。

王府井，时尚中流砥柱

　　王府井百货作为长沙时尚购物的中流砥柱，在湘运筹帷幄多年，根基早已深深扎入长沙寻常人家的购物首选名单上。它大气明亮的装修风格，琳琅满目的商品，早已成为长沙现代百货商场的一个范本，引得后来者纷纷对它高山仰止。

新世界，港式时尚风范

　　新世界，纯正港式血统，位于五一广场东南角，2005年正式进驻长沙，它集中精力发展中高端消费市场。以往百货的第一层，都是珠宝饰品、香水、化妆品三分天下的格局，但是新世界却独辟蹊径，一进门就是一个个奢侈品，每个品牌后面的故事，都是世界顶尖时尚史上的一段传奇，吸引大众的视线。

乐活城，快时尚旋风

　　现在原创服饰一经模特儿展示，人们便能很快从商店买到最流行时尚的翻版，时尚从T型台走上街头的速度越来越快，从设计师下单到出现卖场的周期，Zara甚至只需要短短12天，这就是高街品牌迅速崛起的原因，它们以"快、准、狠"为特色，对T台上的高端时尚，进行铺天盖地的推广，引发了全球"快时尚"潮流。

　　2011年，这股快时尚旋风也刮到了长沙，当乐活城携带着ZARA、H&M、C&A

等国际高街品牌落户长沙，随即受到年轻时尚男女的热捧。它们与原有的百货商业生态形成了鲜明对比：新品到店速度奇快，橱窗陈列变换频率更是一周两次，与速食年代"求速"的特点如出一辙，让追求时髦的人趋之若鹜，扎堆采购。

环球奥特莱斯，经典时尚

在欧美，去城郊的 OUTLET 购物是一种时髦的生活方式，它以家庭为单位，集购物、休闲、娱乐、旅游、度假于一体，是典型的中产阶级生活方式。

2008 年 9 月，长沙首家奥特莱斯的开放，进一步丰富了长沙商业发展的多元化格局。奥特莱斯位于未来长株潭的城市核心，是华中地区首个真正意义上的国际化生态购物公园，适合全家驱车前往休闲购物。欧式风格建筑显得大气，足够的户外停车场，让市中心停车难的窘境相形见绌。这里的购物环境舒适惬意，商品和服务包罗万象，满足家庭老少全方位的生活需要。这里精品店林立，荟萃了世界一流品牌，而价格却比寻常百货商场亲民，让人可以尽情享受一站式扫货的乐趣。

悦方 ID MALL，玩转精彩时尚

悦方 ID MALL，号称长沙潮流标杆，时尚潮流的首席大型国际购物中心，2012 年，悦

奥特莱斯位于未来长株潭的城市核心，是华中地区首个真正意义上的国际化生态购物公园，适合全家驱车前往休闲购物。

方 ID MALL 从开业始，便引领了长沙全新的生活方式与消费潮流。它位于长沙民俗美食文化街坡子街东入口处，北依全国知名酒吧街解放西路，南临东西主干道人民路；东依黄兴路步行街，西临百年老店火宫殿，川流不息的潮人们不会错过。这里的国际品牌零售、环球美食、首个真冰溜冰场、五星级影院、潮流电玩…… 总之，吃喝玩乐，样样俱全。

链接

长沙时尚圈地分布

● **黄兴南路步行街**：一条百年老街，最能代表"老长沙"生活气息的商业街，形成了以传统老字号品牌店带领下的集饮食、购物、娱乐、休闲于一体的商业街，是长沙"草根之魂"，它一直拥有旺盛的人气，如同稳定的牛市。

● **文庙坪、南墙湾**：具有强烈风格的小店开在市中心的小巷里，展示各地新鲜热辣的时尚风潮，曲折而神秘地汇入南门口旁这个破旧的老城区，然后以这个长约150米的老街为圆心，向整个长沙城辐射开。

● **解放中路、文艺路口路段**：轻熟美女长期或不定期出没的一条街，整条街的店面无论是从服装的品质、款式，装潢的格调来说都较有水准，但价格也不含糊，而且大部分店面支持刷卡。

● **文运街、长康路**：大百货都找不到的品牌，在这里有可能找到最新的版型，这里紧随国际潮流发布动向，是长沙市最集中的外单货集散地。

惬意步行 / 与繁华一起漫步

先读为快 黄兴路步行街是长沙市最繁华的地段之一，于2002年修缮竣工。商铺众多，品牌齐全。除各种常规服装店、饰品店以外，这里还汇集了全国各地的小吃美食，旁边的坡子街更是长沙特色小吃的齐聚之处，有长沙人民耳熟能详的火宫殿等老字号。

相遇的地方，步行街

北宋诗人张祁曾说，"长沙十万户，游女似京都"。如今，千年以前的情景仍在长沙黄兴路步行街上演。

黄兴路步行商业街老街是从拥有千年历史的南正街基础上建成。民国建立后，南正街延伸扩修为黄兴路，以今天的解放西路为界，以南称黄兴南路，以北称黄兴中路。黄兴南路在民国时即为一条以平民大众消费为主，不断融入西式时尚的商业街道，其中兴旺老字号几乎全部是平民消费。

经历了数百年的沧桑，黄兴路已成为长沙商业历史变迁的最好见证，是最能代表"老长沙"的商业街，也是长沙之魂。新的黄兴路步行商业街在此基础上建设，北起司门口，南到南门口，全长838米，街面宽23-26米，包括近万平方米的黄兴广场，商业总面积25万平方米，共有经营户400余家，2002年2月9日正式开街，是集购物、休闲、娱乐、餐饮、文化及旅游等多项功能于一体的综合性场所。

黄兴路步行街由室外步行街、室内步行街和空中花园街组成。景观设计以人为本，富有湘楚文化特色，街内的绿化、水景、雕塑有机的结合。这里不止是外地游客体验长沙，必逛的一条商业街，更是长沙人的购物天堂，节假日里，长沙人"一家老小向

黄兴路步行街由室外步行街、室内步行街和空中花园街组成。景观设计以人为本，富有湘楚文化特色。

前冲"齐逛步行街。平安夜和情人节里，步行街更成为年轻人的快乐大本营。

为了在新式建筑中留下旧日的回忆，步行街上还有"老长沙"系列铜人雕像，与时尚潮流的商业步行街相衬，别有一番韵味。铜人的大小和真人相仿，制作精细，人物的形象和表情都惟妙惟肖。补锅的手艺人、磨刀的老人、补鞋匠、打酱油的小孩、炸臭豆腐的小贩、纳凉的爷孙、玩游戏的孩子们，老长沙的生活景象就在这组雕像中得以重现，于是在熙熙攘攘的人流中，在繁华人世间，蓦然多了几分岁月沉淀，供人欣赏，引人回味。

黄兴路步行街通过突出商业功能、体现古城风貌、展示湖湘文化、注入时代气息，使其以一流的市容市貌和街区文化，成为长沙历史文化遗产与现代文明在商业发展中的交融点，同时也成为了长沙城市形象新的标志性建筑群。

大众消费，购物乐园

长沙，一个活力四射的城市，数千年的厚重历史，令这个潮流涌动的都市散发出绚丽的光华。走进人头攒动的黄兴路步行街，就是邂逅长沙的繁华和璀璨的开始。

黄兴南路步行街是长沙市五一广场商圈最重要的组成部分，被称为"三湘第一街"。经过多年的发展，步行街取得了经济效益和社会效益的"双丰收"。2008年步行街总销售额18亿元，比改造前增长44倍，安排就业12000多人。2005年被列为"中国首批十大著名商业街"，年底又获"省级文明街道"荣誉称号。2007年被评为全国"百城万店无假货"活动示范街。

很多年前，步行街的最南端南门口是小商小贩聚集的地方，改革开放后，培育了长沙的第一批个体户。时过境迁，今天的步行街已是长沙最繁华的地段。在这里，人们可

长沙黄兴路步行街不止是外地游客体验长沙必逛的一条商业街，更是长沙人的购物天堂。

以找到国内外知名品牌，服装、鞋帽、皮具、饰品应有尽有，最大化的满足了不同人群的需要。从黄兴铜像处往里走，步行街人头攒动，各大品牌专卖店吸引着人们的目光。不仅如此，这里有潮流特区时尚卖场、胜道体育运动城、动漫sky商场，还有迪信通手机连锁店，纷繁多样，精彩不减，总有一款适合追求时尚的你。

不止是女人有着天生的购物欲，来到这里，感受人潮热浪，看尽时尚商品，也许谁都无法抵挡住血拼的消费欲望。花花世界里，人们用商品装点自己和生活，并在这个过程中，舒缓压力，让自己快乐。

黄兴路不仅是长沙购物的代名词，美食同样有名，若是在这条悠长的街道上走累了，在树下的椅子上小憩，又或是去步行街楼上的咖啡店小坐，看窗外的繁华，品此刻的香醇。饿了，巴西烧烤、自助餐、火锅等美食任你选择。步行街内的淘淘小吃街则汇集了各种长沙特色小吃，同时，因步行街南起南门口，位于小吃、排档云集的地带，美食一条街更是与黄兴路步行街平行紧靠。喜欢湘菜的朋友不妨去那里体会正宗的湘菜美食，美食一条街有长沙著名的火宫殿、双燕楼、向群锅饺等百年老店。

链接

黄兴路步行街毗邻平和堂、王府井、万达购物广场、春天百货、新世界百货等大型百货公司。周边汇集了长沙解放西路酒吧一条街、化龙池、太平街、坡子街、三王街等特色商业街。商业气氛十分浓厚，消费方式多种多样。目前步行街日均客流量10万余人次，节假日更是接近40万余人次。

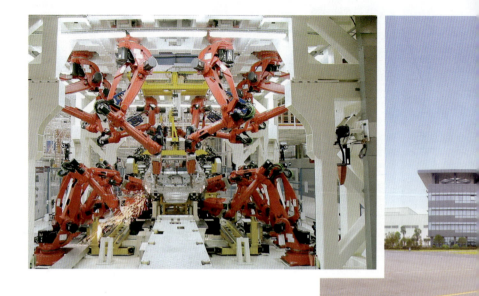

领略工业之美
畅享快乐长沙

先读为快 上世纪50年代发达国家即已兴起，主要是依托运营中的工厂、矿区、园区、工程项目等，开展参观、游览、体验、购物等活动。2002年，国家旅游局发布实施《全国农业旅游示范点、工业旅游示范点检查标准(试行)》，工业旅游正式作为一种旅游产品进入人们的视线。目前，工业旅游被细分为七类，分别是都市工业类、现代制造业类、工艺美术类、高技术类、工业遗存开发利用类、循环经济类和老字号。

汽车是如何组装的？啤酒是如何酿造的？水力发电是如何进行的？生物医药有什么奥秘？随着长沙工业的大发展，围绕工业制造产生的这些疑问，一直让我们充满期待，但我们一直都很难找到机会来化解这些疑问。然而当"工业"与"旅游"美丽相遇之时，星城的众多工厂也成了观光之地，很多关于工业的疑问，也将烟消云散。2013年，长沙全面启动了工业旅游项目，增设工业旅游景点，重点宣传和推介长沙工业优质产品和产业文化。

現代化的广汽菲亚特厂区。

工业旅游，长沙从来不缺风景

广汽菲亚特是落户长沙的一家世界级汽车制造工厂，这里几十秒就可完成一台汽车的装配。自2012年6月28日竣工投产以来，这里一直是长沙人心目中的工业旅游目的地之一。

长沙工业门类比较齐全，随着工业的强势崛起，工业旅游资源日趋丰富，全市共有"四龙十虎"，共14个工业园区，2000多家规模以上企业。从出自本土的中联、三一、远大，再到可口可乐、菲亚特、博世等世界500强企业，长沙工业旅游从来不缺风景。

其中，长沙工程机械、食品、材料等三大产业已经跻身千亿产业集群。这些产业是工业旅游的"富矿"。长沙是世界工程机械产业的主要集聚区，这里有现代化的装配生产线，充满创意的工程机械产品，如同一个小"宝马展"；游天下名山，品天下美食，一直是游客的理想和追求，而借助着旅游业的发展，湘丰茶叶、明园蜂业、绝味食品等一大批湘派食品企业，赢得了新的发展。

中南地区目前最大规模的专业医药馆——医药科技文化馆，在浏阳经开区落成。在这里，游客可以纵览近现代优秀的医学成果，可以戴上耳机聆听虚拟的孙思邈、李时珍谈养生。

戴上耳机听"李时珍"谈养生

产业的快速发展，让工业旅游，悄然在长沙兴起。一些工业园区，也在积极发展工业旅游。浏阳经开区就是最积极者。

2011年5月，中南地区目前最大规模的专业医药馆——医药科技文化馆，在浏阳经开区落成。在这里，游客可以纵览近现代优秀的医学成果，可以戴上耳机聆听虚拟的孙思邈、李时珍谈养生，可以在球状3D展示仪上了解马王堆千年古尸不腐之谜……浏阳经开区管委会投1.6亿元建设影视会议中心，意在打造一个长沙的百老汇。

未来，他们还将投资2000万元打造一台经典歌舞剧，这是一台反映娥皇、女英追求爱情的穿越剧，它荟萃民族舞蹈、芭蕾、武术、杂技等艺术形式，展现神农发明医药、辛追与马王堆文化、张仲景坐堂行医、孙思邈行医、传教士与湘雅等情节，成为湖南旅游、园区发展的一张新名片。它将如同《印象西湖》一般，长期在园区表演。

大批"观光工厂"已经落成

一名身着制服，拿着扩音机的女讲解员，正领着一群参观者，沿着厂区内的参观通道穿行……这样的场景，经常在长沙各大企业上演。随着长沙工业的快速发展，以及产业的转型升级，一大批观光、创意和工厂三元定位的"观光工厂"的落成，为长沙发展工业旅游提供了坚实的基础。目前，长沙很多大企业均设置有观光区，甚至配备了电瓶车和专职的服务人员，用于参观接待。

令人鼓舞的是，长沙将全面启动工业旅游，虽然目前具体的景点和路线并没有公布。但根据规划，长沙将在全市规模企业当中，选择一批知名企业作为工业旅游景点，并由市工信委与市旅游局联合授予"工业旅游单位"称号。同时长沙将在全市七条旅游线路中，增设工业旅游景点，重点宣传和推介长沙工业优质产品和产业文化。

工业旅游扬帆启航

2013年4月，长沙市工信委与市旅游局联合制订了《长沙市创建精品工业旅游示范点工作方案》，有33家工业企业申请、申报工业旅游创建。

之后，市工信委、市旅游局组织相关人员，并请省旅游局相关专家，按照相关标准，深入申报单位开展现场考察评估。确定了浏阳经开区、中粮可口可乐、金玉堂、沩山湘茗茶业、湘丰茶业、东方时装、楚天科技、广汽菲亚特、比亚迪、晚安家居、美津园食品、沙坪天利湘绣、忘不了服饰、华自科技、金井茶业、红太阳光电、明园蜂业、沩山茶业18家工业企业为"长沙市级工业旅游示范单位"。

其中，东方时装、楚天科技、广汽菲亚特、比亚迪、晚安家居5家为"湖南省级工业旅游示范单位"。根据工业旅游的评定标准，针对工业聚集发展水平以及旅游接待能力，同升街道办事处由市旅游局授予"长沙市工业旅游示范街道"。

今后，长沙将围绕产业升级的总体目标，

以工业为载体，以校企合作为重点，以旅游宣传为路径，更好地展示"快乐长沙、宜游胜地"的城市形象，推动长沙经济社会更好更快发展。引导更多企业创建省、市两级工业旅游示范单位和工业产业教育示范单位，培育一批企业争创"国家4A景区"。

线路推介

目的地：【望城黑麋峰】黑麋峰电站 / 循环经济类观光游览
线路：黑麋峰至电站、上水库、下水库、发电厂房
黑麋峰植被丰富，风景秀美，电站建成后，水库呈现高峡平湖的美景

目的地：【宁乡至望城】宁乡经开区 望城经开区 / 现代制造业类观光游览
线路：旺旺食品、亚华乳业——加加食品——青岛啤酒
了解食品的制作过程，感受食在长沙的乐趣

目的地：【麓谷】长沙高新区 / 高技术类观光游览
线路：中联重科——华曙高科
参观中联的工程机械制造工厂，感受华曙高科的3D打印技术

目的地：【星沙】长沙经开区 / 现代制造业观光游览
线路：广汽菲亚特、三一重工、德国博世等
了解现代制造业的发展，感受现代制造艺术

目的地：【星沙】长沙远大城 / 高技术类观光游览
线路：长沙远大城——湘阴远大可建
参观远大的可持续建筑，感受节能技术给世界带来的改变

目的地：【浏阳洞阳】浏阳经开区 / 高科技类观光游览
线路：医药科技文化馆——生物医药企业
感受传统医药发展，了解生物医药的奥秘

快乐长沙享休闲

捌

樂途

CHEERFUL CHANGSHA
TRAVEL SERIES

从以湘江为主的水运时代，到简易公路时代；从京港澳所开启的"高速时代"，到武广高铁的"高铁时代"，从经纬交错的路面公交时代，到潜入城市地下的地铁时代；从水路到公路，从公路到铁路，从铁路到航空，再从地面到地下。今天，长沙的旅游交通四位一体，编织了一张交通蜘蛛网，牢不可破的时间概念被完全颠覆。

地铁／让生活更精彩

先读为快 地铁二号线的开通，标志着长沙进入了地铁时代，人们出行也有了更多的选择。19站，穿越浏阳河与湘江，从城东延伸到城西，辐射着长沙重要的景点、美食圈，以及众多商场和酒店。而这才是长沙轨道交通的开始，在建的地铁1号线一期、2号线西延一期、3号线一期、磁浮线已经开工，拟于2020年前建成1号线至6号线主体工程。到2030年，长沙的轨道交通线网将包含12条线路（含2条支线），形成"米"字型构架、双十字拓展的总体布局，呈中心轴带放射形态，以全方位渗透的方式遍布我们的生活，为我们的生活带来更多的便利和精彩。在闲暇时间，跟着地铁去旅行，感受一个人文和娱乐并举的长沙。

地铁让旅游更便捷

一个站点，对长沙的地铁网络来说只是一小部分，但这些部分的组合，影响力则是惊人的。就旅游而言，地铁的存在将对吃、住、行、游、购、娱六个要素，都产生难以估量的改变。我们测量两点之间的距离，也不再局限于坐

地铁的开通，增加了一种玩转长沙的方式，它在地下穿梭，却改变了是地上的生活。

长沙有太多值得一去的地方，任谁都无法全部列举，每个人都有自己的生活方式，跟着二号线去玩什么，也许只有你自己知道。

公交要多久，打的要多少钱，取而代之的是乘地铁几站能到。而长沙，地铁 2 号线已经运营，地铁 1 号线也将在 2016 年运营，3 号线和磁浮线也已经开工，一个米字型的轨道交通线网将改变我们的生活，让一切变得更加迅捷和精彩。

地铁的开通，会对一座城市的生活节奏带来影响，这在其他开通了地铁的城市已有印证。当需要用地铁来缓解交通的拥堵，那么就代表着这座城市的体量足够庞大，人们生活节奏也将变得更快。就住在长沙的市民而言，很多时候你可以不用担心堵车或天气不佳，地铁的顺畅和准时，让出行时间更为准确。

地铁 2 号线 19 个站，平均每个站用时二分钟，站与站之间，有成百上千种排列组合，每个人可以用自己需要的方式，去体会长沙。从五一广场的购物中心到橘子洲头欣赏风景，不过 5 分钟的路程，在芙蓉广场旁的 CBD 里到交通枢纽长沙火车站，10 分钟就到。地铁 2 号线就是在长沙游玩的精致路线，随着地铁的延伸，可以去众多的美食圈、公园，去优质的商场、酒店，并感受到长沙娱乐和人文并举的魅力。

橘子洲站，这里为山水洲城代言

很少有一个地铁站，会坐落在国家 5A 级景区里面，橘子洲站的存在，让长沙地铁与旅游有了更为直观的联系。就长沙而言，橘子洲是一个必去的地方，只《沁园春·长沙》中那句"湘江北去，橘子洲头"，就足够让人瞩目了。橘子洲是一个包容的地方，它像文化大熔炉，不管时间，不论国度，任由万物

橘子洲站与优美风景零距离，如果想去岳麓山，可在荣湾镇站下。

生长。这里举办激情的摇滚音乐节，这里有时尚的户外露营地，这里蕴藏着百年的建筑和文化。

　　尽管当代潮流已深入橘子洲，但这里依旧气质沉静，毛泽东青年艺术雕塑伫立洲头，迎着湘江，问苍茫大地，谁主沉浮。橘子洲飞峙在湘江之上，与岳麓山遥相对应，周围就是拔地而起的新城，它是长沙气质的一个缩影，具有强大的文化包容性，厚重而不沉重。

湘江中路站，感受人文长沙和娱乐长沙

　　华灯初上，霓虹的光亮打开了另一个长沙，它属于娱乐，也暗藏着长沙的市井味。如今的太平街，一天有20个小时人流如织，从前的老手艺人已陆续搬离这里。早几年，称匠文志飞的门店前放着一杆称体重的称，秤盘是一把竹椅，如今路人有胖有瘦，称已

不知身在何处。

　　太平街的主道商业气息渐浓，好在这里路古房旧，不至于浮躁，而那些真正的长沙市井气息，已经退至两旁的小巷里。解放西路也是如此，主街繁华而时尚，两边的小巷里则隐藏着地道的长沙口味，而且不需要排队就能购买。

五一广场站，购物请在此站下车

　　去购物的话，湘江中路站旁的万达广场是不错的去处，开业不久的万达，已然成为长沙的时尚坐标。但最理想的购物点，还得属五一广场，这里有王府井、平和堂、乐和城、春天百货等环绕，再走一走就到了悦方和黄兴路步行街。

　　五一广场站周边的商场各有特色，最简单的区分方式，就是看它们的成立时间，近几年发展起来的乐和城、悦方，顾客以年轻

人为主，王府井、平和堂等老商场则有更多中年人前往，消费也稍高一些。

芙蓉广场站，CBD里也有书香萦绕

芙蓉广场站的出站口，与家乐福超市的入口并列，家乐福超市上就是立着"浏阳河"女神雕塑的芙蓉广场。芙蓉广场的辐射范围在八一桥和浏城桥之间，这里抬眼可见农业银行、建设银行、工商银行、华夏银行等金融机构，而写字楼更是不计其数。

不过在CBD的快节奏之间，也有慢生活。和府五楼的"熬吧"，是长沙的文化地标之一，常有沙龙、讲座在这举行，无事的时候在这里看看书，心自然就静下来了。浏城桥的新华书店旁边，有家阅读花园餐厅，除了书会和沙龙，还有美味的中西餐。阅读花园后面就是定王台书市，那里不仅可以买到各类图书，还有许多有意思的小物件。

长沙火车站，一座城市的记忆

火车站总会是一座城市的地标，来来往往的人展示年代的味道，月台和铁轨衡量空间的距离。如果用一张图证明你来过长沙，在这里拍照最合适不过，所以火车站标志性的火炬和时钟，被定格在无数张照片之中。

长沙火车南站，与高铁的无缝对接

火车南站对接的是长沙的高铁时代，武广高铁、沪昆高铁以速度改变人们的生活方式，几百公里、上千公里的里程却以几个小时的舒适乘车快速抵达。而火车南站与地铁二号线的无缝对接，也为人们快速进入长沙带来了更多的惊喜和精彩，橘洲的烟花、酒吧的热闹、小吃的香辣……这些关于长沙的快乐，也以高铁的速度与方便，与高铁沿线的人们进行着无缝对接，距离再也不是问题，快乐才是真谛。

长沙交通／对接世界

先读为快 四通八达的公路，经纬交错的铁路，飞越全球的航空，通江达海的水运，长沙旅游交通逐步完善，并让我们的出行有了多种选择，多种途径，不仅再造了时间，也压缩了空间，大大缩短了长沙与中国，甚至与世界的距离。彻底地改变了我们出行的方式，也改变了我们的生活方式。

公路，四通八达

1913 年，江苏、黑龙江、湖南和四川开始修建公路。但早期修建的公路中，标准都很低，质量也较差，其中经正式测试，铺有石子路面，能顺利通行汽车的，是长潭公路，由当时的湖南都督谭延闿倡议修建，此人眼光惊人超前，1913 年，那时整个中国都没有几辆汽车。作为中国最早的汽车公路，它使长沙、湘潭这两个当时湖南最大的城市之间除了有水路交通的便利外，又有了陆路交通的便利。

1921 年 10 月 1 日，长潭公路竣工后，由汉口利通公司运来了法国产五人座汽车两部，进行全线试车。这一试车情景在当天的《长沙大公报》作过专门的报道。1959 年 10 月，正式扩建长潭军路。1982 年，国家对公路网实行规范调整，长潭公路成为 107 国道的一部分。

"要想富，先修路"，这是对经济与交通关系的最好论述，也是对中国影响最大的名言之一。当历史的车轮滚滚驶入 20 世纪 90 年代，整个中国的发展进入了快车道，而地处中国中部腹地，北枕长江，南临粤广，扼华南交通之要冲，具有承东接西，南联北进的长沙则成为了交通枢纽。一时间，在广袤的长沙大地上，交通建设如火如荼的进行着。

1993 年 11 月，被誉为"中国公路建设的新起点"的京港澳高速公路，在历时 7 年建设后，终于全线竣工通车。在湖南途经岳阳、长沙、湘潭、株洲、衡阳、郴州六个地市，达到了 530 多公里。京港澳高速的开通不仅开启了中国公路的"高速时代"，也将湖南推入了发展的快车道，而长沙作为湖南的经济文化与政治中心，无疑是这个快车道上的发展中心。

今天，长沙的公路密度达到 42.74 千米／百平方千米。高速公路总里程 193 千米。另有 3 条国道、14 条省道和 106 条县道密集分布，等级公路总里程为 3361 千米。高速公路：京珠高速公路、长常高速公路、长永高速公路、长吉高速公路、长潭西高速公路、绕城高速公路、机场高速公路、长株高速公路、长张高速等。

长常高速公路已经延伸到张家界而成为长张高速公路。作为渝长高速公路一段的长吉高速公路在湖南境内也已全线贯通。长浏高速公路也已开通，西端连接既有的长永高速公路，向东经过浏阳市区后，通过大围山

延伸到江西省。京珠高速复线已经通车，长潭西线高速公路更是将长沙河西与湘潭市区的通勤时间缩短至 20 分钟。

铁路，经纬相交

1909 年，当粤汉铁路长株段兴建时，在长沙城北 5 公里处兴建了新河车站（即长沙火车北站前身），这是长沙最早的火车站。1912 年，长沙火车站开始兴建，设在长沙市区中心，即今天的五一大道以南、浏城桥以北的肇家坪对面，占地约万余平方米，站前广场不足千平方米，地面凹凸不平。

1949 年，长沙解放，长沙火车站才兴

沪昆高铁杭长段将于 2014 年底开通，我国两条主要高铁干线武广、沪昆将相交于长沙，形成我国高铁主干线的
重要枢纽，为长沙旅游大发展迎来新的跨越。

建了一些平房，作为办公、售票、行李包裹
装卸用房。新修的候车室也只有 600 多平方
米，200 多条长方型木靠椅。1977 年，长
沙火车站改建至今天的位置，成为特等站，
全站总面积达到了 4.2 万平方米，设有 5 个
候车室、4 站台和 8 股客车到发线。

然而，铁路之于长沙，具有划时代意义
的，莫过于 2009 年的武广高铁开通，它的
出现不仅"再造"了时间，也压缩了空间，
大大缩短了长沙与中国的距离。一张高铁票，
从长沙出发，1 小时可以在武汉赏樱花，2
小时可以在广州饮早餐，5 小时可以到北京
看故宫。它的出现，彻底改变了人们出行的

方式，也改变了人们的生活方式。沪昆高铁
杭长段将于 2014 年底开通，我国两条主要
高铁干线武广、沪昆将相交于长沙，形成我
国高铁主干线的重要枢纽，为长沙旅游大发
展迎来新的跨越。

今天，长沙已是全国交通枢纽，京广铁
路贯穿南北，湘黔、浙赣两线连接东西，长
沙至石门铁路正在建设之中，建成后将进一
步增加铁路运量。长沙火车站是京广线上的
一个现代化大车站，有快、慢车候车室，贵
宾候车室，每天发出或途经有近百列客车，
通达全国各大、中城市。在省内形成了以长
株潭为中心的"2 小时经济辐射圈"；以长株

潭为中心，3小时左右可到达周边各省会城市和香港，形成"3小时经济辐射圈"。

"车轮飞，汽笛叫，火车向着韶山跑，越近韶山歌越响，欢乐歌声冲云霄……"这首上世纪60年代的歌曲反应的是全国人民涌向毛主席家乡韶山的盛况。2014年3月19日，在长沙与韶山之间开通了一条特别的火车专列，由长沙发出的"龙骧旅游号"T8321次列车直通韶山，每日9:15从长沙火车站出发，14:38从韶山返回，中途停靠湘潭站，单程仅1个半小时。"长沙－韶山红色旅游专列"的开行，更进一步地开发了长沙与韶山两市红色旅游资源，打造旅游资源整合平台，提升长沙－韶山红色旅游品牌。

航空，飞越全球

1957年4月，从衡阳航空站迁到长沙大托铺的长沙航空站正式通航，结束了长沙无法停靠飞机的历史。1980年9月，长沙大托铺机场因为条件限制三叉戟和波音飞机不能着陆，湖南省政府为了振兴湖南经济，改善机场条件，决定与国家民航总局共同筹备在长沙市东的黄花镇建设适合大型飞机起降的飞机场。

1986年，飞机场按4D级规模动工兴建，于1989年启用，目前飞行区等级已由4D升为4E，这就是今天的长沙黄花国际机场。她现有跑道长度3200米，是国内主要干线机场之一，也是湖南省规模最大的航空港。长沙黄花国际机场T2航站楼已于2011年7月19日正式启用，总建筑面积达21.2万平方米，排名全国第五，综合基础设施实力

由2010年的全国第15位上升至第7位。

黄花机场拥有通往国内、国际（地区）73个城市共100余条定期航线，共有31家中外航空公司在长沙运营，有中国南方航空公司、厦门航空公司、奥凯航空在此设立运营基地，机场每周航班执行密度超过2700余架次，航班可供座位数每周达30万个。

近年来，随着湖南经济社会的发展，依托商贸、旅游、会展、文化交流的日益频繁，长沙黄花国际机场运输生产一直保持强劲的增长势头：2004年突破300万人次，2005年突破500万人次，2006年突破600万人次，2007年突破800万人次，2009年、2010年、2011年，长沙黄花国际机场年旅客吞吐量在中国中部地区连续3年率先突破1000万人次，2013年，更是达到了惊人的1600万人次，稳步跨入全国"千万级"大型机场俱乐部，被民航业界称之为"长沙现象"。2010年全国机场排名十二位，中部地区机场排名第一位。

大航线，大旅游，长沙通过直航，不断走向世界，境外直航开通了法兰克福、泰国曼谷、甲米岛、韩国济州岛等，境内的直航也是遍地开花，开通了直航吐鲁番、台湾、大理、澳门等，缩短的不只是飞行的时间，也拉近了长沙与世界的距离。

航空售票及咨询电话：96777
高铁售票及咨询电话：12306

后 记

文以载道，书以传世。

为了大力宣传营销长沙市委、市政府确定的"快乐长沙，宜游胜地"的城市形象，不断提升"快乐长沙"品牌的国内外影响力，两年前我们便开始酝酿编辑《快乐长沙》大型旅游丛书，力求从旅游的角度把"快乐长沙"全面、系统、立体地呈现给广大读者和游客。

两年来，我们走访了长沙的山山水水与大街小巷，征询了长沙市宗教局、各区、县（市）旅游局、长沙市各有关旅游行业协会、长沙市餐饮协会等单位领导与专家的意见和建议，最终确定从"游山水"、"道古今"、"品美食"、"享休闲"等方面分四册来编辑旅游丛书，诠释长沙的快乐。

由于篇幅所限，我们在介绍这四大板块时，都不可能穷尽到每一个景区、每一个名人、每一道名菜和每一个休闲娱乐项目。其中《快乐长沙·游山水》以国家5A级和4A级旅游景区为主，兼顾其他特色景区；《快乐长沙·道古今》以历史人文景区为主，介绍相关长沙名人，而不是所有名人；《快乐长沙·品美食》以兼具传统特色、且具有一定品牌知名度和口碑的菜品、门店、美食圈为主，兼顾其它特色美食；《快乐长沙·享休闲》以时尚、前沿、潮流的动态生活方式为主，兼顾轻松、舒适、独特的静态生活方式。

丛书编著出版，历时两年，数易其稿，得到了省市领导的高度重视和各级各部门及社会各界的大力支持，特别是省委常委、市委书记易炼红，市委副书记、市人民政府市长胡衡华和市委常委、市人民政府副市长张迎春亲自为丛书作序，我们深受鼓舞；同时还得到了很多专家、学者、作家、摄影家及旅游相关企业的大力支持，在此一并表示感谢。

　　发现美丽星城，传播快乐长沙，是我们的不懈追求，但《快乐长沙》旅游丛书采编工作量大，涉及面广，在编著过程中难免有些疏漏与差错，敬请广大读者、游客予以谅解和批评指正。

　　山水洲城耀中华，快乐长沙传天下。愿《快乐长沙》旅游丛书能够让大家神往快乐长沙、走进快乐长沙、乐游快乐长沙。

《快乐长沙》旅游丛书编委会

二〇一四年八月

图书在版编目（CIP）数据

快乐长沙·享休闲 / 长沙市旅游局主编. — 长沙 ：湖南地图出版社，2014.7
（快乐长沙）
ISBN 978-7-5530-0191-3

Ⅰ．①快… Ⅱ．①长… Ⅲ．①文娱活动－公共场所－介绍－长沙市 Ⅳ.①G249.276.41
中国版本图书馆CIP数据核字(2014)第161637号

承制：长沙银马广告策划有限公司 / TEL：（0731）84897826
印制：湖南鑫成印刷有限公司
特别说明：本书部分图片因无法确知作者，希望作者见书后及时与承制方联系

全套定价：168元